河南省"十四五"普通高等教育规划教材
普通高等教育"十四五"系列教材

水利工程经济学

(第2版)

主　编　李彦彬　王松林　和　吉
副主编　闫旖君
参　编　张淙皎　李立峰

中国水利水电出版社
www.waterpub.com.cn
·北京·

内 容 提 要

本书系统地介绍了水利工程经济学的理论和计算分析方法，全书共分十二章，主要内容包括：绪论，工程经济要素与估算，现金流量与资金的时间价值，投资方案评价与选择，建设项目资金筹措，建设项目国民经济评价，建设项目财务评价，风险与不确定性分析，设备更新分析，价值工程，建设项目的后评价，水利工程经济评价分析。本书最后还附有复利系数表、Excel 中常用财务函数及使用说明等相关知识。通过学习，读者能够将所学的基本原理和基本分析方法运用于实际工作中。

本书可作为水工、水动、农水、工程管理等水利院校各专业的必修课和选修课的教材，也可作为水利部门的培训教材，还可供广大水利工作者参考使用。

图书在版编目（CIP）数据

水利工程经济学 / 李彦彬等主编. -- 2版. -- 北京：中国水利水电出版社, 2023.9
河南省"十四五"普通高等教育规划教材　普通高等教育"十四五"系列教材
ISBN 978-7-5226-1811-1

Ⅰ. ①水… Ⅱ. ①李… Ⅲ. ①水利工程－工程经济学－高等学校－教材 Ⅳ. ①F407.937

中国国家版本馆CIP数据核字(2023)第183526号

书　名	河南省"十四五"普通高等教育规划教材 普通高等教育"十四五"系列教材 **水利工程经济学（第2版）** SHUILI GONGCHENG JINGJIXUE
作　者	主　编　李彦彬　王松林　和　吉 副主编　闫旖君 参　编　张淙皎　李立峰
出版发行	中国水利水电出版社 （北京市海淀区玉渊潭南路1号D座　100038） 网址：www.waterpub.com.cn E - mail：sales@mwr.gov.cn 电话：（010）68545888（营销中心）
经　售	北京科水图书销售有限公司 电话：（010）68545874、63202643 全国各地新华书店和相关出版物销售网点
排　版	中国水利水电出版社微机排版中心
印　刷	清淞永业（天津）印刷有限公司
规　格	184mm×260mm　16开本　17印张　414千字
版　次	2014年5月第1版第1次印刷 2023年9月第2版　2023年9月第1次印刷
印　数	0001—2000 册
定　价	**51.00元**

凡购买我社图书，如有缺页、倒页、脱页的，本社营销中心负责调换
版权所有·侵权必究

第 2 版前言

近年来，随着我国社会经济的快速发展，水利建设行业的建设规模和项目建设领域发生了许多新变化。项目技术要求高，建设内容复杂多变，建设周期长等影响因素增加，这对水利工程经济涵盖的范围和从业人员对专业知识的掌握程度提出了新的要求。为了适应这些新变化，与最新的政策法规与市场环境接轨，满足水利行业人才培养的新需求，编者对《水利工程经济学》第 1 版进行了重新修订。

《水利工程经济学》自 2014 年第 1 版出版以来，受到广大读者的认同与肯定。2020 年获得河南省"十四五"普通高等教育规划教材建设立项；2021 年荣获河南省首届教材建设二等奖。与《水利工程经济学》第 1 版相比，本次修订版主要在以下几个方面进行了补充与修订：

（1）结合本教材第 1 版的使用经验，第 2 版重新对章节内容进行了调整。将原第二章和第三章、第十章和第六章进行了调换；原第九章前提到第七章。

（2）按照现行规范、政策、法律法规等增补修订了部分教材内容。例如，在第一章对我国水利工程概况做了较多的补充和说明；依据"营改增""水资源税改革""现行税法"等对第二章内容进行了更新和完善；第六章、第七章结合现行规范更新了水利建设项目国民经济评价和财务评价的内容；第十二章对综合利用水利工程费用分摊方法进行了完善和补充。

（3）增补了大量案例和习题。为了便于理解水利工程经济评价的基本理论和方法，在第二章、第三章、第四章中增补了大量案例和章节习题，附录中增加了等比级数现值复利系数表和 Excel 中常用财务函数及使用说明，方便学生和其他读者学习使用。

（4）利用信息技术创新教材形态。为了增加教材的易理解性和实用性，促进现代信息技术在教学中的应用，使本教材能够更好地满足新形势下课程教学与实践需要，第 2 版为新形态一体化教材。教材制作了共计 60 余个学习视频、文件和课件资源，并通过二维码的形式展示在教材每个章节，主要包括重难点讲解、典型案例讲解、Excel 财务实操等，便于读者学习使用。

本书第一章、第二章由李彦彬编写；第三章由王松林编写；第五章、第八章由和吉编写；第四章、第六章、第七章由闫旖君编写；第九章、第十章由张淙皎编写；第十一章、第十二章由李立峰编写。附录由闫旖君编写。全书由李彦彬统稿。本书的编写参考和引用了一些相关文献书籍的论述，编者在此向有关人员致以诚挚的感谢！

由于时间和编者水平有限，书中疏漏和不足之处在所难免，恳请读者批评指正。

编者

2023 年 3 月

第1版前言

水利工程建设在我国国民经济中占有重要地位，水利工程经济作为一门水利工程技术与经济相结合的综合性交叉学科，是以水利工程为对象，利用经济学的理论与分析方法，基于对技术与经济的关系以及技术经济活动规律的认识，研究工程技术要素优化配置，通过效益的分析与计算，以期确定最佳工程技术方案的科学。

水利工程建设迫切需要既掌握工程技术又懂经济的复合型人才，水利专业的学生需熟悉工程经济方面的相关知识，才能适应我国社会主义经济建设的要求。水利工程经济作为水利类专业的课程，对完善工程建设与管理专业技术人才的知识结构具有十分重要的作用。

本书力图全面反映水利工程经济完整的理论方法体系、应用技术及本学科内容的最新进展。通过对本书的学习，能够掌握工程经济分析的基本原理与方法，具备初步的建设工程方案分析与评价能力。

本书由华北水利水电大学王松林副教授、和吉副教授编写。

本书在编写过程中，参考了国内外专家学者关于工程经济学的相关著作和论述，在此向他们表示衷心的感谢。

本书几经修改，由于编写时间仓促，加之作者水平有限，书中错误和不妥之处在所难免，恳请读者批评指正。

编者
2013 年 11 月

数字资源清单

第一章

序号	名称	资源类型
1.1	水利工程经济概述	视频、PPT

第二章

序号	名称	资源类型
2.1	投资与资产	视频、PPT
2.2	成本、费用和效益	视频、PPT
2.3	收入、税金和利润	视频、PPT
2.4	建设期利息计算和偿还	视频、PPT

第三章

序号	名称	资源类型
3.1	资金的时间价值	视频、PPT
3.2	现金流量图	视频、PPT
3.3	利息和利率	视频、PPT
3.4	一次支付现值和终值公式	视频、PPT
3.5	分期等付期值公式和基金存储公式	视频、PPT
3.6	本利年摊还公式和分期等付现值公式	视频、PPT
3.7	等差递增和递减公式	视频、PPT
3.8	Excel 计算终值	视频
3.9	Excel 计算现值	视频
3.10	Excel 计算年值	视频
3.11	Excel 计算折现率	视频
3.12	Excel 计算期数	视频

第四章

序号	名称	资源类型
4.1	净现值和净年值	视频、PPT
4.2	内部收益率	视频、PPT

续表

序号	名称	资源类型
4.3	静态和动态投资回收期	视频、PPT
4.4	独立型方案经济评价	视频、PPT
4.5	互斥型方案经济评价	视频、PPT
4.6	相关方案经济评价	视频、PPT
4.7	Excel计算内部收益率	视频
4.8	Excel计算净现值	视频

第六章

序号	名称	资源类型
6.1	国民经济评价	视频、PPT
6.2	效益费用比	视频、PPT

第七章

序号	名称	资源类型
7.1	财务评价方法	视频、PPT
7.2	财务评价报表	视频、PPT
7.3	调整所得税计算	视频、PPT
7.4	偿债能力分析指标	视频、PPT

第八章

序号	名称	资源类型
8.1	盈亏平衡分析	视频、PPT
8.2	敏感性分析	视频、PPT
8.3	Excel敏感性分析	视频

第九章

序号	名称	资源类型
9.1	固定资产折旧费	视频、PPT

第十二章

序号	名称	资源类型
12.1	综合利用水利工程的投资费用分摊	视频、PPT
12.2	案例分析	视频、PPT

目　录

第 2 版前言
第 1 版前言
数字资源清单

第一章　绪论 …………………………………………………………………… 1
第一节　概述 …………………………………………………………………… 1
第二节　我国水利工程概况 …………………………………………………… 4
第三节　国内外水利经济发展概况 …………………………………………… 8
第四节　本课程的性质与主要内容 …………………………………………… 11
第五节　水利工程建设项目的建设程序及其内容 …………………………… 14

第二章　工程经济要素与估算 ………………………………………………… 18
第一节　工程经济要素的构成 ………………………………………………… 18
第二节　工程投资估算 ………………………………………………………… 23
第三节　产品成本与费用的构成与估算 ……………………………………… 30
第四节　营业收入、营业税金及附加估算 …………………………………… 35
第五节　利润估算 ……………………………………………………………… 39
习题 ……………………………………………………………………………… 40

第三章　现金流量与资金的时间价值 ………………………………………… 42
第一节　基本概念 ……………………………………………………………… 42
第二节　资金时间价值的计算 ………………………………………………… 45
第三节　资金等值计算 ………………………………………………………… 53
习题 ……………………………………………………………………………… 56

第四章　投资方案评价与选择 ………………………………………………… 58
第一节　投资方案评价概述 …………………………………………………… 58
第二节　经济评价指标 ………………………………………………………… 64
第三节　多方案的经济效果评价 ……………………………………………… 76
习题 ……………………………………………………………………………… 88

第五章　建设项目资金筹措 …………………………………………………… 90
第一节　概述 …………………………………………………………………… 90

第二节　建设项目筹资渠道 ································ 91
　　第三节　项目融资方式 ···································· 92
　习题 ·· 102

第六章　建设项目国民经济评价 ································ 103
　　第一节　概述 ·· 103
　　第二节　建设项目国民经济评价的效益与费用 ················ 105
　　第三节　建设项目国民经济评价参数 ························ 108
　　第四节　国民经济评价指标及报表 ·························· 115
　习题 ·· 118

第七章　建设项目财务评价 ···································· 120
　　第一节　概述 ·· 120
　　第二节　建设项目财务评价的方法 ·························· 124
　　第三节　项目财务评价案例分析 ···························· 141
　习题 ·· 155

第八章　风险与不确定性分析 ·································· 156
　　第一节　风险与不确定性概述 ······························ 156
　　第二节　盈亏平衡分析 ···································· 158
　　第三节　敏感性分析 ······································ 161
　　第四节　风险分析 ·· 165
　习题 ·· 169

第九章　设备更新分析 ·· 171
　　第一节　概述 ·· 171
　　第二节　设备大修理的技术经济 ···························· 174
　　第三节　设备经济寿命的确定 ······························ 175
　　第四节　设备更新方案的比选 ······························ 177
　习题 ·· 181

第十章　价值工程 ·· 183
　　第一节　价值工程原理 ···································· 183
　　第二节　价值工程的实施步骤 ······························ 186
　　第三节　方案创新及评价 ·································· 195
　习题 ·· 197

第十一章　建设项目的后评价 ·································· 198
　　第一节　建设项目后评价概述 ······························ 198
　　第二节　建设项目后评价内容 ······························ 200
　　第三节　建设项目后评价方法及程序 ························ 205
　习题 ·· 209

第十二章　水利工程经济评价分析···210
　　第一节　综合利用水利工程的投资费用分摊·································210
　　第二节　城镇水利工程供水价格及经济分析·································216
　　第三节　防洪工程经济分析···221
　　第四节　治涝工程经济分析···225
　　第五节　灌溉工程经济分析···228
　　第六节　水力发电工程经济分析···231
附录一　复利系数表··236
附录二　Excel 中常用财务函数及使用说明····································257
参考文献··259

第一章 绪 论

第一节 概 述

一、工程经济学的发展

工程经济学的主要应用领域是建筑业。近年来，建筑业在国民经济中的重要地位越发突显。虽然 2020 年遭受新冠肺炎疫情的严重冲击，但我们仍然创造了奇迹，在全球主要经济体中唯一实现经济正增长。2020 年全年全社会固定资产投资 527270 亿元，其中，全年全社会建筑业增加值 72996 亿元，比上年增长 3.5%，建筑业作为国民经济的支柱产业，其作用日益突出。

基础设施建设领域的生产经营活动，需要用工程经济学来研究其经济问题和经济规律，寻求技术与经济的最佳结合，投资决策和经济评价等将是重要的基础工作，需要掌握工程经济学的理论知识、技术方法，有效地解决建设工程项目中的实际问题。

19 世纪以来，随着科学技术的快速发展，在工程中可供选择的技术方案越来越多。如何以经济效益为标准，把多个技术上可行的方案进行比较，作出评价，从中优选出最佳方案的问题，就越加突出，越加复杂。于是，产生了工程经济学这门科学。

工程经济学的鼻祖美国土木工程师亚瑟姆·惠灵顿（Arthur M. Wellington）在《铁路布局的经济理论》中指出，工程经济并不是建造艺术，而是一门少花钱多办事的艺术。这是最早的一本工程经济方面的著作。亚瑟姆·惠灵顿首次将资本化的成本分析方法应用于铁路最佳长度及路线曲率的选择，从而开创了工程领域的经济评价工作。

20 世纪初，戈尔德曼（O. B. Goldman）在他的《财务工程学》中提出了用相对价值的复利模型来分析各个方案的比较值。他指出工程师的最基本责任是考虑成本，以获得财务利润的最大化。

1930 年，格兰特（E. L. Grant）在《工程经济学原理》一书中指出了古典工程经济的局限性，并以复利计算为基础，讨论了判别因子和短期投资评价的重要性，以及资本长期投资的一般比较。他的许多贡献获得了社会承认，被誉为"工程经济学之父"。20 世纪 50 年代，工程经济学受管理经济学和企业财务管理学科的影响，研究内容逐渐扩大到投资分配和市场供求方面。1961 年，乔尔·迪安教授在《资本预算》中提出了资金限额分配的现代经济分析方法。20 世纪 60 年代以后，工程经济学的研究主要集中在不确定性和风险分析、宏观经济研究等方面。

此后，工程经济学在美国得到了进一步的发展和完善，形成了相当完整的学术领域，同时，工程经济学在其他国家也得到了广泛的重视及应用，如苏联的部门经济分析，英国的业绩分析，日本的经济性工程学，我国的技术经济学等都属于工程经济学的范畴。

二、工程经济学的相关概念

1. 工程经济学

一般认为工程经济学是以工程技术为主体，以技术经济系统为核心来研究工程领域中经济问题和经济规律的科学。

2. 工程

工程是指人们应用科学的理论和技术的手段来完成较大而复杂的具体实践活动，工程的范围很大，包括土木工程、市政工程、水利工程等。

3. 技术

技术是人类在认识自然、改造自然和解决社会问题过程中积累起来的，并在实践中所运用的劳动手段与知识的总和。

4. 经济

"经济"一词具有多个层面的含义，一般有：

（1）生产关系，是指人类社会发展到一定阶段的经济制度，是生产、分配、交换和消费关系的总和，是上层建筑赖以存在的基础。

（2）国民经济的总称或国民经济的组成。

（3）社会生产和再生产的过程，即物质资料的生产、交换、分配、消费的现象和过程。

（4）资源的节约及有效使用。

工程经济学研究是指资源的节约及有效使用研究，如何以有限的投入获得最大的产出。

三、工程经济学的研究范围

工程经济学的研究范围非常广泛，涉及工程技术和经济领域的各个方面和层次，贯穿到工程建设的全过程：

（1）企业的发展战略、产品开发、组织创新、流程再造等。

（2）产品方案、合理规模、材料选样、能源选择、地址选择、技术选择、设备选择、协调匹配、资金筹措、环保措施等。

（3）工程项目前期工作中的工程经济问题：①工程项目的可行性研究，具体表现为对投资效果的计算分析，评价投资效果的合理性；②工程项目的技术经济论证，对项目的技术经济条件进行分析。

（4）工程项目实施阶段的工程经济问题，主要涉及勘测、设计、采购、施工等环节。

（5）工程项目运行阶段的工程经济问题，主要是为满足或改善卫生、安全、功能（保温、采光、通风等）、效果（室内装饰、环境美化）、维修等方面要求的工程经济问题，如工程项目的寿命周期成本分析。

四、工程经济学的研究对象

工程经济学的研究对象是工程项目，进一步讲，是工程技术的经济问题，也就是工程技术的经济效果。具体而言，研究对象包括工程实践的经济效果、技术与经济的辩证关系、技术创新对技术进步与经济增长的影响等几个方面。

五、工程经济学的研究内容

工程经济学的研究内容主要包括工程经济要素，以及建设项目的资金、不确定性和风险分析、可行性、评价等，具体内容如下。

1. 工程经济要素研究

主要是对工程项目的投资、成本、费用、折旧、收入、利润、税金等进行分析研究。

2. 建设项目资金研究

主要是对资金的时间价值、资金的筹措、固定资产的更新进行分析和研究，对投资方案进行评价和选择。

3. 建设项目不确定性和风险分析研究

主要是应用盈亏分析、敏感性分析和概率分析方法，对建设项目进行分析，为决策提供依据。

4. 建设项目可行性研究

在市场调研的基础上，运用多种科学（包括技术科学、社会学、经济学等）手段，在建设项目投资前，进行技术的先进性、经济的合理性、财务的盈利性、投资的安全性、建设的可行性、项目的必要性，以及资源节约、环境友好等方面的分析研究，确保建设项目以最小的投入获取最佳的效果。

5. 建设项目评价

采用价值工程技术，对建设项目进行功能分析与评价；运用工程经济学的基本原理、分析方法和一定的指标体系，对建设项目进行财务评价、国民经济评价以及项目后评价。

六、工程经济学的学科特点

1. 综合性

工程经济学是自然科学和社会科学之间的边缘学科，具有综合性的特点。其理论基础和研究方法综合了政治学、哲学、法学、社会学、文化学、管理学、经济学、会计学、数学和工程技术学等多种学科的基本理论和方法。它研究的问题往往是多目标、多因素的。因此，在分析和处理工程经济问题时，需要用多学科的知识进行分析与评价。

2. 系统性

任何一个工程项目都是由若干相互联系、相互影响的单元组成的整体，且都是在一定的客观环境中进行的，都要受到社会、政治和经济等客观条件和自然环境的限制。

因此，必须将影响其效果的全部因素纳入一个系统中进行综合考虑。而在分析其效果时，不仅要分析项目本身的直接效果，还要分析与其相关的间接效果；不仅要研究其给企业带来的经济效益，还要研究它所产生的国民经济效益和社会效益。

3. 预测性

工程经济学分析的重点着眼于未来，对将要实施的技术政策、技术措施、技术方案等，进行预先的分析评价和预测，使之更接近实际，从而避免盲目性。

4. 定量性

通过对工程项目各种技术方案进行客观、合理、完善的评价，用定量分析的结果为定性分析提供依据，不进行定量分析，就无法进行技术方案的经济性评价，经济效果也无法衡量，也无法进行方案的比较和选择。

5. 实用性

工程经济学研究的课题及分析的方案均来源于工程实际，并紧密结合生产技术和经济活动进行，其研究成果直接用于生产实践，并在其中加以验证。

第二节 我国水利工程概况

一、水利工程建设在我国国民经济中的地位及概况

（一）水利工程建设在我国国民经济中的地位

水利工程建设在我国国民经济中占基础产业的重要地位。新中国成立以来，我们党领导开展了大规模水利工程建设，特别是党的十八大以来，以习近平为核心的党中央高度重视水利工作。2016—2020年，习近平总书记多次赴长江沿线考察，推动沿江省份共抓大保护、不搞大开发。2019—2020年，习近平总书记4次考察黄河，主持召开黄河流域生态保护和高质量发展座谈会，强调"让黄河成为造福人民的幸福河"。特别是2014年3月14日，习近平总书记在第十八届中央财经领导小组第五次会议上关于保障国家水安全发表重要讲话，明确提出"节水优先、空间均衡、系统治理、两手发力"治水思路，为水利改革发展提供了根本遵循和行动指南。172项全局性、战略性的节水供水重大水利工程加快实施。党的十九大报告把水利摆在九大基础设施网络建设之首，重大水利工程建设进入新的历史机遇期。

"十三五"以来，中央相继作出了加快水利改革发展、保障国家水安全、实行最严格水资源管理制度、推进重大水利工程建设、加强水污染防治等一系列决策部署。加强新老水问题的综合治理、系统治理、源头治理，长江三峡、南水北调东中线一期工程、淮河出山店水库、江西峡江水利枢纽等一大批重大水利工程建成发挥效益，水利改革发展取得重大成就，形成了世界上规模最大、范围最广、受益人口最多的水利基础设施体系。2020年涉及防洪减灾、水资源优化配置、水生态保护修复等内容的150项重大水利工程有序推进，巨量水利投资为经济高质量发展注入强劲动能，水利工程促就业稳增长保民生作用凸显。

（二）我国水利事业主要成就

目前，我国已基本建成较为完善的江河防洪、农田灌溉、城乡供水等水利工程体系，水利工程规模和数量跃居世界前列。各类水库从新中国成立前的1200多座增加到近10万座，总库容从200多亿m^3增加到9000多亿m^3，5级以上江河堤防达30多万km，是新中国成立之初的7倍多，大江大河干流基本具备了防御新中国成立以来最大洪水的能力。水资源"四横三纵、南北调配、东西互济"配置格局逐步形成，全国水利工程供水能力达8700多亿m^3。

1. 防灾减灾方面

已基本建成以堤防为基础、江河控制性工程为骨干、蓄滞洪区为主要手段、工程措施与非工程措施相结合的防洪减灾体系，洪涝和干旱灾害年均损失率分别降低到0.28%、0.05%，水旱灾害防御能力明显增强。目前全国已建成防洪标准5级以上的江河堤防32万km，水库9.88万座。

2. 水资源配置方面

水资源配置格局实现全局性优化。以跨流域调水工程、区域水资源配置工程和重点水

源工程为框架的"四横三纵、南北调配、东西互济"的水资源配置格局初步形成，南水北调东中线一期工程通水以来，共有395亿 m^3 的长江水一路北上，受益人口超1.2亿。全国水利工程供水能力超过8700亿 m^3，城乡供水保障能力显著提升。最严格水资源管理制度已全面建立，从宏观到微观的水资源管控体系基本建成，水资源刚性约束作用明显增强。

3. 农田水利方面

全国农田有效灌溉面积增加到10.37亿亩，有力保障了国家粮食安全。"十三五"期间，中央启动实施农村饮水安全巩固提升工程，全国农村集中供水率达到88%，83%以上农村人口用上安全放心的自来水，农村群众为吃水发愁、缺水找水的历史宣告终结。

4. 水生态保护方面

通过实施国家节水行动、强化水资源刚性约束、全面建立河湖长制，我国水资源利用方式实现深层次变革，江河湖泊面貌实现历史性改善。地下水超采综合治理、河湖生态补水、水土流失防治等水生态保护修复工程扎实推进。华北地区地下水超采综合治理全面实施，"节""控""调""管"多措并举，地下水水位下降趋势得到有效遏制。2021年底京津冀治理区浅层地下水水位较2018年同期总体上升1.89m，深层地下水水位平均回升4.65m，永定河实现26年来首次全线通水，白洋淀生态水位保证率达到100%，潮白河、滹沱河等多条河流全线贯通，水生态环境面貌呈现持续向好态势。

5. 水利管理与法律法规方面

适应市场经济要求的水利工程建设管理体制机制逐步建立，由单一的财政预算内拨款逐渐转变为以政府投资为主导、社会投资为补充的多元化多层次多渠道的新格局。工程建设管理专业化市场化水平进一步提高，项目法人责任制、招标投标制、建设监理制、合同管理制全面推行，水利建设市场准入制度和市场监管体制日趋完善。初步形成以水法为核心的水法规体系，基本形成统一管理与专业管理相结合、流域管理与行政区域管理相结合以及中央与地方分级管理的水利管理体制机制，依法治水、科学治水更加有力。2021年3月，《中华人民共和国长江保护法》颁布实施，开启了流域管理有法可依的崭新局面。

6. 水利改革与科技创新方面

水权水市场制度建设、水价改革、水利工程建设管理等领域的改革深入推进，成效显现。2014年全国水权改革试点启动，2016年国务院办公厅印发了《关于推进农业水价综合改革的意见》，水权水价水市场改革深入推进。水利科技创新能力不断增强，科技进步贡献率达到60%，在泥沙研究、坝工技术、水文监测预报预警、水资源配置等诸多领域处于国际领先水平。

(三) 当前水利事业发展形势

受特殊自然地理气候条件和经济社会发展条件制约，加之流域和区域水资源情势动态演变，我国水利发展不平衡不充分问题依然突出，水资源水生态水环境承载能力仍面临制约，解决河湖生态环境问题仍需付出艰苦努力，极端天气影响下的水旱灾害风险隐患仍是必须全力应对的严峻挑战。

1. 水利发展不平衡不充分问题依然突出

当前，我国水利发展的总体态势向好，但水资源空间分布与人口经济布局、国土空间利用格局不匹配的问题依然突出。还有近70%的城市群、90%以上的能源基地、65%的粮食主产区缺水问题突出，已经成为对应区域发展的瓶颈，难以满足经济社会高质量发展的要求。一方面，水资源水环境承载能力面临瓶颈制约，河湖生态环境问题长期累积凸显，流域和区域水资源情势动态演变，水旱灾害、病险水库等风险隐患带来严峻挑战；另一方面，应对经济发展风险挑战、保障经济发展稳中求进对水利的要求更高，人民群众对水旱灾害防御的安全性及良好水资源水生态水环境需求日益增长。

2. 水安全风险隐患仍长期存在

我国水资源时空分布极不均衡，夏汛冬枯、北缺南丰，水旱灾害多发频发。水利既面临着水旱灾害、工程失事等直接风险，也影响到经济安全、粮食安全、能源安全、生态安全。我国自然气候地理的本底条件，水资源时空分布与经济社会发展需求不匹配的基本特征，以及流域防洪工程体系、国家水网重大工程尚不健全的现状，决定了当前和今后一个时期防洪安全、供水安全、水生态安全中的风险隐患仍客观存在。

3. 极端天气影响下水旱灾害频发

我国是全球气候变化的敏感区和显著影响区。近年来，受全球气候变化和人类活动影响，我国气候形势越发复杂多变，水旱灾害的突发性、异常性、不确定性更为突出，局地突发强降雨、超强台风、区域性严重干旱等极端事件明显增多。2021年，郑州"7·20"暴雨最大小时降雨量达201.9mm，突破了我国大陆小时降雨量的历史极值；黄河中下游秋汛时间之长、洪量之大，历史罕见；塔克拉玛干沙漠地区发生洪水，淹没面积达到300多km^2；与此同时，南方丰水地区的珠江流域降雨持续偏少，珠江三角洲部分地区遭遇60年来最严重旱情。在极端天气的超标准载荷下，水利工程隐患极易集中暴发，形成灾害链放大效应。随着全球气候变化加剧、极端天气增多，我国水旱灾害多发重发的态势只会加强、不会减弱。

4. 流域防洪工程体系不完善

在水库安全方面，病险水库数量多、除险加固任务重，部分水库泄洪能力不足、安全监测设施不全、管理体制机制不顺。在河道及堤防方面，中小河流缺乏系统治理，一些河流行洪能力不足，难以支撑防洪精准调度，部分河流堤防未达到设计标准，水利基础设施系统化网络化智能化程度不高。在蓄滞洪区方面，一些蓄滞洪区建设严重滞后，建筑物年久失修、老化病险，安全设施严重不足，难以安全、精确、及时启用。在法规制度方面，水法规体系不完善，安全度汛制度不健全等。

二、推动新阶段水利高质量发展的主要任务

深入落实习近平总书记"节水优先、空间均衡、系统治理、两手发力"治水思路和关于治水重要讲话精神，完整、准确、全面贯彻新发展理念，统筹发展和安全，推动新阶段水利高质量发展，着力提升水旱灾害防御能力、水资源集约节约利用能力、水资源优化配置能力、大江大河大湖生态保护治理能力。

1. 完善流域防洪工程体系

坚持人民至上、生命至上，深入落实"两个坚持、三个转变"防灾减灾救灾理念，补好灾害预警监测短板，补好防灾基础设施短板，全面构建抵御水旱灾害防线。以流域为单元，构建主要由河道及堤防、水库、蓄滞洪区组成的现代化防洪工程体系，提高标准、优

化布局，全面提升防洪减灾能力。加快江河控制性工程建设，加快病险水库除险加固，提高洪水调蓄能力。实施大江大河大湖干流堤防建设和河道整治，加强主要支流和中小河流治理，严格河湖行洪空间管控，提高河道泄洪能力。加快蓄滞洪区布局优化调整，实施蓄滞洪区安全建设，确保关键时刻能够发挥关键作用。

2. 实施国家水网重大工程

坚持全国一盘棋，科学谋划国家水网总体布局，遵循确有需要、生态安全、可以持续的重大水利工程论证原则，以自然河湖水系、重大引调水工程和骨干输配水通道为纲，以区域河湖水系连通工程和供水渠道为目，以具有控制性功能的水资源调蓄工程为结，加快构建"系统完备、安全可靠，集约高效、绿色智能，循环通畅、调控有序"的国家水网，协同推进省级水网建设，全面增强我国水资源统筹调配能力、供水保障能力、战略储备能力。因地制宜完善农村供水工程网络，加强现代化灌区建设，打通国家水网"最后一公里"。

3. 复苏河湖生态环境

以提升水生态系统质量和稳定性为核心，树立尊重自然、顺应自然、保护自然的生态文明理念，坚持山水林田湖草沙一体化保护和系统治理，加强河湖生态治理修复，实施河湖水系综合整治，开展母亲河复苏行动，实施"一河一策""一湖一策"，维护河湖健康生命，实现河湖功能永续利用。深入推进地下水超采治理，科学配置工程措施、植物措施、耕作措施，扎实推进水土流失综合治理，提升水源涵养能力。

4. 推进智慧水利建设

按照"需求牵引、应用至上、数字赋能、提升能力"原则，以数字化、网络化、智能化为主线，全面推进算据、算法、算力建设，加快建设数字孪生流域、数字孪生水利工程。针对物理流域全要素和水利治理管理全过程，构建天、空、地一体化水利感知网和数字化场景，实现数字孪生流域多维度、多时空尺度的智慧化模拟，建设具有预报、预警、预演、预案功能的智慧水利体系，支撑科学化精准化决策，实现水安全风险从被动应对向主动防控转变。

5. 建立健全节水制度政策

坚持节水优先、量水而行，全面贯彻"四水四定"原则，推进水资源总量管理、科学配置、全面节约、循环利用，从严从细管好水资源，精打细算用好水资源。强化水资源刚性约束，严控水资源开发利用总量，严格节水指标管理，严格生态流量监管和地下水水位水量双控，严格规划和建设项目水资源论证、节水评价。健全初始水权分配和用水权交易制度，推进用水权市场化交易，创新完善用水价格形成机制，深入推进水资源税改革，建立健全节水制度政策。深入实施国家节水行动，强化节水定额管理、水效标准监管，推进合同节水管理和节水认证工作，深化农业节水增效、工业节水减排、城镇节水降损，建设节水型社会，全面提升水资源集约节约安全利用水平。

6. 强化水利体制机制法治管理

强化河湖长制，压紧压实各级河湖长责任，持续清理整治河湖突出问题，保障河道行洪通畅，维护河湖生态空间完整。坚持流域系统观念，强化流域统一规划、治理、调度和管理。完善水法规体系，建立水行政执法跨区域联动、跨部门联合机制，强化水行政执法与刑事司法衔接、与检察公益诉讼协同，依法推进大江大河大湖保护治理。坚持政府作用和市场机制协同发力，深入推进多元化水利投融资、水生态产品价值实现机制、水流生态保护补偿机制等重点领域和关键环节改革，加快破解制约水利发展的体制机制障碍，完善适应高质量发展的水治理体制机制法治体系，为全面建设社会主义现代化国家提供有力的保障。

第三节　国内外水利经济发展概况

一、美国水利经济发展概况

1930年格兰特（E. L. Grant）编著的《工程经济学原理》一书，首次系统地阐述动态经济计算方法。

1936年国会通过的《防洪法案》，规定兴建的防洪工程与航道整治工程，其所得的效益应超过所花的费用。

1946年成立"联邦河流流域委员会效益费用分会"，制订比较完善的水资源工程经济分析方法。

1950年该分会提出《河流流域工程经济分析方法的建议》，其中有净效益最大法、效益费用比法和可分费用——剩余效益分摊法等。

1962年参议院批准《水土资源规划的原则和评价标准》的文件。该文件规定水资源工程须用于促进国民经济的发展，保护国家的自然资源，提高全体人民的福利水平。

1969年颁布了《国家环境政策法》，要求在规划中重视环境保护问题。从此水资源工程评价除了要考虑经济效益外，还要同时注意环境保护问题。

1973年水资源理事会提出《水土资源规划的原则和标准》，提出编制水土资源规划的目标，要考虑国家经济的发展和对环境的影响，要求建立一套系统分析的资料，为方案比较提供基础。

1978年修订上述《水土资源规划的原则和标准》时，提出今后除考虑工程本身的投资外，还要同时安排环境保护的投资；在进行经济分析时，要求按修订的准则计算工程费用和工程效益，保证最佳经济有效和对环境有益的工程获得优先施工。

1980年水资源理事会制订《水资源工程评估程序》，提出除进行效益、费用分析外，还须同时研究地下水与地表水的水质、水量等问题，要充分考虑保护水资源，保护环境，注意生态平衡。

二、苏联水利经济发展概况

苏联水利工程全部由国家控制，实行计划经济，由国家机构制订计划并拨款兴建各项水利工程。虽然不像美国以市场经济为主，存在着激烈的竞争，但同样注意建设资金的经济效果，在各部门、各工程项目、各建设方案之间进行广泛的经济考核和经济比较。

20世纪20年代初期，在编制俄罗斯电气化计划时，利用价值和实物指标对不同方案进行经济比较。

20世纪30年代，有人认为经济效率系数就是"资金利润率"，属于资本主义经济的范畴，因而加以激烈反对，提出以劳动量作为价值的主要尺度，在编制计划和选择工程项目时，主要考虑的是满足国民经济的发展需要和节约总劳动消耗量，而不是所选方案的最大利润。也有人提出用各种指标体系例如劳动生产率、产品质量、资金占用量、成本等进行综合经济分析。

20世纪40年代，有人主张在方案比较选择时，应利用价值指标对经济效果进行分析，并提出社会主义生产价格＝成本＋投资×某一额定系数。当时也有人提出：要重视计划的作用，不能对价值作用估计过高。

20世纪50年代初期，在工程方案比较中，已引进了抵偿年限法和年折算费用最小法。这一阶段建设资金是由国家无偿拨付，不考虑利息，不考虑资金的时间价值，即方案比较采用所谓静态经济分析方法。

20世纪60年代初期，公布了《确定基本建设投资和新技术效果的标准计算方法》。规定国民经济各部门的投资经济效果必须采用的基本原则和计算方法。在此基础上水利部门制订了投资经济效果计算规程，其中规定工程方案比较要以抵偿年限和年折算费用作为衡量工程取舍的标准，并规定水利工程的抵偿年限不得大于10年。

20世纪70年代初期，颁布了《标准方法》（第二版），提出经济比较要考虑资金的时间因素，不同时期资金的换算系数（相当于年利率）为0.08，同时规定水利工程的标准抵偿年限为8年，相应的标准投资效益系数为0.12。

20世纪90年代后，学术界开始认识到，生产性投资与非生产性投资要当作一个整体进行研究，发展生产与改善人民生活条件具有同样重要意义。

三、我国水利经济发展概况

我国水利建设历史悠久，早在2000多年前即已建成世界闻名的都江堰水利灌溉工程，当时已有粗略的水利经济估算，例如约需费用折合稻米若干石，能灌溉农田若干亩。

近代水利经济研究，始于冀朝鼎在20世纪30年代编著的《中国历史上的基本经济区与水利事业的发展》一书。

新中国成立前，我国大型水利工程的经济计算方法是学习欧美的效益费用比和净效益等考虑资金时间价值的动态经济分析方法，例如扬子江三峡工程开发方案的初步研究。

新中国成立后，我国开始大规模兴修水利工程，当时水利工程的经济计算方法广泛采用苏联在20世纪50年代的不考虑资金、时间、价值的静态经济分析方法，例如抵偿年限法以及年折算费用最小法等。基本上把苏联的一套水利经济计算方法照搬过来，与我国水利建设的实际情况结合不够，但当时工程建设比较实事求是，国民经济各部门基本上是有计划按比例发展的，加上当时各种有利条件，水利建设成绩很大，工程经济效益是比较好的。

从20世纪50年代末期至1978年十一届三中全会召开前的20年间，我国水利经济工作主要受到极"左"思想的干扰、"十年动乱"的破坏和计划经济体制的制约，忽视必要的经济评价工作，以致有些工程投资大，工期长，效益小，甚至得不偿失。由于没有按照客观经济规律办事，使我国水利建设事业遭受了许多不可弥补的损失，水利工程经济理论研究工作几乎全部陷于停顿状态。

十一届三中全会以后，由于实行对外开放政策，对内搞活经济，以计划经济为主、市场经济为辅，一再强调要千方百计地提高国民经济各部门的经济效益。

1982—1985年，有关部门先后制订了《电力工程经济分析暂行条例》《水力发电工程经济评价暂行规定》《小水电经济评价暂行条例》《水利工程水费核订、计收和管理办法》以及《水利经济计算规范（试行）》（SD 139—85）等，使水利水电工程在规划、设计、运行管理等各个环节中的经济评价工作，均有了明确的指导准则和比较具体的计算方法，为水利水电工程经济评价工作的开展及水利水电工程经济理论和实践的迅速发展，均奠定了良好的基础。

1987年9月，由原国家计划委员会组织编制、经审查批准后正式颁布了《建设项目经济评价方法与参数》（以下简称《方法与参数》），该书由"关于建设项目经济评价工作的暂行规定""建设项目经济评价方法""建设项目经济评价参数"和"中外合资经营项目经济评价方法"4个规定性文件以及13个应用案例组成。

《方法与参数》一书对经济评价工作的管理，以及经济评价的程序、方法、指标等都做了明确的规定和具体的说明，并第一次发布了各类经济评价参数。

此后，为了提高经济评价方法的科学性、实用性和可操作性，又在1993年和2006年先后进行了修订，发布了《方法与参数》第二版和第三版。《方法与参数》第三版借鉴了世界银行、亚洲开发银行和英国财政部等机构发布的经济评价指导手册和研究成果，细化并补充了财务费用和效益的识别和估算方法，财务评价较之前有较大调整。

1994年，水利部水利水电规划设计总院对原《水利经济计算规程》进行了修订，修订后更名为《水利建设项目经济评价规范》（SL 72—94）。《水利建设项目经济评价规范》包括国民经济评价和财务评价。国民经济评价应从国家整体角度，采用影子价格，分析计算项目的全部费用和效益，评价项目的经济合理性；财务评价从项目核算角度，采用财务价格，分析测算项目的财务支出和收入，考察项目的盈利能力和清偿能力，评价项目的财务可行性。

2013年，水利部水利水电规划设计总院发布了《水利建设项目经济评价规范》（SL 72—2013），该规范是在《水利建设项目经济评价规范》（SL 72—94）基础上修订得到的，主要技术内容有：国民经济评价、财务评价、资金来源与融资方案、不确定性分析和风险分析、方案经济比选方法、费用分摊、改扩建项目的经济评价、区域经济和宏观经济影响分析、经济评价综合分析等。

我国水利经济研究和实践，虽然起步比较晚，但通过引进吸收国外先进成果，紧密结合我国水利建设中迫切需要解决的问题开展研究，进展很快。在某些理论和方法方面已达到或接近世界先进水平，有些方面也颇具特色，如既从宏观上研究水利事业在国民经济中的地位和作用，又研究水利工程项目经济评价的理论和方法；水利投融资改革成效显著，利用地方政府专项债券模式，开展水利利用政策性贷款、推进水利基础设施政府与社会资本合作模式等形式，积极引导各类社会资本参与水利建设运营，盘活水利存量资产。但在水利经济分析论证制度化和法律化、水价与水资源税改革、水法治体系建设等方面有待继续不断深化。

四、我国水利工程经济评价的主要特点

1. 动态分析与静态分析相结合，以动态分析为主

现行方法强调考虑时间因素，利用复利计算方法将不同时间内效益费用的流入和流出

折算成同一时间点的价值，为不同方案和不同项目的经济比较提供了相同的基础，并能反映出未来时期的发展变化情况。在评价过程中可以根据工作阶段和深度要求的不同，计算静态指标，进行辅助分析。

2. 定量分析与定性分析相结合，以定量分析为主

经济评价的本质要求是通过效益和费用的计算，对项目建设和生产过程中的诸多经济因素给出明确、综合的数量概念，从而进行经济分析和比较。现行方法采用的评价指标力求能正确反映生产的产出（效益）和投入（费用）的关系。但是一个复杂的建设项目，总是会有一些经济因素不能量化，不能直接进行数量分析，对此则应进行实事求是、准确地定性描述，并与定量分析相结合进行评价。

3. 全过程经济效益分析与阶段性经济效益分析相结合，以全过程分析为主

经济评价的最终要求是要考察项目计算期的经济效益。现行方法强调把项目评价的出发点和归宿点放在全过程的经济分析上，采用了能够反映项目整个计算期内经济效益的净效益、内部收益率等指标，并以这些指标作为经济方面项目取舍的依据。

4. 宏观效益分析与微观效益分析相结合，以宏观效益分析为主

对项目进行经济评价不仅要看项目本身获利多少，有无财务生存能力，还要考察项目的建设和运营对国民经济有多大的贡献以及需要国民经济付出多大代价。现行经济评价的内容包括国民经济评价和财务评价。国民经济评价与财务评价均可行的项目应予通过；反之应予否定。国民经济评价结论不可行的项目，一般应予否定。对某些国计民生急需的项目，如国民经济评价结论好，但财务评价不可行的项目，可进行"再设计"，必要时可提出采取经济优惠措施的建议。

5. 价值量分析与实物量分析相结合，以价值量分析为主

项目评价中，要设立若干价值指标和实物指标，现行方法强调把物资因素、劳动因素、时间因素等量化为资金价值因素，在评价中对不同项目或方案都用可比的同一价值量进行分析，并据此判别项目或方案的可行性。

6. 预测分析与统计分析相结合，以预测分析为主

进行项目经济评价，既要以现有状况水平为基础，又要做好有根据的预测。现行方法强调，进行经济评价，在对效益费用流入、流出的时间、数额进行常规预测的同时，还要对某些不确定性因素和风险性做出估计，包括敏感性分析和风险分析。

第四节　本课程的性质与主要内容

一、本课程的性质

水利工程经济学是一门技术专业课。水利工程经济学应用工程经济学中的基本原理和一般计算方法，具体解决水利水电建设工程中的有关经济问题和技术管理问题。

本课程是一门与时俱进的课程，将随着国民经济的发展和科学技术水平的提高而不断补充、修改和更新其内容。

水利工程经济学又是一门对水利行业政策、技术措施和工程方案进行经济效果评价的专业课程。通过对经济效果的评价和论证，确定行业政策的方向，技术措施的优劣，工程

方案经济上的合理性和财务上的可行性。因比，研究水利工程经济，不但具有理论上的指导作用，而且更为重要的是用理论解决水利工程中的实际经济问题。

水利工程经济学主要研究在本专业领域内的经济效果理论，衡量经济效果的指标体系，以及评价经济效果的计算方法等。具体言之，水利工程经济问题就是在满足防洪、除涝、灌溉、供水或发电等要求的条件下，如何用最少的投入获得最大的产出。所谓投入是指在生产过程中所需付出的全部资金，其中包括一次性投资和各年所需的年运行管理费用，即指在建设、生产期内所需全部物化劳动和活劳动的总和。所谓产出，指生产出来的各种有用成果，如总产值、净产值、利润和国民收入等。产出和投入之比，称为经济效果或投资效果。用最少的资金取得尽可能大的经济效果，是水利工程规划中优选方案的基本目的。在方案的比选过程当中，除了经济效果外，还常用"经济效益"，效益是指有益的效果。这不包括有害的效果或不好的效果。

$$经济效益 = \frac{产出（效益）}{投入（费用）}$$

水利工程方案的选择，除进行上述经济分析或经济评价外，尚须从政治、社会、技术、环境等多方面进行综合分析、全面评价，才能最终选出最佳方案。

为了满足一定的国民经济发展要求，一般可以采用不同的技术措施进行方案比较，经过技术经济论证，从中选择经济效果比较有利的方案。无论在项目建议书、可行性研究、初步设计、施工图设计以及电站建成后的运行管理阶段，均有大量的经济分析工作。所有从事规划、设计、施工和管理的工程技术人员都应研究这门课程，以便掌握有关工程经济的理论和计算方法。

二、本课程的主要内容

通过本课程的学习，要求掌握工程经济学中的基本理论与方法，使学生在进行工程经济评价与分析中，能够考虑各种制约因素，正确识别水利建设项目的效益与费用。要求掌握运用工程经济基本理论与方法，使学生能够选择合适的评价指标，运用合理的评价方法，对水利工程项目单一项目或多个项目方案进行经济评价。培养学生认真、细致的学习态度，在水利建设项目经济评价与分析中遵守法律法规，秉持实事求是的态度。以下分述本课程的主要内容。

1. 工程经济要素与估算

工程经济要素是摸清工程项目投入和产出的基础。本章重点介绍了工程经济要素的构成，工程投资的构成、估算及其与各类资产的关系，总成费用和经营成本的概念及其构成，营业收入、税金和利润之间的关系。工程经济要素是进行工程经济评价的基础，本章概念多，知识点比较零散，在学习时建议梳理各要素之间的关系，借助关系图理解学习，事半功倍。

2. 现金流量与资金的时间价值

在进行工程经济评价时，需要考虑资金时间价值的影响。这部分内容是本课程的基础。本章首先介绍了现金流量的基本概念及现金流量的表示方法，在此基础上，主要介绍资金时间价值和资金等值计算的有关问题。其中，资金时间价值是基本概念，等值计算公式是基本方法，两者应结合学习，才能建立资金时间价值的新概念，掌握复利的计算方法。

3. 投资方案评价与选择

水利工程无论在规划、设计、施工、运行等各个阶段，常常采用方案比较方法，对投资方案进行比较与选择。多方案的比较，首先要分析方案之间的可比性，然后确定各方案之间的关系类型，再根据相应的类型选择对应的方法进行比较和选择。本章系统介绍了项目经济评价的静态、动态评价指标的计算、评价标准和方法。从不同方案之间的关系出发，介绍了各种评价指标在方案比选中的方法，再结合其他因素进行论证分析后，从中选出最优方案。

4. 建设项目资金筹措

本章主要从怎么获取建设项目资金的角度，介绍了建设项目资金筹措的概念与分类、项目资金筹措的渠道、项目融资的方式和特点。

5. 建设项目国民经济评价

国民经济评价是建设项目经济评价的重要组成部分，是从国家角度衡量工程项目的经济合理性。本章在介绍国民经济评价内容和程序的基础上，系统阐述了国民经济评价中费用和效益的识别，并介绍了国民经济评价用到的报表、参数、评价指标等内容。

6. 建设项目财务评价

当建设项目从全社会看国民经济评价是合理的，从本企业或本部门看财务评价是可行的，在这两个条件下该项目才能成立。财务评价是工程经济的核心内容，它既是工程经济学原理的应用，又是其理论的深化。本章主要介绍了财务评价与国民经济评价之间的区别和联系，财务评价的内容、基本步骤、评价报表，以及如何通过盈利能力分析、偿债能力分析和财务生存能力分析判别项目可行性。

7. 风险与不确定性

由于工程经济要素的未来变化带有不确定性，加之预测方法的局限性，使得实际经济效果偏离预测值，从而给投资者带来投资风险。本章为了能正确识别项目风险、估计项目风险大小、衡量项目对外部条件变化的承受能力，主要介绍了不确定分析的概念，不确定性产生的原因，不确定性分析的作用，盈亏平衡分析、敏感性分析和风险分析的分析方法。

8. 设备更新分析

设备更新分析实际上就是选择什么样的方式对设备磨损进行补偿，以及什么时间补偿进行经济分析。本章首先介绍设备磨损的概念、设备磨损的补偿方式、设备经济寿命的概念。在此基础上，介绍设备更新和租赁的经济分析方法。

9. 价值工程

价值工程是研究如何以最少的人力、物力、财力和时间获得必要的功能的技术经济分析方法。本章主要介绍价值工程的原理、实施步骤以及方案创新及评价。

10. 建设项目的后评价

建设项目的后评价是在项目建成并运用一段时间以后对项目进行回顾评价，分析项目的成败得失，总结项目的经验教训，提出进一步提高项目效益的意见和建议。本章主要介绍建设项目后评价的内容、特点、方法和程序。

11. 水利工程经济评价分析

本章首先介绍了综合利用水利工程的投资费用分摊方法，然后将工程经济学的基本原理应用到城镇供水工程、防洪工程、治涝工程、灌溉工程和水力发电工程的经济分析中。

第五节　水利工程建设项目的建设程序及其内容

工程项目建设程序是指工程项目从策划、评估、决策、设计、施工到竣工验收、投入生产或交付使用的整个建设过程中，各项工作必须遵循的先后工作次序。工程项目建设程序是工程建设过程客观规律的反映，是建设工程项目科学决策和顺利进行的重要保证。

一、工程项目建设的特点

1. 建设地点的固定性

任何建设项目，在建成后位置是固定的，在什么地方建设，就在什么地方提供生产能力或使用效益。因此，对准备投资的项目，必须进行充分的可行性研究，认真进行勘察调查，搞清拟建地点的资源情况、工程地质和水文地质情况，以及一切有关的自然条件和社会条件，根据工业的合理布局和有关协作要求，慎重地选择建设地点。

2. 工程建设用途的特定性

一切投资项目，不论是生产性建设还是非生产性建设，也不论其规模大小，都是根据特定的用途进行的，每一项工程都是为发挥其特定的用途来设计的。因此，对某项拟建工程都要在事先有明确的概念，即产品或建设的规模多大，选用什么设备、生产流程或标准，建造什么样的建筑物和构筑物等，都要预先设计，才能进行施工和购置。

3. 工程项目建设程序的固定性

工程项目建设程序的建设过程，就是固定资产和生产能力或使用效益的形成过程，根据这一发展过程的客观规律，构成了建设工作程序的主要内容。

根据水利部《水利工程建设项目管理规定（试行）》（水建〔1995〕128号，2016年第2次修正）和水利工程建设程序管理暂行规定（水建〔1998〕16号，2019年第4次修正），水利工程建设程序一般包括：项目建议书、可行性研究报告、施工准备、建设实施、生产准备、竣工验收、项目后评价等阶段。

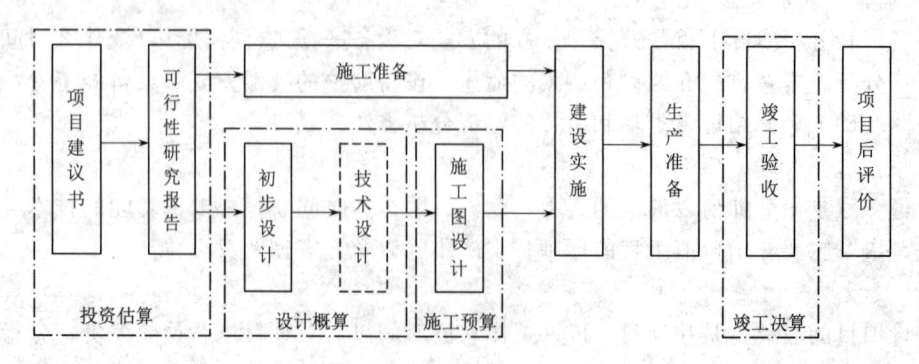

图 1.1　水利工程建设程序示意图

第五节 水利工程建设项目的建设程序及其内容

这些阶段和环节，各有其不同的工作内容，它们互相之间联系在一起，并有其客观的先后顺序。所谓按程序办事，不仅仅是遵照其先后顺序，更重要的是注意各阶段工作的内在联系，确定各阶段工作的深度、标准，以便为下一阶段工作的开展提供有利条件，才能使整个建设过程的周期有缩短的可能性。

工程项目建设程序是人们长期在工程项目建设实践中得出来的经验总结，不能任意颠倒，但可以合理交叉。

二、策划决策阶段

决策阶段，又称为建设前期工作阶段，主要包括编报项目建议书和可行性研究报告两项工作内容。

1. 项目建议书

对于政府投资工程项目，编报项目建议书是项目建设最初阶段的工作。

其主要作用是为了推荐建设项目，以便在一个确定的地区或部门内，以自然资源和市场预测为基础，选择建设项目。

项目建议书经批准后，可进行可行性研究工作，但并不表明项目非上不可，项目建议书不是项目的最终决策。

在该阶段提出项目开发目标和任务，对拟建项目的建设条件进行调查和必要的勘察，择优选定建设地点和规模等，论证工程建设的必要性，初步分析工程项目建设的可行性与合理性。

2. 可行性研究

可行性研究是在项目建议书被批准后，对项目在技术和经济上是否可行所进行的科学分析和论证，通常包括论证项目兴建的必要性、技术可行性、经济合理性、财务盈利性等内容。经过批准的可行性研究报告是项目决策和进行初步设计的依据。可行性研究报告由项目法人（或筹备机构）组织编制。项目法人是指投资方组建的对项目策划、资金筹措、建设实施、生产经营、债务偿还核对资产保值增值全面负责的企业管理组织。

可行性研究报告按国家现行规定的审批权限报批。申报项目可行性研究报告，必须同时提出项目法人组建方案及运行机制、资金筹措方案、资金结构及回收资金的办法。可行性研究报告经批准后不得随意修改和变更，在主要内容上有重要变动应经原批准机关复审同意。项目可行性报告批准后，应正式成立项目法人，并按项目法人责任制实行项目管理。

三、施工准备和设计阶段

（一）施工准备

项目可行性研究报告已经批准，年度水利投资计划下达后，项目法人即可开展施工准备工作，其主要内容包括：施工现场的征地、拆迁；完成施工用水、电、通信、路和场地平整等工程；必须的生产、生活临时建筑工程；实施经批准的应急工程、试验工程等专项工程；组织招标设计、咨询、设备和物资采购等服务；组织相关监理招标，组织主体工程招标准备工作。

（二）设计阶段

设计阶段一般划分为两个阶段，即初步设计阶段和施工图设计阶段，对于大型复杂项目,可根据不同行业的特点和需要,在初步设计阶段之后增加技术设计阶段。

1. 初步设计

初步设计是设计的第一步,它是根据批准的可行性研究报告所作的具体实施方案,目的是阐明在指定的地点、时间和投资控制数额内,拟建项目在技术上的可能性和经济上的合理性,并通过对工程项目所作出的基本技术经济规定,编制项目总概算。

初步设计文件报批前,一般须由项目法人对初步设计中的重大问题组织论证。设计单位根据论证意见,对初步设计文件进行补充、修改、优化。初步设计由项目法人组织审查后,按国家现行规定权限向主管部门申报审批。

初步设计文件经批准后,主要内容不得随意修改、变更。如有重要修改、变更,须经原审批机关复审同意。如果初步设计提出的总概算超过可行性研究报告总投资的10%或其他主要指标需要变更时,要重新报批可行性研究报告。

2. 施工图设计

施工图设计是工程项目建设实施的依据。它是在批准的初步设计或技术设计的基础上,根据施工与建筑安装工作的需要,进行的详细而具体的设计,编制施工图预算。一般中小型工程只做初步设计、施工图设计,有时甚至两者合一。

技术设计是针对技术上复杂或有特殊要求的建设项目增加的一个设计环节,是为了进一步解决初步设计中的重大技术问题而提出的,并在初步设计总概算的基础上编制修正总概算。

四、建设实施与生产准备阶段

1. 建设实施

建设实施阶段是指主体工程的建设实施,项目法人按照批准的建设文件,组织工程建设,保证项目建设目标的实现;水利工程具备《水利工程建设项目管理规定(试行)》规定的开工条件后,主体工程方可开工建设。项目法人或者建设单位应当自工程开工之日起15个工作日内,将开工情况的书面报告报项目主管单位和上一级主管单位备案。

2. 生产准备

生产准备是项目投产前所要进行的一项重要工作。项目法人应按照建管结合和项目法人责任制的要求,适时做好有关生产准备工作。生产准备一般包括:生产组织准备;招收和培训人员;生产技术准备;生产的物资准备;正常的生活福利设施准备;及时具体落实产品销售合同协议的签订。

五、竣工验收与项目后评价阶段

1. 竣工验收

水利工程在投入运行前要进行竣工验收。竣工验收是工程建设的最后一环,是全面考核项目建设成果,检验设计和工程质量的重要步骤,对促进建设项目及时投产充分发挥投资效果,总结建设经验都具有重要作用。当建设项目的建设内容全部完成,并经过单位工程验收,符合设计要求,完成竣工报告、竣工决算等必须文件的编制后,项目法人按《水利工程建设项目管理规定(试行)》规定,向验收主管部门提出申请,根据国家和水利部颁布的验收规程组织验收。

第五节 水利工程建设项目的建设程序及其内容

2. 项目后评价

建设项目竣工投产后，一般经过1~2年生产运营后，要进行一次系统的项目后评价，主要内容包括：影响评价，项目投产后对各方面的影响进行评价；经济效益评价，项目投资、国民经济效益、财务效益、技术进步和规模效益、可行性研究深度等进行评价；过程评价，对项目的立项、设计施工、建设管理、竣工投产、生产运营等全过程进行评价。通过建设项目的后评价以达到肯定成绩、总结经验、研究问题、吸取教训、提出建议、改进工作，不断提高项目决策水平和投资效果的目的。

第二章　工程经济要素与估算

第一节　工程经济要素的构成

一、工程项目投资

（一）投资的概念

投资是指人们有目的的经济行为，即以一定的资源投入某项计划，以获得所期望的报酬的过程。投资是人们在社会经济活动中为实现某种预定的目标而预先垫付的资金。

（二）建设项目总投资构成

建设项目总投资是指建设项目自前期工作开始至建成投产达到设计规模时所投入的全部资金，由建设投资（固定资产投资）、建设期利息和流动资金投资组成，非生产性建设项目总投资不含流动资金投资。需要特殊说明的是，根据《水利建设项目经济评价规范》（SL 72—2013），水利建设项目总投资包括固定资产投资和建设期利息。

建设项目总投资构成如图2.1所示。

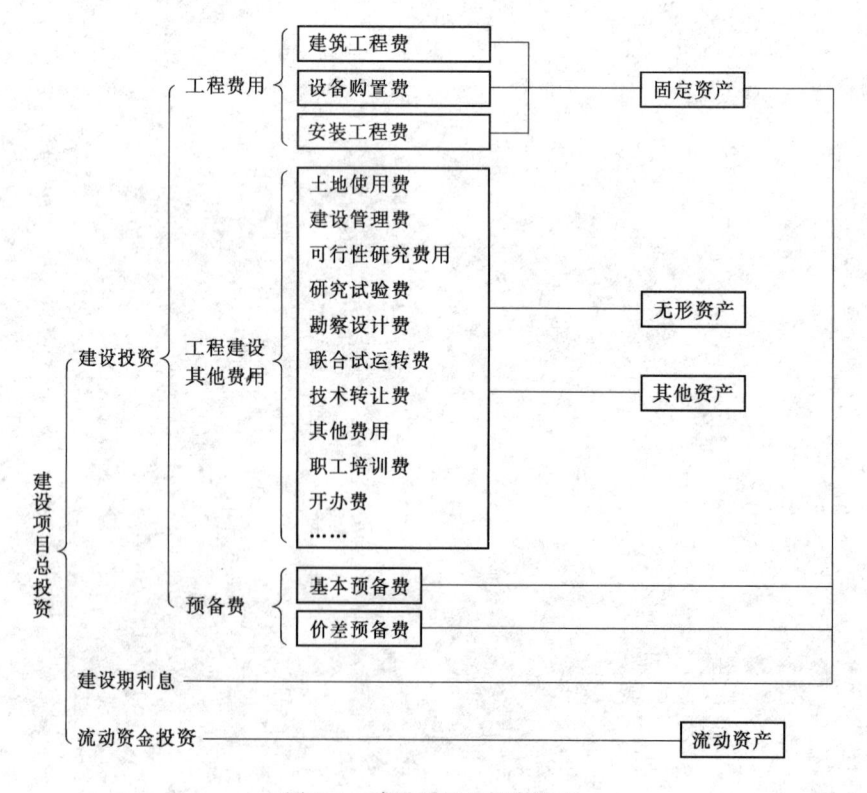

图2.1　建设项目总投资构成

1. 建设投资

建设投资是指在项目筹建与建设期间所花费的全部建设费用。

(1) 按照概算法可以将建设投资分为工程费用、工程建设其他费用和预备费三部分。

1) 工程费用：由建筑工程费、设备购置费（含工、器具及生产家具购置费）和安装工程费构成。如修建水工建筑物和土建工程费用、机电设备和金属设备及安装工程费。

2) 工程建设其他费用：主要包括建设单位管理费、工程建设监理费、科研勘测设计费、生产准备费、工程保险费、联合试运转费、工程质量检测费、工程咨询审查费、建设征地移民安置补偿费、水土保持工程投资、环境保护工程投资等。

3) 预备费：主要是投资过程中因不确定因素的出现而造成的投资额的变化，包括基本预备费和价差预备费。基本预备费是指在投资估算时无法预见今后可能出现的自然灾害、设计变更、工程内容增加等情况而需要增加的投资额。价差预备费是指项目在建设期内，由于物价上涨因素而需要增加的投资额。

(2) 建设投资又可根据随时间变化的关系分为静态投资和动态投资两部分。所谓静态投资是指建筑安装工程费、设备和工具购置费、工程建设其他费、基本预备费，它们相对不随时间的变化而变化。动态投资则包含价差预备费和建设期利息，这两项是随时间的变化而变化的投资。

2. 建设期利息

建设期利息是指在项目筹建与建设期内发生并应计入固定资产原值的利息，包括借款（或债券）利息及手续费、管理费等。

3. 流动资金投资

流动资金投资是指工业项目投产前预先垫付，用于在投产后购买原材料、燃料动力、支付工资、支付其他费用以及被在产品、产成品等占用，以保证生产和经营正常进行的投资。流动资金是指运行期内长期占用并周转使用的运营资金，通常是以现金及各种存款、存货、应收及预付款项等流动资产的形态出现。

项目开始投产以后，要靠流动资金来维持生产的继续进行，生产过程中，流动资产完全改变其实物形态，并将其价值一次性地转移到新产品中去。作为成本的一部分，待产品销售后，即收回原先垫付的流动资金。如此往复周转下去，在整个项目寿命期结束时，全部流动资金才能退出生产与流通，以货币资金的形式被回收，成为项目寿命期末的一项可回收的现金流。因此，流动资金循环状况直接反映资金运用的好坏，同时也是评价企业整个经济活动状况的一个重要指标。

(三) 更新改造投资

在某些建设项目的运行期，为了维持固定资产的正常运行，需要投入一定的用于固定资产更新和技术改造的投资，称为更新改造投资。水利工程更新改造投资主要用于机电、金属结构等设备的有效使用寿命到期更换。如果更新改造投资投入后延长了固定资产的使用寿命，或使产品质量实质性提高、成本实质性降低等，使可能流入企业的经济利益增加，需将该固定资产投资计入固定资产原值，并计提折旧；否则该投资只能费用化，不形成新的固定资产。

(四)投资所形成的资产

(1) 固定资产：指使用期限超过一年，单位价值在规定标准以上，并且在使用过程中保持其原有物质形态不变的资产，包括房屋及建筑物、机器设备、运输设备、工具、器具等。固定资产在使用过程中由于存在磨损，会使其价值逐渐减少。固定资产磨损所引起的价值损失，可在经济寿命期内通过提取折旧费的方式予以补偿。

(2) 无形资产：指企业或单位拥有或者控制的没有实物形态的可辨认非货币资产。如专利权、非专利技术、商标权、著作权、土地使用权等。

(3) 流动资产：指可以在一年内或超过一年的一个营业周期内变现或耗用的资产。总投资中的流动资金与流动负债共同构成流动资产。

(4) 其他资产：指除固定资产、无形资产、流动资产、长期投资以外的其他资产，如长期待摊费用等。

(五)固定资产造价

固定资产造价也即固定资产净投资，是构成工程固定资产的价值。

$$固定资产净投资 = 固定资产投资 - 净回收余额 - 转移的投资 - 应核销的投资 \tag{2.1}$$

(1) 净回收余额：指建设期末可回收的净残值，也即残值减去清理费后的余值。水利工程可回收的残值主要包括临时工程残值、施工机械和设备的残值。临时性的工程残值主要指临时性的房屋、通信线路、金属结构及其他可以回收的设施。

(2) 应核销的投资：与固定资产形成无关的投资，如职工培训费、施工单位转移费、劳保支出等。

(3) 转移的投资：水利工程完建后移交给其他部门或地方继续使用的工程设施投资。如为工程建设所修建的公路、永久性桥梁、码头及专用的电缆、电线等投资。

固定资产形成率是固定资产造价与固定资产投资的比值。它是反映投资效果的一个指标，固定资产形成率越高，投资效果越好。水利水电工程的固定资产形成率一般为 0.80～0.90。

二、工程项目收入

收入是指企业在日常活动中形成的、会导致所有者权益增加的、与所有者投入资本无关的经济利益的总流入，包括销售商品收入和提供劳务收入。对于工程项目来讲，工程项目收入主要是指营业收入，是工程项目建成投产后销售产品或提供服务等取得的收入。如水利建设项目水力发电、供水等出售水利产品的收入，防洪、治涝等提供的服务。

此外，还有与正常经营活动无关的补贴收入，主要包括非流动资产处置利得、非货币性资产交换利得、债务重组利得、政府补助等。如依据国家规定的补助定额计算的定额补助和属于国家财政扶持领域的政府补贴收入、亏损补贴、减免增值税转入等其他形式补助收入。

三、成本和费用

(一)总成本费用构成

总成本费用是指在运营期内为生产、销售产品或提供服务所发生的全部费用。成本和费用是两个不同的概念，成本是指企业在一定的时间内为生产销售一定的产品、提供一定的劳务而发生的各项费用支出的总和。费用是指企业为生产和销售商品、提供劳务等日常活动所发生的各种支出。

1. 按照制造成本法

按照制造成本法，总成本费用包括制造成本和期间费用两部分。如图2.2所示。

(1) 制造成本。是指企业为生产经营商品和提供劳务等发生的各项直接支出，包括直接人工费用、直接材料费用、制造费用以及其他直接费用。

其中直接人工费用是指在生产过程中直接从事产品生产、加工而发生的工人的工资性消耗，它包括直接从事产品生产人员的工资、补贴和奖金等。

直接材料费用是指在生产过程中直接为产品生产而消耗的各种物资，包括原材料、辅助材料、备品配件、外购半成品、燃料、动力、包装物等费用。

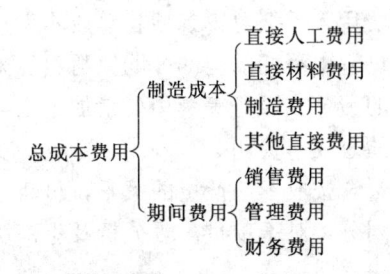

图2.2 制造成本法总成本费用的组成

制造费用是发生在生产单位的间接费用，指生产部门为组织产品生产和管理生产而发生的各项费用，包括生产单位管理人员的工资、职工福利费以及生产单位房屋建筑物、机械设备的折旧费、修理维护费、机械物资消耗费用、低值易耗费、取暖费、水电费、办公费、差旅费、运输费、保险费、设计制图费、试验检验费、劳动保护费等。

(2) 期间费用。是指发生在生产期间，但又不计入成本的各种费用，包括销售费用、管理费用和财务费用。

1) 销售费用。是指企业在销售商品过程中发生的费用，包括企业销售商品过程中发生的运输费、装卸费、包装费、保险费、展览费和广告费，以及为销售本企业商品而专设的销售机构（含销售网点、售后服务网点等）的职工工资及福利费、类似工资性质的费用、业务费等经营费用。

2) 管理费用。是指企业为组织和管理企业生产经营所发生的管理费用，包括企业的董事会和行政管理部门在企业的经营管理中发生的，或者应当由企业统一负担的公司经费（包括行政管理部门职工工资、修理费、物料消耗、低值易耗品摊销、办公费和差旅费等）、工会经费、待业保险费、劳动保险费、董事会费、聘请中介机构费、咨询费（含顾问费）、诉讼费、业务招待费、房产税、车船使用税、土地使用税、印花税、技术转让费、矿产资源补偿费、无形资产摊销、职工教育经费、研究与开发费、排污费、存货盘亏或盘盈（不包括应计入营业外支出的存货损失）、计提的坏账准备和存货跌价准备等。

项目评价中不需要计算这么详细，但这些是估算的一个参考内容。

3) 财务费用。财务费用指企业为筹集生产经营所需资金等而发生的费用，包括应当作为期间费用的利息支出（减利息收入）、汇兑损失（减汇兑收益）以及相关的手续费等。

目前成本核算采用制造成本法，即将与生产有密切相关的直接材料费用、直接人工费用和制造费用计入产品成本，而与生产没有直接关系的期间费用计入当期损益，从当期的收入中扣除。

因此，上面的直接人工费用和直接材料费用直接计入产品成本，制造费用不是为生产某件产品发生的费用，而是为生产整批产品而发生的费用，因此，必须经过分摊才能计入产品成本中。销售费用、管理费用和财务费用不能计入产品成本，而应计入企业当期损益，从当期的收入中扣除。

2. 按生产要素分类法

生产要素分类法总成本费用的组成如图2.3所示。这种方法是从估算各种生产要素的费用入手汇总得到项目总成本费用，而不管其具体应归集到哪个产品上，即将生产和销售过程中消耗的全部外购原材料、辅助材料、燃料、动力、人工工资福利以及各种外部提供的劳务或服务等费用要素加上当年应计提的折旧、摊销、财务费用和其他费用，构成项目的总成本费用。

按成本与产量的关系，可将总成本分为固定成本和变动成本。固定成本与变动成本的划分，对于项目盈亏分析及生产决策有重要意义。

(1) 固定成本：指在一定产量范围内不随产量变动而变动的费用，如固定资产折旧费、摊销费、职工工资、修理费、管理费、利息支出等。固定成本总额在一定时期和一定业务量范围内不随产量的增加而变动，但就单位产品成本而言，其中的固定成本部分与产量的增减成反比，即产量增加时，单位产品的固定成本减少。

图2.3 生产要素分类法总成本费用的组成

(2) 变动成本：指总成本中随产量变动而变动的费用，例如直接原材料、直接人工费、直接燃料和劳动力费及包装费等。变动成总额随产量的增加而增加，就单位产品成本而言，变动成本部分是固定不变的。

采用生产要素分类法，不必计算项目内部各生产环节成本结转，同时也较容易计算可变成本、固定成本和进项税额。投资分析中多采用这种方法。

（二）经营成本

经营成本是工程经济分析中现金流量分析使用的特定概念，经营成本也称付现成本，是在一定期间内由于生产和销售产品及提供劳务而实际发生的现金支出。水利建设项目用年运行费来表示经营成本。

经营成本属于工程项目的现金流出，数量上等于项目总成本费用扣除固定资产折旧费、无形资产摊销及其他资产摊销费和利息支出等以后的差额。

$$经营成本＝总成本费用－折旧费－摊销费－利息支出 \qquad (2.2)$$

或

$$经营成本＝外购原材料费、燃料和动力费＋工资及福利费$$
$$＋修理费＋其他费用 \qquad (2.3)$$

经营成本是项目运营期的生产经营费用，不包括折旧费、摊销费和利息支出。由于投资已在期初作为一次性支出计入现金流出，所以不能再以折旧费和摊销费的形式计为现金流出，否则会重复计算。另外，项目融资前分析是在不考虑债务融资条件下的财务分析，为了能在完成建设投资和营业收入后，就可以估算经营成本，给项目融资前分析提供数据，经营成本也不包括利息支出。

四、税金

税金是指企业或纳税人根据国家税法规定应该向国家缴纳的各种税款。税金是企业和纳税人为国家提供资金积累的重要方式，也是国家对各项经济活动进行宏观调控的重要杠杆。税收是国家凭借政治权力参与国民收入分配与再分配的一种方式，具有强制性、无偿性和固定性的特点。

近些年来，国家实施了多项财税改革措施，颁布了多项减税和税费改革政策。2017年11月19日国务院公布《关于废止〈中华人民共和国营业税暂行条例〉和修改〈中华人民共和国增值税暂行条例〉的决定》，在全国范围内实行取消营业税，改征增值税（简称营改增）。为促进水资源节约、保护和合理利用，2016年财政部、国家税务总局和水利部颁布《水资源税改革试点暂行办法》，自2016年7月1日起在河北省率先实施水资源税改革试点。次年，《扩大水资源税改革试点实施办法》（财税〔2017〕80号）公布，自2017年12月1日起在北京、天津、山西、内蒙古、河南等9个省（自治区、直辖市）扩大水资源税改革试点。征收水资源税的，停止征收水资源费。

我国现行税收制度包含的税种有10多种，水利建设项目应缴纳的相关税金主要有以下几种。

1. 增值税

增值税是以商品生产和流通中各环节的新增价值或商品附加值为征税对象的一种流转税。凡在中国境内销售货物或提供加工、修理修配劳务以及进口货物的单位和个人，都是纳税人。

2. 水资源税

水资源税是以各种应税自然资源为课税对象、为调节资源级差收入并体现资源有偿使用而征收的一种税种。水资源税的纳税人为直接从江河、湖泊（含水库）和地下取用水资源的单位和个人。

3. 销售税金及附加

包括教育附加费和城市维护建设税。教育附加费的目的是加快地方教育事业的发展，扩大地方教育经费来源。教育附加费是以纳税人实际缴纳的增值税、消费税为计征依据而征收的一种专项附加费。城市维护建设税是为了加强城市的维护建设，扩大和稳定城市维护建设资金的来源而征收的税种。

4. 企业所得税

在我国境内的企业，包括国有企业、集体企业、私营企业、联营企业、股份制企业等内资企业及外商投资企业和外国企业，应当就其生产、经营所得，缴纳企业所得税。

五、利润

利润是企业在一定的期间生产经营活动中的最终成果，是收入与费用的差值。企业利润是企业扩大再生产的重要资金来源。

如果收入大于费用，企业的净利润为正，说明企业盈利；如果收入小于费用，企业的净利润为负，说明企业亏损。所以，利润指标能够综合反映出企业的管理水平和经营水平。

第二节　工程投资估算

一、工程投资估算及其特点

工程投资估算是指在项目投资决策过程中，依据现有的资料和特定的方法。对建设项目的投资数额进行的估计和测算。对工程项目的建设规模、技术方案、设备方案、工程方案及项目实施进度等进行研究并基本确定的基础上，估算项目投入总资金并测算建设期内分年资金需要量。

投资估算可作为制定融资方案、进行经济评价以及编制初步概算的依据，是项目决策的重要依据之一，准确、全面地估算建设工程项目的投资额是项目可行性研究乃至整个工程项目投资决策阶段的重要任务。

投资估算是决策性质的文件，具有重要的作用：
(1) 投资估算是投资决策的依据。
(2) 投资估算是制定项目融资方案的依据。
(3) 投资估算是进行项目经济评价的基础。
(4) 投资估算是编制初步设计概算的依据，对初步设计起控制作用。

投资估算是初步设计前期各阶段工作中作为论证拟建项目在经济上是否可行的重要文件，但是，由于建设前期工作阶段的条件限制，未能预见因素较多，技术条件不具体等，所以，工程项目投资估算有以下特点：
(1) 估算条件轮廓性大，假设因素多，技术条件内容粗浅。
(2) 估算技术条件伸缩性大。估算难度大，反复次数多。
(3) 估算数值误差大，准确度低。
(4) 估算工作涉及面广，政策性强，对估算工作人员素质要求高。

二、工程投资估算阶段的划分与精度要求

按工程投资估算的时间和估算精度划分，可以分为以下几个阶段：

第一，投资机会研究阶段的投资估算。该阶段估算工作比较粗略，投资额的估计一般是通过已建成类似项目对比得来，估算精度在±30%，其作用是作为领导部门审查投资机会、初步选择投资项目的主要依据之一，对初步可行性研究及投资估算起指导作用。

第二，初步可行性研究阶段的投资估算。此阶段是在研究投资机会结论的基础上，进一步弄清项目的投资规模、原材料来源、工艺技术、厂址、组织机构、建设进度等情况，进行经济效益评价，判断项目的可行性，做出初步投资评价，估算的精度在±20%。

其作用是作为决定是否进行详细可行性研究的依据之一，同时也是确定哪些关键问题需要进行辅助性专题研究的依据之一。

第三，详细可行性研究阶段的投资估算。详细可行性研究阶段主要是进行全面、详细的技术经济分析论证，对拟建项目的投资方案进行比选，确定最佳投资方案，对项目的可行性做出结论。

该阶段内容翔实、资料全面，投资估算精度应在±10%。此阶段的估算是进行详尽经济评价的阶段，也是编制设计文件、控制初步设计及概算的主要依据。

三、工程项目建设投资估算的依据、要求与步骤

1. 工程项目建设估算依据

投资估算应做到方法科学、依据充分，主要依据有：
(1) 专门机构发布的建设工程造价费用构成、估算指标、计算方法以及其他有关计算工程造价的文件。

(2) 专门机构发布的工程建设其他费用计算办法、费用标准以及政府部门发布的物价指数。

(3) 部门或行业制定的投资估算办法和估算指标。

(4) 拟建项目所需设备、材料的市场价格。

(5) 拟建项目各单项工程的建设内容及工程量。

2. 工程项目建设投资估算精度要求

(1) 工程内容和费用构成齐全，计算合理，不重复计算，不提高或者降低估算标准，不漏项、不少算。

(2) 选用指标与具体工程之间存在标准或者条件差异时，应进行必要的推算或者调整。

(3) 投资估算精度应能满足控制初步设计概算的要求。

3. 建设投资估算步骤

工程项目建设是由许多单项工程构成的，从投资的顺序上看，一般是从建筑工程开始，然后进行设备的购置、安装，因此，建设投资估算的步骤与此基本上是一致的，可以分为：

(1) 分别估算各单项工程费用所需的建筑工程费、设备及工器具购置费、安装工程费。

(2) 在汇总各单项工程费用基础上，估算工程建设其他费用和基本预备费。

(3) 估算涨价预备费和建设期利息。

(4) 估算流动资金。

(5) 计算建设投资总额。

四、工程建设投资估算的方法

(一) 项目建议书阶段和初步可行性研究阶段建设投资估算方法

1. 单位生产能力投资估算法

单位生产能力投资估算法是根据生产能力与建设投资之间存在的数量关系，用类似已建项目单位生产能力投资指标，估算拟建项目建设投资的一种方法。

$$Y_2 = Y_1 \left(\frac{X_2}{X_1}\right) P_f \tag{2.4}$$

式中 X_1——类似项目的生产能力；

X_2——拟建项目的生产能力；

Y_1——类似项目的投资额；

Y_2——拟建项目的投资额；

P_f——物价修正系数（拟建项目建成年份的价格水平与已建成项目投资年份的价格水平之比）。

单位生产能力投资估算在实际中常常应用于建筑物的单方造价，铁路、公路的每公里投资，水力和火力发电站每千瓦装机容量的造价等估算。单位生产能力投资估算法把项目的建设投资与生产能力其关系视为简单的线性关系，这样估算结果的精确度较低，使用时应考虑拟建项目生产能力、工艺条件以及其他条件的可比性，否则误差较大。在实际估算工作中，由于难以找到完全类似的项目，通常是按项目的生产内容、工艺流程、设施装置，把项目进行分解，分别套用类似部门、设施和装置的单位生产能力投资指标计算，然后加总求得总的建设投资费用。

2. 生产能力指数法

生产能力指数法是指根据已建成的、类似的建设项目或生产装置的投资额和生产能力与拟建项目的生产能力估算拟建项目的投资额，也叫装置能力指数法。

$$Y_2 = Y_1 \left(\frac{X_2}{X_1}\right)^n P_f \tag{2.5}$$

式中　n——装置能力指数；

其他符号含义同前。

一般来说，以增加单机（或单台设备）数目来扩大生产能力时，$n=0.8\sim1.0$；主要以增加设备的效率、功率或装置的容量来扩大生产规模时，$n=0.6\sim0.7$；高温、高压的工业性生产工厂，$n=0.3\sim0.5$；一般 n 的平均值大致在 0.6 左右，故该法又称为"0.6 指数法"。

运用指数法估算项目投资的重要条件，是要有合理的装置能力指数。采用生产能力指数法，计算简单，速度快；但要求类似工程的资料可靠，条件基本相同，否则误差就会增大。该方法多用于生产装置估算。

3. 系数估算法

（1）朗格系数法：该方法是以设备购置费为基础，乘以适当系数来推算项目的建设投资。该方法比较简单，没有考虑设备规格、材质的差异，所以估算的准确度不高。

$$Y = Y_Z K_L = Y_Z (1 + \sum K_i) K_c \tag{2.6}$$

式中　Y——建设投资额；

Y_Z——主要设备购置费；

K_L——朗格系数；

K_i——管线、仪表、建筑物等项费用的估算系数；

K_c——管理费、合同费、应急费等间接费在内的总估算系数。

（2）设备厂房系数法：建设投资中，工艺设备投资和厂房土建投资所占比例较大。在拟建项目工艺设备投资和厂房土建投资估算的基础上，对于其他专业工程，参照类似项目的统计资料，与设备关系较大的按设备投资系数计算，与厂房土建关系较大的则以厂房土建投资系数计算，两类投资加起来，再加上拟建项目的其他有关费用，即为拟建项目的建设投资。

4. 比例估算法

（1）设备系数估算法：这种方法以拟建项目的设备购置费为基数，根据已建成的同类项目的建筑安装费和其他工程费用等占设备价值的百分比，求出相应的建筑安装费及其他工程费用等，再加上拟建项目的其他有关费用，总和即为项目或装置的投资。适用于设备投资占比较大的项目。

$$Y = E(1 + f_1 P_1 + f_2 P_2 + f_3 P_3 + \cdots) + I \tag{2.7}$$

式中　　Y——拟建项目的建设投资额；

E——根据拟建项目当时当地价格计算的设备购置费;

P_1、P_2、P_3——已建项目建筑费、安装费和其他工程费等占设备购置费的百分比;

f_1、f_2、f_3——由于时间因素引起的定额、价格、费用标准等变化的综合调整系数;

I——拟建项目的其他费用。

(2) 主体专业系数估算法：这种方法以拟建项目的最主要工艺设备费为基数进行估算。该方法根据同类型的已建项目的有关统计资料，计算出拟建项目的各专业工程（总图、土建、暖通、给排水、管道、电气及电信、自控及其他工程费用等）占工艺设备投资（包括运杂费和安装费）的百分比，据此求出各专业工程的投资，然后把各部分投资（包括工艺设备费）相加求和，再加上拟建工程其他有关费用，即为项目的总投资。

$$Y = E(1 + f_1 P_1' + f_2 P_2' + f_3 P_3' + \cdots) + I \qquad (2.8)$$

式中 P_1'、P_2'、P_3'——拟建项目的建设投资额;

其他符号含义同前。

(二) 可行性研究阶段建设投资估算方法

可行性研究阶段估算精度要求较高，可以采用分类估算法，对构成建设投资的6类投资，即建筑工程费、设备及工器具购置费、安装工程费、工程建设其他费用、基本预备费和价差预备费，分类进行估算。

1. 建筑工程费估算

建筑工程费是指为建造永久性建筑物和构筑物所需要的费用。建筑工程费用的估算方法有单位建筑工程投资估算法、单位实物工程量投资估算法和概算指标投资估算法。前两种方法比较简单，后一种方法要以较为详细的工程资料为基础，工作量较大。

(1) 单位建筑工程投资估算法：是以单位建筑工程量投资乘以建筑工程总量来估算建筑工程费的方法。一般工业与民用建筑以单位建筑面积投资，水库以水坝单位长度投资，乘以相应的建筑工程总量计算建筑工程费。

(2) 单位实物工程量投资估算法：是以单位实物工程量投资乘以实物工程量来估算建筑工程费的方法。土石方按每立方米投资，路面铺设工程按每平方米投资，乘以相应的实物工程量总量计算建筑工程费。

(3) 概算指标投资估算法：在估算建筑工程费时，对于没有上述估算指标，或者建筑工程费占建设投资比例较大的项目，可采用概算指标估算法。建筑工程概算指标通常是以整个建筑物为对象，以建筑面积、体积等为计量单位来确定劳动、材料和机械台班的消耗量标准和造价指标。这种方法需要有较为详细的工程资料、建筑材料价格和工程费用指标，工作量较大。

2. 设备及工器具购置费估算

设备购置费是指为建设项目购置或自制的达到固定资产标准的各种国产或进口设备购置费用。它由设备原价和设备运杂费构成。设备原价指国产设备或进口设备的原价，设备运杂费指关于设备采购、运输、途中包装及仓库保管等方面支出费用的总和。

工器具及生产家具购置费是指新建单位为生产准备所购置的不够固定资产标准的设备、仪器、模具、生产家具和备品备件的费用。其计算方法一般是按设备购置费的费率计算，也有按生产工人人数计算。

3. 安装工程费估算

安装工程一般包括：各种需要安装的机电设备、专用设备、仪器仪表等设备的安装费，各专业工程的管道、管线、电缆等材料费和安装费，以及设备和管道的保温、绝缘、防腐等的材料费用和安装费。投资估算中安装工程费通常是根据行业或专门机构发布的安装工程定额、取费标准进行估算。

4. 工程建设其他费用估算

工程建设其他费用是指建设项目投资除去工程费（建筑工程费、安装工程费、设备和工器具及生产家具购置费）以外的，为保证工程建设顺利完成和交付使用后能够正常发挥效用而发生的各项费用。主要包括建设用地费用（土地征用及迁移补偿费和土地使用权出让金）、与项目建设有关的其他费用（建设管理费、勘察设计费、研究试验费等）、与未来项目运营有关的其他费用（联合试运转费、生产准备费、办公和生活家具购置费等）。工程建设其他费用的计算应结合拟建项目的具体情况，按各项费用的费率或取费标准估算。

5. 基本预备费

基本预备费是应对项目实施中可能发生的难以预料的工程费用。一般以建筑工程费、建筑安装工程费和工程建设其他费用之和为计费基础，乘以基本预备费率进行计算。项目建议书阶段基本预备费率取 15%～18%，可行性研究阶段取 10%～12%，初步设计阶段取 5%～8%。技术复杂、建设难度大的建设项目可以取偏大值。

6. 价差预备费

价差预备费主要包括建设项目在建设期间人工、设备、材料、施工机械的价差费，建筑安装工程费和工程建设其他费用调整，利率、汇率等调整增加的费用。

$$P = \sum_{t=1}^{n} I_t \left[(1+f)^m (1+f)^{0.5} (1+f)^{t-1} - 1 \right] \tag{2.9}$$

式中 P——价差预备费；

n——建设期年份数；

I_t——建设期第 t 年的投资计划额，包括建筑工程费、建筑安装工程费、工程建设其他费用和基本预备费，即第 t 年的静态投资计划额；

f——投资价格指数；

t——建设期第 t 年；

m——建设前期年限（从编制概算到开工建设年数）。

【例 2.1】 某建设项目建筑工程和安装工程费 30000 万元，设备购置费 7000 万元，工程建设其他费用 3000 万元，基本预备费率 5%，项目建设前期年限为 1 年，建设期为 3 年，投资使用计划为：第 1 年 20%，第 2 年 60%，第 3 年 20%。若年均投资价格上涨率为 5%，试计算该项目的基本预备费和价差预备费。

【解】 基本预备费 =（30000+7000+3000）× 5% = 2000（万元）

静态投资 = 30000 + 7000 + 3000 + 2500 = 32000（万元）

第 1 年价差预备费：$P_1 = 32000 \times 20\% \times [(1+5\%)(1+5\%)^{0.5} - 1] = 486$（万元）

第 2 年价差预备费：$P_2 = 32000 \times 60\% \times [(1+5\%)(1+5\%)^{0.5}(1+5\%) - 1] = 2490.7$（万元）

第 3 年价差预备费：$P_3 = 32000 \times 20\% \times [(1+5\%)(1+5\%)^{0.5}(1+5\%)^2 - 1] = 1191.8$（万元）

建设期的价差预备费为：$P = P_1 + P_2 + P_3 = 4168.5$ 万元

五、建设期借款利息的估算

建设期借款利息是指筹措债务资金时在建设期内发生并按规定允许在投产后计入固定资产原值的利息，即资本化利息。建设期利息计算到按设计规定的全部工程完工移交投产为止。投产后到达设计生产能力前的生产期收尾工程的投资借款利息，不作为建设期利息，而是作为运行期利息计入总成本费用。

建设期利息按复利计算。银行实行的是"随支随贷"原则，各年度借款并非在年初一次支出，而是在建设期内各年年内按月、按季均衡发生。所以，前期的借款本息按金额复利计息，当年的借款视为年中使用，按半年计息，其计算公式如下：

$$\text{建设期借款利息} = \left(\text{年初借款本息累计} + \frac{\text{本年借款额}}{2}\right) \times \text{年利率} \quad (2.10)$$

在具体进行项目经济评价时，应对贷款机构的贷款条件、发放时间、利息计算、费用情况（指承诺费、管理费等）了解清楚，再进行估算。

【例 2.2】 某新建供水项目，建设期为 3 年，共向银行贷款 1000 万元，其中：第 1 年贷款 200 万元，第 2 年贷款 500 万元，第 3 年贷款 300 万元，贷款年利率 5%，试计算该项目建设期借款利息。

【解】 第 1 年应计利息 $= 200/2 \times 5\% = 5$（万元）

第 1 年末本息和 $= 200 + 5 = 205$（万元）

第 2 年应计利息 $= (205 + 500/2) \times 5\% = 22.75$（万元）

第 2 年末本息和 $= 205 + 500 + 22.75 = 727.75$（万元）

第 3 年应计利息 $= (727.75 + 300/2) \times 5\% = 43.89$（万元）

建设期借款利息 $= 5 + 22.75 + 43.89 = 71.64$（万元）

六、流动资金估算

流动资金估算的主要方法有扩大指标估算法和分项详细估算法。

1. 扩大指标估算法

扩大指标估算法是按照同类项目流动资金占某种基数的比率来估算流动资金的一种方法。一般常用的基数有：销售收入、经营成本、总成本费用、固定资产投资等，所用的比率根据经验确定，或依行业与部门给定的参考值确定。扩大指标估算法简便易行，但准确度不高，常被用于项目建议书阶段流动资金的估算。根据《水利建设项目经济评价规范》（SL 72—2013），当缺乏资料时，灌溉、供水工程可按月运行费的 1.5 倍或按年运行费的 8%~10% 计算流动资金；水电站工程根据工程规模可采用 10~15 元/kW 计算。

2. 分项详细估算法

分项详细估算法是按照流动资金的构成分析计算并汇总。估算思路是，先按照方案各年生产运行的强度，估算出各大类流动资产的最低需要量，汇总以后减去该年估算出的正常情况下的流动负债（应付账款），就是该年所需的流动资金，再减去上年已注入的流动资金，就得到该年的流动资金的增加额。当项目达到正常生产运行水平后，流动资金就可不再注入，它是对构成流动资金的各项流动资产和流动负债逐项并分年进行估算。

流动资金估算可按照下列公式分项详细估算：

$$流动资金 = 流动资产 - 流动负债 \tag{2.11}$$

$$流动资产 = 应收账款 + 预付账款 + 存货 + 现金 \tag{2.12}$$

$$流动负债 = 应付账款 + 预收账款 \tag{2.13}$$

$$流动资金本年增加额 = 本年流动资金 - 上年流动资金 \tag{2.14}$$

流动资产和流动负债各项估算具体的步骤是首先计算各类流动资产和流动负债的年周转次数，然后再分项估算占用资金额。

周转次数等于360天除以最低周转天数。存货、现金、应收账款和应付账款的最低周转天数，可参照同类企业的平均周转天数并结合项目特点确定。对于存货中的外购原材料、燃料，要根据不同品种来源，考虑运输方式和距离等因素来分别确定。

流动资金属于长期性资金，流动资金的筹措可通过长期负债和资金融资方式来解决。流动资金借款部分的利息应计入财务费用，项目计算期期末回收全部流动资金。

估算项目建设投资、建设期利息和流动资金，应根据项目计划进度的安排，编制分年度投资计划表。

第三节 产品成本与费用的构成与估算

这里重点介绍按照生产要素分类法构成估算总成本费用。

$$总成本费用 = 外购原材料费、燃料及动力费 + 工资福利费 + 修理费 + 其他费用 + 折旧费 + 摊销费 + 财务费用（利息支出） \tag{2.15}$$

（一）外购原材料费估算

主要是指水利建设项目运行维护过程中自身需要消耗的原材料、原水、辅助材料、备品备件等。估算时可根据临近地区近3年同类水利建设项目统计资料分析计算。水电站项目在缺乏资料时可按2～5元/kW计算。

（二）燃料及动力费估算

主要是指水利工程运行过程中的抽水电费、北方地区冬季取暖费及其他所需的燃料费等。抽水电费应根据泵站特性、抽水水量和电价等计算确定；取暖费以取暖建筑面积作为计算依据；其他费用可根据临近地区近3年同类水利项目统计资料分析计算。

（三）工资福利费

主要指为获得职工提供的服务而给予各种形式的报酬以及其他相关支出。工资福利费主要包括职工工资（指工资、奖金、津贴和补贴等各种货币报酬）；职工福利费；医疗保险费、养老保险费、失业保险费、工伤保险费和生育保险费等社会费；住房公积金；工会经费和职工教育经费等；非货币性福利；因解除与职工的劳动关系给予的补偿；其他与获得职工提供的服务相关的支出。

职工人数应符合国家规定的定员标准。人员工资、奖金、津贴和补贴按当地统计部门公布的独立核算工业企业（国有经济）平均工资水平的1.0～1.2倍测算，或参照邻近地区同类工程运行管理人员工资水平确定。

职工福利费、工会经费、职工教育经费、住房公积金以及社会基本保险费的计提基数按照核定的相应工资标准确定。职工福利费、工会经费、职工教育经费的计提比例按照国家统一规定的比例14%、2%和2.5%计提；社会基本保险费和住房公积金等的计提比例按当地政府规定的比例确定。当缺乏资料时，可参考《水利建设项目经济评价规范》(SL 72—2013)附录D给出的参考指标来确定。

（四）修理费估算

主要包括工程日常维护修理费用和每年计提的大修理费基金等。日常维护修理费的大小与建筑物的规模、类型、质量和维修养护所需工料有关。一般可参照同类已建成项目实际资料分析确定，也可按工程投资的一定比率进行估算。大修理是为了恢复固定资产的原有性能而对固定资产的主要部分进行彻底检修。由于大修理耗时长，费用大，每隔几年才进行一次。为了简化计算，通常将大修理费均摊到各年，每年按一定的费率提取大修理费，累积几年后集中使用。大修理费率一般为固定资产原值的1%~2%。

（五）其他费用

水利建设项目其他费用主要包括管理费、库区基金、水资源费、水利工程运行维护过程中的工程观测费、水质监测费、临时设施费等。

管理费主要包括水利工程管理机构的差旅费、办公费、咨询费、审计费、诉讼费、排污费、绿化费、业务招待费、坏账损失等。可根据近3年临近地区同类水利建设项目统计资料分析计算。缺乏资料时，可参考《水利建设项目经济评价规范》(SL 72—2013)附录D给出的参考指标来确定。

库区基金是指水库蓄水后，为支持实施库区及移民安置区基础设施建设和经济发展规划、支持库区防护工程和移民生产生活设施维护、解决水库移民的其他遗留问题等需花费的费用。根据国家现行规定，装机容量在2.5万kW及以上有发电收入的水库和水电站，根据水库实际上网销售电量，按不高于0.008元/(kW·h)的标准计算。

水资源费是指直接从江河、湖泊或地下取用水资源的单位和个人，应缴纳的费用。水资源费的估算，可根据取水口所在的区域县级以上水行政主管部门确定的水资源费征收标准和多年平均取水量确定。对于进行水资源税改革试点的地区，征收水资源税的，停止征收水资源费。

水利工程运行维护过程中的工程观测费、水质监测费、临时设施费等可参照同类水利建设项目统计资料分析计算，或参考《水利建设项目经济评价规范》(SL 72—2013)附录D中有关费率来确定。

（六）折旧费估算

所谓折旧，就是固定资产在使用过程中，通过逐渐损耗（包括有形损耗和无形损耗）而转移到产品成本中的那部分价值。计提折旧，是企业回收其固定资产投资的一种手段。从经济学的角度，折旧是固定资产价值转移到产品价值中的过程，企业把已发生的资本性支出转移到产品成本费用中去，然后通过产品的销售，逐步回收初始的投资费用；从会计的角度，折旧是企业获得节省所得税的一种成本，折旧费是在所得税前列支的。我国现行固定资产折旧方法一般采用平均年限法、工作量法或加速折旧法。

1. 平均年限法

平均年限法亦称直线法，即根据固定资产的原值、估计的净残值率和折旧年限计算折旧。这种方法在设备的折旧期内，平均地分摊设备的价值。每年提取的折旧费相同，固定资产的净价值随使用年限的增加而按比例直线下降。适用于设备在折旧期内使用情况基本相同，经济效益基本均衡的情况。水利建设项目固定资产折旧一般采用平均年限法。

$$年折旧率 = \frac{1 - 预计净残值率}{折旧年限} \times 100\% \tag{2.16}$$

$$年折旧费 = 固定资产原值 \times 年折旧率 \tag{2.17}$$

(1) 固定资产原值：指项目投产时（达到预定可使用状态）按规定由投资形成固定资产的部分。对于水利建设项目，总投资中包括了建设该项目所需的全部支出，且无形资产和其他资产较少，移民征地费用是物化体现在建筑物成本中的，因此可以考虑将总投资作为固定资产原值。

(2) 预计净残值率：是预计的企业固定资产净残值与固定资产原值的比率，根据行业会计制度规定，企业净残值率一般取3%~5%。

(3) 折旧年限：它的确定与工程的实际寿命、经济使用年限、技术进步等因素有关。计算折旧费时可选用《水利建设项目经济评价规范》（SL 72—2013）附录C给出的不同固定资产分类折旧年限。

【例2.3】 某建设项目以2500万元购入一台机械设备，使用年限为10年，预计净残值率为5%，试计算年折旧费为多少？

【解】 $年折旧率 = \frac{1 - 预计净残值率}{折旧年限} \times 100\% = \frac{1-5\%}{10} \times 100\% = 9.5\%$

$年折旧费 = 固定资产原值 \times 年折旧率 = 2500 \times 9.5\% = 237.5$（万元）

2. 工作量法

工作量法是按照固定资产实际完成的工作量计算折旧费的。某些固定资产是非常年使用的，如某些运输设备和抽水水泵等，可以用实际工作量为依据计算折旧。工作量法又分两种：一是按照行驶里程计算折旧；二是按照工作小时计算折旧。

(1) 按照行驶里程计算：

$$单位里程折旧费 = \frac{固定资产原值 \times (1 - 预计净残值率)}{总行驶里程} \tag{2.18}$$

$$年折旧费 = 单位里程折旧费 \times 年行驶里程 \tag{2.19}$$

(2) 按照工作小时计算：

$$每工作小时折旧费 = \frac{固定资产原值 \times (1 - 预计净残值率)}{总工作小时} \tag{2.20}$$

$$年折旧费 = 每工作小时折旧费 \times 年工作小时 \tag{2.21}$$

【例2.4】 已知一台抽水机，原值7500元，预计运转10000h以后报废，预计净残值率为4%，若某年实际使用700h，试计算该年折旧额为多少？

【解】 $每工作小时折旧费 = \frac{固定资产原值 \times (1 - 预计净残值率)}{总工作小时} = \frac{7500 \times (1-4\%)}{10000}$

$= 0.72$（元）

年折旧费＝每工作小时折旧费×年工作小时 ＝0.72×700 ＝504（元）

3. 加速折旧法

加速折旧法指在固定资产使用前期提取折旧较多，在后期提得较少，使固定资产价值在使用年限内尽早得到补偿的折旧计算方法。它是一种鼓励投资的措施，国家先让利给企业，加速回收投资，增强还贷能力，促进技术进步。加速折旧的方法很多，有双倍余额递减法和年数总和法等。

（1）双倍余额递减法。该方法是以平均年限法确定的折旧率的双倍乘以固定资产在每一会计期间的期初账面净值（固定资产净值）。固定资产净值是指固定资产原值减去历年已提取折旧费累计值后的余额。实行双倍余额递减法时，应在折旧年限到期前两年内，将固定资产净值扣除净残值后的净额平均摊销。

$$年折旧率=\frac{2}{折旧年限}\times 100\% \quad (2.22)$$

$$年折旧费=固定资产净值\times 年折旧率 \quad (2.23)$$

【例2.5】 仍以［例2.3］为例，试用双倍余额递减法计算年折旧费。

【解】 年折旧率$=\frac{2}{折旧年限}\times 100\%=20\%$

第1年折旧费＝固定资产净值×年折旧率＝（2500－0）×20％＝500（万元）

第2年折旧费＝固定资产净值×年折旧率＝（2500－500）×20％＝400（万元）

最后两年折旧费＝（固定资产净值－净残值）/2

其余各年折旧费计算结果见表2.1。

（2）年数总和法。该方法是以固定资产原值扣除预计净残值后的余额作为计提折旧的基础，按照逐年递减的折旧率计提折旧的一种方法。采用年数总和法的关键是每年都要确定一个不同的折旧率。

$$年折旧率=\frac{折旧年限-已使用年数}{折旧年限\times (折旧年限+1)\div 2}\times 100\% \quad (2.24)$$

$$年折旧费=（固定资产原值-预计净残值）\times 年折旧率 \quad (2.25)$$

【例2.6】 仍以［例2.3］为例，试用年数总和法计算年折旧费。

【解】 按照年数总和法公式（2.24）和式（2.25）计算：

第1年折旧率$=\frac{10-0}{10\times (10+1)\div 2}\times 100\%=18.18\%$

第1年折旧费＝（2500－2500×5％）×18.18％＝432（万元）

其余各年折旧费计算结果见表2.1。

表 2.1　　　　　　　按不同折旧方法计算的折旧费对比

使用年限	平均年限法/万元	双倍余额递减法/万元	年数总和法/万元
1	237.5	500	432
2	237.5	400	389
3	237.5	320	345
4	237.5	256	302

续表

使用年限	平均年限法/万元	双倍余额递减法/万元	年数总和法/万元
5	237.5	205	259
6	237.5	164	216
7	237.5	131	173
8	237.5	105	130
9	237.5	147	86
10	237.5	147	43
合计	2375	2375	2375

由表 2.1 可见，在上述几种折旧方法中，按年限平均法计算的各年折旧率和年折旧费都相同；而按双倍余额递减法计算的各年折旧率虽相同，但年折旧费因按固定资产净值计算，固定资产净值逐年减小，故年折旧费除最后两年也逐年变小；按年数总和法进行计算，虽按固定资产原值进行计算，但因各年折旧率逐渐变小，故年折旧费也逐年变小。

（七）摊销费估算

无形资产应当自取得当月起在预计使用年限内分期平均摊销，计入损益。法律和合同规定了法定有效期限或者受益年限的，摊销年限从其规定，否则摊销年限应注意符合税法的要求。无形资产的摊销一般采用年限平均法，不计残值。

其他资产的摊销可以采用平均年限法，不计残值，摊销年限应注意符合税法要求。如水利建设项目在筹建期间发生的筹建人员工资、培训费、注册登记费等开办费，先在长期待摊费中归集，待项目开始生产经营起，按不少于 5 年的期限平均摊销，计入当期的损益。

（八）财务费用

财务费用是指企业为筹集所需资金而发生的费用。包括利息支出（减利息收入）、汇兑损失（减汇兑收益）以及相关的手续费等。一般在项目财务评价中只考虑利息支出。利息支出的估算包括长期借款利息、流动资金借款利息和短期借款利息。

1. 长期借款利息

是指对建设期间借款余额（含未支付的建设期借款利息）应在生产期支付的利息，可采用等额还本付息方式、等额还本利息照付方式或最大能力还本方式进行计算。

（1）等额还本付息：每年还本付息的总额相同，随着本金的偿还，每年支付的利息逐年减少，同时每年偿还的本金逐年增多。

$$A = I_c \times \frac{i(1+i)^n}{(1+i)^n - 1} = I_c (A/P, i, n) \tag{2.26}$$

式中　　A——每年还本付息额；

　　　　I_c——还款起始年年初的借款本息和；

　　　　i——借款年利率；

　　　　n——预定的还款期；

$(A/P, i, n)$——资金回收系数，详见第三章。

每年还本付息额中：

$$每年支付利息＝年初本金累计×年利率 \quad (2.27)$$
$$每年偿还本金＝A－每年支付利息 \quad (2.28)$$
$$年初本金累计＝I_c－本年以前各年偿还的本金累计 \quad (2.29)$$

（2）等额还本利息照付：每年偿还的本金相同，随着借款本金逐年减少，利息也随之减少，直至偿清全部本金和利息。

设 A_t 为第 t 年的还本付息额，则有

$$A_t = \frac{I_c}{n} + I_c \times \left(1 - \frac{t-1}{n}\right) \times i \quad (2.30)$$

其中

$$每年偿还的本金 = \frac{I_c}{n}$$

$$每年支付的利息 = I_c \times \left(1 - \frac{t-1}{n}\right) \times i$$

（3）最大能力还本付息：进入生产期后，为了最大限度地减少债务，缩短贷款偿还期，项目将可用于还款的资金全部都用于偿还贷款，每年按最大偿还能力偿还本金。还款的资金来源主要包括可用于还款的折旧费、摊销费及税后利润。

$$每年支付利息＝年初本金累计×年利率 \quad (2.31)$$

2. 流动资金借款利息

流动资金借款从本质上说应该归类为长期借款，但目前有些企业往往按年终偿还，下年初再借的方式处理，并按一年期利率计息。财务评价中对流动资金的借款偿还一般设定在计算期最后一年，也可以在还完长期借款后安排。

$$年流动资金借款利息＝年初流动资金借款余额×流动资金借款年利率 \quad (2.32)$$

3. 短期借款利息

项目评价中的短期借款是指生产运营期间为了资金的临时需要而发生的短期借款，借款期限一般不超过5年。计算短期借款利息的方法同流动资金借款利息。短期借款的偿还按照随借随还的原则处理，即当年借款尽可能于下年偿还。

第四节　营业收入、营业税金及附加估算

一、营业（销售）收入估算

营业（销售）收入是指销售产品（提供劳务或服务）取得的收入，是项目现金流入的主要内容。收入预测的重点是要预测各年项目可能提供的销售量或服务量，同时，价格的选取也十分重要，要根据具体情况选用固定价格或变动价格进行分析。

财务评价所采用的价格是一种预测价格，应考虑价格变动的各种因素，即各种产品相对价格变动和价格总水平的变动。

在预测项目收入流量时，要注意生产负荷。在取值时应注意，生产负荷受市场竞争状况、营销手段、季节变动等多种因素影响。即使是在正常生产年份，也不可能是每年或者每月、每天都满负荷运转。

1. 营业（销售）收入的估算公式

营业（销售）收入可采用下式进行估算：

$$营业（销售）收入 = 产品年销售量 \times 产品销售单价 \quad (2.33)$$

如果是生产多种产品，则总销售收入可按下式计算：

$$营业（销售）收入 = \sum（某种产品年销售量 \times 该种产品销售价格）\quad (2.34)$$

估算销售收入的过程，要编制销售（营业）收入估算表，并包括销售税金与附加及增值税的计算。产品销售单价一般采用出厂价格，也可根据需要采用送达用户的价格或离岸价格。

产品年销售量等于年产量，这样年销售收入等于年产值。如果项目的产品比较单一，用产品单价乘以产量即可得到每年的销售收入；如果项目的产品种类比较多，要根据销售收入和销售税金及附加估算表进行估算。

2. 销售价格的选择

在可行性研究和项目评估中，产品销售价格是一个很重要的因素，它对项目的经济效益变化一般是最敏感的，要审慎选择，一般可有四个方面的选择。

(1) 选择口岸价格。如果项目产品是出口产品，或替代进口产品，或间接出口产品，可以口岸价格为基础确定销售价格。

出口产品和间接出口产品可选择离岸价格，替代进口产品可选择到岸价格，或者直接以口岸价格定价，或者以口岸价格为基础，参考其他有关因素确定销售价格。

(2) 选择计划价格。如果项目产品属于有关国计民生的产品或者其他国家控制的产品，可选择国家的计划价格，国家计划价格分指令性计划价格和指导性计划价格。

如果项目产品属于指令性计划控制，则选择指令性价格作为销售价格；若属于指导性计划控制的范畴，可根据市场供求情况，以标准价格为基础，上下浮动后作为销售价格。

(3) 选择市场价格。如果同类产品或类似产品已在市场上销售，并且这种产品既与外贸无关，也不是计划控制的范围，可选择现行市场价格作为项目产品的销售价格，当然，也可以现行市场价格为基础，根据市场供求关系上下浮动作为项目产品的销售价格。

(4) 根据预计成本、利润和税金确定价格。如果拟建项目的产品属于新产品，则可根据式 (2.35)～式 (2.37) 估算其出厂价格：

$$出厂价格 = 产品计划成本 + 产品计划利润 + 产品计划税金 \quad (2.35)$$

其中

$$产品计划利润 = 产品计划成本 \times 产品成本利润率 \quad (2.36)$$

$$产品计划税金 = \frac{产品计划成本 + 产品计划利润}{1 - 税率} \times 税率 \quad (2.37)$$

式中，产品计划成本可根据预计的产品成本加以估算；产品成本利润率是根据项目所在行业的平均产品成本利润率加以确定的。

3. 收入的确定应当注意的问题

(1) 营业收入确定的基础数据，包括产品或服务的数量和价格，都是与市场预测密切相关。在估算营业收入时应对市场预测的相关结果以及建设规模、产品或服务方案进行概括或确认，特别应对采用价格的合理性进行说明。

一般来讲，在进行财务评价时，通常应采用财务价格（出厂价格），即以现行市场价

第四节　营业收入、营业税金及附加估算

格体系为基础的预测价格。对于预测价格,要根据建设项目的实际情况,通过实事求是地分析、论证后加以确定;在进行项目的国民经济评价时,通常应采用影子价格,即依据一定原则确定的比财务价格更为合理的价格。

(2) 工程项目评价中营业收入的确定基于一项重要假定,即当期的产出(扣除自用量后)当期全部销售,也就是当期商品产量等于当期销售量,没有产品积压,故可称其为产销量。主副产品(或不同等级产品)的销售收入应全部计入营业收入,其中某些行业的产品成品率按行业习惯或规定;其他行业提供的不同类型服务收入也应同时计入营业收入。

(3) 分年运营量可根据经验确定负荷率后计算或通过制定销售(运营)计划确定。

(4) 补贴收入。某些项目还应按有关规定估算企业可能得到的补贴收入(仅包括与收益相关的政府补助,与资产相关的政府补助不在此处核算,与资产相关的政府补助是指企业取得的、用于购建或以其他方式形成长期资产的政府补助),包括先征后返的增值税、按销量或工作量等依据国家规定的补助定额计算并按期给予的定额补贴,以及属于财政扶持而给予的其他形式的补贴等。

补贴收入同营业收入一样,应列入利润与利润分配表、财务计划现金流量表和项目投资现金流量表与项目资本金现金流量表。

以上几类补贴收入,应根据财政、税务部门的规定分别计入或不计入应税收入。

(5) 回收固定资产余值和流动资金。回收固定资产余值是指建设项目计算期末,对残余的固定资产进行处理所得的现金净收入。在资本金现金流量分析中,回收固定资产余值的数额应是建设项目形成的全部固定资产原值减去计算期内累计折旧额的余额。

回收流动资金是指建设项目计算期末可以收回的原先投入周转的运营资金。

二、税费估算

(一) 增值税

增值税为价外税,销售价格内不含增值税款,增值税既不进入成本,也不进入销售收入,仅作为计算销售税金及附加的计税基础。需要注意的是,当采用含增值税价格计算营业收入和原材料、燃料动力费时,利润与利润分配表中应单列增值税科目;反之,则不单列。增值税的估算一般分为一般纳税人和小规模纳税人。

1. 一般纳税人

增值税是按增值额计税的,计算公式如下:

$$\text{增值税应纳税额} = \text{销项税额} - \text{进项税额} \tag{2.38}$$

$$\text{销项税额} = \frac{\text{含税销售额}}{1+\text{增值税率}} \times \text{增值税率} \tag{2.39}$$

$$\text{进项税额} = \frac{\text{外购原料、燃料及动力费}}{1+\text{增值税率}} \times \text{增值税率} \tag{2.40}$$

其中,销项税额是指纳税人销售货物或提供应税劳务,需要向购买方收取的增值税额。进项税额是指纳税人购进货物或接受应税劳务所支付或担负的增值税额。

根据《增值税若干具体问题的规定》(国税发〔1993〕154号)规定,供应或开采未经加工的天然水(如水库供应农业灌溉用水,工厂自采地下水用于生产),不征收增值税。为了推进增值税的减税惠民,国家多次就增值税税率进行调整,2017年《中华人民共和

国增值税暂行条例》（第 2 次修订）、2018 年第 32 号文《关于调整增值税税率的通知》、2019 年第 39 号文《关于深化增值税改革有关政策的公告》等。例如，目前城市自来水项目增值税税率为 9%，水力发电项目增值税税率为 13%。县级及县级以下装机容量为 5 万千瓦以下（含）的小型水力发电，增值税率为 3%。

2. 小规模纳税人

根据《关于统一增值税小规模纳税人标准的通知》（财税〔2018〕33 号），增值税小规模纳税人标准为年应征增值税销售额 500 万元及以下。对于小规模纳税人采用简易方法计税：

$$增值税应纳税额 = 不含增值税额的销售额 \times 3\% \tag{2.41}$$

（二）水资源税

水资源税实行从量计征。对一般取用水按照实际取用水量征税；对采矿和工程建设疏干排水按照排水量征税；对水力发电按照实际发电量征税。

$$应纳税额 = 适用税额标准 \times 实际取用水量（发电量） \tag{2.42}$$

2021 年 12 月 1 日起施行《地下水管理条例》（中华人民共和国国务院令第 748 号），根据国民经济和社会发展需要，对取用地下水的单位和个人试点征收水资源税。地下水水资源税根据当地地下水资源状况、取用水类型和经济发展等情况实行差别税率，合理提高征收标准。征收水资源税的，停止征收水资源费。尚未试点征收水资源税的省、自治区、直辖市，对同一类型取用水，地下水的水资源费征收标准应当高于地表水的标准，地下水超采区的水资源费征收标准应当高于非超采区的标准，地下水严重超采区的水资源费征收标准应当大幅高于非超采区的标准。

（三）销售税金及附加

2021 年 9 月 1 日起实施《中华人民共和国城市维护建设税法》，城市维护建设税以纳税人依法实际缴纳的增值税、消费税税额为计税依据。水利建设项目不在应缴纳消费税的税目中，因此城市维护建设税和教育费附加的计算公式为

$$城市维护建设税 = 增值税的实纳税额 \times 税率 \tag{2.43}$$

$$教育费附加 = 增值税的实纳税额 \times 附加率 \tag{2.44}$$

城市维护建设税按纳税人所在地区实行差别税率：市区取 7%；县城和镇取 5%；其他地区取 1%。教育费附加的附加率一般取 3%。

按照《财政部 国家税务总局关于免征国家重大水利工程建设基金的城市维护建设税和教育费附加的通知》（财税〔2010〕44 号）规定，对国家重大水利工程建设基金免征城市维护建设税。

（四）企业所得税

企业所得税是用应纳税所得额乘以企业适用的所得税税率计算：

$$企业所得税 = 应纳税所得额 \times 适用的所得税税率 \tag{2.45}$$

其中，应纳税额所得额为企业年收入总额，减去不征税收入、免税收入、各项扣除及允许弥补的以前年度亏损后的余额。

按照《中华人民共和国企业所得税法》规定，企业所得税的税率为 25%；符合条件的小型微利企业，减按 20% 的税率征收企业所得税；国家需要重点扶持的高新技术企业，

减按15％的税率征收企业所得税。根据《中华人民共和国企业所得税法实施条例》规定，灌溉项目取得收入免征企业所得税。

第五节 利 润 估 算

一、利润

利润是指企业在一定会计期间的经营成果，是以企业生产经营所创造的收入与所付出的成本对比的结果，是衡量企业生产经营活动成果的综合指标。利润也是劳动者为社会创造的价值，是发展生产、改善人民物质、文化生活的基础。企业利润有利润总额和净利润两种。销售收入、成本、利润和税金的关系见图2.4。

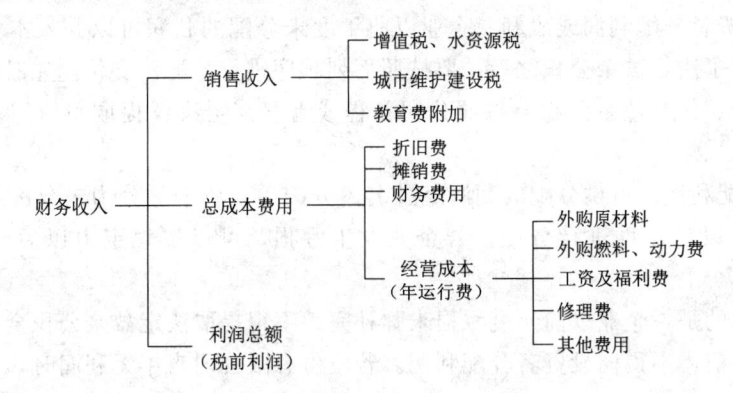

图 2.4 销售收入、成本、利润和税金的关系

利润总额又称所得税前利润（税前利润）。

$$\text{利润总额} = \text{销售收入} - \text{总成本费用} - \text{销售税金及附加} \tag{2.46}$$

净利润也被称为税后利润，是利润总额扣除所得税后的余额。

$$\text{税后利润} = \text{利润总额} - \text{所得税} \tag{2.47}$$

二、利润分配

按现行财会制度规定，企业要从实现的利润中缴纳所得税，而其余部分则留给企业按下列顺序使用和分配。项目利润分配见图2.5。

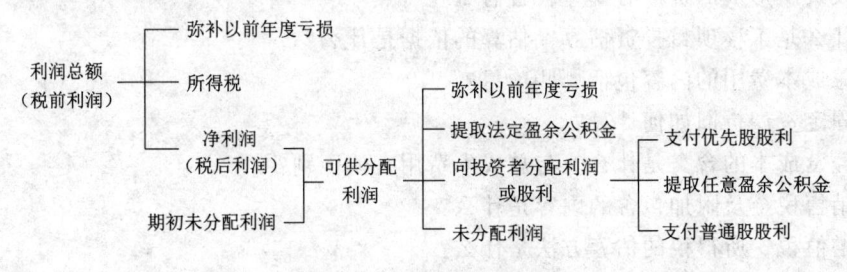

图 2.5 项目利润分配图

（1）弥补以前年度亏损。项目发生了年度亏损，可以用下一年度所得税前利润（利润总额）弥补，下一年度不足弥补的，可以在5年内延续弥补，如5年内仍不足弥补，则需要用缴纳所得税后的利润弥补。

39

（2）可供分配利润等于项目实现的利润总额在弥补亏损、缴纳所得税后，加上期初未分配利润，分配顺序如下：

1）用所得税后利润弥补以前年度亏损。

2）提取法定盈余公积金。公积金又称为储备金，是公司为了巩固自身的财产基础，提高公司的信用和预防意外亏损，依照法律和公司章程的规定，在公司资本以外积存的资金。法定盈余公积金可以被用于弥补公司亏损、扩大公司生产经营或转为增加公司注册资本。

根据《中华人民共和国公司法》规定，按照抵减年初累计亏损后的本年净利润的10%计提法定盈余公积金。以前年度累积的法定盈余公积金达到注册资本的50%时，可以不再提取。

3）向投资者分配利润或股利。企业以前年度未分配的利润可以并入本年度向投资者分配。在提取了法定盈余公积之后，要按照下列顺序进行分配：支付优先股股利，提取任意盈余公积金。任意盈余公积金按照公司章程或者股东会决议提取和使用；支付普通股股利。

4）未分配利润。可供分配的利润经过上述分配后，所余部分为未分配利润。未分配利润可以留待以后年度进行分配。若企业发生亏损，可以按规定由以后年度利润进行弥补。

需要注意的是，企业以前年度亏损未弥补完，不得提取法定盈余公积金。在法定盈余公积金未提足前，不得向投资者分配利润。若股份有限公司当年无利润时，不得向股东分配股利，但在用盈余公积金弥补亏损后，经股东大会特别决议，可以按照不超过股票面值6%的比例用盈余公积金分配股利，在分配股利后，企业法定盈余公积金不得低于注册资本金的25%。

习　题

1. 工程项目投资的构成是什么？
2. 建设投资按概算法分类其构成内容是什么？
3. 投资所形成的资产有哪些？各有哪些特点？
4. 什么是工程项目投资估算？估算的依据是什么？
5. 总成本费用的内容包括哪些项目？
6. 固定资产折旧如何计算？
7. 经营成本的含义是什么？与总成本费用有何区别？
8. 销售税金及附加包含的内容是什么？
9. 增值税、所得税的估算方法是什么？
10. 何谓基本预备费、价差预备费？如何估算？
11. 某项目固定资产原值为10000万元，综合折旧年限为6年，净残值率9%。试分别按年限平均法、双倍余额递减法和年数总和法计算折旧。
12. 某项目的工程费用为30000万元，按项目进度计划，项目建设期为3年，分年的工程费用比例为 30%、40%、30%。建设期内年平均价格上涨指数为 5%，试估算该项目的价差预备费。

13. 已知某水利建设项目，建设期 2 年，建设期第一年贷款 600 万元，第二年 1000 万元。假定借款均在每年的年中支用，借款第一年按半年计息，其余年份按全年计息。贷款年利率为 5%。试计算该项目建设期的贷款利息。

14. 某施工企业购买一台新型挖土机械，价格为 50 万元，预计使用寿命为 2000 台班，预计净残值为购买价格的 3%，若按工作量法折旧，该机械每工作台班折旧费应为多少？

15. 某建设项目每吨产品消耗的原材料为 1.5t，原料价格为 1000 元/t，每吨产品耗费的燃料及动力费 100 元、包装费 100 元、生产人员计件工资 300 元，非生产人员工资及福利费 100 万元/年，年修理费 200 万元，销售费、管理费等其他费用 300 万元/年，年折旧费为 1000 万元，年摊销费为 100 万元，年利息 300 万元。预计投入运行后年产量 10 万 t，则该项目投入运行后，年固定成本、可变成本和总成本分别为多少？

第三章 现金流量与资金的时间价值

第一节 基 本 概 念

一、现金流量

1. 概念

在进行工程经济分析时,可把所考察的对象视为一个系统。这个系统可以是一个工程项目、一个企业,也可以是一个地区、一个国家,而投入的资金、花费的成本、获取的收益,均可看成是以资金形式体现的资金流出或流入。

这种在考察对象一定时期各时点上实际所发生的资金流入（CI）和资金流出（CO），称为项目的现金流量,同一时点上的资金流入与资金流出之差,称为净现金流量（net cash flow，NCF）。

在实际应用中,现金流量因工程经济分析的范围和经济评价方法的不同,分为财务现金流量和国民经济效益费用流量,前者用于财务评价,后者用于国民经济评价。

2. 现金流量图（资金流程图）

进行工程经济分析时,经常需要借助于现金流量图来分析现金流量的流向（支出或收入）、数额和发生时间,现金流量图是描述建设项目在整个计算期内各个时点上的现金流入和现金流出的图形。

现金流量图包括三大要素：大小、流向、时点,其中大小表示资金数额,流向表示项目资金的流入或流出,时点表示现金流入或流出所发生的时间。

现金流量图的一般形式如图 3.1 所示。

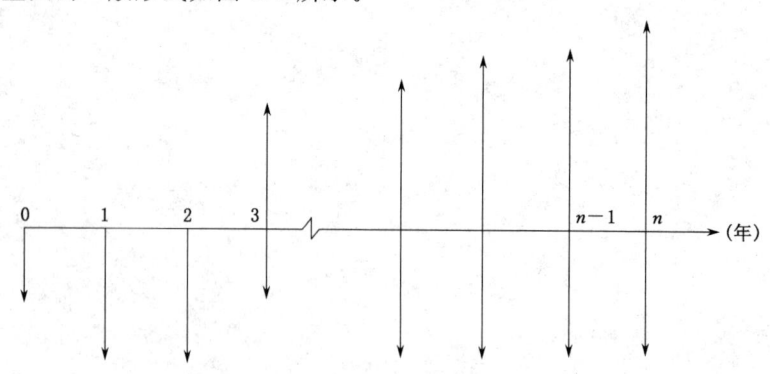

图 3.1 现金流量图

在图 3.1 中,横轴称为时间轴,表示一个从 0 到 n 的时间序列,每一刻度表示一个计息期,在时间轴上,0 代表时间序列的起点,n 代表时间序列的终点,T $(1,2,\cdots,n-1)$

既代表第 t 计息期的终点，又代表第 $t+1$ 计息期的始点。

各个时点上垂直于横轴的有向竖线用来描述现金流量，箭头向上表示现金流入，第 t 年的现金流入记为 CI_t；箭头向下表示现金流出，第 t 年的现金流出记为 CO_t。

现金流量的位置确定，一般有两种处理方法：一种是工程经济分析中常用的，其规定是建设期的投资标在期初，生产期的流入和流出均标在期末；另一种是在项目财务评价中常用的，时点标注遵循期末习惯假设，无论现金的流入还是流出均标示在期末。

二、资金的时间价值

1. 概念

在工程经济分析中，无论是技术方案所获得的收益或所消耗的人力、物力和自然资源，最后都是以价值形态（即资金的形式）表现出来的。

而资金是运动的价值，资金的价值是随时间变化而变化的，是时间的函数，随时间的推移而变动，其变动的这部分资金就是原有资金的时间价值。

任何技术方案的实施，都有一个时间上的延续过程，由于资金时间价值的存在，使不同时间点发生的现金流量无法直接加以比较。因此，要通过一系列的换算，在同一时间点进行对比，才能符合客观的实际情况。这种考虑了资金时间价值的经济分析方法，使方案的评价和选择变得更加现实和可靠，也就构成了工程经济学要讨论的重要内容之一。

2. 衡量资金时间价值的尺度

资金的时间价值是社会劳动创造能力的一种表现形式。衡量资金时间价值的尺度有两种：其一为绝对尺度，即利息、盈利或收益；其二为相对尺度，即利率、盈利率或收益率。

(1) 利息。利息是货币资金借贷关系中借方支付给贷方的报酬，即

$$I = F - P \tag{3.1}$$

式中　I——利息；

F——利息、本金之和，即还本付息总额；

P——本金。

在工程经济分析中，利息常被看作是资金的一种机会成本。这是因为，如果资金一旦用于投资，就不能用于现期消费，而牺牲现期消费又是为了能在将来得到更多的消费。

从投资者的角度来看，利息体现为对放弃现期消费的损失所作的必要补偿，所以，利息就成了投资分析平衡现在与未来的杠杆，投资这个概念本身就包含着现在和未来两方面的含义，事实上，投资就是为了在未来获得更大的收益而对目前的资金进行某种安排，显然未来的收益应当超过现在的投资，正是这种预期的价值增长才能刺激人们从事投资。

由此可见，在工程经济学中，利息是指放弃近期消费所得的补偿或是占用资金所付出的代价。

(2) 利率。利息通常根据利率来计算。利率是在一定时间所得利息额与投入资金的比例，也称为使用资金报酬率，它反映了资金随时间变化的增值率，是衡量资金时间价值的相对尺度，一般以百分数表示，若 I 表示一个计算周期的利息，P 表示本金，则利率 i 的表达式为

$$i = \frac{I}{P} \times 100\% \tag{3.2}$$

【例 3.1】 现借得一笔资金 10000 元,一年后利息为 800 元,则年利率为
$$800/10000 \times 100\% = 8\%$$

(3) 利息和利率在工程经济活动中的作用。利息和利率作为一种经济杠杆,在经济生活中起着十分重要的作用,在市场经济条件下,利息和利率的作用表现在以下几个方面:

1) 利息和利率是以信用方式动员和筹集资金的动力,以信用方式筹集资金的一个重要特点是自愿性,而自愿性的动力在于利息和利率。比如一个投资者,首先要考虑的是投资某一项目所得到的利息(或利润)是否比把这笔资金投入其他项目所得的利息(或利润)多。如果多,就可能给这个项目投资;反之,就可能不投资这个项目。

2) 利息促进企业加强经济核算,节约使用资金,企业借款需付利息,增加支出负担,这就促使企业必须精打细算,把借入资金用到刀刃上,减少借入资金的占用以少付利息,同时可以使企业自觉压缩库存限额,减少多环节占压资金。

3) 利息和利率是国家管理经济的重要杠杆,国家在不同的时期制定不同的利率政策,对不同地区不同部门规定不同的利率标准,就会对整个国民经济产生影响。如对于限制发展的部门和企业,利率规定得高一些;对于提倡发展的部门和企业,利率规定得低一些。从而引导部门和企业的生产经营服从国民经济发展的总方向。同样,资金占用的时间短收取低息;资金占用时间长收取高息。对产品适销对路、质量好、信誉高的企业,在资金供应上给予低息支持;反之,收取较高利息。

4) 利息与利率是金融企业经营发展的重要条件。金融机构作为企业,必须获取利润,由于金融机构的存、贷款利率不同,其差额成为金融机构业务收入。此差额扣除业务费后就是金融机构的利润,金融市场机构获取利润才能刺激金融企业的经营发展。

(4) 利息的计算。利息的计算方法有单利法和复利法。

1) 单利法。单利法是只对本金计算利息,而每期的利息不计入下一计息期的本金,从而每期的利息是固定不变的。若利率为 i,计息期数 n,则第 n 期期末的本利和 F 为

$$F = P(1 + in) \tag{3.3}$$

【例 3.2】 有一笔 50000 元的借款,借期 3 年,按每年 8% 的单利率计息,试求到期时应归还的本利和。

【解】 用单利法计算,其现金流量见图 3.2。

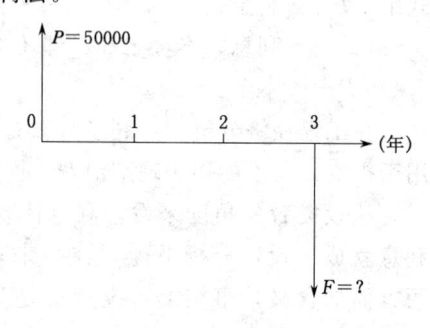

图 3.2 现金流量图

根据式 (3.3) 有
$$F = P + Pin = 50000 + 50000 \times 8\% \times 3 = 62000 \text{ (元)}$$

即到期应归还的本利和为 62000 元。

单利法虽然考虑了资金的时间价值,但仅是对本金而言,而没有考虑每期所得利息再进入社会再生产过程而实现增值的可能性,这不符合资金流动的客观情况。因此,单利法不能完全反映资金的时间价值。

2）复利法。复利法的基本思想是：将前一期的本金与利息之和（本利和）作为下一期的本金来计算下一期的利息，也就是利上加利的方法。若 F_{n-1} 表示第 $n-1$ 期期末的本利和，其利息计算公式为

$$I_n = iF_{n-1} \tag{3.4}$$

其本利和的计算公式为

$$F = P(1+i)^n \tag{3.5}$$

【例 3.3】 在［例 3.2］中，若年利率仍为 8%，但按复利计息，则到期应归还的本利和是多少？

【解】 用复利法计算，根据复利计算公式（3.5）有

$$F = P(1+i)^n = 50000 \times (1+8\%)^3 = 62985.60 \text{（元）}$$

与单利法计算的结果相比增加了 985.60 元，差额所反映的就是利息的资金时间价值。复利法的思想符合社会再生产过程中资金运动的规律，完全体现了资金的时间价值。在工程经济分析中，一般都是采用复利法。

第二节　资金时间价值的计算

一、有关资金时间价值计算的几个概念

（1）现值（P）。表示资金发生在某一特定时间序列始点上的价值。在工程经济分析中，它表示在现金流量图中 0 点的投资数额或投资项目的现金流量折算到 0 点时的价值。折现计算法是评价投资项目经济效果时经常采用的一种基本方法。将时点处资金的时值折算为现值的过程称为折现。

（2）终值（F）。表示资金发生在某一特定时间序列终点上的价值。其含义是指期初投入或产出的资金转换为计算期末的期终值，即期末本利和的价值。

（3）年金（A）。表示各年等额收入或支付的金额，即在某一特定时间序列期内，每隔相同时间收支的等额款项。

（4）折现率 i。在工程经济分析中，把未来的现金流量折算为现在的现金流量时所使用的利率称为折现率。

（5）计息次数（n）。指投资项目从开始投入资金到项目的寿命周期终结为止的期限内，计算利息的次数，通常以"年"为单位。

二、资金时间价值计算的基本公式

资金时间价值计算的基本公式有如下几种形式。

（一）一次支付现金流量

一次支付是指现金流量的流入或流出均在一个时点上一次发生，其现金流量图如图 3.3 所示。

对于考虑的系统，在考虑资金时间价值的条件下，现金流入恰恰能补偿现金流出。一次支付

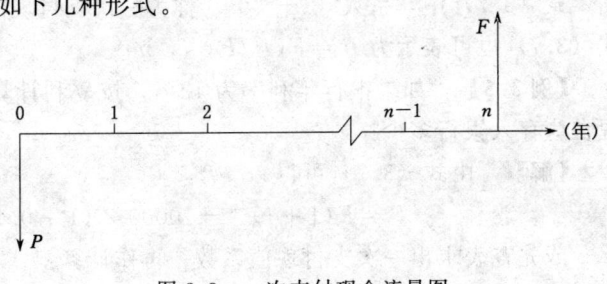

图 3.3　一次支付现金流量图

的资金时间价值的计算公式有两个：

1. 一次支付终值公式（已知 P 求 F）

现有一笔资金 P，按年利率 i 计算，按复利计算，n 年以后的本利和 F 为多少？

根据复利的定义即可得到复本利和 F 的计算公式。其计算过程如表 3.1 所列。

表 3.1　　　　　　　　　　复本利和 F 的计算过程

计息期	期初金额(1)	本期利息额(2)	期末复本利和 F_n=(1)+(2)
1	P	Pi	$F_1=P+Pi=P(1+i)$
2	$P(1+i)$	$P(1+i)i$	$F_2=P(1+i)+P(1+i)i=P(1+i)^2$
3	$P(1+i)^2$	$P(1+i)^2 i$	$F_3=P(1+i)^2+P(1+i)^2 i=P(1+i)^3$
⋮	⋮	⋮	⋮
n	$P(1+i)^{n-1}$	$P(1+i)^{n-1} i$	$F=F_n=P(1+i)^{n-1}+P(1+i)^{n-1} i=P(1+i)^n$

n 年末的复本利和 F 与本金 P 的关系为

$$F=P(1+i)^n \tag{3.6}$$

式中　P——现值；

　　　F——终值；

　　　i——利率；

　　　n——计息周期数。

式（3.6）表示在利率为 i、计息周期数为 n 的条件下，终值 F 和现值 P 之间的关系。$(1+i)^n$ 称为一次支付终值系数，记为 $(F/P, i, n)$，因此，式（3.6）也可以表示为 $F=P(F/P, i, n)$。

【例 3.4】　某企业向银行借款 100 万元，年利率为 10%，借期 5 年，问 5 年后一次归还银行的本利和是多少？

【解】　由式（3.6）可得

$$F=P(1+i)^n=100\times(1+0.1)^5=161.05（万元）$$

可以查复利系数表进行计算。当折现率为 10%，$n=5$ 时，$(F/P, i, n)=1.6105$，故

$$F=P(F/P, i, n)=100\times 1.6105=161.05（万元）$$

2. 一次支付现值公式（已知 F 求 P）

由式（3.6）可直接导出：

$$P=F(1+i)^{-n} \tag{3.7}$$

式（3.7）中，系数 $(1+i)^{-n}$ 称为一次支付现值系数，记为 $(P/F, i, n)$，因此，式（3.7）也可表示为 $P=F(P/F, i, n)$。

【例 3.5】　如果银行年利率为 12%，按复利计算，为了在 5 年后获得 10000 元，问现在应存入银行多少？

【解】　由式（3.7）可得

$$P=F(1+i)^{-n}=10000\times(1+0.12)^{-5}=5674（元）$$

或先查表求出一次支付现值系数，再作计算：

$$P=F(P/F, i, n)=10000\times 0.5674=5674（元）$$

第二节 资金时间价值的计算

(二) 等额年金支付现金流量

在工程经济实践中，多次支付是最常见的支付形式。等额年金支付是其中的一种。多次支付是指现金流入和流出在多个时点上发生，而不是集中在某个时点上。当现金流序列是连续的，且数额相等时，则称之为等额支付现金流量。

1. 等额支付年金终值公式（已知 A 求 F）

等额年金支付系列年金与终值关系见图3.4。

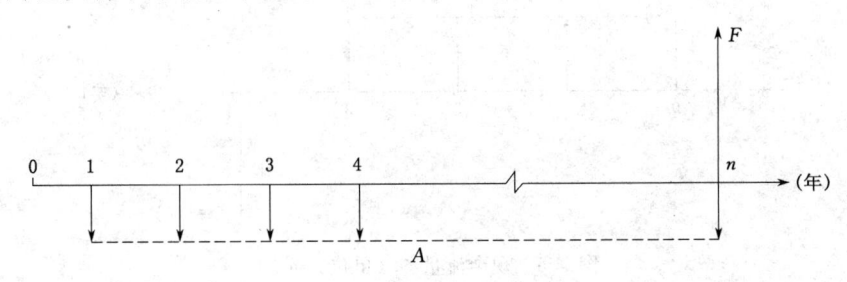

图3.4 等额年金支付系列年金与终值关系

如图3.4所示，从第1年末至第 n 年末有一等额的现金流序列，每年的金额 A 称为年金。考虑资金时间价值的条件下，1至 n 年内系统的总现金流出恰能补偿总现金流入，则第 n 年末的现金流入 F 的计算公式可推算出如下公式：

$$F = A \frac{(1+i)^n - 1}{i} \tag{3.8}$$

式（3.8）中，系数 $\frac{(1+i)^n - 1}{i}$ 称为等额年金终值系数，记为 $(F/A, i, n)$。因此，式（3.8）可表示为 $F = A(F/A, i, n)$。

【例3.6】 某公司每年年末存入银行2万元，若存款年利率为10%，按复利计息，第5年末基金总额为多少？

【解】 由式（3.8）可得

$$F = A \frac{(1+i)^n - 1}{i} = 2 \times \frac{(1+0.1)^5 - 1}{0.1} = 2 \times 6.105 = 12.21 \text{（万元）}$$

2. 等额支付偿债基金公式（已知 F 求 A）

等额支付偿债基金公式是等额支付终值公式的逆运算，其计算公式为

$$A = F \frac{i}{(1+i)^n - 1} \tag{3.9}$$

式（3.9）中，系数 $\frac{i}{(1+i)^n - 1}$ 称为等额支付偿债基金系数，记为 $(A/F, i, n)$。因此，式（3.9）也可表示为 $A = F(A/F, i, n)$。

【例3.7】 某企业拟3年后建造游泳池，此项投资总额为200万元，银行年利率12%，问每年年末至少要存款多少万元？

【解】 由式（3.9）可得

$$A = F \frac{i}{(1+i)^n - 1} = 200 \times \frac{0.12}{(1+0.12)^3 - 1} = 59.27 \text{（万元）}$$

第三章 现金流量与资金的时间价值

【例3.8】 某学生在大学四年学习期间,每年年初从银行借款2000元用以支付学费,若按年利率6%计复利,第四年末一次归还全部本息需要多少钱?

【解】 本题不能直接套用式(3.8),由于每年的借款发生在年初,需要先将其折算成年末的等价金额。其现金流量图见图3.5。

$$F = 2000 \times (F/A, 6\%, 4)(F/P, 6\%, 1) = 2000 \times 4.3746 \times 1.06 = 9274(元)$$

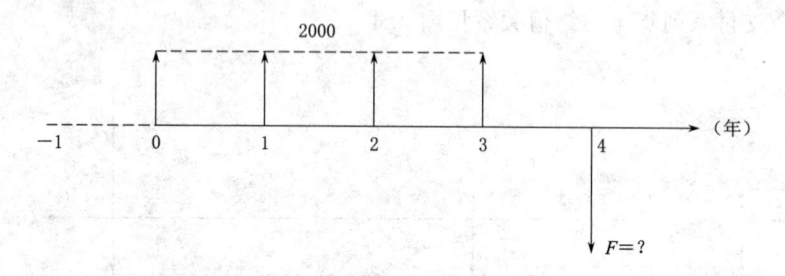

图3.5 现金流量图(单位:元)

3. 等额支付现值公式(已知 A 求 P)

等额支付现值公式也称年金现值公式。其含义是在研究周期内每年等额收支一笔资金 A,在折现率为 i 的情况下,求此等额年金收支的现值总额。等额年金支付系列年金与现值关系如图3.6所示。

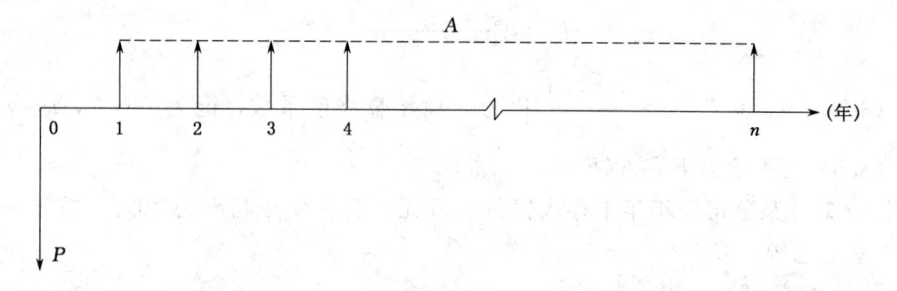

图3.6 等额年金支付系列年金与现值关系

$$P = F \frac{1}{(1+i)^n} = A \frac{(1+i)^n - 1}{i} \frac{1}{(1+i)^n} = A \frac{(1+i)^n - 1}{(1+i)^n i} \quad (3.10)$$

式(3.10)中,系数 $\frac{(1+i)^n - 1}{i(1+i)^n}$ 称为等额支付现值系数,记为 $(P/A, i, n)$。因此,式(3.10)也可表示为 $P = A(P/A, i, n)$。

【例3.9】 某人为在未来15年中的每年年末回收资金8万元,复利计,在年利率 i 为8%的情况下,现需向银行存入多少钱?

【解】 已知 $A = 8$ 万元,$i = 15$ 年,求 P。由年金现值公式(3.10)得

$$P = A(P/A, i, n) = 8(P/A, i, n) = 8 \times 8.5595 = 68.48(万元)$$

即现在应存入68.48万元的资金。

4. 等额资金回收公式(已 P 求 A)

在期初一次投入资金数额为 P,欲在 n 年内全部收回,在折现率为 i 的情况下,求每年年末应等额回收的资金 A,其计算公式可由年金现值公式得出

$$A = P \frac{i(1+i)^n}{(1+i)^n - 1} \quad (3.11)$$

式（3.11）中，系数 $\frac{i(1+i)^n}{(1+i)^n-1}$ 称为资金回收系数，记为 $(A/P, i, n)$。因此，式（3.11）也可表示为 $A = P(A/P, i, n)$。

【例3.10】 某工程项目初始投资1000万元，预计年投资收益率 i 为15%，问每年年末至少要等额回收多少资金，才能在5年内将全部投资收回？

【解】 已知 $P=1000$ 万元，$i=15\%$，$n=5$ 年，求 A。由资金回收公式（3.11）可得

$$A = P(A/P, i, n) = 1000 \times (A/P, 15\%, 5) = 298.3（万元）$$

即每年至少应等额回收298.3万元，才能将全部投资收回。

（三）等差系列现金流量

在许多工程经济问题中，现金流量每年均有一定数量的增加或减少，如房屋随着其使用期的延伸，维修费将逐年有所增加。如果逐年的递增或递减是等额的，则称之为等差系列现金流量。其现金流量如图3.7所示。

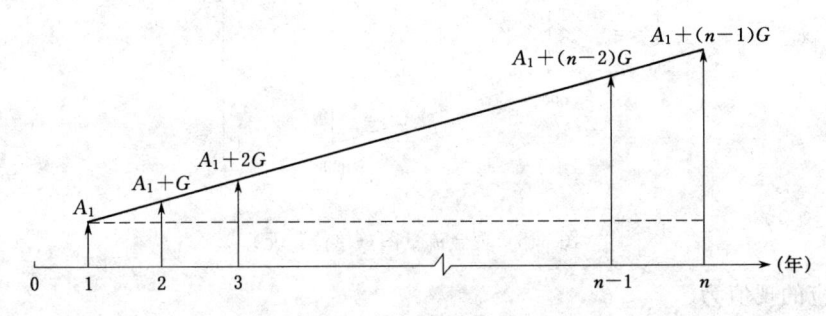

图3.7 等差系列递增现金流量图

每期期末现金支出分别为 $A_1, A_2, \cdots, A_n$，并且它们是一个等差序列，公差为 G，令 $A_1 = A$，$A_2 = A + G$，$\cdots$，$A_3 = A + 2G$，$\cdots$，$A_{n-1} = A + (n-2)G$，$A_n = A + (n-1)G$。

根据收支总额的复利终值概念，若以 F 表示总额复利终值，则可以推算出

$$F = A \frac{(1+i)^n - 1}{i} + G \sum_{k=1}^{n}(k-1)(1+i)^{n-k}$$

令 $G \sum_{k=1}^{n}(k-1)(1+i)^{n-k} = F_G$ 为等差资金部分的复利终值，$A \frac{(1+i)^n - 1}{i} = F_A$ 为等额年金部分的复利终值。而等差资金部分的复利终值为

$$F_G = G \sum_{k=1}^{n}(k-1)(1+i)^{n-k} = \frac{G}{i} \frac{(1+i)^n - 1}{i} - \frac{nG}{i} \quad (3.12)$$

由式（3.12）可得

$$A_G = G \left[\frac{1}{i} - \frac{n}{i}(A/F, i, n) \right] \quad (3.13)$$

式中，$\left[\frac{1}{i} - \frac{n}{i}(A/F, i, n) \right]$ 称为梯度系数，通常用 $(A/G, i, n)$ 表示，所以，等差现金流量序列的年金、终值和现值分别为

第三章 现金流量与资金的时间价值

$$A' = A_1 + A_G = A_1 + G(A/G, i, n) \quad (3.14)$$

$$F = A'\frac{(1+i)^n - 1}{i} = A_1(F/A, i, n) + G(F/G, i, n) \quad (3.15)$$

$$P = A'\frac{(1+i)^n - 1}{i(1+i)^n} = A_1(P/A, i, n) + G(P/G, i, n) \quad (3.16)$$

【例 3.11】 某公司现有挖掘机 1 台，在使用期 5 年内，其维修费在第 1 年、2 年、3 年、4 年、5 年年末的金额分别为 500 元、600 元、700 元、800 元和 900 元，若年利率以 10% 计，试计算费用的年值、终值、现值。

【解】 已知 $A_1 = 500$ 元，$G = 100$ 元，$n = 5$，$i = 10\%$，由式（3.13）和式（3.14）得

$$A = 500 + 100(A/G, 10\%, 5) = 500 + 100 \times 1.8101 = 681.01 \text{（元）}$$

其现金流量图见图 3.8。

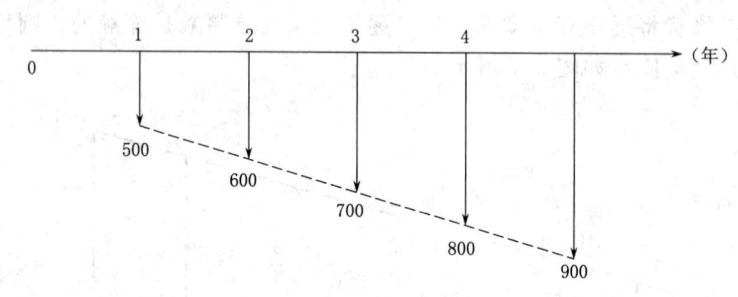

图 3.8 现金流量图（单位：元）

其对应的现值为

$$P = A(P/A, i, n) = 681.01 \times (P/A, i, n) = 2581.57 \text{（元）}$$

其对应的终值为

$$F = A(F/A, i, n) = 681.01 \times (F/A, i, n) = 4157.65 \text{（元）}$$

（四）等比系列现金流量

每期期末发生的现金流量序列是成等比变化的数列。其现金流量如图 3.9 所示。等比现金流量序列的复利终值 F 可表示为

$$F = A'[(1+i)^{n-1} + (1+q)(1+i)^{n-2} + \cdots + (1+q)^{n-2}(1+i) + (1+q)^{n-1}]$$

$$= A'(1+q)^{n-1}\left[1 + \frac{1+i}{1+q} + \cdots + \left(\frac{1+i}{1+q}\right)^{n-1}\right]$$

$$= A'(1+q)^{n-1}\left[1 + \frac{1+i}{1+q} + \left(\frac{1+i}{1+q}\right)^2 \cdots + \left(\frac{1+i}{1+q}\right)^{n-1}\right]$$

则等比系列终值

$$F = \frac{A'}{i-q}[(1+i)^n - (1+q)^n] = A'(F/G, i, q, n) \quad (3.17)$$

当 $i = q$ 时 $\qquad F = nA'(1+i)^{n-1}$

同理可求得 P 和 A：

$$P = A'\frac{(1+i)^n - (1+q)^n}{(i-q)(1+i)^n} = A'(P/G, i, q, n) \quad (3.18)$$

$$A = A'\frac{i[(1+i)^n-(1+q)^n]}{(i-q)[(1+i)^n-1]} = A'(A/G,i,q,n) \tag{3.19}$$

式中　$(F/G,i,q,n)$——等比级数终值系数；
　　　$(P/G,i,q,n)$——等比级数现值系数；
　　　$(A/G,i,q,n)$——等比级数年值系数。

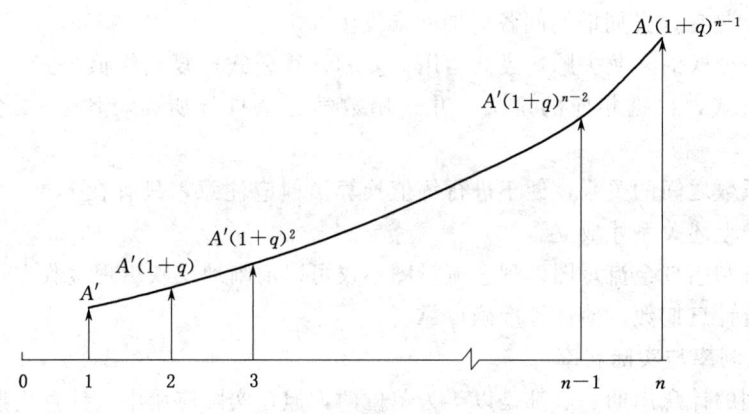

图 3.9　等比系列现金流量

三、资金时间价值计算小结

本章共学习了 4 种类型的资金等值计算公式，为了便于学习和查找使用，现将资金时间价值相关计算的主要公式和相关系数列于表 3.2。

表 3.2　　　　　　　　资金时间价值基本计算公式及相关系数表

类型	公式名称	已知→求解	公　式	系　数
一次支付	一次支付终值公式	$P \to F$	$F=P(1+i)^n=P(F/P,i,n)$	一次支付终值系数
	一次支付现值公式	$F \to P$	$P=\dfrac{F}{(1+i)^n}=F(P/F,i,n)$	一次支付现值系数
等额年金支付	等额支付年金终值公式	$A \to F$	$F=A\dfrac{(1+i)^n-1}{i}=A(F/A,i,n)$	等额支付年金终值系数
	等额支付偿债基金公式	$F \to A$	$A=F\dfrac{i}{(1+i)^n-1}=F(A/F,i,n)$	等额支付偿债基金系数
	等额支付现值公式	$A \to P$	$P=A\dfrac{(1+i)^n-1}{i(1+i)^n}=A(P/A,i,n)$	等额支付现值系数
	等额支付资金回收公式	$P \to A$	$A=P\dfrac{i(1+i)^n}{(1+i)^n-1}=P(A/P,i,n)$	等额支付资金回收系数
等差递增	等差递增年金公式	$G \to A$	$A=A_1+G(A/G,i,n)$	等差递增年值系数
	等差递增现值公式	$G \to P$	$P=A_1(P/A,i,n)+G(P/G,i,n)$	等差递增现值系数
	等差递增终值公式	$G \to F$	$F=A_1(F/A,i,n)+G(F/G,i,n)$	等差递增终值系数
等比递增	等比递增年金公式	$G \to A$	$A=A'\dfrac{i[(1+i)^n-(1+q)^n]}{(i-q)[(1+i)^n-1]}=A'(A/G,i,q,n)$	等比级数年值系数
	等比递增现值公式	$G \to P$	$P=A'\dfrac{(1+i)^n-(1+q)^n}{(i-q)(1+i)^n}=A'(P/G,i,q,n)$	等比级数现值系数
	等比递增终值公式	$G \to F$	$F=\dfrac{A'}{i-q}[(1+i)^n-(1+q)^n]=A'(F/G,i,q,n)$	等比级数终值系数

在以上资金等值计算公式中，一次支付终值公式是基础，其他所有公式都可以由一次支付终值公式推导出来。在具体运用公式计算时还应注意下列问题：

（1）项目的初始投资，假定发生在项目的寿命期期初，即"零点"处；项目的经常性支出假定发生在计息期期末。

（2）P 是在当前计息开始发生（零时点），F 在当前（零时点）以后第 n 个计息周期期末发生，A 是在计息周期期间各周期期末发生。

（3）理清公式的来龙去脉，灵活运用。复利计算公式以复利终值公式 $F=P(1+i)^n$ 作为最基本公式，根据相应的定义，并运用数学方法推导所得，各公式之间存在内在联系。

掌握各系数之间的关系，便于进行等值换算。但应注意，只有在 i，n 等参数条件相同的情况下，上述关系才成立。

（4）充分利用现金流量图。现金流量图不仅可以清晰地反映出现金收支情况，而且有助于准确确定计息期数，使计算准确可靠。

四、名义利率与实际利率

通常讲到的计息周期一般都是以年为单位的，但在实际应用中，计息周期并不一定以一年为周期，可以是半年、季度、月。同样的年利率，由于计息期数的不同，本金所产生的利息也不同，因此，就有了名义利率和实际利率的说法。

1. 名义利率 r

所谓名义利率 r 是指计息周期利率 i 乘以一个利率周期内的计息周期数 m 所得的利率周期利率，即

$$r = im \tag{3.20}$$

若月利率 i 为 1%，则年名义利率 r 为 12%，很显然，计算名义利率时忽略了前面各期利息再生的因素，这与单利的计算相同。通常所说的利率周期利率都是名义利率。

2. 实际利率 i

所谓实际利率 i 是指用复利法将计息周期小于一年的实际利率 i 折成年实际利率，实际利率的计息期为不足一年，则年实际利率 i 可利用数学知识推求出如下式：

$$i = \frac{F-P}{P} = \left(1+\frac{r}{m}\right)^m - 1 \tag{3.21}$$

式（3.21）中 i 为年实际利率，r 为名义利率，m 为一年之中的计息周期数。式（3.21）反映了复利条件下年实际利率和名义利率之间的关系。一般年实际利率不低于名义利率。设年名义利率 $r=10\%$，则按年、半年、季、月、日计息的年实际利率见表 3.3。

表 3.3　　　　　　　　　　　年实际利率计算结果

年名义利率 r	计　息　数	年计息次数 m	计息期利率 $i=\dfrac{r}{m}$	年实际利率 i
10%	年	1	10%	10%
	半年	2	5%	10.25%
	季	4	2.5%	10.38%
	月	12	0.833%	10.46%
	日	365	0.0274%	10.51%

从表 3.3 可以看出，每年计息期数 m 越多，i 与 r 相差越大。所以在工程经济分析中，如果各项目的计息期不同，就不能简单地使用名义利率来评价，而必须换算成实际利率进行评价，否则会得出不正确的结论。

3. 连续式计息期内的实际年利率

在一个企业或工程项目中，要是收入和支出几乎是在不间断流动着的话，可以把它看做连续的现金流。当涉及这个现金流的复利问题时，就要使用连续复利的概念，即在一年中按无限多次计息，此时可以认为 $m \to \infty$，求此时的年实际利率，即对式（3.21）求 $m \to \infty$ 时的极限：

$$i = \lim_{m \to \infty} \left[\left(1 + \frac{r}{m}\right)^{m/r}\right]^r - 1 = e^r - 1 \tag{3.22}$$

第三节 资金等值计算

一、等值的概念

如前所述，资金具有时间价值，即使金额相同，因其发生在不同时间，其价值就不同。反之，不同时点绝对值不等的资金在时间价值作用下却可能具有相等的价值。

这些不同时期、不同数额但其"价值等效"的资金称为等值。在工程经济分析中，等值是一个十分重要的概念，它为确定某一经济活动的有效性或者进行方案比较提供了可能。

资金等值计算公式和资金时间价值计算公式的形式是相同的，前一节资金时间价值计算公式是从资金平衡的角度得到的，如一次性支付复利终值公式中的 F 和 P 所含价值的绝对值相同，但资金流向相反；资金等值计算公式中 F 和 P 所含价值的绝对值相同，方向也相同，如果两个现金流量等值，则对任何时刻的时值必然相等。

进行工程经济分析时，在考虑资金时间价值的情况下，其不同时间发生的现金流是不能直接相加减的，利用等值的概念，可以把不同时点发生的现金流折算到同一时点，然后进行比较，在工程经济分析中，方案比较都是采用等值的概念进行分析、评价和选定的。

二、资金等值的计算

资金时间价值是工程经济分析的基本原理，资金等值计算是这个理论的具体运用。

前面介绍的复利计算公式，可以按一定的利率在不同时刻作等值变换，可以将一笔等值资金变换到任何时刻，也可以等值变换为任何一种支付形式。现金流量分析、折现是资金等值变换的一个常见形式。

实际进行资金等值计算时，有可能遇到以下不同情况，现分述如下。

1. 计息期小于（等于）支付期

下面通过［例 3.12］说明解决此类问题的主要方法。

【例 3.12】 年利率为 12%，每半年计息 1 次，从现在起连续 3 年每年年末等额支付 200 元，求与其等值的第 1 年初的现值为多少？

（1）按计息期利率计算。

1）先计算出每个计息期的利率，再把等额支付的每一次支付看为一次支付，利用一次支付现值公式计算，然后求和。

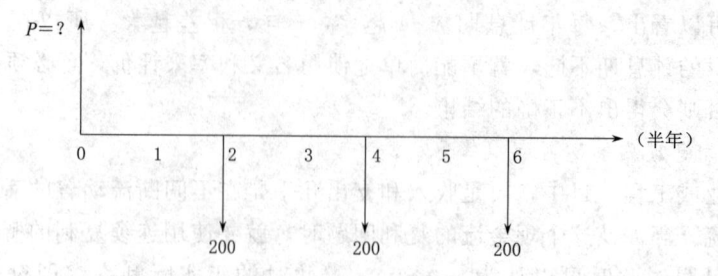

图 3.10 按半年利率计算的现金流量图（单位：元）

计息期利率： $i_{半年}=12\%/2=6\%$

再把等额支付的每一次支付看为一次支付，利用一次支付现值公式计算 P：

$$P=200(P/F,6\%,2)+200(P/F,6\%,4)+200(P/F,6\%,6)$$
$$=200\times0.89+200\times0.7921+200\times0.7050$$
$$=477.4(元)$$

2）先计算出每个计息期的利率，再取一个循环周期，使这个周期的期末支付变成等值的计息期末的等额支付系列，使计息期和支付期完全相同，然后套用等额支付系列公式进行计算。

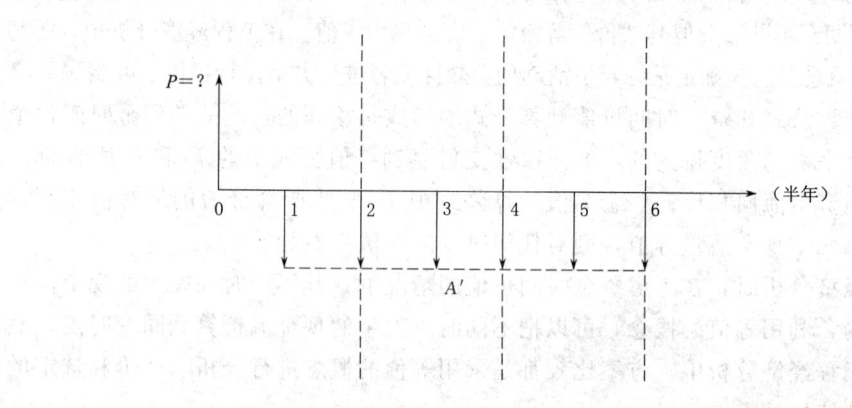

图 3.11 按半年利率计算的现金流量图（单位：元）

将每年末支付的 200 元向前分摊到每个半年上去，每个半年分得：

$$A'=200(A/F,6\%,2)=200\times0.4854=97.08(元)$$

再利用等额支付现值公式，求出现值：

$$P=97.08\times(P/A,6\%,6)=97.08\times4.9173=477.4(元)$$

（2）按支付期实际利率计算。这种方法可以借助名义利率和实际利率的关系，先求出支付期的实际利率，以支付期的计息次数为基础，再利用资金等值计算公式求解，现金流量图见图 3.12。

根据名义利率和实际利率的关系，先将年利率（名义利率）转换为年实际利率：

$$i_{实}=(1+12\%/2)^2-1=12.36\%$$

再利用等额支付现值公式，求出现值：

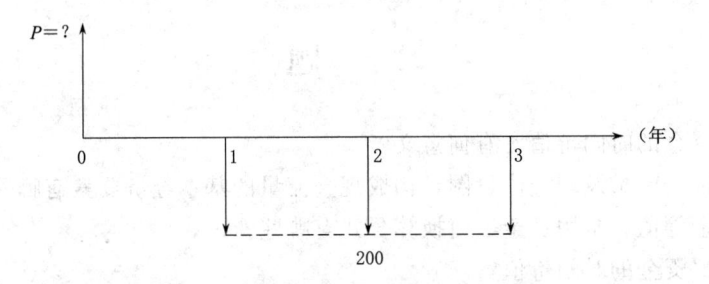

图 3.12 按年实际利率计算的现金流量图（单位：元）

$$P = 200(P/A, 12.36\%, 3) = 200 \times \frac{(1+12.36\%)^3 - 1}{12.36\% \times (1+12.36\%)^3} = 477.4 \text{（元）}$$

2. 计息期大于支付期

通常规定存款必须存满一个完整的计息周期才计算利息，在计息周期期间存入的款项在该期不计息，需要到下一期才能计息。因此，计息期大于支付期的处理原则为：计息期间的存款相当于在本期末存入，而取款相当于在本期初取出，分界点处的支付保持不变。

【例 3.13】 某项目现金流量如图 3.13 所示，年利率为 12%，按季度计息，求与其等值的最后一年终值为多少？

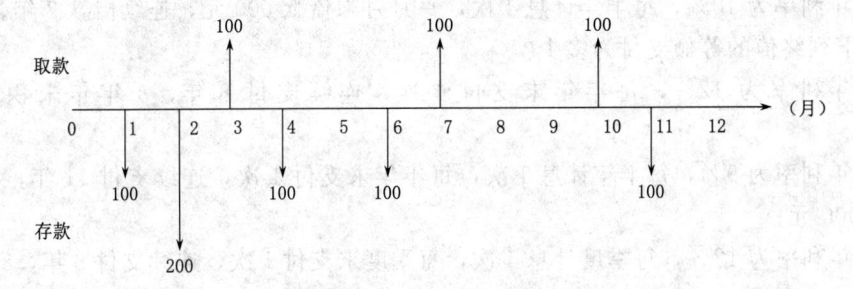

图 3.13 某项目各月现金流量（单位：元）

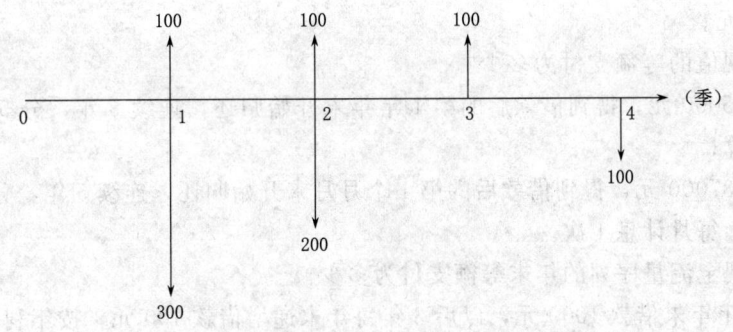

图 3.14 按计息期调整后的现金流量（单位：元）

$$F = (300-100)(F/P, 3\%, 3) + (200-100)(F/P, 3\%, 2) - 100(F/P, 3\%, 1) + 100$$
$$= 200 \times 0.9151 + 100 \times 0.9426 - 100 \times 0.9709 + 100$$
$$= 280.2 \text{（元）}$$

习 题

1. 什么是资金的时间价值？有何意义？
2. 什么是现金流量及现金流量图，构成现金流量的基本经济要素有哪些？
3. 何为资金等值，常用资金等值换算公式有哪些？
4. 如何理解资金的时间价值？
5. 什么是利息、利率？单利分析与复利分析有何区别？
6. 简述利率的确定及其在经济活动中的作用。
7. 什么是名义利率和实际利率，两者有何关系？
8. 向银行借款1000元，借期5年，试分别用8%单利和8%复利计算借款的利息和本利和。
9. 下列等额支付的年金终值和年金现值各为多少？
 (1) 年利率为6%，每年年末借款500元，连续借款12年；
 (2) 年利率为9%，每年年初借款4200元，连续借款43年；
 (3) 年利率为8%，每季度计息1次，每季度末借款1400元，连续借款16年；
 (4) 年利率为10%，每半年计息1次，每月月末借款500元，连续借款2年。
10. 下列终值的等额支付为多少？
 (1) 年利率为12%，每年年末支付1次，连续支付8年，8年年末积累金额15000元；
 (2) 年利率为9%，每半年计息1次，每年年末支付1次，连续支付11年，11年年末积累4000元；
 (3) 年利率为12%，每季度计息1次，每季度末支付1次，连续支付8年，8年年末积累金额15000元；
 (4) 年利率为8%，每季度计息1次，每月月末支付1次，连续支付15年，15年年末积累17000元。
11. 下列现值的等额支付为多少？
 (1) 借款5000元，得到借款后的第1年年末开始归还，连续5年，分5次还清，年利率按4%计算；
 (2) 借款37000元，得到借款后的第1个月月末开始归还，连续5年，分60次还清，年利率为9%，每月计息1次。
12. 下列现金流量序列的年末等额支付为多少？
 (1) 第1年年末借款1000元，以后3年每年末递增借款100元，按年利率5%计息；
 (2) 第1年年末借款5000元，以后9年每年末递减借款200元，按年利率12%计息；
 (3) 第1年年末借款2000元，以后3年每年末递增2%，按年利率5%计息；
 (4) 第1年年末借款3000元，以后6年每年末借款是上一年的1.1倍，年利率5%计息。
13. 某企业获得8万元贷款，偿还期4年，年利率为10%，试就以下4种还款方式，分别计算还款额、4年还款总额及还款额的现值：

(1) 每年年末还 2 万元本金和所欠利息；

(2) 每年末只还所欠利息，本金在第 4 年末一次还清；

(3) 每年末等额偿还本金和利息；

(4) 第 4 年末一次还清本金和利息。

14. 某设备价格为 55 万元，合同签订时付了 10 万元，然后采用分期付款方式。第一年末付款 14 万元，从第二年初起每半年付款 4 万元。设年利率 12%，每半年复利一次。问多少年能付清设备价款？

15. 某公司购买了一台机器，估计能使用 20 年，每 4 年要大修 1 次，每次大修费用假定为 1000 元，现在应存入银行多少钱才足以支付 20 年寿命期间的大修费用。按年利率 12% 计，每半年计息 1 次。

16. 某公司购买了一台机器，原始成本为 12000 元，估计能使用 20 年，20 年末的残值为 2000 元，运行费用为每年 800 元，此外，每 5 年大修 1 次。大修费用为每次 2800 元，试求机器的年等值费用，按年利率 12% 计。

第四章　投资方案评价与选择

第一节　投资方案评价概述

一、投资方案评价的作用

在工程经济研究中，投资方案评价是在拟定的工程项目方案、投资估算和融资方案的基础上，对工程项目方案计算期内各种有关技术经济因素和方案投入与产出的有关财务、经济资料数据进行调查、分析、预测，对工程项目方案的经济效果进行计算、评价，以便为投资决策提供可靠的选择依据。

人们在生产实践中逐步体会到工程经济评价的重要性，很多重大工程决策的失误不是科学技术上的原因，而是经济分析上的失误，工程经济评价的作用主要体现在以下几方面：

（1）工程项目的方案比较。例如某地区工农业生产迅速发展，人民生活水平不断提高，电力供应不足问题日趋严重，经考察该地区有条件兴建火电厂和水电厂。究竟采用哪一种方案，除了进行社会、环境等因素分析外，主要通过工程经济分析。

首先将所有可能量化的指标均量化，再选定统一的评价准则和分析方法，建立相应的数学模型，最终通过分析与评价，提供选择方案。

（2）具体方案的地址、参数选择。仍以上述方案为例，如果经初步比较选择了水电厂方案，又可能存在着地址选择问题，最终又要通过经济分析与评价的方法才能最后确定选择哪一个方案。

（3）当工程项目主体方案确定后，其主要设施和设备的参数选择、施工方法也要进行方案比较，要通过经济比较才能选出最优的形式和参数。

综上所述，建设项目前期研究是在建设项目投资决策前，对项目建设的必要性和项目备选方案的工艺技术、运行条件、环境与社会等方面进行全面的分析论证和评价工作。

经济评价是项目前期研究诸多内容中的重要内容和有机组成部分。

项目活动是整个社会经济活动的一个组成部分，而且要与整个社会的经济活动相融，符合行业和地区发展规划要求。因此，经济评价一般都要对项目与行业发展规划进行阐述，国务院投资体制改革决定明确规定，对属于核准制和备案制的企业投资项目，都要求在行业规划的范围内进行评审，这是国家宏观调控的重要措施之一。

在完成项目方案的基础上，采用科学的分析方法，对拟建项目经济合理性进行科学的分析论证，做出全面、正确的经济评价结论，为投资者提供科学的决策依据。项目前期研究阶段要做技术的、经济的、环境的、社会的、生态影响的分析论证，每一类分析都可能影响投资决策。

经济评价只是项目评价的一项重要内容，不能指望由其解决所有问题。同理，对于经济评价，决策者也不能只通过一种指标就判断项目在财务上或经济上是否可行，而应同时考虑多种影响因素和多个目标的选择，并把这些影响和目标相互协调起来，才能实现项目系统优化，进行最终决策。

二、投资方案评价的基本原则

投资方案的经济分析与评价是针对不同方案进行的，任何一个决策者，对待所研究的问题均要列出若干个可能的方案进行分析、比较，选用其中的"最佳方案"。

在方案决策时，一般会有几个方案，有时可达数十个甚至更多可能的不同方案，所有这些方案必须具有可比的同一基础，即这些方案必须满足以下条件：

(1) 都能符合国民经济在同一时期和同一地区的发展计划，即可以"互相代替"。
(2) 技术上都是现实的、合理的。
(3) 在自然资源利用、环境保护和生态平衡等方面都能符合国家的有关规定。
(4) 采用的原始资料和计算方法具有一致的精度。
(5) 对各项共同的参数、计算期、时段、物价等原始数据应采用同一数值。

对于工程投资建设来说，投入即是工程费用，而产出即是工程效益，对于各种不同的投资决策来说，可以归纳成三种情况：

(1) 投入相同，产出各不相同，即各个可能的方案都有相同的生产成本或工程费用但产值或工程效益不同。
(2) 产出相同，投入各不相同，即各个可能的技术方案都有相同的产值或工程效益，但生产成本或工程费用不一样。
(3) 投入和产出均不相同，即各个可能的技术方案既有不同的生产成本或工程费用，又有不同的产值或工程效益。

评价经济效果的目的，在于进一步提高经济效果，而提高经济效果的目的，又是为了增加更多的社会财富。从这一点出发，经济效果最佳的方案，就应该是能够为国民经济创造最多净产值或净效益的方案。对照上述三种情况，评价方案经济效果的基本原则如下：

(1) 当投入相同产出不相同时，产出最大的方案最好。
(2) 当产出相同而投入不相同时，投入最小的方案最好。
(3) 当产出与投入均各不相同时，经济效益为最大的方案最好。

三、投资选择的系统思想

1. 决策准则

在备选方案间的决策必须对最佳状态进行描述，只有当一个方案比其他方案能帮助你更好地达到某个目标时，这个方案才能是最好的。因此，仅当与某个目标相联系的时候，最佳才能被表达。例如，如果目标是利润，那么最佳的方案是那个将产出最大利润的方案。如果一个地区的目标是提高该地区的教育水平，那么在诸如更多的学校、更好的老师和广播电视课程等备选方案中，最优方案将是提高教育水平程度最大的那个方案。

选择的原则应该是：两方案按目标条件测算的收益和成本之间的差额最大的那个是最优方案。

2. 决策程序

很显然，要做一个决策，决策程序是必要的。

第一步是建立通过投资我们所希望达到的目标。用最简单的例子来说，一位企业投资者，他的目标可能仅是年利润最大化。而对于另一家公司来说，既有年利润又有市场扩展，两者隐含着未来的利润，可以成为联合的目标。一项基础设施投资，如港口的建设则要符合提高国内产品出口的全国目标，可能会以提高港口系统的容量为目标。

第二步是审察达到已确立目标可采用的方法。例如，为了实现企业投资者确立的年利润最大的目标，可通过投资于股票、债券、或两者的某种组合来实现。对于以利润和扩张为目标的公司来说，互斥方案可能是一个扩大销售的大型计划，或者一条新的生产线。这两个互斥方案每一个都将完成任务。港口投资者可能会选择新的码头设备来实现其目标，然后它将面临建立几个新泊位的问题：7个、8个还是9个——它们都是互斥方案。

第三步是预测每种方案实现目标的效果。例如，如果企业投资者购买债券，他能够预计到他每年会从10万元中获得多少钱；他能够预计投资于普通股的收益，但不如债券准确。这些就是实现他简单利润目标的一种备选方法的效果。

第四步是评价。一旦预测了每种方案的成本与收益，下一项工作就是应用评价的方法决定应选择哪一个方案。例如，企业投资对利润感兴趣仅仅可以评价它的每个方案：股票、债券或两者某种结合的现金流量，或是净现值法。

第五步是决策本身。在该过程之前所做的一切都是为了这一步。尽管方案评价已经显示出最好的一个，但前面所进行的一切并没有自动做出决策。现在必须对程序中要素的完整性和准确性提出所有的疑问：股票股利的预测有多精确？港口处理的产品的世界需求量会像期望的那样增长吗？换句话说，那些形成决策的判断必须纳入过程以便确实做出决策。在这最后一步，必须对至关重要的问题进行提问和回答，并做出决策。

3. 备选方案的识别

在以上描述的过程中，重要的一步就是备选方案的审查。但是，不像其他步骤，这一步在方案的认可上面要值得特别注意。如果从未意识到一个方案的存在，那么肯定不可能选择该方案。

减少忽视一个最佳方案的方法是集思广益法，这种方法集中了所有可能对问题提出解决方案的人所提出的各种方案（甚至是最难以达到的方案）。这些解决方案用特殊的见解展示出开放的思想，然后选出那些看来有研究价值的方案。在这以后，实施程序的剩余部分。虽然所有备选方案已被审查，并通过集思广益法获得了进一步的保证，但是绝对避免陷阱出现的方法是不存在的。

例如：某建筑公司的设计和建筑工程师们计划在一条河上建一条公路和一条铁路，其中一部分路线中分开向分包商招标，一段很长的路线中的土质中含有许多断裂部分和填充物，经过工程师评估要花费75万元。这一数据是根据采用拖拉机和推土机这类工具的建筑施工中的常用做法来计算出的，中标者的报价为60万元，大大低于该建筑公司自己估计的那段工程应该的花费。在工作开始后，分包合同的中标者根本没有用该建筑公司工程师们所想的常规方法，而是与之截然不同的方法：水力挖掘。这种方法中，土被水流移走。分包商所采用的方法比原来更常见的拖拉机、推土机的方法在费用上大大降低了。

该建筑公司的工程师们不得不承认他们没有构想出正确的施工方法所带来的损失，公司不得不给仅花了30万元的工程支付60万元的报酬。如果工程师们认识到水力挖掘的方法是一种备选方案，他们会研究这种方法，并把它推荐给分包合同的投标者，这样接到的投标就会接近真实的成本（30万元），那样会给公司节省一大笔钱，这是一个没有考虑到却被证明是正确的解决方案的例子。

4. 方案在时间上的效果

在讨论决策的过程中，备选方案的效果扮演着至关重要的角色，效果意味着时间，如果决定实施一个方案，那么到这个方案的效果显示出来必然要经过一段时间，因此，效果是与其出现所花费的时间相结合的。

例如，如果决定公路定线 A 要比公路定线 B 或 C 都好，那么是根据公路寿命期内从最初研究的成本到 20 年后因重新定线而废弃将发生的成本或收益是多少来决定的，这些被给定后，就应该问问，是否应该对给定的效果根据其离未来将出现问题的时间有多远来做些权衡。

因此，无论效果是好还是坏，总是倾向认为远期效果要比近期效果的影响轻。总是根据其距现在时间的远近，或多或少地给它们打些折扣。在经济分析的学习中，这种通过折现对在一段时间上的效果进行处理的方法是非常重要的。

5. 着眼点

着眼点是指一位分析者在项目研究中的组织立场。这里的"组织"是指分析者所在的社会实体。他可能是在政府机构，进行政府投资项目分析，则分析者着眼点在于社会；他可能是受雇于某一企业进行企业项目投资，则分析者着眼点在于企业。同样的工作从不同组织的立足点来看，有着数量非常不同的收益和成本，他们所考虑的具体内容是有所不同的。

6. 系统分析

系统分析是指必须把内部相关的实体作为一个整体来调查研究，这个实体的各部分相互依存、相互影响。系统分析以一种特殊的方式与着眼点相联系：所有与分析者着眼点有关的影响因素都应给予考虑，这对于所进行的研究是十分重要的。

比如，企业投资者想建一个新的水利工程。他将研究分为两个部分，即成本和收入。在成本部分他将进一步分为建设成本及操作和维护成本。他调查了所有与两种成本相关的方面，劳动力、原材料、机器、服务费等。因为他的着眼点是企业，因此他不必考虑劳动力的社会成本，只需要考虑他要支付的工资就可以了。从收入方面看，他不得不决策该工程所生产的水电产品是否有一个重要的潜在市场，或者是否其主要市场仅存在于他自己的地区。他必须设想在其必须选定的时间段内市场的需求量。

他研究的每一个因素：需求、工程规模、机器修理、成本、收入等，都与其他因素相关。因此，他必须把它当作系统来研究，而不能掉入仅就问题本身部分或者将其分成以组为单位的子系统进行分析的陷阱。

7. 有/无准则

有/无准则可表述为，在特定的时间内，分析人员将"有"这项新投资所发生的一切与"无"投资所发生的一切进行对比。

四、投资方案的经济评价指标

（一）投资方案的经济评价指标的设定原则和基本假定条件

不同的工程项目、不同的投资方案，可从不同的角度评价，评价的结果是多样的，如何将这些评价结果作为项目选择和方案选择的依据,首先要确定评价指标,然后将这些指标综合成可比的一个指标,作为选择项目或方案的依据。

1. 工程项目经济评价指标的设定应遵循的原则

(1) 经济效益原则。即所设指标应该符合项目工程的经济效益。

(2) 可比性原则。即所设指标必须满足排他型项目或方案的共同的比较基础与前提。

(3) 区别性原则。即坚持项目或方案的可鉴别性原则,所设指标能够检验和区别各项目的经济效益与费用的差异。

(4) 评价指标的可操作性。即所设指标要简便易行而且确有实效。

2. 基本假定条件

(1) 存在一个理想的资金市场,资金来源是不受限制的。

(2) 投资后果是完全确定性的,也即投资主体掌握了全部有关当前和未来的情报信息,这些信息是正确的,不存在风险问题和不确定的变动。

(3) 投资项目是不可分割的,也即在项目评价中,每个项目被视为一个功能实体,其财务含义是投资主体必须逐项地调拨资金,每一笔资金表示并且只能表示某一特定投资项目(或项目组合)。

(二) 投资方案的经济评价指标分类

项目经济评价指标可以从不同角度进行分类,一般有四种分类方法。

1. 按评价指标是否考虑资金时间价值来划分

按是否考虑资金的时间价值,经济评价指标可以划分为静态评价指标和动态评价指标两大类。具体见表 4.1。

表 4.1　　　　　　　　静态评价指标和动态评价指标体系表

财务评价指标	静态评价指标	总投资收益率 资本金净利润率 静态投资回收期 借款偿还期 利息备付率 偿债备付率
	动态评价指标	财务内部收益率 财务净现值 动态投资回收期

(1) 静态评价指标。是指不考虑资金时间价值的评价指标,如静态投资回收期、总投资收益率、资本金净利润率等。

静态评价指标的特点是计算简便、直观、易于掌握,因此,传统的经济评价多采用静态评价指标;静态评价指标的缺点是由于忽略了资金的时间价值,造成反映项目投资经济效益并不准确,以此作为投资决策的依据,通常容易导致资金的积压和浪费。

(2) 动态评价指标。是指考虑资金时间价值的指标,如动态投资回收期、财务净现值、财务内部收益率等。

动态评价指标克服了静态评价指标的缺点,但它需要较多的数据和资料,计算各种指标往往比较复杂,工作量比较大,通常要借助计算机等辅助工具。

动态评价指标和静态评价指标二者各有所长,在实际评价过程中,两种评价指标通常配合使用,相互补充。

2. 按考察的投资范畴划分

经济评价的主要目的在于分析投资项目的经济效益的好坏,由于项目的经济效益与其投资有着密切的关系,因此,可以根据所考察投资范畴不同,将经济评价指标分为全部投资评价指标、总投资评价指标和自有资金投资评价指标三种。

(1) 全部投资评价指标。是指项目实施时固定资产投资(包含一些不可预见费用等方面的支出,相当于原来的基建投资)与流动资产投资之和。在全部投资经济评价中,不区别资金来源的不同,假设全部资金均为自有资金,并且以项目本身作为系统进行评价。考察其全部投资的经济性,如投资的盈利能力、回收能力和抗风险能力等。

因为这时就项目本身而言,其经济效益只与项目的建设与投产速度、收益与费用等因素有关,而与资金来自何方、如何偿还并无关系。所以,全部投资经济评价是在投入资金均为自有资金的假设条件下,对项目经济效益的度量,反映的是项目全部投资可能带来的经济效益,它恰好符合投资前期研究的目标和投资决策的需要。例如,投资回收期、净现值、内部收益率等。

(2) 总投资评价指标。指项目实施时固定资产投资、流动资产投资和基建贷款利息三者之和、总投资经济评价是在全部投资经济评价的基础上,考虑资金的来源、资金成本、贷款偿还和分配等因素所作的经济评价。

目前常用的总投资经济评价指标有投资利润率、投资利税率等。

(3) 自有资金投资评价指标。均为自有资金只是一种假设,是为便于全部投资经济评价指标的计算。对于多数项目投资而言,银行贷款是必不可少的。因此,企业(或投资者)更关心自有资金从项目实施中所得到的可能利益,即自有资金的投资效益,这就是自有资金投资经济评价的任务。项目资本金净利润率就是常用的自有资金评价指标。

自有资金投资经济评价结果之所以与全部投资经济评价结果存在差异,是由于投资利润率一般不等于银行贷款的利息率所致。对于借贷资金,企业付出的是利息而不是利润。当项目全部投资利润率大于银行利息率时,企业可以得到借贷资金带来的利润与实际支付的利息之间的差额好处。也就是说,这时贷款可以提高自有资金的利润率;反之,如果项目全部投资利润率低于贷款利息率,贷款将会降低自有资金的利润率,这时企业(或投资者)便需要考虑新的投资方案。

随着社会主义市场经济体制的建立和发展,银行的商业化、企业的股份制化和实行新的财务会计制度等,必将推动项目自有资金投资的经济评价。

3. 按评价指标所反映的经济性质划分

项目的经济性一般表现在项目投资的回收速度、投资的盈利能力和资金的使用效率三个方面。与此相对应,可将评价指标划分为时间性评价指标、比率性评价指标和价值性评价指标。如图4.1所示。

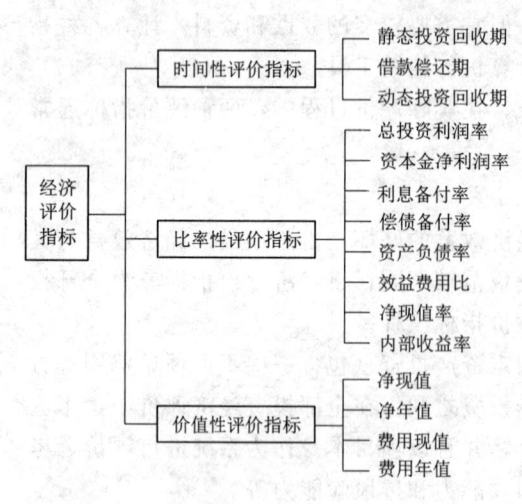

```
经济          ┌─ 时间性评价指标 ─┬─ 静态投资回收期
评价          │                 ├─ 借款偿还期
指标          │                 └─ 动态投资回收期
              │                 ┌─ 总投资利润率
              │                 ├─ 资本金净利润率
              ├─ 比率性评价指标 ─┼─ 利息备付率
              │                 ├─ 偿债备付率
              │                 ├─ 资产负债率
              │                 ├─ 效益费用比
              │                 ├─ 净现值率
              │                 └─ 内部收益率
              │                 ┌─ 净现值
              └─ 价值性评价指标 ─┼─ 净年值
                                ├─ 费用现值
                                └─ 费用年值
```

图 4.1 按经济性质划分的经济评价指标

(1) 时间性评价指标。是指利用时间的长短来衡量项目对其投资回收或清偿能力的指标。常用的时间性评价指标有静态投资回收期、动态投资回收期，静态差额投资回收期、动态差额投资回收期等。

(2) 比率性评价指标。是指反映项目单位投资获利能力或项目对贷款利率的最大承受能力的指标。常用的比率性指标有投资利润率、投资利税率、内部收益率、外部收益率、净现值率、效益费用比率等。

(3) 价值性评价指标。是指反映项目投资的净收益绝对值大小的指标。常用的价值性评价指标有净现值、净年值、净终值、费用现值、费用年值等。

4. 按是否考虑融资划分

根据不同决策的需要，财务评价指标可以分为融资前分析指标和融资后分析指标。

(1) 融资前分析指标。是指不考虑融资方案条件下的财务分析。融资前分析是从项目投资总获利的角度，不考虑资金的来源，重在考察项目净现金流量的价值是否大于其投资成本，进行的是投资决策。融资前分析只进行盈利能力分析，计算的项目投资内部收益率、净现值、静态投资回收期等指标，可以作为初步投资决策与融资方案研究的依据和基础。

一般要先进行融资前分析，在融资前分析结论满足要求的前提下，初步拟定融资方法，再进行融资后分析。

(2) 融资后分析指标。是指以融资前分析和设定的融资方案为基础进行的财务分析。融资后分析主要进行的是融资决策，重在考察资金筹措方案能否满足要求，计算在拟定融资方案条件下的盈利能力指标、偿债能力指标和财务生存能力指标，判断项目方案在融资条件下的可行性。

第二节 经济评价指标

同一工程项目存在多个方案，要通过选择才能确定最终方案。这些评价可从经济、社会和生态等不同的角度进行。对于微观投资者而言，最关心的是经济评价，因此工程项目的经济评价备受微观投资主体的重视。不同的工程项目、不同的投资方案，可从不同的角度评价，评价的结果是多样的，如何将这些评价结果作为项目选择和方案选择的依据，首先要确定评价指标，然后将这些指标综合成可比的一个指标，作为选择项目或方案的依据。

本节主要研究工程项目经济评价的常用指标，这些经济指标，是进行经济评价的依据，被称为经济评价指标。它们分别反映项目经济效益的某一方面。

第二节 经济评价指标

一、基准投资收益率

（一）基准投资收益率的含义

在工程经济学中，"利率"更广泛的含义是指投资收益率。通常，在选择投资机会或决定工程方案取舍之前，投资者首先要确定一个最低盈利目标，即选择特定的投资机会或投资方案必须到达的预期收益率，称为基准投资收益率。

在国外一些文献中，基准收益率被称为"最小诱人投资收益率"。这一名称更明了地表达了基准收益率的概念，即对该投资者而言，能够吸引他特定投资机会或方案的可接受的最小投资收益率。由于基准收益率是计算净现值等经济评价指标的重要参数，因此又常被称为基准折现率或基准贴现率。

基准收益率是投资方案和工程方案的经济评价和比较的前提条件，是计算经济评价指标和评价方案优劣的基础，它的高低会直接影响经济评价的结果，改变方案比较的优劣顺序。如果它定得太高，可能会使许多经济效益好的方案不被采纳，如果它定得太低，则可能接受一些经济效益并不好的方案。

因此，基准收益率在工程经济分析评价中有着极其重要的作用，正确地确定基准投资收益率是十分重要的。

（二）基准收益率的确定要考虑的因素

通常在确定基准收益率时可考虑以下一些因素。

1. 资金成本与资金结构

（1）资金成本。是指为取得资金的使用权而向资金提供者所支付的费用。债务资金的资金成本，包括支付给债权人的利息、金融机构的手续费等。股东权益投资的资金成本包括向股东支付的股息和金融机构的代理费等，股东直接投资的资本金的资金成本可根据资本金所有者对权益资金收益的要求确定。

投资所获盈利必须能够补偿资金成本，然后才会有利可图，因此投资盈利率最低限度不应小于资金成本率，即资金成本是确定基准收益率的基本因素。

投资方案资金来源有多种，则资金成本也与资金结构有关。

（2）资金结构。是指投资方案总资金中各类来源资金所占的比例。

2. 风险报酬

投资风险是指实际收益对投资者预期收益的背离（投资收益的不确定性），风险可能给投资者带来超出预期的收益，也可能给投资者带来超出预期的损失。

在一个完备的市场中，收益与风险成正比，要获得高的投资收益就意味着要承担大的风险，从投资者角度来看，投资者承担风险，就要获得相应的补偿，这就是风险报酬。

通常把政府的债券投资看做是无风险投资。此外，不论何种投资，认为都是存在风险的。对于存在风险的投资方案，投资者自然要求获得高于一般利润率的报酬，所以通常要确定更高的基准投资收益率。

3. 资金机会成本

资金机会成本是指投资者将有限的资金用于该方案而失去的其他投资机会所能获得的最好的收益。

4. 通货膨胀

通货膨胀使货币贬值，投资者的实际报酬下降。因此，投资者在通货膨胀情况下，必然要求提高收益率水平以补偿其因通货膨胀造成的购买力的损失。基准收益率中如要考虑通货膨胀的因素与采用的价格体系考虑了通货膨胀因素，则基准收益率中应计入通货膨胀率，否则不考虑通货膨胀因素，在实际工作中，通常采用后一种做法。

（三）基准收益率的确定

尽管基准收益率是极其重要的一个评价参数，但其确定是比较困难的。不同的行业有不同的基准收益率，同一行业内的不同的企业的收益率也有很大差别，甚至在一个企业内部不同的部门和不同的经营活动所确定的收益率也不相同，也许正是其重要性，人们在确定基准收益率时比较慎重且显得困难。

由国家发展和改革委员会、住房和城乡建设部发布的《建设项目经济评价方法与参数》提出财务基准收益率的测定可采用资本资产定价模型法、加权平均资金成本法、典型项目模拟法、德尔菲（Delphi）专家调查法等方法，也可用多种方法进行测算，将不同方法测算的结果互相验证，经协调后确定。

（四）基准收益率选用的原则

(1) 政府投资项目的评价必须采用国家行政主管部门发布的行业基准收益率。一般情况下，项目产出物或服务属于非市场定价的项目，其基准收益率的确定与项目产出物或服务的定价密切相关，是政府投资所要求的收益水平上限，但不是对参与非市场定价项目的其他投资者的收益率要求。

参与非市场定价项目的其他投资者的财务收益率，通过参加政府招标或与政府部门协商确定。

(2) 企业投资者等其他各类建设项目的评价中所采用的行业基准收益率，既可使用由投资者自行测定的项目最低可接受收益率，也可选用国家或行业主管部门发布的行业基准收益率。

根据投资人意图和项目的具体情况，项目最低可接受收益率的取值可高于、等于或低于行业基准收益率。

二、净现值

（一）净现值指标及其评价准则

净现值（NPV）是将项目整个计算期内各年的净现金流量，按某个给定的折现率，折算到计算期期初的现值代数和，是反映投资方案在计算期内的获利能力的动态价值指标，净现值的计算公式为

$$NPV = \sum_{t=0}^{n} (CI - CO)_t (1 + i_c)^{-t} \tag{4.1}$$

式中　　CI——现金流入；
　　　　CO——现金流出；
　　$(CI-CO)_t$——第 t 年的净现金流量；
　　　　　　i——给定的折现率，通常选取行业基准收益率（i_c）；
　　　　　　n——方案的计算期，等于方案的建设期、投产期与正常生产年数之和，一般为技术方案的寿命周期。

给定折现率 $i=i_c$，如果 $NPV(i_c)=0$，表明项目达到了行业基准收益率标准，而不是表示该项目投资盈亏平衡；当 $NPV(i_c)>0$，表明该项目的投资方案除了实现预定的行业收益率，还有超额的收益；当 $NPV(i_c)<0$，表明该项目不能达到行业基准收益率水平，但不能确定项目是否亏损。

因此，净现值法的评判准则如下：

$NPV>0$，该方案在经济上可行，即项目的盈利能力超过其投资收益期望水平，因此可以考虑接受该方案；

$NPV=0$，说明该项目的盈利能力达到了所期望的最低财务盈利水平，可以考虑接受该项目；

$NPV<0$，该方案在经济上不可行，可以考虑不接受该方案。

多方案选时，如果不考虑投资额限制时，净现值越大的方案越优。

【例 4.1】 某水利建设项目期初总投资 1000 万元，投产后各年净收益均为 200 万元，项目寿命期为 10 年，$i=8\%$，试用净现值指标评价其可行性？

【解】
$$NPV=(0-1000)+200(P/A,8\%,10)$$
$$=-100+200\times 6.7101=342.02（万元）$$

因为 $NPV>0$，所以该项目可行。

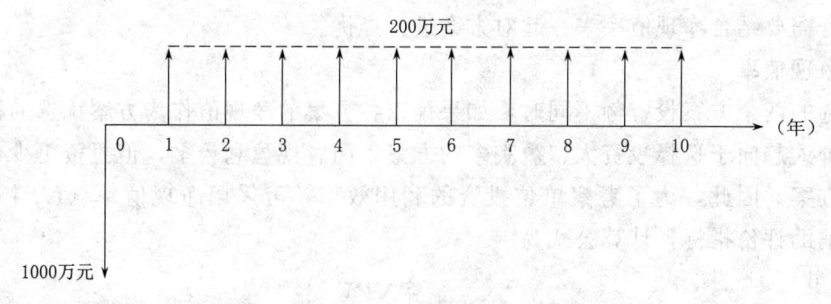

图 4.2 某水利建设项目现金流量图

(二) 在净现值指标中要注意的问题

1. 净现值函数以及 NPV 对 i 的敏感性问题

所谓净现值函数就是 NPV 与折现率 i 之间的函数关系，假如某项目寿命期为 14 年，其初始投资为 2400 万元，其后每年的净现金流量为 400 万元，表 4.2 列出了该项目的净现值随 i 变化而变化的对应关系。

表 4.2   某项目的折现率与净现值对应关系

$i/\%$	NPV/万元	$i/\%$	NPV/万元
0	3200	25	−870.4
5	1559.6	30	−1100.4
10	546.8	35	−1274.4
14	0.8	40	−1408.8
15	−110.4	∞	−2400
20	−55.6		

从表 4.2 中，可以发现同一净现金流量的净现值随折现率 i 的增大而减小，故基准折现率（i_c）定得越高，能被接受的方案越少。

2. 折现率的选择

计算净现值时，折现率 i 的选取对于净现值的影响是比较明显的。对于某一特定的技术方案而言，当净现金流量和 n 确定时，此时净现值仅是折现率 i 的函数，称为净现值函数。

当折现率 $i=0$（即不考虑资金时间价值）时，净现值等于该方案计算期内各年净现金流量的累计值，净现值等于 0，此时的折现率 i 称为内部收益率，计算方案的净现值，选取合适的折现率是至关重要的。

净现值是反映技术方案投资盈利能力的一个重要动态评价指标，被广泛用于技术方案的经济评价中。采用净现值的优点是：①计算简便；②计算结果稳定，不会因为计算方法的不同而带来任何差异；③考虑了资金的时间价值和方案在整个寿命期内的费用和收益情况，对项目进行动态评价，考察了项目在整个寿命期内的经济状况；④直接以货币金额表示方案投资的收益性大小，比较直观。

净现值的缺点是无法评定已经利用净现值法选定可以接受的各方案间优劣的比较，主要是不能简单地选择净现值最大的即为最优方案，因为初始投资额也是至关重要的考虑因素，所以，需要结合净现值率来一起对方案进行择优。

三、净现值率

当比选的两个方案投资额不同时，如果仅以各方案的净现值作为方案优选的标准，可能会使评价人趋向于选择投资大、盈利多的方案，而忽视盈利较多，但投资更少、经济效果更好的方案。因此，为了考察单位投资的利用效率，可采用净现值率（NPVR）作为净现值的辅助评价指标，计算公式为

$$NPVR = \frac{NPV}{I_p} \tag{4.2}$$

$$I_p = \sum_{t=0}^{n} I_t (1+i)^{-t} \tag{4.3}$$

式中 I_p——各年投资现值累计和；

I_t——第 t 年投资额。

净现值率的评判标准为：

(1) 对于单一方案，当 $NPVR \geqslant 0$，方案可行；当 $NPVR < 0$，方案不可行。NPVR 作为净现值的辅助评价指标，在计算时应注意 NPV 和 I_p 的折现率应保持一致。

(2) 对于多方案比选，以 $NPVR$ 较大的方案为优。若对有资金约束的多个独立方案进行比较时，可以按照 $NPVR$ 的大小顺序，依次选择满足资金约束条件的组合方案，从而使 NPV 最大。

【例 4.2】 某水利建设项目总投资 1000 万元，分两年等额投入，项目投产后各年净收益均为 200 万元，项目寿命期为 10 年，$i=8\%$，则该项目的净现值率为多少？

【解】 $NPV = -500 + [-500 + 200(P/A, 8\%, 9)](P/F, 8\%, 1)$

$$= -500 + [-500 + 200 \times 6.2469] \times 0.9259$$
$$= 193.85(万元)$$
$$I_p = 500 + 500(P/F, 8\%, 1) = 962.95 (万元)$$
$$NPVR = \frac{NPV}{I_p} = \frac{193.85}{962.95} = 20.13\%$$

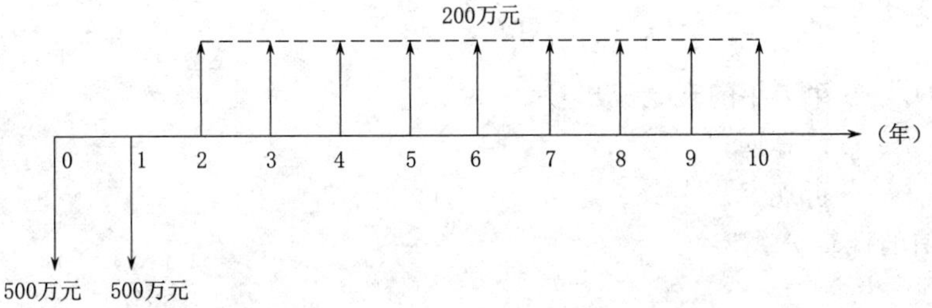

图 4.3 现金流量图

四、净年值

净年值（NAV）也常称净年金，是指按给定的基准折现率，通过等值换算将方案计算期内各个不同时点的净现金流量分摊到计算期内各年的等额年值，按照其定义，计算公式为

$$NAV = \left[\sum_{i=0}^{n}(CI-CO)_i(1+i)^{-t}\right](A/P, i, n) \tag{4.4}$$

求一个项目的净年值，可以先求该项目的净现值（NPV），然后乘以资金回收系数进行等值变换求解，即以资金的等值计算公式有：

$$NAV = NPV(A/P, i, n) \tag{4.5}$$

用净现值 NPV 和净年值 NAV 对一个项目进行评价，结论是一致的。

当 $NPV>0$ 时，$NAV>0$；当 $NPV<0$ 时，$NAV<0$。故净年值与净现值在项目评价的结论上总是一致的。因此，就项目的评价结论而言，净年值与净现值是等效评价指标。净现值给出的信息是项目在整个寿命期内获取的超出最低期望盈利的超额收益的现值，净年值给出的信息是项目在整个寿命期内每年的等额超额收益。由于信息的含义不同，而且由于在某些决策结构形式下，采用净年值比采用净现值更为简便和易于计算，故净年值指标在经济效果评价指标体系中占有相当重要的地位。

仍以［例 4.1］的数据计算该项目净年值，可得

$$NAV = NPV(A/P, 8\%, 10) = 342.02 \times 0.149 = 50.96 (万元) > 0$$

由此可见净年值和净现值的评价结论是一致的。

五、费用现值（PC）和费用年值（AC）

在对多个方案比较选优时，如果诸方案产出价值相同，或则诸方案能够满足同样需要但其产出效益难以用价值形态（货币）计量（如环保、教育、保健、国防）时，可以通过对各方案费用（为实现项目预定目标所付出的财务代价或经济代价）现值或费用年值的比较进行选择。

费用现值（PC）是指按基准折现率，将方案计算期内各个不同时点的现金流出折算到计算期初的累计值。

费用年值（AC）是指按基准折现率，通过等值换算将方案计算期内各个不同时点的现金流出分摊到计算期内各年的等额年值。

费用现值的计算公式为

$$PC = \sum_{t=0}^{n} (CO)_t (P/F, i, t) \tag{4.6}$$

式中　$(CO)_t$——第 t 年的现金流出量；

　　　n——计算期；

　　　i——折现率。

费用年值的计算公式为

$$AC = \left[\sum_{t=0}^{n} (CO)_t (P/F, i, t)\right](A/P, i, n) \tag{4.7}$$

费用现值和费用年值指标只能用于多个方案的比选，其判断准则是：费用现值或费用年值最小的方案为优。

【例 4.3】 某项目有两个方案 A、B，均能满足同样的需要。A、B 方案寿命期为 10 年，A 方案投资为 200 万元，年运营费用为 60 万元。B 方案投资为 300 万元，年运营费用为 35 万元。在基准折现率 $i_0=10\%$ 的情况下，试用费用现值和费用年值确定最优方案。

【解】　两方案的费用现值计算如下：

$PC_A = 200 + 60 \times (P/A, 10\%, 10) = 568.68$（万元）

$PC_B = 300 + 35 \times (P/A, 10\%, 10) = 515.06$（万元）

两方案的费用年值计算如下：

$AC_A = 60 + 200 \times (A/P, 10\%, 10) = 92.54$（万元）

$AC_B = 35 + 300 \times (A/P, 10\%, 10) = 83.81$（万元）

根据费用最小的选优准则，费用现值和费用年值的计算结果都表明，B 方案优于 A 方案。

费用现值与费用年值的关系，恰如前述净现值和净年值的关系一样，所以就评价结论而言，两者是等效评价指标。两者除了在指标含义上有所不同外，就计算的方便简易而言，在不同的决策结构下，两者各有所长。

应用费用现值和费用年值的指标要注意以下问题：

(1) 备选方案不少于两个，且为互斥方案或可转化为互斥型的方案。

(2) 备选方案应具有共同的目标，目标不同的方案、不满足最低效果要求的方案不可进行比较。

(3) 备选方案的费用应能货币化，且资金用量不应突破资金限制。

(4) 效果应采用同一非货币计量单位衡量，如果有多个效果，其指标加权处理形成单一综合指标。

(5) 备选方案应具有可比的寿命周期。

六、投资回收期

投资回收期又称返本期，也称投资返本年限，是反映项目或方案投资回收速度的重要指标。它是指通过项目的净收益来回收总投资所需的时间。通常以"年"表示。投资回收期是反映技术方案投资回收速度的重要指标，投资回收期一般从投资开始年算起，如果从投产年算起时，应予说明。

投资回收期的基本原理是：如果一个工程项目的投资回收期不大于期望的投资回收期时，可以考虑接受这个项目；否则，可以考虑不接受这个项目。假定一个投资项目的 A 方案的投资回收期为 6 年，而类似项目和方案的投资回收期为 7 年，那么这个方案就可行；若这个投资项目的 A 方案的投资回收期为 8 年，那么这个方案就不可行。

根据是否考虑资金的时间价值，投资回收期分为静态投资回收期和动态投资回收期。

（一）静态投资回收期

1. 静态投资回收期的计算

静态投资回收期（P_t）是指不考虑资金的时间价值，以项目净收益来回收项目全部投资所需要的时间。

根据定义，可以得知，静态投资回收期 P_t 的计算公式如下：

$$K = \sum_{t=0}^{P_t} NB_t \tag{4.8}$$

式中　K——投资总额；

NB_t——第 t 年的净收益；

P_t——静态投资回收期。

或写为

$$\sum_{t=0}^{P_t} (CI - CO)_t = 0 \tag{4.9}$$

式中　　CI——现金流入；

CO——现金流出；

$(CI-CO)_t$——第 t 年的净现金流量。

在实际工作中，累计净现金流量等于 0 的时点往往不是某一自然年份，这时，可以要用财务现金流量表累计净现金流量来求 P_t，计算公式如下：

$$P_t = \left(\begin{array}{c}\text{累计净现金流量}\\\text{开始出现正值的年份}\end{array}\right) - 1 + \frac{\text{上年累计净现金流量的绝对值}}{\text{当年净现金流量}} \tag{4.10}$$

2. 判定准则

采用静态投资回收期指标对单方案进行经济评价时，应将计算出的静态投资回收期与根据同类项目的历史数据和投资者意愿确定的基准投资回收期做比较，只有当静态投资回收期小于基准投资回收期时，该技术方案方可接受。

【例 4.4】　某水利建设项目的各年现金流量如表 4.3 所列，基准投资收益率为 8%，试计算该项目的静态投资回收期。

【解】　根据式（4.10），可以得到

$$P_t = (5-1) + \frac{|-100|}{200} = 4.5 \text{（年）}$$

表 4.3　　　　　　　　　某水利工程项目各年现金流量　　　　　　　　单位：万元

计算期	0	1	2	3	4	5	6	7	8	9	10
现金流入			200	200	200	200	200	200	200	200	200
现金流出	−350	−350									
净现金流量	−350	−350	200	200	200	200	200	200	200	200	200
累计净现金流量	−350	−700	−500	−300	−100	100	300	500	700	900	1100

(二) 动态投资回收期

1. 动态投资回收期的计算

动态投资回收期是指考虑资金的时间价值，在给定的基准收益率下，用项目各年净收益的现值来回收全部投资的现值所需要的时间。动态投资回收期一般从投资开始年算起，若从项目投产开始年计算，应予以特别注明。

根据定义，可以得知动态投资回收期的计算公式如下：

$$\sum_{t=0}^{P_T^*}(CI-CO)_t(1+i_c)^{-t}=0 \quad (4.11)$$

在实际计算中，由于各年净现金流量常常不是等额的，因此，采用的计算方法仍然是与求静态投资回收期相似，通过现金流量表求解。其计算公式：

$$P_T^*=\left(\begin{array}{c}\text{累计净现金流量现值}\\\text{开始出现正值的年份}\end{array}\right)-1+\frac{\text{上年累计净现金流量现值的绝对值}}{\text{当年净现金流量现值}} \quad (4.12)$$

2. 判定准则

采用动态回收期法计算出来的动态投资回收期仍需要和基准投资回收期进行比较，其评判标准和静态投资回收期基本相同。

【例 4.5】　仍采用 [例 4.4] 中的数据，试计算该项目的动态投资回收期。利用该项目各年净现金流量和基准投资收益率，可以求出该项目的各年现金流量现值见表 4.4。

表 4.4　　　　　　　　　某水利工程项目各年现金流量

计算期	0	1	2	3	4	5	6	7	8	9	10
净现金流量/万元	−1000	200	200	200	200	200	200	200	200	200	200
净现金流量现值/万元	−350.0	−324.1	171.5	158.8	147.0	136.1	126.0	116.7	108.1	100.0	92.6
累计净现金流量现值/万元	−350.0	−674.1	−502.6	−343.8	−196.8	−60.7	65.3	182.0	290.1	390.1	482.8

根据式 (4.12)，可以得到

$$P_t^*=(6-1)+\frac{|-60.7|}{126}=5.48 \text{（年）}$$

与静态投资回收期指标相比，动态投资回收期指标的优点是考虑了资金的时间价值，但计算却复杂多了，在投资回收期不长和基准收益率不大的情况下，两种投资回收期的差别不大，不会影响方案的选择，因此动态投资回收期指标并不常用。只有在静态投资回收期较长和基准收益率较大的情况下，才需计算动态投资回收期。

（三）投资回收期指标的优点与不足

1. 优点

投资回收期指标经济意义明确、直观，在一定程度上反映了资金的周转速度。资金周转速度越快，回收期越短，风险越小，盈利越多。这对于那些技术上更新迅速，或资金相对短缺，或未来的情况难以预测而投资者又特别关心资金补偿的项目，进行投资回收期指标的分析是特别有用的。

2. 不足

（1）投资回收期只考虑回收投资之前的效果，不能反映投资回收以后的情况，不能全面地反映投资方案在整个计算期内的效果。

（2）基准投资回收期尚未确定。只有当投资回收期小于基准投资回收期时，才认为该方案在经济上是可行的。而基准投资回收期随部门和行业的不同而不同，由于各部门和各行业的基准投资回收期并没有明文规定，而且目前也以不制定基准投资回收期为宜，主要是因为制定了基准投资回收期，将不利于资金在行业间的流动，从而会对我国产业结构的调整形成影响。

（3）投资回收期只能反映本方案投资的回收速度，而不能反映方案之间的比较结果，因此不能单独用于两个或两个以上方案的比较评价。

因此，投资回收期作为方案选择和项目排队的评价准则是不可靠的，它只能作为粗略评价或辅助评价指标，与其他评价指标结合使用。

七、总投资收益率和项目资本金净利率

1. 总投资收益率

总投资收益率（ROI）表示总投资的盈利水平，是指项目达到设计能力后正常年份的年息税前利润或运营内年平均息税前利润（EBIT）与项目总投资 K 的比率，总投资收益率应按下式计算：

$$ROI = \frac{EBIT}{K} \times 100\% \tag{4.13}$$

式中　EBIT——项目正常年份的年息税前利润或运营期内年平均息税前利润；
　　　K——项目总投资。

总投资收益率高于同行业的收益率参考值，表明用总投资收益率表示的盈利能力满足要求。总投资收益率越高，表明项目可获得的收益或利润就越多。对于建设项目方案，若总投资收益率高于同期银行利率，适度举债是有利的；反之，过度的负债比率将损害企业或投资者的利益。

2. 项目资本金净利率

项目资本金净利率（ROE）表示项目资本金的盈利水平，是指项目达到设计能力后正常年份的年净利润或运营期内年平均净利润（NP）与项目资本金（EC）的比率，项目资本金净利润率应按下式计算：

$$ROE = \frac{NP}{EC} \times 100\% \tag{4.14}$$

式中　NP——项目正常年份的年净利润或运营期内年平均净利润；

　　　EC——项目资本金。

项目资本金净利润率高于同行业的净利润率参考值，表明用项目资本金净利润率表示的盈利能力满足要求。

【例 4.6】　某水利建设项目总投资为 750 万元。两年建设，投产后运行 10 年，正常运行年份的销售收入为 500 万元，年销售税金为 10 万元，年经营成本为 290 万元，年折旧费为 50 万元。自有资本金总额为 250 万元。试计算该项目的总投资收益率和资本金净利润率。

【解】　年总成本费用＝年折旧费＋年摊销费＋年经营成本＋年利息支出
$$= 290 + 50 = 340（万元）$$

年利润总额（税前）＝年销售收入－年销售税金及附加－年总成本费用
$$= 500 - 10 - 340 = 150（万元）$$

年（平均）息税前利润＝（利润总额＋利息支出）/ 运行期 ＝ 150（万元）

$$总投资收益率(ROI) = \frac{EBIT}{K} \times 100\% = \frac{150}{750} \times 100\% = 20\%$$

年（平均）净利润＝年利润总额－年所得税＝$150 - 150 \times 25\% = 112.5$（万元）

$$资本金净利润率 = \frac{NP}{EC} \times 100\% = \frac{112.5}{250} \times 100\% = 45\%$$

八、内部收益率

1. 内部收益率的含义和计算公式

内部收益率（IRR）在工程项目经济评价指标中是一个重要的动态经济评价指标，指能使工程项目方案在计算期内净现金流量现值累计为零时（也即收益现值等于成本现值）的折现率。由于该指标所反映的是工程项目投资所能达到的收益率水平，其大小完全取决于方案本身，因而称为内部收益率，其计算公式为

$$\sum_{t=0}^{n}(CI - CO)_t(1 + IRR)^{-t} = 0 \tag{4.15}$$

式中　IRR——内部收益率，取值区间是 $IRR > -1$，对于大多数方案来说，$IRR > 0$。

内部收益率的经济含义可以理解为工程项目对占用资金的恢复能力，同时也可以理解为工程项目对初始投资的偿还能力或该项目对贷款利率的最大承受能力。对于一个工程项目来说，如果折现率取其内部收益率时，则该整个寿命期内的投资恰好得到全部回收，净现值等于零。

也就是说，该方案的动态投资回收期等于方案的寿命期，内部收益率高，一般来说该方案的投资效益就越好。内部收益率大于或等于所设定的判别基准 i_c（通常称为基准收益率）时，项目方案可考虑接受。

应用 IRR 对项目进行经济评价的判别准则：设基准收益率为 i_c，若 $IRR \geq i_c$，则项目在经济效果上可以接受；若 $IRR < i_c$，则项目在经济效果上不可接受。

2. 内部收益率的计算方法

根据式（4.15），求解内部收益率是解以 IRR 为未知数的多项高次方程，当各年的净

现金流量不相等，并且计算期较长时，计算 IRR 是比较繁琐的，一般来说，求解 IRR，有人工试算法和利用计算机求解两种方法。

试算法确定内部收益率的基本方法如下所述。

首先，初选一个 IRR_1 值，若计算的 $NPV_1>0$，表示所选的 IRR_1 值偏小，可另选一个较大的 IRR_2 值，让 $|IRR_2-IRR_1|\leqslant 5\%$，若计算的 $NPV_2>0$，则表示所求的 IRR 应该在 IRR_1 与 IRR_2 之间，如图 4.4 所示。此时，可以利用线性内插的方法求出近似的 IRR 值，计算公式如下：

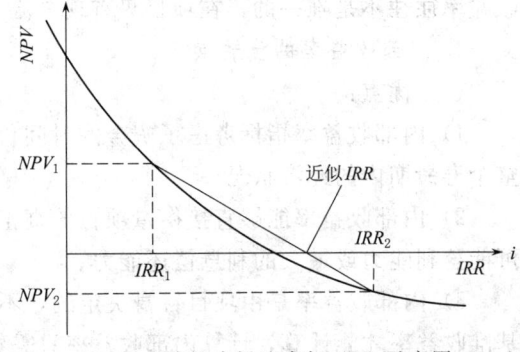

图 4.4 线性内插法求解 IRR 示意图

$$IRR = IRR_1 + (IRR_2 - IRR_1)\frac{NPV_1}{NPV_1 + |NPV_2|} \tag{4.16}$$

【例 4.7】 某水利建设单位计划投资某项目，一次性投资 100 万元，预计该项目的使用年限为 5 年，每年收益情况见图 4.5。试计算该项目的内部收益率。

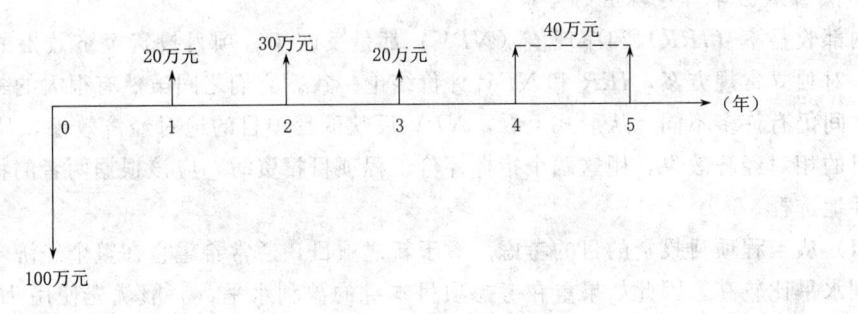

图 4.5 投资项目现金流量图

【解】 假设 $IRR_1=10\%$，$IRR_2=15\%$，分别代入 NPV 计算：

$$NPV_1 = -100 + 20(P/F,10\%,1) + 30(P/F,10\%,2) + 20(P/F,10\%,3)$$
$$+ 40(P/A,10\%,2)(P/F,10\%,3) = 10.16（万元）$$

$$NPV_2 = -100 + 20(P/F,15\%,1) + 30(P/F,15\%,2) + 20(P/F,15\%,3)$$
$$+ 40(P/A,15\%,2)(P/F,15\%,3) = -4.02（万元）$$

再利用式 (4.16)，计算可得

$$IRR = 10\% + (15\% - 10\%)\frac{10.16}{10.16 + |-4.02|} = 13.58\%$$

3. 内部收益率的适用范围

内部收益率适用于常规项目。常规项目在项目整个计算期内净现金流量序列的符号从负值到正值符号仅改变一次。大多数投资项目都属于常规项目，这类项目在建设期和投产初期，净现金流量一般为负值，进入正常生产期后，净现金流量就会随着投资的回收逐渐变为正值，只要累计净现金流量大于零，就会存在内部收益率。而对于非常规项目的内部收益率往往不是唯一的，在项目只有现金流入或流出的情况下内部收益率不存在。

4. 内部收益率的优缺点

（1）优点：

1）内部收益率指标考虑了资金的时间价值，对项目进行动态评价，并考察了项目在整个寿命期内的经济状况。

2）内部收益率能够直接衡量项目的真正的投资收益率；能直观反映投资方案的最大可能盈利能力或最大的利息偿还能力。

3）内部收益率是由项目自身决定的，不像净现值、净年值等指标需要事先确定一个基准收益率才能计算，计算内部收益率只需要知道基准收益率的大致范围即可。

（2）缺点：

1）内部收益率计算比较麻烦，当非常规项目存在多解，需要按照内部收益率的经济含义进行检验，项目寿命期内始终存在未被回收的投资，只有到项目寿命期末全部投资才能被回收。

2）内部收益率只适用于独立方案的经济评价，一般不能直接用于互斥方案的比较和优选，也不能对独立方案进行优劣排序。

5. 内部收益率与净现值的关系

内部收益率（IRR）和净现值（NPV）都是反映工程项目投资经济效果的最主要的指标，对独立常规方案，IRR 和 NPV 评价结论一致。它们之间虽然有很大的关联性，但两者之间仍有许多不同。从形式上看，NPV 反映的是项目的绝对经济效果，IRR 反映的是项目的相对经济效果，用这两个指标评价工程项目投资时，应该根据两者的特点进行有针对性地选择。

（1）从工程项目投资的目的考虑。对于新建项目，通常希望它在整个经济寿命周期内的盈利水平比较高，因此如果重在考虑项目本身的盈利水平，一般优先使用 IRR 来进行评价。对于改建项目或者更新项目，投资者更关心能否维持或增加原有的盈利水平，这时可以优先采用 NPV 来进行经济评价。

（2）从指标本身的特点考虑。IRR 不能反映项目的寿命期及其规模的不同，故不适于互斥方案的经济评价，这时便需要采用 NPV 来对项目进行排队，选择互斥方案中的最优方案。

第三节 多方案的经济效果评价

在实践中，无论企业或部门，经常会遇到多方案（单独方案可视为无方案与有方案组成的多方案）的选择问题，而且往往是在资源有限的条件下进行的。此时，总是要应用某种尺度和标准进行优劣判断，以便选择最有利的方案。

一、方案经济效果评价的类型、方案之间的可比性及基本原则

首先用一个最简单的例子说明可否利用利润额和利润率进行方案选择。

某企业现有余款，拟在一年内进行投资，一年后确可收回投资的方案有 A 和 B 两个，A 方案现在支出 2000 万元，一年后可收回 2600 万元；B 方案现在支出 3000 万元，一年后可收回 3750 万元，此时哪个方案有利呢？

如果以利润额为尺度判断哪个方案为好，则有 A 方案的利润额为 600 万元；B 方案的利润额为 750 万元，B 方案较 A 方案多 150 万元。因而判定的结果是利润额大的 B 方案有利。这种判断正确吗？事实上是不正确的，利用利润率计算出上述 A 和 B 两个方案的利润率分别为 30% 和 25%。因 A 方案较 B 方案利润率大，则认为 A 方案有利。这种判断是正确的吗？假设该企业投资 30 亿元，收益为 36 亿元，其利润率为 20%，因 20% 小于 A、B 两方案的利润率，是否可以说该方案较 A、B 两方案都不利呢？的确，该方案的效率较低，但利润的金额较 A、B 两方案都多得多。因而，我们会觉察到仅以利润率为尺度加以判定存在着某种危险。

通过上例可以看出：为了正确地判定方案的优劣，仅仅使用利润额或利润率是不行的。

实际上，上述问题的前提条件是不完备，至少不给定以下条件就无法得出正确的结论。

（1）不知道全部投资方案是否只有 A 和 B 两个方案；B 方案的投资额较 A 方案多出的 150 万元是否还有其他应用途径。

（2）A、B 两方案只能取其中一个呢，还是两个方案都可以取，相互关系不清。

（3）企业用作本金使用的资金来源（自有资金还是贷款）与限额是多少，限制条件不清。

本例之所以不能应用利润额或利润率作为优劣判定的理由之一，就是缺乏 A、B 两方案之外是否尚有其他方案，即投资机会这个条件。

假如甲采用了 A、B 两方案中的某一个方案，很可能就失去了比这两个方案有更高收益的机会，当然大多数情况下将全部方案都找出来是不可能的，但是总要有个标准，以便以此判定方案的优劣，这个标准就是上一节讲过的基准收益率（亦称基准贴现率），该值描述了通常投资机会的可能收益的比率。

（一）方案的关系类型

方案之间的关系不同，其选择的方法和结论就不同，举一个简单的例子予以说明。

现在研究甲、乙两企业分别以不同的条件贷款给其他企业的问题。

甲面对的是借给一家企业多少钱合适的问题。贷款的方法有三种，皆为一年后收回本金和利息，贷款金额和获得的利息见表 4.5。甲现有余款 30 万元，因此每个方案都是可能实施的。另外，为了简化问题的分析，假定甲若不出借则钱只好放在企业里。

乙面对的是将资金借给哪家企业合适的问题，借款的方法有三种，皆为一年后收回本和利，借款金额和获得的利息见表 4.6，乙现有余款 30 万元，假定若不出借则钱只好放在企业里。

表 4.5　　　　　　　　　　甲企业贷款方案

方　案	贷款金额/万元	贷款利率/%	利息额/万元
A_1	10	10	1
A_2	20	8	1.6
A_3	30	6	1.8

表 4.6　　　　　　　　　　乙企业贷款方案

方　　案	贷款金额/万元	贷款利率/%	利息额/万元
B_1	10	10	1
B_2	20	8	1.6
B_3	30	6	1.8

由此可见，虽然甲、乙可供选择的方案利率都相同，但对于甲最有利的方案是 A_3，对于乙最有利的方案是 B_1 和 B_2。

甲和乙面对的方案有本质上的区别：甲是从三个方案中仅能选择一个的问题，乙是从三个方案中可任意选择的，直到自有资金得到充分运用为止，方案间的关系不同，选择的结果就不同，那么，方案的类型有几种呢？

根据方案间的关系，可以将其分为互斥关系、独立关系和相关关系。

1. 互斥关系

互斥关系是指各个方案之间存在着互不相容、互相排斥的关系，在进行比选时，在各个方案中只能选择一个，其余的均必须放弃，不能同时存在。

例如，必须过一条河，因此就必须建一座桥。假设可供选择的设计为使用钢材或使用混凝土，这就是互斥型投资，因为仅有一种备选方案将被采纳，修建中采用两种方案是毫无意义的，假设必须在计划构建 75 层、80 层还是 85 层建筑物之间做出一种选择，而在这块可用的地皮上只能建设一栋有一个确切层数的建筑物，则必须拒绝其他的建筑设计方案。

2. 独立关系

独立关系是指各个方案的现金流量是独立的不具有相关性，其中任一方案的采用与否与其自身的可行性有关，而与其他方案是否采用没有关系。

举一个例子：一个大型企业的工程部提出若干项目，选择建设某一确定项目或若干项目，将不会对任何其他提出的项目在任何技术方法上构成影响，同样，它们也是相互独立型项目，通常被提交的项目计划都基于一个假设，即并非计划上所有的项目都将被建设，因为可用的资金不足以支付整个计划清单上的费用。在正常情况下，必须满足一个资本预算。因此，计划清单上某些项目将被建造，而其他的则不能，但那些被建设项目的总成本必须在可用资金范围以内。

3. 相关关系

相关关系是指在各个方案之间，某一方案的采用与否会对其他方案的现金流量带来一定的影响，进而影响其他方案的采用或拒绝。以机器和存放的厂房为例，如果对其中之一进行投资就得考虑另外一个，那么必须同时分析机器及其厂房，或者可以分别分析它们，因为即使没有厂房，机器不能正常使用，但是厂房本身可能有其他用途，例如作为仓库。

相关关系有正相关和负相关，当一个项目方案的执行虽然不排斥其他项目方案，但可以使其效益减少，这时项目方案之间有负相关关系。项目方案之间的比选可以转化为互斥关系。当一个项目方案的执行使其他项目方案的效益增加，这时项目方案之间具有正相关关系，项目方案之间的比选可以采用独立方案比选方法。

往往有这种情况:两种方案互相影响(互不独立),但又不是互相排斥的关系,在方案选择前需清楚这些方案属于何种类型是非常重要的,因为方案类型不同,其选择、判断的尺度不同,进而选择的结果也不同。

(二)资金的制约条件

在方案选择时资金的制约条件是很重要的,按资金的来源大致可分为两种:自有资金和借贷资金。用自有资金进行投资,就意味着失去了进行其他投资时所能获得的收益(机会成本),用借贷资金进行投资,就必须在一定期间内偿还,并要支付利息,在进行方案分析时,必须搞清资金的来源、限额和利率是多少。

(三)备选方案的提出

备选方案的提出可采用以下方式:

(1) 组织内部人员的灵感、经验和创新以及集体的智慧。
(2) 技术招标、方案竞选。
(3) 技术转让、技术合作、技术入股和技术引进。
(4) 技术创新。
(5) 社会公开征集。
(6) 专家咨询和建议等方式。

具体方法上可采用例如头脑风暴法、书信咨询法、检查提问法、特性列举法等方法。

(四)经济评价应遵循的基本原则

1. "有无对比"原则

"有无对比"是指"有项目"相对于"无项目"的对比分析,"无项目"状态指不对该项目进行投资时,在计算期内,与项目有关的资产、费用与收益的预计情况,"有无对比"求出项目的增量效益,排除了项目实施以前各种条件的影响,突出项目活动的效果,"有项目"与"无项目"两种情况下,效益和费用的计算范围、计算期应保持一致,具有可比性。

2. 效益与费用计算口径对应一致的原则

将效益与费用限定在同一个范围内,才有可能进行比较,计算的净效益才是项目投入的真实回报。

3. 收益与风险权衡的原则

投资人关心的是效益指标,但是,对于可能给项目带来风险的因素考虑得不全面,对风险可能造成的损失估计不足,结果往往有可能使得项目失败。收益与风险权衡的原则提示投资者,在进行投资决策时,不仅要看到效益,也要关注风险,权衡得失利弊后再行决策。

4. 定量分析与定性分析相结合,以定量分析为主的原则

经济评价实质上就是要对拟建项目在整个计算期的经济活动,通过效益与费用的计算,对项目经济效益进行分析和比较。一般来说,项目经济评价要求尽量采用定量指标,但对一些不能量化的经济因素,不能直接进行数量分析,对此要求进行定性分析,并与定量分析结合起来进行评价。

5. 动态分析与静态分析相结合，以动态分析为主的原则

动态分析是指利用资金时间价值的原理对现金流量进行折现分析，项目经济评价的核心是折现，所以分析评价要以折现（动态）指标为主。非折现（静态）指标与一般的财务和经济指标内涵基本相同，比较直观，但是只能作为辅助指标。

（五）方案之间的可比性

在对不同方案进行经济比较选择时，必须考虑这些方案在经济上的可比性，可比性原则包括以下三个方面。

1. 资料和数据的可比性

对各方案数据资料的收集和整理的方法要统一，采用的定额标准、价格水平、计算范围、计算方法等应一致。经济分析不同于会计核算，会计核算要求全面、精确，是事后核算。

经济分析是预测性的计算，费用和收益都是预测值，因而不必要也不可能十分精确，它允许舍弃一些因素，以便把注意力集中在主要的经济因素计算上，只要主要因素计算比较准确，就能保证经济分析的质量，得出正确的结论。

在实践中，比较方案一般都有具体的费用和收益的数据，如果不具体，特别当替代方案是一个假定方案的时候，则可采用平均水平数据。

确定分析计算的范围是保证资料数据可比性的一个重要方面，确定计算范围，即规定方案经济效果计算的起止时间，方案的比选必须以相同的经济效果计算范围为基础，才具有可比性。

经济分析同样要考虑不同时期价格的影响，如果忽视不同时期价格变化，则分析结论就会产生偏差。一般常常采用某一年的不变价格进行技术经济分析计算，这就是为了消除不同时期价格不可比因素的影响。

2. 同一功能的可比性

任何方案都是为了达到一定的目标而提出的，或者是为了追求投资利润，或者是为了取得一定数量的产品，或者是为了提高已有产品的质量，或者是为了改善生产劳动条件，或者是为了提供某种服务，总之，任何技术方案都是根据项目的预定目标而制定的。

但是，达到预期目标的途径则可以是多种多样的，所采用的方法和手段也可以不同的，因而各种方案的经济效果也是各不相同，参与比选的方案的一个共同点是预期目标的一致性，即方案的产出功能的一致性。

当然，功能完全相同的方案是很少的，只要其基本功能趋于一致，就可以认为它们之间具有可比性。当方案的产出质量相同时，如果只是规模相差很大，可以把几个规模小的方案合起来，与规模大的方案相比较，当规模相差不大时，也可以采用单位产品的投入量，或单位投入的产出量指标来衡量其经济效益。

3. 时间可比性

一般情况下，在实际工作中遇到的互斥方案通常具有相应的寿命期，这是互斥方案必须具备的一个基本可比性条件，但是也经常会遇到寿命不等的方案需要进行比较的情况，理论上来说是不可比的，因为无法确定寿命期短的方案比寿命期长的方案所短的那段时间里的现金流量。

第三节 多方案的经济效果评价

但是，在实际工作中又经常遇到此类情况，同时又必须做出选择，这时候就需要对方案的寿命按一定的方法进行调整，使它们具有可比性。

二、互斥方案的经济效果评价

在互斥方案评价中由于技术的或经济的原因，接受某一方案就必须放弃其他方案，即在多个方案比选时，至多只能选其中之一，从决策角度来看，这些方案是相互排斥的。如厂址方案的选择，特定水力发电站坝高方案的选择等，都是这类方案相互排斥的例子。

互斥方案经济效果评价的特点是既要进行自身可行性的"绝对经济效果检验"，还要进行相互之间谁更优的"相对经济效果检验"。下面就互斥方案静态评价和动态评价分别进行介绍。

(一) 互斥方案静态评价

1. 增量投资收益率法

这种方法是用增量投资所带来的经营成本上的节约与增量投资之比作为增量投资收益率，进行方案优选。在评价方案时，经常会出现新技术方案的一次性投资额较大，但年经营成本较低；而对比另一方案的一次性投资额虽然较低，但其年经营成本却较高的情况。这种情况下，投资大的新方案与投资小的方案之间就形成了增量的投资，而就经营成本而言，投资大的新方案比投资小的方案又带来了节约。这时可以通过计算增量投资收益率来判断方案之间的相对经济效果，并以此选择方案。

若用 I_1 和 I_2 表示旧、新方案的投资额，C_1 和 C_2 为旧、新方案的经营成本。其中，$I_2 > I_1$，$C_2 < C_1$，则增量投资收益率为

$$R_{2-1} = \frac{C_1 - C_2}{I_2 - I_1} \times 100\% \tag{4.17}$$

当增量投资收益率 $R_{2-1} \geqslant$ 基准投资收益率 i_c 时，则新（投资大的）方案是可行的，表明增量投资可以由节约的经营成本来补偿。反之，表明新方案不可行。

【例 4.8】 某建设项目有两个方案，A 方案为旧方案，投资 100 万元，年经营成本为 30 万元；B 方案为新技术方案，投资 150 万元，年经营成本为 24 万元。若基准投资收益率为 8%，试运用增量投资收益率法进行方案优选。

【解】 利用式（4.17）可得：$R_{B-A} = \dfrac{C_A - C_B}{I_B - I_A} \times 100\% = \dfrac{30-24}{150-100} = 12\% > 8\%$

因此新技术方案 B 在经济上是可行的。

2. 折算费用法

(1) 当方案的有用成果相同时，一般可以通过比较费用的大小来选择方案。

1) 当采用方案要增加投资时，可通过式（4.18）比较各方案的年折算费用，选择年折算费用最小的方案为最优方案。

$$Z_j = C_j + P_j i_c \tag{4.18}$$

式中 Z_j——第 j 方案的年折算费用；

C_j——第 j 方案的年经营成本；

P_j——第 j 方案的投资额（包括建设投资和流动资金）；

i_c——基准投资收益率。

【例 4.9】 仍采用 [例 4.8] 的数据，试运用折算费用法选择方案。

【解】 利用式（4.18）可得
$$Z_A = C_A + P_A i_c = 30 + 100 \times 8\% = 38 （万元）$$
$$Z_B = C_B + P_B i_c = 24 + 150 \times 8\% = 36 （万元）$$

因为 $Z_A > Z_B$，所以新技术方案 B 在经济上是可行的。

2）当采用方案不增加投资时，方案的年折算费用等于年经营成本，因此可以通过比较各方案的经营成本来选择方案。

$$C_j = C_{Fj} + C_{uj} Q \tag{4.19}$$

式中 C_{Fj}——第 j 方案的固定成本总额；
  C_{uj}——第 j 方案的单位可变成本；
  Q——产量。

【例 4.10】 某项目有两个方案可供选择，方案 1 为旧方案，固定成本费用 60 万元，单位可变成本 300 元；方案 2 为新方案，固定成本费用 90 万元，单位可变成本 240 元。若产量为 10000 个单位，试运用折算费用法选择方案。

【解】 由式（4.19）可得
$$C_1 = C_{F1} + C_{u1} Q = 60 + 300 \times 1 = 360 （万元）$$
$$C_2 = C_{F2} + C_{u2} Q = 90 + 240 \times 1 = 330 （万元）$$

因为 $C_1 > C_2$，所以方案 2 在经济上是可行的。

(2) 当方案的有用成果不同时，一般可以通过数学分析的方法和图解的方法，列出比选方案的经营成本，绘出比选方案的经营成本与产量的关系线，借助方案费用的比较来决定方案的使用范围，进而选择方案，如图 4.6 所示。

由图 4.6 可知，当产量为临界产量 Q_0 时，$C_1 = C_2$，此时

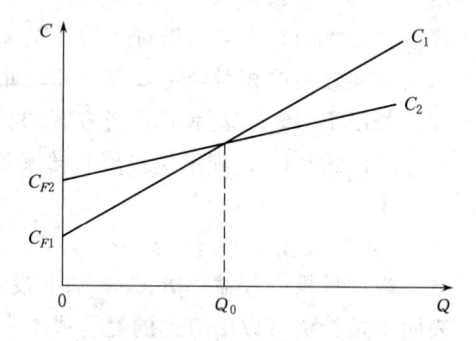

图 4.6 经营成本 C 与产量 Q 关系图

$$Q_0 = \frac{C_{F2} - C_{F1}}{C_{u1} - C_{u2}} \tag{4.20}$$

式中 C_{F1}、C_{F2}——方案 1 和方案 2 的固定成本总额；
  C_{u1}、C_{u2}——方案 1 和方案 2 的单位可变成本。

当产量 $Q > Q_0$ 时，方案 2 优；反之，方案 1 优。

(二) 互斥方案动态评价

1. 寿命期相同的互斥方案

(1) 净现值（NPV）法。对互斥方案评价，首先分别计算各个方案的净现值，剔除 $NPV < 0$ 的方案，即进行方案的绝对效果检验；然后对所有 $NPV \geq 0$ 的方案比较其净现值，选择净现值最大的方案为最佳方案，此为净现值评价互斥方案的判断准则，即净现值大于或等于零且净现值最大的方案是最优可行方案。

(2) 净年值法。对互斥方案评价，首先分别计算各个方案的净年值，或分别计算各个方案的净现值，再折算出净年值，剔除 $NAV < 0$ 的方案，即进行方案的绝对效果检验；

第三节 多方案的经济效果评价

然后对所有 $NAV \geq 0$ 的方案比较其净年值，选择净年值最大的方案为最佳方案，此为净年值评价互斥方案的判断准则，即净年值大于或等于零且净年值最大的方案是最优可行方案。

（3）费用现值、费用年值法。在工程经济分析中，对方案所产生的效果相同（或基本相同），但效果无法或很难用货币直接计量的互斥方案进行比较时，常用费用现值 PC 或费用年值 AC 比较替代净现值进行评价。

为此，首先计算被选方案的费用现值 PC 或费用年值 AC，然后进行对比，以费用现值（费用年值）较低的方案为最优。

（4）差额投资内部收益率（ΔIRR）法。差额投资内部收益率是指两个投资方案的净现值之差等于零时的内部收益率。

$$\sum_{t=1}^{n}[(CI-CO)_{大}-(CI-CO)_{小}](1+\Delta IRR)^{-t}=0 \qquad (4.21)$$

式中　$(CI-CO)_{大}$——投资大的方案的净现金流量；

　　　$(CI-CO)_{小}$——投资小的方案的净现金流量；

　　　ΔIRR——差额投资内部收益率。

用计算的差额投资内部收益率（ΔIRR），与设定的基准收益率（i_c）进行对比，当差额投资内部收益率大于或等于设定的基准收益率时，以投资大的方案为优；反之，投资小的方案为优。在进行多方案比较时，应先按投资大小，从小到大排序，再依次就相邻方案两两比较，从中选出最优方案。

【例 4.11】 现有五个互斥方案，各项经济指标见表 4.7，假设 $i_0=8\%$，分析期为 20 年，试用差额投资内部收益率法确定最优方案。

表 4.7　　　　　　各方案的经济指标　　　　　　单位：万元

方案	A	B	C	D	E
投资	4000	2000	6000	1000	9000
年收益	639	410	761	117	785

【解】 （1）先计算各个方案的内部收益率

$4000=639(P/A, i_A, 20)$　　　　　$2000=410(P/A, i_B, 20)$

$6000=761(P/A, i_C, 20)$　　　　　$1000=117(P/A, i_D, 20)$

$9000=785(P/A, i_E, 20)$

经过试算求得：$i_A=15\%$，$i_B=20\%$，$i_C=11\%$，$i_D=10\%$，$i_E=6\%$

方案 A，B，C，D 的 IRR 均大于 i_0，所以这 4 个方案经济均可行，而方案 E 的 IRR 小于 i_0，因此淘汰 E 方案。

（2）按投资从小到大排队：

	D	B	A	C
投资（万元）	1000	2000	4000	6000
年收益（万元）	117	410	639	761

(3) 计算增量方案

	B−D	A−B	C−A
增量方案投资（万元）	1000	2000	2000
增量方案年收益（万元）	293	229	122

(4) 计算增量方案的 ΔIRR

$1000 = 293 \, (P/A, \Delta IRR_{B-D}, 20)$ $2000 = 229 \, (P/A, \Delta IRR_{A-B}, 20)$

$2000 = 122 \, (P/A, \Delta IRR_{C-A}, 20)$

解得：$\Delta IRR_{B-D} = 29\%$，$\Delta IRR_{A-B} = 10\%$，$\Delta IRR_{C-A} = 2\%$

(5) 判别比较

因为 $\Delta IRR_{B-D} > i_0$，故选 B 淘汰 D；

$\Delta IRR_{A-B} > i_0$，故选 A 淘汰 B；

$\Delta IRR_{C-A} < i_0$，故选 A 淘汰 C；

所以最优方案应为方案 A。

2. 寿命期不同的互斥方案

(1) 净年值（NAV）法。用净年值进行寿命不等的互斥方案经济效果评价，实际上隐含着这样一种假定：各备选方案在其寿命结束时均可按原方案重复实施或以与原方案经济效果水平相同的方案继续。净年值是以"年"为时间单位比较各方案的经济效果，一个方案允许重复实施多少次，其净年值是不变的，从而使寿命不等的互斥方案间具有可比性，故净年值更适用于评价具有不同计算期的互斥方案的经济效果。对各备选方案净现金流量的净年值（NAV）进行比较，以 $NAV \geq 0$ 且 NAV 最大者为最优方案。

在对寿命不等的互斥方案进行比选时，净年值是最为简便的方法，它比内部收益率 IRR 在方案评价时更为简便。同时，用等值年金，可不考虑计算期的不同，故它也较净现值 NPV 简便，当参加比选的方案数目众多时，尤其是这样。

(2) 最小公倍数法。一般情况下，当互斥方案寿命不等时，各方案在各自寿命期内的净现值不具有可比性。因而要用净现值，就需要将各方案设定一个共同的分析期。最小公倍数法是在假定方案可以重复实施的基础上，以各方案寿命的最小公倍数作为共同的分析期，在此基础上计算出各个方案的净现值（费用现值），以净现值最大（费用现值最小）的方案为最佳方案。

利用最小公倍数法有效地解决了寿命不等的方案之间净现值的可比性问题。但这种方法所依赖的方案可重复实施的假定不是在任何情况下都适用的。对于某些不可再生资源开发型项目，在进行计算期不等的互斥方案比选时，方案可重复实施的假定不再成立，这种情况下就不能用最小公倍数法确定寿命期。有的时候方案的使用寿命之间不是整数倍比关系，会使最小公倍数法求得的计算期过长，甚至远远超过所需的项目寿命期或计算期的上限，这就降低了所计算方案经济效果指标的可靠性和真实性，故也不适合采用最小公倍数法。

【**例 4.12**】 某设备现有两种购买方案，其经济指标见表 4.8。设折现率 $i_0 = 6\%$，试用净现值法对方案作出购买选择。

表 4.8　　　　　　　　　　各方案的经济指标

方案	一次购置费	年效益	使用年限	残值
A	2000元	500元	5年	300元
B	5000元	900元	10年	700元

【解】 A、B方案的最小公倍数为10年。可以在购买A设备使用5年之后，再购买一台同样设备。现金流量图如图4.7所示。

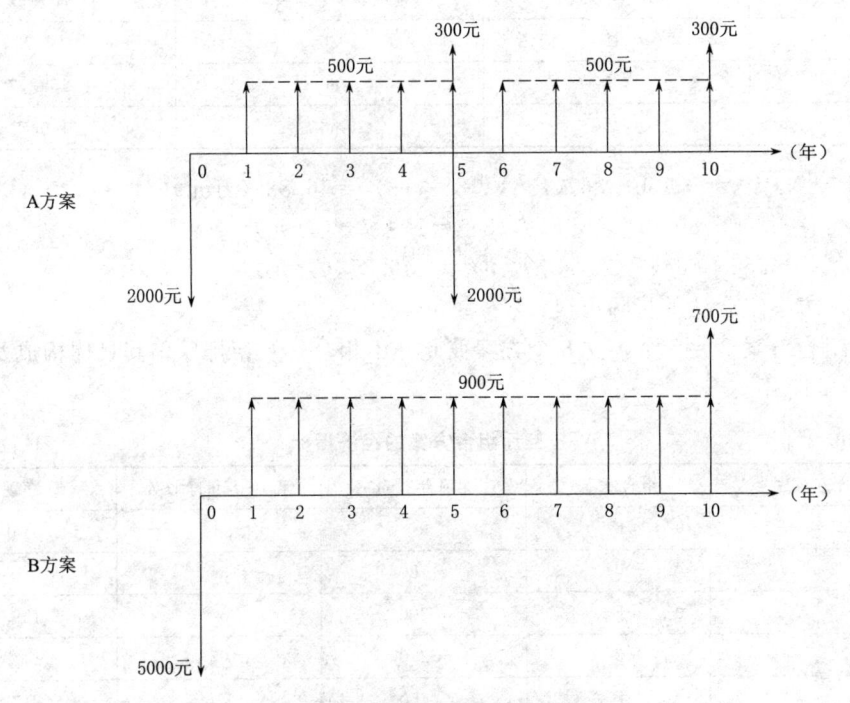

图 4.7　最小公倍数法现金流量图

$$NPV_A = -2000 + 500(P/A, 6\%, 10) + 300(P/F, 6\%, 5)$$
$$+ 300(P/F, 6\%, 10) - 2000(P/F, 6\%, 10) = 577(元)$$
$$NPV_B = -5000 + 900(P/A, 6\%, 10) + 700(P/F, 6\%, 10) = 2015(元)$$

因为 $NPV_B > NPV_A > 0$，所以选择B设备。

(3) 研究期法。针对上述最小公倍数法的不足，对计算期不相等的互斥方案，可采用另一种确定共同计算期的方法——研究期法。

这种方法是根据对市场前景的预测，直接选取一个适当的分析期作为各个方案共同的计算期，这样不同期限的方案就转化为相同期限的方案了。

研究期的确定一般以互斥方案中年限最短或最长方案的计算期作为互斥方案评价的共同研究期，当然也可取所期望的计算期为共同研究期，通过比较各个方案在该研究期内的净现值来对方案进行比选，以净现值最大的方案为最佳方案。

对于计算期短于共同研究期的方案，仍可假定其计算期完全相同地重复延续，也可按新的不同的现金流量序列延续。需要注意的是：对于计算期比共同研究期长的方案，要对其在研究期以后的现金流量余值进行估算,并回收余值,该项余值估算的合理性及准确性对方案比选结论有重要影响。

【例 4.13】 现有 A、B、C 三个独立的方案,其初始投资及各年净收益见表 4.9。投资限额为 500 万元,基准折现率为 8%,求各方案的净现值,用互斥方案组合法选取最优组合方案。

表 4.9　　　　　　　　　各独立方案的经济指标　　　　　　　　　单位:万元

方案	第 0 年投资	第 1~8 年净收入	净现值
A	-150	36	56.88
B	-300	80	159.73
C	-250	68	140.77

【解】 $NPV_A = -150 + 36 (P/A, 8\%, 8) = 56.88$(万元)
$NPV_B = -300 + 80 (P/A, 8\%, 8) = 159.73$(万元)
$NPV_C = -250 + 68 (P/A, 8\%, 8) = 140.77$(万元)

按互斥方案组合法的步骤可得:

互斥组合方案 $2^3 = 8$ 个,这 8 个方案彼此互不相容,互相排斥,其具体构成及相应指标列于表 4.10 中。

表 4.10　　　　　　　各互斥组合方案的经济指标　　　　　　　单位:万元

互斥组合方案序号	组合状态			第 0 年投资	第 1~8 年净收入	净现值
1	0	0	0	0	0	0
2	A	0	0	-150	36	56.88
3	0	B	0	-300	80	159.73
4	0	0	C	-250	68	140.77
5	A	B	0	-450	116	216.61
6	A	0	C	-400	104	197.65
7	0	B	C	-550	148	300.5
8	A	B	C	-800	184	357.38

注:表中组合状态一列中 0 表示方案不入选。

由于投资限额为 500 万元,组合方案 7 和 8 投资超限为不可行方案,首先淘汰掉。其余的保留方案中,只第 5 组合方案(A+B)净现值大于零且最大,所以最优可行方案为 A+B 方案。

三、相关方案的评价选优

相关方案是指在多个方案之间,如果接受或拒绝某一方案,会显著改变其他方案的现金流量,或显著影响对其他方案的评判。

相关方案可以区分为现金流量相关型、资金约束相关型、依存从属相关型这三种类别。

1. 现金流量相关型方案

如果在若干方案中任一方案的取舍会导致其他方案的现金流量发生变化,则它们之间存在现金流量的相关性。当各方案间具有现金流量相关性,但并不完全互斥时,不能简单地按独立方案或互斥方案的评价方法进行决策,而应该首先按"互斥方案组合法",将各方案组合成互斥方案并计算各自的现金流量,再按互斥方案的评价方法进行考察。

2. 资金约束相关型方案

在有些情况下,由于资金有限,使得多个原本相互无关的独立方案只能实施其中的某几个方案,从而使各方案间具有资金约束条件下的相关性,这时的问题就变成了在不突破投资总额的前提下如何获得最大收益(即净现值最大)。

在资金约束相关方案中进行筛选时,常用的方法有互斥方案组合法和净现值率排序法。互斥方案组合法已在独立方案经济效果评价中介绍过,这里主要介绍净现值率排序法。

净现值率排序法是在计算各方案的净现值率的基础上,首先将净现值率小于零的方案淘汰,然后将备选方案按净现值率从大到小排序,并依此次序选定中选方案,直至所选取的各方案的投资总额最大限度地趋近于(但仍小于)或等于投资限额为止,这时在资金限额下可使中选方案合计净现值最大。

应用净现值率排序法的指导思想是:单位投资创造的净现值越大,则在一定资金限额内所获得的净现值总额也就越大,它简便易算,但是这种方法有时不能保证现有资金的充分利用,因此不一定能保证获得最佳组合方案。

只有满足下述条件之一,组合方案才能达到或接近于净现值最大的目标:

(1) 各方案的投资额占投资预算限额的比例很小。

(2) 各方案的投资额相差不大。

(3) 选定的方案投资总额与投资预算限额很接近。

【例 4.14】 某项目投资预算为 150 万元,5 个投资方案的净现值与投资额见表 4.11,试按照净现值率排序法对方案进行选择($i_c=10\%$)。

表 4.11　　　　　　　　　　备选方案的经济指标

方案	期初投资/万元	NPV/万元	NPVR/%	NPVR 排序
1	60	13.7	22.8	1
2	40	3.8	9.5	4
3	35	5.5	15.7	3
4	20	−2.4	−12	5
5	55	11.6	21.1	2

根据表 4.11 中各方案的净现值和投资额求出各方案净现值率,按净现值率从大到小对各方案进行排序,首先排除掉净现值小于零的方案 4,再将余下的方案根据资金总额 150 万的约束条件,选择方案 1、方案 3 和方案 5 为最优组合方案,其资金总额为 150 万元,净现值总额为 30.8 万元。

3. 依存从属相关型方案

如果在多个方案中,某一方案的实施必须以另一个(或另几个)方案的实施为条件,则它们之间具有依存从属性。

对于依存从属相关型方案，同样可以应用互斥方案组合法进行评价。

习　题

1. 什么是净现值、费用现值和净现值率？如何计算？评判标准是什么？最小公倍数法和研究期法是如何处理寿命期不同方案之间的现值比较的？

2. 什么是净年值、费用年值，如何计算，评判标准是什么？为什么净年值法和净现值法评价结论是一致的？

3. 什么是内部收益率、差额内部收益率，如何计算，评判标准是什么？为何要用差额内部收益率进行多方案的评价，它的评价结论和净现值法一致吗？内部收益率的经济意义是什么？

4. 什么是静态和动态投资回收期，如何计算？评判标准是什么？

5. 技术方案根据性质可以分为几类？如何进行独立型方案的选择？如何进行互斥型方案的选择？

6. 影响基准收益率的因素主要有哪些？

7. 某设备初期投资为 10 万元，投资效果持续时间（寿命）为 8 年，净收益发生于每年末且数值相等。基准收益率为 10% 时，年净收益为多少合适？

8. 某水利建设项目期初总投资 1000 万元，分两年等额投入，投产后各年净收益均为 200 万元，项目寿命期为 10 年，$i=8\%$，试求该项目的净现值和净现值率。

9. 某水利建设项目期初总投资 400 万元，项目投产后各年净收益均为 150 万元，各年净支出为 80 万元，项目寿命期为 10 年，寿命期末残值为 20 万元，$i_0=10\%$，试求该项目的静态和动态投资回收期。

10. 某水利建设项目总投资为 800 万元，建成投产后正常运行年份的年销售收入为 450 万元，年销售税金为 15 万元，年经营成本为 280 万元，年折旧费为 50 万元，利息支出为 10 万元。自有资本金总额为 200 万元。试计算该项目的总投资收益率和资本金净利润率。

11. 某设备的购价为 40000 元，每年的运行收入为 15000 元，年运行费用 3500 元，4 年后该设备可以按 5000 元转让，如果基准折现率 $i_0=20\%$，问此项设备投资是否值得？

12. 某水利建设项目打算购进新设备以改进工艺，有两种设备可供选择。假定基准收益率为 8%，两种设备各项经济指标如表 4.12 所列，试选择设备。

表 4.12　　　　　　　　两种设备各项经济指标

设备	设备价格	年均收益	使用期	残值
甲	2000 元	450 元	6 年	100 元
乙	3000 元	650 元	6 年	300 元

13. 有两种设备甲和乙，功能基本能满足项目使用要求。这两种设备的经济指标见表 4.13，若 $i_0=6\%$，试问选用哪一种最优？

表 4.13　　　　　　　　各方案的经济指标

设备	价格	功能	使用期	残值
甲	20000 元	能满足要求	4 年	2000 元
乙	40000 元	能满足要求	6 年	4000 元

14. 独立方案 A、方案 B、方案 C 的投资分别为 100 万元、70 万元、120 万元。净年值分别为 30 万元、27 万元和 32 万元，如果资金有限，不超过 250 万元投资问如何选择方案。

15. 某项目为了增加生产量，计划进行设备投资，有三个互斥的方案 A、方案 B 和方案 C，寿命均为 6 年，不计残值，基准收益率为 10%，各方案的投资及现金流量见表 4.14，试分别用净现值与差额内部收益率法对方案进行选优。

表 4.14　　　　　　　　各方案的投资及现金流量

方案	期初投资/万元	1～6 年各年净收益/万元	方案	期初投资/万元	1～6 年各年净收益/万元
A	−200	70	C	−400	115
B	−300	95			

第五章 建设项目资金筹措

第一节 概述

一、概念与分类

(一) 资金筹措的概念

资金筹措又称融资,是以一定的渠道为某种特定活动筹集所需资金的各种活动的总称。在工程项目经济分析中,融资是为项目投资而进行的资金筹措行为或资金来源方式。

(二) 资金筹措的分类

1. 按照融资的期限,可分为长期融资和短期融资

(1) 长期融资:是指企业为购置和建设固定资产、无形资产或进行长期投资等资金需求而筹集的、使用期限在1年以上的融资。长期融资通常采用吸收直接投资、发行股票、发行长期债券或进行长期借款等方式进行融资。

(2) 短期融资:是指企业因季节性或临时性资金需求而筹集的、使用期限在1年以内的融资。短期融资一般通过商业信用、短期借款和商业票据等方式进行融资。

2. 按照融资的性质,可分为权益融资和负债融资

(1) 权益融资:是指以所有者身份投入非负债性资金的方式进行的融资,权益融资形成企业的"所有者权益"和项目的"资本金"。如投资者通过对外发行股票、直接吸引投资者参与项目合资与合作,企业内部的资金积累等方式筹集资金。权益融资的资金具有永久性特点,无到期日,不需归还的特点。

(2) 负债融资:是指通过负债方式筹集各种债务资金的融资形式。负债融资不发生资金所有权的变化,只发生资金使用权的临时转让,无论项目法人今后经营效果好坏,都必须在规定的期限内偿还本金和利息。负债融资的资金在使用上具有时间限制,必须按期偿还。负债融资的资金成本一般比权益融资低,且不会分散对项目未来权益的控制权。

3. 按照融资主体的组织形式,可分为既有法人融资和新设法人融资

(1) 既有法人融资 (公司融资):是指依托现有法人进行的融资活动。拟建项目不组建新的项目法人,拟建项目一般在既有法人资产和信用基础上进行,并形成增量资产,从既有法人的财务整体状况考察融资后的偿债能力。通常,一些实力较强的公司在进行相对不大的项目投资时,可以采取公司融资的方式。项目投资人需要承担借款偿还的完全责任。

(2) 新设法人融资 (项目融资):由项目发起人及其他投资人出资建立新项目公司进行资金筹措。这种融资方式需要建立新的独立承担民事责任的法人。以项目投资所形成的资产、未来的收益或权益作为建立项目融资信用的基础,比较容易切断项目对于投资人的风险,实现"无追索权"或"有限追索权",即项目的股本投资不对项目的借款提供担保

或提供部分担保。

二、建设项目资金的来源

在估算出拟建项目所需要的资金量后,应根据资金的可得性、供应的充足性、融资成本的高低确定资金的来源。建设项目资金的来源主要有以下几个方面:

(1) 项目法人自有资金。

(2) 政府财政性资金,包括财政预算内及预算外的资金。政府的资金可能是无偿的,也可能是作为项目资本金投资,或者以贷款的形式。

(3) 国内外银行等金融机构的信贷资金,包括国家政策性银行、国内外商业银行、区域性及全球性国际金融机构的贷款。

(4) 国内外证券市场资金,包括发行股票或债券。

(5) 国内外非银行金融机构的资金,如信托投资公司、投资基金公司、风险投资公司、保险公司、租赁公司等机构的资金。

(6) 外国政府、企业、团体、个人等的资金。

(7) 国内企业、团体、个人的资金。

第二节 建设项目筹资渠道

通过投资体制的宏观管理、微观运行的一系列改革,我国在投资领域形成了以投资主体多元化、投资资金多渠道、投资方式多样化为特征的新格局,开辟了自筹资金、国内银行贷款、利用外资和利用长期金融市场上资金等多元化的融资渠道。

建设项目筹资渠道是指项目资金的来源,总体上看,项目的资金来源有投入资金和借入资金,前者形成项目资本金,后者形成项目债务资金。

一、项目资本金

1. 项目资本金制度

资本金是指在建设项目总投资中由投资者提供的资金,对建设项目来说是非债务性资金。资本金的形态可以是现金,也可以是实物、工业产权、非专利技术、土地使用权等。

我国对经营性项目实行资本金制度,在可行性研究报告中要就资本金筹措情况做出详细说明,包括出资方、出资方式、资本金来源及数额、资本金认缴进度等有关内容。对主要用财政预算内资金投资建设的公益性项目不实行资本金制度。资本金制度规定了经营性项目的建设都要有一定数额的资本金,并提出了各行业项目资本金的最低比例要求。

以发电为主的水利建设项目的最低资本金比例为20%;以城市供水(调水)为主的水利建设项目的最低资本金比例不宜低于35%;其他水利建设项目的资本金比例根据贷款能力测试成果和项目具体情况确定,但不应低于20%。

2. 项目资本金的来源渠道

(1) 股东直接投资:包括政府授权投资机构入股资金、国内外企业入股资金、社会团体和个人入股的资金以及基金投资公司入股的资金,分别构成国家资本金、个人资本金和外商资本金。

(2) 股票融资:通过发行股票在资本市场募集股本资金。

(3) 政府投资：包括各级政府的财政预算内资金、国家批准的各种专项建设基金、统借国外贷款、土地批租收入、地方政府按规定收取的各种费用及其他预算外资金等。政府投资主要用于关系国家安全和市场不能有效配置资源的经济和社会领域，包括加强公益性和公共基础设施建设保护和改善生态环境，促进欠发达地区的经济和社会发展，推进科技进步和高新技术产业化。

二、项目债务资金

项目债务资金可通过商业银行贷款、政策性银行贷款、外国政府贷款、国际金融组织贷款、出口信贷、银团贷款、企业债券、国际债券、融资租赁等渠道和方式筹措。

1. 信贷融资

主要是国内政策性银行和商业银行等提供的贷款；世界银行、亚洲开发银行等国际金融机构贷款；外国政府贷款；出口信贷以及信托投资公司等非银行金融机构提供的贷款。进行信贷融资应说明拟提供贷款的机构及其贷款条件，包括支付方式、贷款期限、贷款利率、还本付息方式及其他附加条件。

2. 债券融资

债券融资是项目法人以其自身的盈利能力和信用条件为基础，通过发行银行债券等筹集资金，用于项目建设的融资方式。除了一般债券融资外，还有可转换债券融资，这种债券在有效期限内，只需支付利息，债券持有人有权将债券按规定价格转换成公司的普通股，如果债券持有人放弃这一选择，融资单位需要在债券到期日兑现本金。可转换债券的发行无需项目资产或其他公司的资产作为担保。在可行性研究阶段，采用债券融资方式应对其可行性进行分析。可行性研究报告应附有国家证券监管部门的意向文件。

3. 融资租赁

融资租赁是资产拥有者将资产租给承租人，在一定时期内使用，由承租人支付租赁费的融资方式。采用这种方式，一般是由承租人选定设备，由出租人购置后租给承租人使用，承租人分期交付租金，租赁期满，出租人可以将设备作价售让给承租人。

从资金的运作角度看，出租人通过购买指定的出租设备给承租人使用，等于发放了一笔贷款，并通过收取资金的方式逐步收回贷款本息；承租人租用设备等于借款买设备，然后以分期付款支付资金的方式偿还借款本息。

融资租赁有以下几种形式：直接购买租赁、转租赁、售后租回租赁、衡平租赁、服务性租赁。

第三节 项目融资方式

一、项目融资的概念和特点

1. 项目融资的概念

融资是指为项目投资而进行的资金筹措行为，通常有广义和狭义两种解释。

从广义理解，所有的筹资行为都是融资，包括在前面已经述及的各种方式，但从狭义上理解，项目融资就是通过项目来融资，也可以说是以项目的资产、收益做抵押来融资。具体地讲，项目融资就是在向一个具体的经济实体提供贷款时，贷款方首先查看该经济实体的现金流量和收益,将其视为偿还债务的资金来源,并将该经济实体的资产视为这笔贷款的担保物,若对这两点感到满意,则贷款方同意贷款。

2. 项目融资的特点

从项目融资与传统贷款方式的比较中可以看出,项目融资有以下基本特点:

(1) 项目导向。资金来源主要是依赖于项目的现金流量而不是依赖于项目的投资者或发起人的资信来安排融资,贷款银行在项目融资中的注意力主要放在项目在贷款期间能够产生多少现金流量用于还款,贷款的数量、融资成本的高低以及融资结构的设计都是与项目的预期现金流量和资产价值直接联系在一起的。

有些对于投资者很难借到的资金则可以利用项目来安排,有些投资者很难得到的担保条件则可以通过组织项目融资来实现。

(2) 有限追索。追索是指在借款人未按期偿还债务时,贷款人要求借款人用除抵押财产之外的其他资产偿还债务的权利。

(3) 风险分担。一个成功的项目融资结构应该是在项目中没有任何一方单独承担起全部项目债务的风险责任。

(4) 非公司负债型融资。非公司负债型融资称为资产负债表之外的融资,是指项目的债务不表现在项目投资者(即实际借款人)的公司资产负债表中的一种融资形式。

(5) 信用结构多样化。在项目融资中,用于支持贷款的信用结构的安排是灵活和多样化的,项目融资的框架结构由4个基本模块组成,即项目投资结构、项目融资结构、项目资金结构和项目的信用保证结构。

二、项目融资的阶段与步骤

从项目的投资决策起,到选择项目融资方式为项目建设筹集资金,最后到完成该项目融资为止,大致上可以分为5个阶段,即投资决策分析、融资决策分析、融资结构分析、融资谈判和项目融资的执行。

1. 投资决策分析

在很多情况下,项目投资决策是与项目能否融资以及如何融资紧密联系在一起的。投资者在决定项目投资结构时需要考虑的因素很多,其中主要包括:项目的产权形式、产品分配方式、决策程序、债务责任、现金流量控制、税务结构和会计处理等方面的内容。

2. 融资决策分析

在这个阶段,项目投资者将决定采用何种融资方式为项目开发筹集资金,是否采用项目融资,取决于投资者对债务责任分担上的要求、贷款资金数量上的要求、时间上的要求、融资费用上的要求,以及诸如债务会计处理等方面的综合评价。

3. 融资结构分析

设计项目融资结构的一个重要步骤是完成对项目风险的分析和评估,对于银行和其他债权人而言,项目融资的安全性来自两个方面:一方面来自项目本身的经济强度;另一方面来自项目之外的各种直接或间接的担保。

4. 融资谈判

在初步确定了项目融资的方案之后,融资顾问将有选择地向商业银行或其他一些金融机构发出参加项目融资的建议书,进行融资谈判。

5. 项目融资的执行

在正式签署项目融资的法律文件之后，融资的组织安排工作就结束了，项目融资将进入执行阶段。在传统的融资方式中，一旦进入贷款的执行阶段，借贷双方的关系就变得相对简单明了，借款人只要求按照贷款协议的规定提款和偿还贷款的利息和本金。贷款银团通过其经理人将会经常地监督项目的进展，根据融资文件的规定，参与部分项目的决策程序，管理和控制项目的贷款资金投入和部分现金流量。

三、项目融资的方式

项目融资可以采用很多方式，如产品支付、远期购买以及融资租赁等比较常见的方式，BOT方式逐渐成熟并使用较多。

（一）融资租赁（设备）

融资租赁是一种特殊的债务融资方式，即项目建设中如需要资金购买某设备，可以向某金融机构申请融资租赁。由该金融机构购入此设备，租借给项目建设单位，建设单位分期付给金融机构租借该设备的租金。融资租赁在资产抵押性融资中用得很普遍，特别是在购买飞机和轮船的融资中，以及在筹建大型电力项目中也可采用融资租赁。

（二）BOT融资

BOT（build-operation-transfer）即建设—经营—移交，指一国政府或其授权的政府部门经过一定程序并签订特许协议，将专属国家的特定的基础设施、公用事业或工业项目的筹资、投资、建设、营运、管理和使用的权利在一定时期内赋予给本国外国民间企业，政府保留该项目、设施以及其相关的自然资源永久所有权；由民间企业建立项目公司并按照政府与项目公司签订的特许协议投资、开发、建设、营运和管理特许项目，以营运所得清偿项目债务、收回投资、获得利润，在特许权期限届满时将该项目、设施无偿移交给政府。有时，BOT模式被称为"暂时私有化"过程（tempo-ray privatization）。

BOT模式是指国内外投资人或财团作为项目发起人，从某个国家的地方政府获得基础设施项目的建设和运营特许权，然后组建项目公司，负责项目建设的融资、设计、建造和运营。BOT融资方式是私营企业参与基础设施建设，向社会提供公共服务的一种方式。BOT方式在不同的国家有不同称谓，我国一般称其为"特许权"。

BOT是英文build-operate-transfer的缩写，即"建设—经营—转让"。实质上是基础设施投资、建设和经营的一种方式，以政府和私人机构之间达成协议为前提，由政府向私人机构颁布特许，允许其在一定时期内筹集资金建设基础设施并管理和经营该设施及其相应的产品与服务。政府对该机构提供的公共产品或服务的数量和价格可以有所限制，但保证私人资本具有获取利润的机会。整个过程中的风险由政府和私人机构分担。当特许期限结束时，私人机构按约定将该设施移交给政府部门，转由政府指定部门经营和管理。

近些年来，BOT这种投资与建设方式被一些发展中国家用来进行其基础设施建设并取得了一定的成功，引起了世界范围广泛的青睐，被当成一种新型的投资方式进行宣传，然而BOT远非一种新生事物，它自出现至今已有至少300年的历史。

17世纪英国的领港公会负责管理海上事务，包括建设和经营灯塔，并拥有建造灯塔和向船只收费的特权。但是据调查，从1610—1675年的66年当中，领港公会连一个灯塔也未建成，而同期私人建成的灯塔至少有10座。这种私人建造灯塔的投资方式与现在所

第三节 项目融资方式

谓 BOT 如出一辙。即：私人首先向政府提出准许建造和经营灯塔的申请，申请中必须包括许多船主的签名以证明将要建造的灯塔对他们有利并且表示愿意支付过路费；在申请获得政府的批准以后，私人向政府租用建造灯塔必须占用的土地，在特许期内管理灯塔并向过往船只收取过路费；特权期满以后由政府将灯塔收回并交给领港公会管理和继续收费。到 1820 年，在全部 46 座灯塔中，有 34 座是私人投资建造的。可见 BOT 模式在投资效率上远高于行政部门。

1. BOT 融资的优越性

以 BOT 方式融资的优越性主要有以下几个方面：

（1）减少项目对政府财政预算的影响，使政府能在自有资金不足的情况下，仍能上马一些基建项目。政府可以集中资源，对那些不被投资者看好但又对地方政府有重大战略意义的项目进行投资。BOT 融资不构成政府外债，可以提高政府的信用，政府也不必为偿还债务而苦恼。

（2）把私营企业中的效率引入公用项目，可以极大提高项目建设质量并加快项目建设进度。同时，政府也将全部项目风险转移给了私营发起人。

（3）吸引外国投资并引进国外的先进技术和管理方法，对地方的经济发展会产生积极的影响。

BOT 具有市场机制和政府干预相结合的混合经济的特色。

一方面，BOT 能够保持市场机制发挥作用。BOT 项目的大部分经济行为都在市场上进行，政府以招标方式确定项目公司的做法本身也包含了竞争机制。作为可靠的市场主体的私人机构是 BOT 模式的行为主体，在特许期内对所建工程项目具有完备的产权。

另一方面，BOT 为政府干预提供了有效的途径，这就是和私人机构达成的有关 BOT 的协议。尽管 BOT 协议的执行全部由项目公司负责，但政府自始至终都拥有对该项目的控制权。在立项、招标、谈判三个阶段，政府的意愿起着决定性的作用。在履约阶段，政府又具有监督检查的权力，项目经营中价格的制订也受到政府的约束，政府还可以通过通用的 BOT 法来约束 BOT 项目公司的行为。

一个典型的 BOT 项目的参与人有政府、BOT 项目公司、投资人、银行或财团以及承担设计、建设和经营的有关公司。

政府是 BOT 项目的控制主体。政府决定着是否设立此项目、是否采用 BOT 方式。在谈判确定 BOT 项目协议合同时政府也占据着有利地位。它还有权在项目进行过程中对必要的环节进行监督。在项目特许到期时，它还具有无偿收回该项目的权利。

BOT 项目公司是 BOT 项目的执行主体，它处于中心位置。所有关系到 BOT 项目的筹资、分包、建设、验收、经营管理体制以及还债和偿付利息都由 BOT 项目公司负责，同设计公司、建设公司、制造厂商以及经营公司打交道。

投资人是 BOT 项目的风险承担主体。他们以投入的资本承担有限责任。尽管原则上讲政府和私人机构分担风险，但实际上各国在操作中差别很大。发达市场经济国家在 BOT 项目中分担的风险很小，而发展中国家在跨国 BOT 项目中往往承担很大比例的风险。

银行或财团通常是 BOT 项目的主要出资人。对于中小型的 BOT 项目，一般单个银行足以为其提供所需的全部资金，而大型的 BOT 项目往往使单个银行感觉力不从心，从而组成银团共同提供贷款。由于 BOT 项目的负债率一般高达 70%～90%，所以贷款往往是 BOT 项目的最大资金来源。

2. BOT 融资的实施工程

BOT 模式多用于投资额度大而期限长的项目。一个 BOT 项目自确立到特许期满往往有十几年或几十年的时间，整个实施过程可以分为立项、招标、投标、谈判、履约 5 个阶段。

(1) 立项阶段。在这一阶段，政府根据中、长期的社会和经济发展计划列出新建和改建项目清单并公之于众。私人机构可以根据该清单上的项目联系本机构的业务发展方向做出合理计划，然后向政府提出以 BOT 方式建设某项目的建议，并申请投标或表明承担该项目的意向。政府则依靠咨询机构进行各种方案的可行性研究，根据各方案的技术经济指标决定采用哪种方式。

(2) 招标阶段。如果项目确定为采用 BOT 方式建设，则首先由政府或其委托机构发布招标广告，然后对报名的私人机构进行资格预审，从中选择数家私人机构作为投标人并向其发售招标文件。

对于确定以 BOT 方式建设的项目也可以不采用招标方式而直接与有承担项目意向的私人机构协商。但协商方式成功率不高，即便协商成功，往往也会由于缺少竞争而使政府答应条件过多导致项目成本增高。

(3) 投标阶段。BOT 项目标书的准备时间较长，往往在 6 个月以上，在此期间受政府委托的机构要随时回答投标人对项目要求提出的问题，并考虑招标人提出的合理建议。投标人必须在规定的日期前向招标人呈交投标书。招标人开标、评标、排序后，选择前 2～3 家进行谈判。

(4) 谈判阶段。特许合同是 BOT 项目的核心，它具有法律效力并在整个特许期内有效，它规定政府和 BOT 项目公司的权利和义务，决定双方的风险和回报。所以，特许合同的谈判是 BOT 项目的关键一环。政府委托的招标人依次同选定的几个投标人进行谈判。成功则签订合同，不成功则转向下一个投标人。有时谈判需要循环进行。

(5) 履约阶段。这一阶段涵盖整个特许期，又可以分为建设阶段、经营阶段和移交阶段。BOT 项目公司是这一阶段的主角，承担履行合同的大量工作。需要特别指出的是：良好的特许合约可以激励 BOT 项目公司认真负责地监督建设、经营的参与者，努力降低成本提高效率。

3. 风险

BOT 项目投资大，期限长，且条件差异较大，常常无先例可循，所以 BOT 的风险较大。风险的规避和分担也就成为 BOT 项目的重要内容。BOT 项目整个过程中可能出现的风险有 5 种类型：政治风险、市场风险、技术风险、融资风险和不可抵抗的外力风险。

(1) 政治风险。政局不稳定，社会不安定会给 BOT 项目带来政治风险，这种风险是跨国投资的 BOT 项目公司特别考虑的。投资人承担的政治风险随项目期限的延长而相应递增，而对于本国的投资人而言，则较少考虑该风险因素。

(2) 市场风险。在 BOT 项目长长的特许期中，供求关系变化和价格变化时有发生。

第三节 项目融资方式

在BOT项目回收全部投资以前市场上有可能出现更廉价的竞争产品，或更受大众欢迎的替代产品，以致对该BOT项目的产出的需求大大降低，即市场风险。通常BOT项目投资大都期限长，又需要政府的协助和特许，所以具有垄断性，但不能排除由于技术进步等原因带来的市场风险。此外，在原材料市场上可能会由于原材料涨价从而导致工程超支，这是另一种市场风险。

（3）技术风险。在BOT项目进行过程中由于制度上的细节问题安排不当带来的风险，称为技术风险。这种风险的一种情况是延期，工程延期将直接缩短工程经营期，减少工程回报，严重的有可能导致项目的放弃；另一种情况是工程缺陷，指施工建设过程中的遗留问题。该类风险可以通过制度安排上的技术性处理减少其发生的可能性。

（4）融资风险。由于汇率、利率和通货膨胀率的预期外的变化带来的风险，是融资风险。若发生了比预期高的通货膨胀，则BOT项目预定的价格（如果预期价格约定了的话）则会偏低；如果利率升高，由于高的负债率，则BOT项目的融资成本大大增加；由于BOT常用于跨国投资，汇率的变化或兑现的困难也会给项目带来风险。

（5）不可抵抗的外力风险。BOT项目和其他许多项目一样要承担地震、火灾、江水和暴雨等不可抵抗而又难以预计的外力的风险。

应付风险的机制有两种：一种机制是规避，即以一定的措施降低不利情况发生的概率；另一种机制是分担，即事先约定不利情况发生情况下损失的分配方案。这是BOT项目合同中的重要内容。国际上在各参与者之间分担风险的惯例是：谁最能控制的风险，其风险便由谁承担。

政治风险的规避。跨国投资的BOT项目公司首先要考虑的就是政治风险问题，而这种风险仅凭经济学家和经济工作者的经验是难以评估的。项目公司可以在谈判中获得政府的某些特许以部分抵消政治风险。如在项目国以外开立项目资金账户。此外，美国的海外私人投资公司（OPIC）和英国的出口信贷担保部（ECGD）对本国企业跨国投资的政治风险提供担保。

市场风险的分担。在市场经济体制中，由于新技术的出现带来的市场风险应由项目的发起人和确定人承担。若该项目由私人机构发起则这部分市场风险由项目公司承担；若该项目由政府发展计划确定，则政府主要负责。而工程超支风险则应由项目公司做出一定预期，在BOT项目合同签订时便有备无患。

技术风险的规避。技术风险是由于项目公司在与承包商进行工程分包时约束不严或监督不力造成的，所以项目公司应完全承担责任。对于工程延期和工程缺陷应在分包合同中做出规定，与承包商的经济利益挂钩。项目公司还应在工程费用以外留下一部分维修保证金或施工后质量保证金，以便顺利解决工程缺陷问题。对于影响整个工程进度和关系整体质量的控制工程，项目公司还应进行较频繁的期间监督。

融资风险的规避。工程融资是BOT项目的贯穿始终的一个重要内容。这个过程全部由项目公司为主体进行操作，风险也完全由项目公司承担。融资技巧对项目费用大小影响极大。首先，工程过程中分步投入的资金应分步融入，否则大大增加融资成本。其次，在约定产品价格时应预期利率和通胀的波动对成本的影响。若是从国外引入外资的BOT项目，应考虑货币兑换问题和汇率的预期。

不可抵抗外力风险的分担。这种风险具有不可预测性和损失额的不确定性，有可能是毁灭性损失，而政府和私人机构都无能为力。对此可以依靠保险公司承担部分风险。这必然会增大工程费用，对于大型BOT项目往往还需要多家保险公司进行分保。在项目合同中政府和项目公司还应约定该风险的分担方法。

综上所述，在市场经济中，政府可以分担BOT项目中的不可抵抗外力的风险，保证货币兑换，或承担汇率风险，其他风险皆由项目公司承担。

西方国家的BOT项目具有两个特别的趋势值得中国发展BOT项目借鉴。其一是大力采用国内融资方式，优点便是彻底回避了政府风险和当代浮动汇率下尤为突出的汇率风险。其二是政府承担的风险越来越少。这当然有赖于市场机制的作用和经济法规的健全。从这个意义上讲，推广BOT的途径，不是依靠政府的承诺，而是深化经济体制改革和加强法制建设。

BOT投资方式主要用于建设收费公路、发电厂、铁路、废水处理设施和城市地铁等基础设施项目、公用事业或工业项目。

BOT投资方式除了上述的普通模式，BOT还有20多种演化模式，比较常见的有：BOO（建设—拥有—经营）、BT（建设—转让）、TOT（转让—经营—转让）、BOOT（建设—经营—拥有—转让）、BLT（建设—租赁—转让）、BTO（建设—转让—经营）等。

（三）TOT融资（可收益公共设施项目）

TOT（transfer-operate-transfer）是"移交—经营—移交"的简称，指政府与投资者签订特许经营协议后，把已经投产运行的可收益公共设施项目移交给民间投资者经营，凭借该设施在未来若干年内的收益，一次性地从投资者手中融得一笔资金，用于建设新的基础设施项目；特许经营期满后，投资者再把该设施无偿移交给政府管理。

将建设好的公共工程项目，如桥梁、公路，移交给外商企业或私营企业进行一定期限的运营管理。在合约期满之后，再交回给所建部门或单位的一种融资方式。移交给外商或私营企业中，建设单位将取得一定额的资金以再建设其他项目。这一方式在一些地方比较流行。

TOT方式与BOT方式是有明显的区别的，它不需直接由投资者投资建设基础设施，因此避开了基础设施建设过程中产生的大量风险和矛盾，比较容易使政府与投资者达成一致。TOT方式主要适用于交通基础设施的建设。

最近国外出现一种将TOT与BOT项目融资模式结合起来但以BOT为主的融资模式，称为TBT。在TBT模式中，TOT的实施是辅助性的，采用它主要是为了促成BOT。

TBT有两种模式：

一是公营机构通过TOT方式有偿转让已建设施的经营权，融得资金后将这笔资金入股BOT项目公司，参与新建BOT项目的建设与经营，直至最后收回经营权。

二是无偿转让，即公营机构将已建设施的经营权以TOT方式无偿转让给投资者，但条件是与BOT项目公司按一个递增的比例分享拟建项目建成后的经营收益。

两种模式中，前一种比较少见，如上海的南浦大桥和杨浦大桥。

长期以来，我国交通基础设施发展严重滞后于国民经济的发展，资金短缺与投资需求的矛盾十分突出，TOT方式为缓解我国交通基础设施建设资金供需矛盾找到一条现实出路，可以加快交通基础设施的建设和发展。

（四）BT融资模式

"BT"是英文"build"和"transfer"的缩写，中文的解释是建设、移交，指政府或其授权的单位经过法定程序选择拟建的基础设施或公用事业项目的投资人，并由投资人在工程建设期内组建BT项目公司进行投资、融资和建设；在工程竣工建成后按约定进行工程移交并从政府或其授权的单位的支付中收回投资。

（五）BOO融资模式（基础产业项目）

BOO（build-own-operate）即建设—拥有—经营，承包商根据政府赋予的特许权，建设并经营某项产业项目，但是并不将此项基础产业项目移交给公共部门。

（六）BOOT融资模式（基础产业项目）

BOOT（build-own operate-transfer）即建设—拥有—经营—转让，则是私人合伙或某国际财团融资建设基础产业项目，项目建成后，在规定的期限内拥有所有权并进行经营，期满后将项目移交给政府。

（七）PPP融资模式

PPP（public-private-partnership），即公共部门与私人企业合作模式，是公共基础设施的一种项目融资模式。在该模式下，鼓励私人企业与政府进行合作，参与公共基础设施的建设。其中文意思是：公共、民营、伙伴。PPP模式的构架是：从公共事业的需求出发，利用民营资源的产业化优势，通过政府与民营企业双方合作，共同开发、投资建设，并维护运营公共事业的合作模式，即政府与民营经济在公共领域的合作伙伴关系。通过这种合作形式，合作各方可以达到与预期单独行动相比更为有利的结果。合作各方参与某个项目时，政府并不是把项目的责任全部转移给私人企业，而是由参与合作的各方共同承担责任和融资风险。这是一项世界性课题，已被国家发展和改革委员会、科技部、联合国开发计划署三方会议正式批准纳入正在执行的我国地方21世纪议程能力建设项目。

PPP模式的内涵主要包括以下4个方面：

（1）PPP是一种新型的项目融资模式。PPP融资是以项目为主体的融资活动，是项目融资的一种实现形式，主要根据项目的预期收益、资产以及政府扶持的力度，而不是项目投资人或发起人的资信来安排融资。项目经营的直接收益和通过政府扶持所转化的效益是偿还贷款的资金来源，项目公司的资产和政府给予的有限承诺是贷款的安全保障。

（2）PPP融资模式可以使更多的民营资本参与到项目中，以提高效率，降低风险。这也正是现行项目融资模式所鼓励的。政府的公共部门与民营企业以特许权协议为基础进行全程合作，双方共同对项目运行的整个周期负责。PPP融资模式的操作规则使民营企业能够参与到城市轨道交通项目的确认、设计和可行性研究等前期工作中来，这不仅降低了民营企业的投资风险，而且能将民营企业的管理方法与技术引入项目中来，还能有效地实现对项目建设与运行的控制，从而有利于降低项目建设投资的风险，较好地保障国家与民营企业各方的利益。这对缩短项目建设周期，降低项目运作成本甚至资产负债率都有值得肯定的现实意义。

(3) PPP模式可以在一定程度上保证民营资本"有利可图"。私营部门的投资目标是寻求既能够还贷又有投资回报的项目，无利可图的基础设施项目是吸引不到民营资本的投入的。而采取PPP模式，政府可以给予私人投资者相应的政策扶持作为补偿，如税收优惠、贷款担保、给予民营企业沿线土地优先开发权等。通过实施这些政策可提高民营资本投资城市轨道交通项目的积极性。

(4) PPP模式在减轻政府初期建设投资负担和风险的前提下，提高城市轨道交通服务质量。在PPP模式下，公共部门和民营企业共同参与城市轨道交通的建设和运营，由民营企业负责项目融资，有可能增加项目的资本金数量，进而降低资产负债率，这不但能节省政府的投资，还可以将项目的一部分风险转移给民营企业，从而减轻政府的风险。同时双方可以形成互利的长期目标，更好地为社会和公众提供服务。

20世纪90年代后，一种崭新的融资模式——PPP模式（public - private - partnership，即"公共部门—私人企业—合作"的模式）在西方特别是欧洲流行起来，在公共基础设施领域，尤其是在大型、一次性的项目，如公路、铁路、地铁等的建设中扮演着重要角色。PPP模式是最近几年国外发展得很快的两种民资介入公共投资领域的模式，虽然在我国尚处于起步阶段，但是具有很好的借鉴的作用，也是我国公共投资领域投融资体制改革的一个发展方向。

"鸟巢"就是中国首例实行PPP经营模式的体育馆。政府出了58％，中信联合体出了42％，联合体中，中信、城建、金州的股份分别是65％、30％和5％。

（八）PFI融资模式

PFI融资模式也是最近几年国外发展得很快的两种民资介入公共投资领域的模式，虽然在我国尚处于起步阶段，但是具有很好的借鉴作用，也是我国公共投资领域投融资体制改革的一个发展方向。

PFI的根本在于政府从私人处购买服务，目前这种方式多用于社会福利性质的建设项目，不难看出这种方式多被那些硬件基础设施相对已经较为完善的发达国家采用。比较而言，发展中国家由于经济水平的限制，将更多的资源投入到了能直接或间接产生经济效益的地方，而这些基础设施在国民生产中的重要性很难使政府放弃其最终所有权。

PFI项目在发达国家的应用领域总是有一定的侧重。以日本和英国为例，从数量上看，日本的侧重领域由高到低为社会福利、环境保护和基础设施，英国则为社会福利、基础设施和环境保护。从资金投入上看，日本在基础设施、社会福利、环境保护三个领域仅占英国的7％、52％和1％，可见其规模与英国相比要小得多。当前在英国PFI项目非常多样，最大型的项目来自国防部，例如空对空加油罐计划、军事飞行培训计划、机场服务支持等。更多的典型项目是相对小额的设施建设，例如教育或民用建筑物、警察局、医院能源管理或公路照明，较大一点的包括公路、监狱和医院用楼等。

（九）ABS融资

即资产收益证券化融资。它是以项目资产可以带来的预期收益为保证，通过一套提高信用等级计划在资本市场发行债券来募集资金的一种项目融资方式。具体运作过程是：①组建一个特别目标公司；②目标公司选择能进行资产证券化融资的对象；③以合同、协议等方式将政府项目未来现金收入的权利转让给目标公司；④目标公司直接在资本市场发行债券募集资金或者由目标公司信用担保,由其他机构组织发行,并将募集到的资金用于项目建设;⑤目标公司通过项目资产的现金流入清偿债券本息。

(十) 工程承包

1. EPC 模式 (工程承包)

EPC 是英文 engineering (设计)、procurement (采购)、construction (施工) 的缩写。该模式是指一个总承包商或者承包商联营体与业主签订承揽合同,并按合同约定对整个工程项目的设计、采购、施工、试运行 (试车) 等工作进行承包,实现各阶段工作合理交叉与紧密融合,并对工程的安全、质量、进度、造价全面负责,工程验收合格后向业主移交,业主或业主代表管理工程实施。EPC 工程项目多集中在石油化工、制造业、交通运输和电力工业等领域。这些领域的工程项目具有以设计为主导、投资额巨大、技术复杂、管理难度大等特点。

2. EPCM 模式 (工程承包)

EPCM 模式 (engineering procurement construction management) 即指设计采购与施工管理的承包模式。EPCM 模式是国际建筑市场较为通行的项目支付模式之一,也是我国目前推行承包模式的一种。EPCM 承包商是通过业主招标而确定的,承包商与业主直接签订合同,对工程的设计、材料设备供应、施工管理进行全面的负责。根据业主提出的投资意图和要求,通过招标为业主选择、推荐最合适的分包商来完成设计、采购、施工任务。设计、采购分包商对 EPCM 承包商负责,而施工分包商则不与 EPCM 承包商签订合同,但其接受 EPCM 承包商的管理,施工分包商直接与业主具有合同关系。因此,EPCM 承包商无需承担施工合同风险和经济风险。当 EPCM 总承包模式实施一次性总报价方式支付时,EPCM 承包商的经济风险被控制在一定的范围内,承包商承担的经济风险相对较小,获利较为稳定。

3. FEED 模式 (工程承包)

FEED (front end engineering design) 即前端工程设计合同,即业主对工程项目没有给出任何的参数和设计条件,承包商需要根据自己的经验对项目进行风险评估,设计并施工。一般 FEED 多用于石油天然气开采项目上。

(十一) BT 模式

BT 投资是 BOT 的一种变换形式,即 build - transfer (建设—转让),政府通过特许协议,引入国外资金或民间资金进行专属于政府的基础设施建设,基础设施建设完工后,该项目设施的有关权利按协议由政府赎回。

通俗地说,BT 投资也是一种"交钥匙工程",社会投资人投资、建设,建设完成以后"交钥匙",政府再回购,回购时考虑投资人的合理收益。

在市场经济条件下,BT 模式是从 BOT 模式转化发展起来的新型投资模式。采用"BT"模式建设的项目,所有权是政府或政府下属的公司;政府将项目的融资和建设特许权转让投资方;投资方是依法注册的国有建筑企业或私人企业;银行或其他金融机构根据项目的未来收益情况为项目提供融资贷款。政府(或项目筹备办)根据当地社会和经济发展的需要,对项目进行立项,进行项目建议书、可行性研究、筹划报批等前期准备工作,委托下属公司或咨询中介公司对项目进行 BT 招标;与中标人(投资方)签订 BT 投资合同（或投资协议）；中标人（投资方）组建 BT 项目公司，项目公司在项目建设期行使业主职能，负责项目的投融资、建设管理，并承担建设期间的风险。项目建成竣工后，按照 BT 合同（或协议），投资方将完工的项目移交给政府（政府下属的公司）。政府（或政府下属的公司）按约定总价（或完工后评估总价）分期偿还投资方的融资和建设费用。政府及管理部门在 BT 投资全过程中行使监管、指导职能，保证 BT 投资项目的顺利融资、建成、移交。

（1）BT 模式风险小。对于公共项目来说，采用 BT 方式运作，由银行或其他金融机构出具保函，能够保证项目投入资金的安全，只要项目未来收益有保证，融资贷款协议签署后，在建设期项目基本上没有资金风险。

（2）BT 模式收益高。BT 模式的收益高体现在三个方面：①BT 投资主体通过 BT 投资为剩余资本找到了投资途径，获得可观的投资收益；②金融机构通过为 BT 项目融资贷款，分享了项目收益，能够获得稳定的融资贷款利息；③BT 项目顺利建成移交给当地政府（或政府下属公司），可为当地政府和人民带来较高的经济效益和社会效益。

（3）BT 模式能够发挥大型建筑企业在融资和施工管理方面的优势。采用 BT 模式建设大型项目，工程量集中、投资大，能够充分发挥大型建筑企业资信好、信誉高、易融资及善于组织大型工程施工的优势。大型建筑企业通过 BT 模式融资建设项目，可以增加在 BT 融资和施工方面的业绩，为其提高企业资质和今后打入国际融资建筑市场积累经验。

（4）BT 模式可以促进当地经济发展。基本建设项目特点之一是资金占用大，建设期和资金回收过程长，银行贷款回收慢，投资商的投资积极性和商业银行的贷款积极性不高。而采用 BT 模式进行融资建设未来具有固定收益的项目，可以发挥投资商的投资积极性和项目融资的主动性，缩短项目的建设期，保证项目尽快建成、移交，能够尽快见到效益，解决项目所在地就业问题，促进当地经济的发展。

习　题

1. 权益融资和债务融资的区别是什么？
2. 既有法人融资和新设法人融资的区别是什么？
3. 项目资本金的来源有哪些？
4. 项目债务资金的来源有哪些？
5. 项目融资的方式主要有哪些？各自的特点是什么？

第六章 建设项目国民经济评价

第一节 概 述

随着我国经济改革的不断深入，国民经济评价工作不断取得新的进展。为了适应社会主义市场经济的发展，进一步加强建设项目经济评价工作，根据《国务院关于投资体制改革的决定》精神，国家发展和改革委员会、建设部于2006年7月3日批准发布了《关于建设项目经济评价工作的若干规定》《建设项目评价方法》和《建设项目经济评价参数》三个文件，要求在开展投资建设项目经济评价工作中使用。

一、建设项目国民经济评价的概念

建设项目国民经济评价是指在合理配置社会资源的前提下，从国家经济整体利益的角度出发，根据建设项目经济评价方法，应用建设项目经济评价参数，计算建设项目对国民经济的贡献，分析建设项目的经济效益、经济效果和对社会的影响，评价建设项目在宏观经济上的合理性。

二、建设项目国民经济评价的作用

1. 建设项目国民经济评价是真实反映建设项目对国民经济净贡献的需要

在许多国家，特别是发展中国家，由于产业结构不合理、市场体系不健全以及过度保护民族工业等原因，导致国内的价格体系产生较为严重的扭曲和失真，不少商品的价格不能反映其价值，也不能反映其供求关系。在这种情况下，按现行价格计算项目的投入和产出，无法正确反映项目对国民经济的影响。

只有通过国民经济评价，运用能反映商品真实价值的价格来计算项目的费用和效益，才能真实反映建设项目对国民经济的净贡献，从而判断该项目的建设是否对国民经济总目标有利。

任何项目的费用和效益不仅体现在它的直接投入物和产出物中，还会体现在国民经济相邻部门及整个社会中，这就是项目的间接费用和间接效益，通常称为"外部效果"。因此，只有通过国民经济评价，才能全面权衡项目的"内部效果"和"外部效果"，即项目对国民经济整体的净贡献。

2. 建设项目国民经济评价是宏观上合理配置有限资源的需要

对于一个国家来说，用于发展的资源（资金、劳动力、土地及其他自然资源）都是有限的，资源的稀缺与需要的增长存在着较大的矛盾。只有通过优化资源配置，使资源得到最佳利用，才能有效促进国民经济发展。而仅仅通过财务评价，是无法正确反映资源的有效利用，只有通过国民经济评价，才能从宏观上引导国家有限的资源进行合理配置，鼓励和促进那些对国民经济有正面影响的项目的发展，抑制和淘汰那些对国民经济有负面影响的项目。

3. 建设项目国民经济评价是投资决策科学化的需要

通过国民经济评价，合理运用评价指标和评价参数，可以有效地引导投资方向，控制投资规模，避免不必要的投资，提高计划质量，实现企业利益、地区利益与全社会及国家整体利益的有机结合和平衡。

三、建设项目国民经济评价的内容

1. 国民经济评价费用与效益的识别与处理

国民经济评价中的费用与效益，与财务评价中的划分范围是不同的，国民经济评价以工程项目耗费资源的多少，以及项目给国民经济带来的收益来界定项目的费用与效益，无论最终由谁支付和获取，都视为该项目的费用与效益，而不仅仅是考察项目账面上直接显现的收支。

因此，在国民经济评价中，需要对这些直接或间接的费用与效益，逐一加以识别、归类和处理。

2. 影子价格的确定和基础数据的调整

市场缺陷的存在会使财务评价使用的市场价格无法充分反映社会成本，不能真实反映项目的实际效益。有时有些公共项目不存在相应的市场价格，无法使用现行市场价格进行国民经济评价。因此，只有采用那些通过现行市场价格调整计算而获得的，并能够反映资源真实价值和市场供求关系的价格来进行国民经济评价，才能保证评价的科学性。这个价格就是影子价格。

影子价格是指社会处于某种最优状态下，能够反映社会劳动消耗、资源稀缺程度和最终产品需求状况的价格。在进行国民经济评价时，将与项目有关的各项基础数据，以影子价格为基础进行调整，才能正确计算出项目的各项国民经济费用与效益，真实反映项目对国民经济的净贡献。

3. 国民经济效果分析

根据所确定的各项国民经济费用与效益，结合相关经济参数，计算建设项目的国民经济评价指标并进行方案比选，编制国民经济评价报表，对建设项目的国民经济效果进行分析，做出建设项目在经济上是否合理的结论。

四、建设项目国民经济评价的方法

由于经济评价的目的在于保证决策的正确性，减小投资的风险性，最大限度提高项目的经济效益，因此，正确选择经济评价方法是十分重要的。其评价的方法如下。

（1）以定量分析为主，定量与定性分析相结合。从宏观上进行论证和分析项目对国民经济和社会发展的作用和影响，综合评价项目的合理性。

（2）以动态分析为主，动态分析与静态分析相结合。在进行评价时，要以考虑资金时间价值的动态评价指标为主，不考虑资金时间价值的静态指标为辅。

（3）确定性分析与不确定性分析相结合。在做好确定性分析的同时也要重视不确定性分析，以保证项目能适应各种可能变化，达到预期的目的。

（4）采用"有无对比"的方法识别项目的费用和效益。按照有这个项目和没有这个项目的对比情况计算其增量费用和效益，同时注意费用和效益计算的口径要保持一致。

（5）采用费用与效益比较的分析方法。国民经济评价遵循经济效果理论，采用费用与效益比较的方法，寻求以最小的投入或费用获得最大的产出或效益。

五、建设项目国民经济评价的步骤

建设项目的国民经济评价可以直接识别经济费用和经济效益进行评价，也可以在财务评价的基础上进行。

1. 直接识别经济费用和经济效益的国民经济评价

(1) 识别和估算项目的直接效益。

(2) 运用相关参数估算项目的投资、年运行费、流动资金、更新改造费用等直接费用。

(3) 识别项目的间接效益和间接费用，尽量对其进行定量计算，对不能进行定量计算做出定性说明。

(4) 编制国民经济评价效益和费用流量表。

(5) 计算国民经济评价指标，评价项目经济合理性。

2. 在财务评价基础上的国民经济评价

(1) 效益和费用范围的调整。剔除已记入财务评价的效益和费用中的国民经济内部转移支付，识别项目的间接效益和间接费用。

(2) 效益和费用值的调整。主要是对固定资产投资、流动资金、经营费用、销售收入和外汇借款等各项数据进行调整。

(3) 分析项目的国民经济盈利能力。编制国民经济效益和费用流量表，并据此计算全部投资的经济内部收益率和经济净现值等指标。对于使用国外贷款的项目，还应编制国内投资国民经济效益费用表，并据此计算国内投资的经济内部收益率和经济净现值等指标。

(4) 分析项目的外汇效果。对于产出物出口或替代进口的建设项目，编制经济外汇流量表，并据此计算经济外汇净现值、经济换汇成本或经济节汇成本等指标。

第二节　建设项目国民经济评价的效益与费用

效益费用分析是发达国家广泛采用的用于对建设项目进行国民经济评价的方法，也是联合国向发展中国家推荐的国民经济评价方法。它是从国家和社会的宏观利益出发，通过对工程项目的经济效益和经济费用进行系统、全面地识别和分析，求得项目的经济净收益，并以此来评价工程项目可行性的一种方法。

效益与费用分析的核心是通过比较各种备选方案的全部预期效益和全部预计费用的现值来评价这些备选方案的，并以此作为决策的参考依据。

一、效益与费用的识别

在项目的财务评价中，项目可视为一个相对独立的封闭系统，货币在这一系统的流入和流出容易识别，且大都可以从相应的会计核算科目中找到答案，在项目的国民经济评价中，效益和费用的划分与财务评价相比发生了质的变化。

正确地识别效益与费用，是保证国民经济评价正确性的重要前提条件。其识别的基本原则是：凡是项目为国民经济所作的贡献，均计为项目的效益；凡是国民经济为项目所付出的代价，均计为项目的费用。

国民经济评价是以实现资源最优配置从而达到国民收入最大增长为目标的，而资源是稀缺的，一种资源投入某项目也就意味着这种资源不能被用在国民经济的其他方面，从而减少了其他方面的国民收入，也可以理解为，该项目对该种资源的使用产生了国民经济费用。因此，在考察国民经济费用和效益时，依据的是社会资源的真实变动量。

项目的国民经济收益，包括项目的直接效益和间接效益；项目的国民经济费用，包括项目的直接费用和间接费用。

通常将项目对国民经济产生的影响视为效果，分为直接效果（也叫内部效果）和间接效果（也叫外部效果）。内部效果是项目的直接效益和直接费用的统称；外部效果是项目的间接效益和间接费用的统称。

二、直接效益与直接费用

1. 直接效益

直接效益是由项目产出物直接产生，并在项目范围内计算的经济效益。一般包括以下内容：

（1）增加项目产出物（或服务）的数量，以增加国内市场的供应量，其效益就是满足国内需求。

（2）项目产出物（或服务）代替相同或类似企业的产出物（或服务），使被替代企业减产，从而减少国家有用资源的耗用（或损失），其效益就是被替代企业释放出来的资源。

（3）项目产出物（或服务）减少了进口量，即替代了进口货物，其效益为所节约的外汇支出。

2. 直接费用

直接费用是指项目使用投入物所产生的，并在项目范围内计算的经济费用，一般包括以下内容：

（1）国内其他部门为本部门项目提供投入物，而扩大了该部门的生产规模，其费用为该部门增加生产所消耗的资源。

（2）项目投入物本来用于其他项目，由于用于建设该项目而减少了对其他项目（或最终消费）投入物的供应，其费用为其他项目（或最终消费）因此而放弃的消费。

（3）项目的投入物来自国外，即增加进口，其费用为增加的外汇支出。

（4）项目的投入物本来首先用于出口，为了满足项目需求而减少了出口，其费用为减少出口所减少的外汇收入。

三、间接效益与间接费用

1. 间接效益与间接费用的概念

（1）间接效益。间接效益是指由项目引起而在直接效益中没有得到反映的效益。

（2）间接费用。间接费用是指由项目引起而在直接费用中没有得到反映的费用。

2. 间接效益与间接费用应具备的条件

在进行项目评价时，只有同时具备以下两个条件的效益或费用，才能被称作间接效益或间接费用。

（1）项目将对其无直接关联的其他项目或消费者产生影响。

（2）该效益或费用在财务报表中并没有得到反映，或者没有将其量化。

3. 间接效益与间接费用所涉及的内容

（1）环境影响效果。项目对自然环境造成的污染和对生态平衡产生的破坏，是一种间接费用，这种费用一般较难定量计算，可按同类项目所造成的损失或按恢复环境质量所需的费用来近似估算，无法定量计算应作定性说明，某些建设项目属于环境治理项目，或含有环境治理工程，对环境会产生好的影响，在国民经济评价中应估算其间接效益。

（2）价格影响效果。若项目的产出物品是增加了国内市场的供应量，导致产品的市场价格下跌，使消费者受益，这种益处只是将生产商减少的收益转移给了产品的消费者。对整个国民经济而言，效益并未改变，由此消费者得到的收益不能计为该项目的间接效益，若项目的产出物大量出口，导致国内同类产品出口价格下跌，由此造成的外汇收入减少，应计为该项目的间接费用。

（3）技术扩散效果。一个技术先进项目的实施，会培养和造就大量的工程技术人员、管理人员或技术较强的操作人员，也会产生或发明一些先进技术。由于人员的流动和技术外流，使整个社会经济的发展受益，这种效益通常是隐蔽的、滞后的，难以识别和计量，一般只作定性描述。

（4）产业关联效果。这一效果包括纵向的相邻效果和横向的相乘效果（也叫乘数效果）。

1）相邻效果。项目的相邻效果是指由于项目的实施而给"上游"企业和"下游"企业带来的辐射效果。

"上游"企业是指为该项目提供原材料或半成品的企业。项目的实施可能会刺激这些上游企业得到发展，使新增加的生产能力或原有的生产能力得到充分的利用。

"下游"企业是指使用项目的产出物作为原材料或半成品的企业。项目的产品可能对下游企业的经济效益产生影响，使其闲置的生产能力得到充分利用，或使其在生产上节约成本。

在大多数情况下，项目的相邻效果可以在项目的投入物和产出物的影子价格中得到体现，不应再计算间接效果。在某些特殊情况下，间接影响难以在影子价格中反映时，需要作为项目的外部效果计算。

2）乘数效果。乘数效果是指由于项目的实施而使与该项目相关的产业部门的闲置资源得到有效利用，进而产生一系列的连锁反应，带动某一行业、地区或全国的经济发展，所带来的外部效果。一般情况下乘数效果不能连续扩展计算，只需计算一次相关效果。

四、转移支付

在项目效益与费用的识别过程中，经常会遇到项目与各种社会实体之间的货币转移，如税金、补贴、利息、折旧等问题的处理。这些都是财务评价中的实际支出，从国民经济角度来看，它们并不影响社会最终产品的增减，都未造成资源的实际耗用和增加，仅仅是资源的使用权在不同的社会实体之间的一种转移。这种并不伴随着资源增减的纯粹货币性质的转移称为转移支付。

在国民经济评价中，转移支付不能计入项目的效益或费用，但关键是对转移支付的识别和处理。如果以项目的财务评价为基础进行国民经济评价时,应从财务效益与费用中剔除在国民经济评价中计作转移支付的部分。

常见的转移支付有以下内容。

(1) 税金。税金在财务评价中显然是建设项目的一种费用。但在国民经济评价中,从国民经济整体来看,税金作为国家财政收入的主要来源,是国家进入国民收入二次分配的重要手段,并没有伴随资源的变动,缴税只不过表明税收代表的那部分资源的使用权从纳税人那里转移到了国家。也就是说,税金只是一种转移支付,不能计为国民经济评价中的效益或费用。

(2) 补贴。补贴是一种货币流动方向与税收相反的转移支付,包括价格补贴和出口补贴等。补贴虽然使工程项目的财务收益增加,但同时也使国家财政收入减少。实质上仍然是国民经济中不同实体之间的货币转移,整个国民经济并没有因此发生变化。因此,国家给予的各种形式的补贴都不应计入国民经济评价中的效益或费用。

(3) 国内贷款和利息。国内贷款和利息在企业财务评价中的资本金财务现金流量表中是一项费用。对国民经济评价来说,它表示项目对国民经济的贡献有一部分转移到了政府或国内贷款机构,并没有减少国民收入。项目对国民经济所作贡献的大小,与所支付的国内贷款利息的多少无关。因此,它也不是国民经济评价中的效益或费用。

(4) 国外贷款与还本付息。在国民经济评价中,国外贷款和还本付息,根据分析角度不同,有两种不同的处理原则。

1) 在全部投资国民经济评价中的处理。全部投资国民经济评价,把国外贷款也看作国内投资,此项目的全部投资作为计算基础,对拟建设项目使用的全部资源的使用效果进行评价。由于随着国外贷款的发放,国外相应的实际资源的支配权利也同时转移到了国内,因此,国外贷款资源与国内资源一样,也存在着合理配置的问题。在全部投资国民经济评价中,国外贷款和还本付息与国内贷款和还本付息一样,不能作为效益或费用。

2) 在国内投资国民经济评价中的处理。全部投资国民经济评价效果好的项目,并不一定是国内受益。为考察项目对本国国民经济的实际贡献,应以国内投资作为计算基础,进行国内投资国民经济评价,把国外贷款还本付息视为费用。

第三节 建设项目国民经济评价参数

建设项目决策需要经过技术、经济、环境、社会等方面的分析论证,需要大量数据的支持,科学、合理、可用的参数是建设项目经济评价过程中不可缺少的工具之一。

为适应社会主义市场经济发展,加强和规范建设项目经济评价工作。满足政府和其他各投资主体投资决策的需要,保证经济评价的质量,引导和促进各类资源的合理有效配置。发挥投资效益,提高项目决策的科学化水平,应制定取值合理的参数。

经济评价参数由国家有关部门统一组织测定,并实行阶段性调整。

国家有关行政主管部门根据国家与行业的发展战略与发展规划、国家的经济状况、资源供给状况、市场需求状况、各行业投资经济效益、投资风险、资金成本及项目投资者的实际需要,组织测定和发布的建设项目评价参数有利于促进社会资源的合理配置,有利于

第三节 建设项目国民经济评价参数

实现政府利用信息引导经济，有利于社会信息资源的共享，有利于充分利用各行业专家资源，有利于避免参数测算中的盲目、主观、片面、局部、狭隘、短视、静止等弊端。

建设项目评价结论是在大量计算分析的基础上得出的，结论正确与否直接影响项目决策，而在评价中采用的参数是否合理、准确，决定了评价结论的正确与否，因此必须重视项目评价采用参数的质量，在选用项目评价参数时，要注意以下一些特点：

(1) 周期性。在项目评价时，对不同种类参数均使用同一时段的数据，以保证计算结论的合理性与可比性。

(2) 有效性。项目评价时要使用在有效期内的参数，每个参数均有其自身的有效期、都需要适当进行调整，使用过期的参数不能得出合理的评价结论，而且很可能对项目决策者产生误导。

(3) 稳妥性。建设项目经济评价工作要在大量预测的基础上进行，存在着各种不确定性；在不能准确估计项目效益时，宁可低估效益，在不能准确估计项目成本时宁可高估成本。

(4) 时效性。由于社会经济状况处于不断的发展变化中，不同时期的参数反映不同时期的社会经济状况，因此项目经济评价参数在使用过程中一定要注意其时效性。综合考虑我国目前参数使用与测算两方面的基本情况，国家有关部门规定最终确定通常参数的测算发布周期为一年。社会有关方面每年都有必要进行参数的适应性检查，借助参数定期更新的机会，落实国家及行业规划，落实国家有关政策。

常用的建设项目国民经济评价参数有社会折现率、影子价格、影子汇率等。

一、社会折现率

1. 社会折现率的概念

建设项目的国民经济评价，采用费用效益分析方法或者费用效果分析方法。在费用效益分析方法中，主要采用动态计算方法，计算经济净现值或者经济内部收益率指标。

计算经济净现值指标时，需要使用一个事先确定的折现率。在使用经济内部收益率指标时，需要一个用事先确定的基准收益率作对比，以判定项目的经济效益是否达到了标准。通常将经济净现值计算中的折现率和作为经济内部收益率判据的基准收益率统一起来，规定为社会折现率。

社会折现率也叫影子利率或计算利率，它是建设项目国民经济评价中衡量经济内部收益率的基准值，也是从社会经济整体出发评价项目经济合理性用之计算经济净现值的折现率。社会折现率表示从国家角度对资金机会成本和资金时间价值的估量，社会折现率在项目国民经济评价中具有双重职能。

(1) 作为项目费用效益不同时间价值之间的折算率。社会折现率作为项目费用效益不同时间价值之间的折算率，它反映了对于社会费用效益价值的时间偏好，社会费用或效益的时间偏好，代表人们对于现在的社会价值与未来价值之间的权衡。

社会费用效益的时间偏好在一定程度上受到社会经济增长的影响，但并非完全由经济增长所决定，而经济增长也并不是完全由社会投资所带来的。

(2) 作为项目经济效益要求的最低经济收益率。社会折现率作为项目经济效益要求的最低经济收益率，代表着社会投资所要求的最低收益率水平。项目投资产生的社会收益率如果还不到这一最低水平，项目不应当被接受。社会投资所要求的最低收益率，理论上认为应当由社会投资的机会成本决定，也就是社会投资的边际收益率决定。

在上述两种职能中，由社会资本投资的机会成本所决定的社会折现率，并不一定会等于由社会时间偏好所决定的社会折现率。一般认为，社会时间偏好率应当低于社会资本投资的机会成本。由于这种偏差的存在，以及由于社会折现率在项目国民经济评价中的双重职能，使得评价结果不可避免地存在一定的偏差。

2. 社会折现率的作用

（1）社会折现率是项目经济可行性的主要判据。社会折现率作为基准收益率，其取值高低直接影响项目经济可行性的判断结果。社会折现率的取值，实质上反映的是国家希望投资项目获得的最低期望收益率，一个项目是否可行，首先要看其是否能达到或超过这一期望收益水平。

社会折现率如果取值过低，将会使得一些经济效益不好的项目投资得以通过，经济评价起不到应有的作用。社会折现率取值提高，会使一部分本来可以通过评价的项目因达不到判别标准而被舍弃，从而间接起到调控投资规模的作用。

（2）社会折现率是项目方案比选的主要判据。社会折现率在项目方案比选中，其取值高低会影响比选的结果。取值较高会使远期收益在折算为现值时发生较高的折减，因此有利于社会效益产生在近期，而社会效益产生在远期的项目被淘汰，这可能会导致对评价结果的误导。

国家根据宏观调控意图和现实经济状况，制定发布统一的社会折现率，有利于统一评价标准，避免参数选择的随意性。采用适当的社会折现率进行项目评价，有利于正确引导投资，控制建设规模，调节资金供求平衡，促进资金在短期与长期项目之间的合理配置。

3. 社会折现率的测定

社会折现率是根据国家的社会经济发展目标、发展战略、发展优先顺序、发展水平、宏观调控意图、社会投资收益水平、资金供给状况、资金机会成本等因素进行综合分析，由国家相关部门统一测定和发布。

2006年7月3日，国家发展和改革委员会、建设部公布的社会折现率取值是以资金的机会成本与费用效益的时间偏好率为基础进行测算的结果。在项目评价中，社会折现率既代表了资金的机会成本，也是不同年份之间费用效益的折算率。

在理论上，如果社会资源供求在最优状态平衡，资金的机会成本应当等于不同年份之间的费用效益折算率，在实际中，社会投资资金总是表现出一定的短缺，资金的机会成本总是高于不同年份之间的费用效益折算率。

同时，由于投资风险的存在，资本投资所要求的收益率总是要高于不同年份折算率。因此，按照资金机会成本原则确定的社会折现率总是高于按照费用效益的时间偏好率原则确定的数值。

4. 社会折现率的取值

我国相关部门根据数量经济学原理，依据经济发展统计数据，在不同时期确定了不同的社会折现率数值。

1987年，国家计划委员会发布的《建设项目经济评价方案与参数》（第一版）规定：

社会折现率为10%；1993年，国家计划委员会和建设部联合批准发布的《建设项目经济评价方法与参数》（第二版）中规定，社会折现率为12%；2006年，国家发展和改革委员会、建设部联合批准和发布的《建设项目经济评价方法与参数》（第三版）对社会折现率又做了新的规定。

《建设项目经济评价方法与参数》（第三版）根据影响社会折现率的各主要因素，结合当前经济发展的实际情况规定社会折现率为8%，并对一些具体情况做出了相应规定和说明。对于一些特殊的项目，主要是水利工程、环境改良工程、某些稀缺资源的开发利用项目，采取较低的社会折现率，可能会有利于项目的优选和方案的优化。对于受益期长的建设项目，如果远期效益较大，效益实现的风险较小，社会折现率可适当降低，但不应低于6%。对于永久性工程或者受益期超长的项目，如水利设施等大型基础设施和具有长远环境保护效益的项目，宜采用低于8%的社会折现率。对于超长期项目，社会折现率可按时间分段递减的方法取值。

二、影子价格

（一）影子价格的特点

影子价格一般具有时间性、地区性和边际性的特点。

1. 时间性

由于价格的确定受相对价格变动和绝对价格变动因素的影响，也即市场供求关系、通货膨胀和通货紧缩的影响，不同时期的影子价格是有变化的。

2. 地区性

由于资源是有限的，各种资源的产地、产量均具有较强的地区性，使同一种资源在不同的地区具有显著的差异。例如，我国水资源的总体分布具有南多北少的特点，致使南北方的影子水价也差别较大。

3. 边际性

影子价格与资源的稀缺程度成正比，资源越稀缺，资源单位效益增量价值就越大，影子价格也就越高；反之，若资源越接近满足全社会需求时，资源单位效益增量价值就越小，当供大于求时影子价格则为零。这也就是为什么在干旱时期灌溉或供水影子价格较高的原因。

（二）影子价格的确定

在确定影子价格时，需要将项目的投入物和产出物按是否影响进出口分为外贸货物、非外贸货物和特殊货物。

1. 外贸货物的影子价格

外贸货物指货物的生产和使用将直接或间接影响到国家对这种货物的进出口。外贸货物的影子价格以货物进出口的口岸价格为基础进行计算，计算公式为

$$出口货物的影子价格(出厂价) = 离岸价格 \times 影子汇率 - 出口费用 \quad (6.1)$$

$$进口货物的影子价格(到厂价) = 到岸价格 \times 影子汇率 + 进口费用 \quad (6.2)$$

式中　　影子汇率——外汇的影子价格；

离岸价格——出口货物运抵我国出口口岸交付时的价格；

到岸价格——进口货物运抵我国进口口岸交付时的价格；

进口（出口）费用——货物在进出口过程中发生的货物的储运、再包装、装卸、保险、检验等物流及损失相关费用。

2. 非外贸货物的影子价格

非外贸货物指货物的生产和使用不影响国家对这种货物的进出口。非外贸货物影子价格的确定要考虑以下几种情况：

（1）对于具有市场价格的非外贸货物，其影子价格是以市场价格加上或减去国内运杂费来计算的，计算公式为

$$产出物影子价格（出厂价）＝市场价格－国内运杂费用 \qquad (6.3)$$

$$投入物影子价格（到厂价）＝市场价格＋国内运杂费用 \qquad (6.4)$$

若项目的投入或产出规模很大，应采用"有项目"和"无项目"两者市场价格的平均值作为计算影子价格的依据。

（2）对于产出物不具有市场价格的，应遵循消费者支付意愿或接受补偿意愿的原则，测算其影子价格。

3. 特殊投入物的影子价格

特殊投入物是指劳动力和土地。特殊投入物影子价格的确定方法详见本节具体介绍。

三、影子汇率

1. 影子汇率的概念

影子汇率是指能正确反映国家外汇经济价值的汇率，影子汇率是项目国民经济评价的重要参数，它体现了从国民经济角度对外汇价值的估量，在项目国民经济评价中使用影子汇率，是为了正确计算外汇的真实经济价值。

影子汇率在项目的国民经济评价中，除了用于外汇与本国货币之间的换算外，还是经济换汇和经济节汇成本的判据。

国家可以利用影子汇率作为经济杠杆来影响项目方案的选择和项目的取舍。比如某项目的投入物既可以使用国产设备也可以使用进口设备，当影子汇率较高时，就有利于前一种方案。

影子汇率的计算公式为

$$影子汇率＝外汇牌价×影子汇率换算系数 \qquad (6.5)$$

2. 影子汇率的发布

影子汇率由国家统一测定发布，并定期调整，其发布的形式有两种：一种是直接发布影子汇率；另一种则是将影子汇率与国家外汇牌价挂钩，发布影子汇率换算系数。

3. 影子汇率换算系数的取值

影子汇率是项目国民经济评价的重要参数，它的取值对于项目决策有着重要的影响。影子汇率取值较高，反映外汇的影子价格较高，表明项目使用外汇时的社会成本较高，而项目为国家创造外汇收入时的社会评价较高。

影子汇率换算系数是国家相关部门根据国家现阶段的外汇收支、外汇供求、进出口结构、进出口关税、进出口增值税及出口退税补贴等综合因素统一测算和发布的。

2006年，国家发展和改革委员会、建设部发行的《建设项目经济评价方法与参数》（第三版）中的影子汇率换算系数确定为1.08。

四、影子工资

1. 影子工资的概念

在大多数国家中，出于经济的、社会的和传统的原因，劳动者的货币工资常常偏离竞争性劳动市场所决定的工资水平，从而不能真实地反映单位劳动的边际产品价值，因而产生了劳动市场供求失衡问题。在这种情况下，对建设项目进行国民经济评价，就不能简单地把项目的货币工资支付直接视为该项目的劳动成本，而是要通过所谓的影子工资来对此劳动成本进行必要的调整。影子工资是指建设项目使用劳动力资源而使社会付出的代价。

建设项目国民经济评价中以影子工资计算劳动力费用。

在项目的财务评价中，职工工资作为成本的构成内容被看做财务费用。在项目的国民经济评价中，职工工资作为新创造的价值，而被看作经济效益，只是在考虑项目招收职工对国民经济其余部分带来的损失时，才使用影子工资这一费用概念。

2. 影子工资的构成

影子工资即劳动力的影子价格，是指由于建设项目使用劳动力而使国民经济所付出的真实代价。影子工资由劳动力机会成本和新增资源消耗两部分组成。

（1）劳动力机会成本。劳动力机会成本指劳动力在本项目被使用，而不能在其他项目中使用而被迫放弃的劳动收益。或者说，是指劳动力如果不就业于该项目而从事于其他生产经营活动所能创造的最大效益。劳动力的机会成本与劳动力的技术熟练程度和供求状况有关，技术越熟练，就会需求程度越高，其机会成本越高，反之越低。

（2）新增资源消耗。新增资源消耗指劳动力在本项目就业或由其他就业岗位转移来本项目而发生的社会资源消耗，如迁移费用、基础设施配套及管理费用、培训费用等，这些资源消耗并没有提高劳动力的生活水平，在分析中应根据劳动力就业的转移成本测算。

在实际评价工作中，影子工资常按照财务评价中的工资及福利费乘以影子工资换算系数来确定。

$$影子工资 = 工资及福利费 \times 影子工资换算系数 \quad (6.6)$$

3. 影子工资确定的原则

影子工资的确定，应符合下列规定：

（1）影子工资应根据项目所在的劳动力就业状况，劳动力就业或转移成本测定。

（2）技术劳动力的工资报酬一般可由市场供求决定，即影子工资一般可用财务实际支付工资计算。

（3）对于非技术劳动力，其影子工资根据我国非技术劳动力就业状况确定，具体可根据当地的非技术劳动力供求状况确定。

4. 影子工资换算系数的取值

2006年，国家发展和改革委员会、建设部联合发布的《建设项目经济评价方法与参数》（第三版），在对影子工资测算的分类方式上做了改动。采用了技术与非技术劳动力的分类方式，来分别测算劳动力影子价格的推荐取值。对于技术劳动力，采取影子工资等于财务工资，即影子换算系数为1。对于非技术劳动力，其影子工资换算系数为0.25。

五、土地影子价格

1. 土地影子价格的概念

土地影子价格是指建设项目使用土地资源而使社会付出的代价。土地是重要的经济资源，项目使用了土地，社会就为此付出了代价。国家对建设项目使用土地实行政府管制，土地使用价格受到土地管制的影响，不一定能反映土地的真实价值。在项目国民经济评价中要以土地影子价格计算土地费用。

2. 土地影子价格的组成

如果项目占用的属于非生产性用地，应按照市场交易价格（市场完善情况下）或按照消费者支付意愿（市场不完善或无市场交易价格下）来确定土地影子价格。

如果项目占用的是生产性用地，则土地的影子价格由生产用地的机会成本和因改变土地用途而产生的新增资源消耗来确定：

$$\text{土地影子价格} = \text{土地机会成本} + \text{新增资源消耗费用} \tag{6.7}$$

土地机会成本按拟建项目占用土地而使国民经济为此放弃的该土地"最佳替代选用"的净效益计算。新增资源消耗，即土地改变用途而发生的新增资源消耗，主要包括拆迁补偿费、劳动力安置补助费、养老保险费等。

在水利建设项目实际评价工作中，占用生产性用地的土地影子价格可以从建设占地和水库淹没土地补偿的投资估算中进行调整计算。其中，属于机会成本性质的费用，如土地补偿费、青苗补偿费等，按照机会成本计算方法调整计算，详见式（6.4）；属于新增资源消耗费用的拆迁费、安置费、地上附着物补偿费等，按影子价格调整计算；属于国民经济内部转移的支付则应该被剔除。

$$OC = NB_0(1+g)^{\tau+1} \frac{(1+i_s)^n - (1+j)^n}{(i_s - j)(1+i_s)^n} = NB_0(1+j)^{\tau+1}(P/G, i_s, j, n) \tag{6.8}$$

式中　OC——土地机会成本；

NB_0——基年土地最可行用途的单位面积年净效益；

j——土地最可行用途的年净效益平均增长率；

τ——基年距项目开工年的年数；

n——项目占用土地的年数，宜为项目计算期的年数；

i_s——社会折现率。

【例 6.1】 某建设项目建设期 3 年，生产运行期 7 年。项目占用水稻耕地 2000 亩，占用前 3 年平均亩产 0.5t，每吨收购价格为 2400 元，出口口岸价格为每吨 450 美元。若该地区的水稻以 3% 的年产量递增，社会折现率为 8%，水稻生产成本按收购价的一半计算，影子汇率换算系数为 1.08，外汇牌价为 6 元/美元，出口费用为 150 元/t。试计算该土地的费用。

【解】 本项目土地的机会成本为本项目占用土地而使国民经济放弃的该土地最可行用途的净效益现值。本项目的基年为建设期第 1 年，τ 为 0。

首先计算基年的土地最可行用途的单位面积净效益 NB_0：

（1）每吨水稻按口岸价格计算其影子价格：

水稻的影子价格 = 口岸价格 - 出口费用 = 450 × 6 × 1.08 - 150 = 2766（元）

每吨水稻的生产成本＝2400×50％＝1200（元）
每吨水稻的净效益＝2766－1200＝1566（元）

(2) 考虑资金的时间价值，项目计算期10年内每亩土地的机会成本为

$$OC = 1566 \times 0.5 \times (1+3\%) \times \frac{(1+8\%)^{10} - (1+3\%)^{10}}{(8\% - 3\%)(1+8\%)^{10}} = 6089.11 \text{（元）}$$

(3) 10年内2000亩土地的机会成本为

$$2000 \times 6089.11 = 1217.82 \text{（万元）}$$

第四节 国民经济评价指标及报表

国民经济评价和财务评价相似，也是通过评价指标的计算，编制相关报表来反映项目的国民经济效果。国民经济评价指标计算和财务评价指标的计算在形式上相同，为明确起见，在国民经济评价指标前冠以"经济"二字，如经济内部收益率、经济外汇净现值等。

项目的国民经济评价包括国民经济盈利能力分析和外汇效果分析，因此其评价指标相应的包括国民经济盈利能力分析指标和外汇效果分析指标两大类。

一、国民经济评价指标

项目国民经济盈利能力分析的主要指标有经济净现值、经济内部收益率、经济效益费用比等。

1. 经济净现值

经济净现值是指项目按照社会折现率将计算期内各年的经济净效益流量折现到建设初期的现值之和。经济净现值（ENPV）的表达式为

$$ENPV = \sum_{t=1}^{n}(B-C)_t(1+i_s)^{-t} \tag{6.9}$$

式中　B——年效益；
　　　C——年费用；
　　　t——计算期各年的序号，基准年为1；
　　　n——计算期的年数；
　　　i_s——社会折现率。

在项目国民经济评价中，如果经济净现值等于或大于0，则表明项目可以达到符合社会折现率的效益水平，认为该项目从经济资源配置的角度可以被接受，在经济上是合理的。

2. 经济内部收益率

经济内部收益率是指项目在计算期内经济净效益流量的现值累计等于0时的折现率。经济内部收益率（EIRR）的表达式为

$$\sum_{t=1}^{n}(B-C)_t(1+EIRR)^{-t} = 0 \tag{6.10}$$

如果经济内部收益率等于或者大于社会折现率，则表明项目资源配置的经济效率达到了可以被接受的水平。

3. 经济效益费用比

经济效益费用比是指项目在计算期内效益流量的现值费用流量的现值之比。经济效益费用比（R_{BC}）的表达式为

$$R_{BC} = \frac{\sum_{t=1}^{n} B_t (1+i_s)^{-t}}{\sum_{t=1}^{n} C_t (1+i_s)^{-t}} \tag{6.11}$$

如果经济效益费用的比大于1，则表明项目资源配置的经济效率达到可以被接受的水平。

4. 经济换汇成本和经济节汇成本

当项目有产品直接出口时，应计算经济换汇成本，以分析这种产品出口对于国民经济是否真正有益。

经济换汇成本是指用货物的影子价格、影子工资和社会折算率计算的为生产出口产品而投入的国内资源现值（以人民币表示）与生产出口产品的经济外汇净现值（通常以美元表示）的比值，即当项目生产直接出口产品时，换取一美元外汇（现值）所要投入多少价值的国内资源（现值）。当项目生产替代进口产品时，节约一美元外汇（现值）所要投入多少价值的国内资源（现值）称为经济节汇成本。

经济换汇成本或经济节汇成本是分析项目产品出口的国际竞争能力，判断项目产品是否应当出口的指标。经济换汇成本或经济节汇成本的表达式为

$$经济换汇成本或经济节汇成本 = \frac{\sum_{t=1}^{n} DR_t (1+i_s)^{-t}}{\sum_{t=1}^{n} (FI - FO)_t (1+i_s)^{-t}} \tag{6.12}$$

式中　DR_t——第 t 年为生产出口产品或替代进口产品所投入的国内资源（包括投资和经营成本），元；

　　　FI——外汇流入量或节约量，美元；

　　　FO——外汇流出量，美元。

当经济换汇成本或经济节汇成本小于或等于影子汇率时，表明项目生产出口品或替代进口品是有利的。反之，当经济换汇成本或经济节汇成本大于影子汇率时，则是不利的。

当项目产出只有部分为外贸品时，应将生产外贸品部分所耗费的国内资源价值从国内资源总生产耗费中分离出来。

二、国民经济评价报表

建设项目进行国民经济评价，需要编制国民经济评价报表，这是一项基础工作，经济评价报表包括基本报表和辅助报表。

1. 国民经济评价基本报表

主要有项目投资经济费用效益流量表和国内投资经济费用效益流量表。项目投资经济费用效益流量表（表6.1）是以全部投资作为计算的基础，通过计算全部投资经济净现值、经济内部收益率等指标，评价项目全部投资的经济效果。国内投资经济费用效益流量表（表6.2）是以国内投资作为计算的基础，费用流量中增加了国外借款利息和本金的偿

第四节 国民经济评价指标及报表

还等，计算国内投资的经济净现值、经济内部收益率等指标，评价国内投资的经济效果。

表6.1　　　　　　　　　　项目投资经济费用效益流量表

序号	项　目	建设期 1	建设期 2	建设期 ...	运行期 ...	运行期 n	合计
1	效益流量						
1.1	项目直接效益						
1.2	回收固定资产余值						
1.3	回收流动资金						
1.4	项目间接效益						
2	费用流量						
2.1	建设投资						
2.2	流动资金						
2.3	经营费用						
2.4	项目间接费用						
3	净效益流量（1－2）						

评价指标：项目投资经济内部收益率
　　　　　项目投资经济净现值（$i_s=$　）

表6.2　　　　　　　　　　国内投资经济费用效益流量表

序号	项　目	建设期 1	建设期 2	建设期 ...	运行期 ...	运行期 n	合计
1	效益流量						
1.1	项目直接效益						
1.2	回收固定资产余值						
1.3	回收流动资金						
1.4	项目间接效益						
2	费用流量						
2.1	建设投资中国内资金						
2.2	流动资金中国内资金						
2.3	经营费用						
2.4	流到国外的资金						
2.4.1	国外借款本金偿还						
2.4.2	国外借款利息支付						
2.4.3	外方利润						
2.4.4	其他						
2.5	项目间接费用						
3	国内投资净效益流量（1－2）						

评价指标：项目投资经济内部收益率
　　　　　项目投资经济净现值（$i_s=$　）

水利建设项目国民经济评价中规定，对兴建项目带来的社会、经济、环境方面的某些不利影响，要尽可能采取补救措施，并将补救措施费用计入总费用。确实无法采取补救时，可将造成的损失作为负效益从正效益中扣除。水利建设项目费用效益流量表见表 6.3。

表 6.3　　　　　　　　　　　水利建设项目费用效益流量表

序号	项目	建设期/年					合计
		建设期		运行期			
		1	2	...	...	n	
1	效益流量						
1.1	项目各项功能的效益						
1.1.1	×××						
1.1.2	×××						
1.1.3	×××						
1.2	回收固定资产余值						
1.3	回收流动资金						
1.4	项目间接效益						
1.5	项目负效益						
2	费用流量						
2.1	固定资产投资						
2.2	流动资金						
2.3	年运行费						
2.4	更新改造投资						
2.5	项目间接费用						
3	净效益流量						
4	累计净效益流量						

评价指标：经济内部收益率
　　　　　经济净现值（$i_s=$　　）
　　　　　经济效益费用比（$i_s=$　　）

2. 国民经济评价辅助报表

国民经济费用效益流量表可以直接编制，也可以在项目财务评价的基础上进行调整编制，还需要有一些辅助报表，主要有国民经济评价投资调整表、国民经济评价经营费用调整表、国民经济评价销售收入调整表等。涉及产品出口创汇或替代进口节汇的项目，还要编制经济外汇现金流量表和出口（替代进口）产品国内资源流量表。

习　题

1. 为什么要进行国民经济评价？

2. 国民经济评价的评价方法有哪些？
3. 什么是影子价格？计算国民经济费用和效益为什么要用影子价格进行调整？
4. 国民经济评价的步骤是什么？
5. 国民经济评价中的转移支付有哪些？如何对转移支付进行识别和处理？
6. 国民经济评价所需的报表有哪些？国民经济评价的主要指标有哪些？
7. 某产品共有两种原料，一种原料为非外贸货物，其国内市场价格每年为 200 万元，国内运杂费为价格的 10%，影子价格与国内市场价格的换算系数为 1.2；另一种原料为外贸货物，其到岸价格总额每年为 100 万美元，进口费用为 15 万元，若影子汇率换算系数为 1.08，外贸牌价为 6.35 元/美元，计算该产品国民经济评价的原料成本为多少？
8. 某水利建设项目建设期为 3 年，运行初期为 1 年，正常运行期为 30 年。项目共装 4 台机组，分两年安装完成。该项目用影子价格标示的投资、年运行费、效益如表 6.4 所列。已知各年数据均在年末发生，基准折现率为 8%，试计算该项目国民经济评价的经济净现值、经济效益费用比和经济内部收益率。

表 6.4　　　　　　　　某水利建设项目基础数据表　　　　　　　　单位：万元

建设期/年	固定资产投资	年运行费	流动资金	年费用	年效益
1	1000			1000	
2	2000			2000	
3	500			500	
4		30	6	36	150
5		60	6	66	300
6～33		60		60	300
34		60		60	312

第七章 建设项目财务评价

第一节 概 述

一、财务评价的概念

建设项目的财务评价又称企业经济评价,是在国家现行财税制度和价格体系的前提下,从项目的角度计算项目范围内的财务费用和收益,分析项目的财务生存能力、偿债能力和盈利能力,评价项目的财务可行性,为投资决策提供依据。

财务评价应在初步确定的建设方案、投资估算和融资方案的基础上进行,财务评价的结果又可反馈到方案的设计中,用于方案的比选,优化方案的设计。因此,财务评价与项目方案的选择是一个反复进行对比的过程。财务评价是经济评价的核心内容,又为国民经济评价提供了基础。

二、财务评价的内容

通过建设项目财务评价判断财务可行,需要进行的能力分析主要包括:盈利能力分析、偿债能力分析和财务生存能力分析。

1. 盈利能力分析

建设项目的盈利水平,是反映项目在财务上可行程度的基本标志。盈利能力考察的是项目是否具备在整个计算期内的投资盈利能力和投资回收能力,项目是否能够达到行业的平均水平。盈利能力的大小是企业进行投资活动的原动力,在进行盈利能力分析时,主要用到的分析指标包括项目投资财务内部收益率和财务净现值、项目资本金财务内部收益率、投资回收期、投资利润率、投资利税率和项目资本金净利润率等。

2. 偿债能力分析

偿债能力分析考察的是项目是否具备了按期偿还债务的能力,项目的财务状况和资金结构是否合理,它直接关系到企业面临的风险和企业的财务信用程度。对于需要筹措债务资金的项目,进行偿债能力分析用到的主要指标包括利息备付率、偿债备付率和资产负债率等。

3. 财务生存能力分析

在项目(企业)运营期间,确保从各项经济活动中得到足够的净现金流量是项目能够生存的条件。财务生产能力分析考察的是项目在整个计算期内是否有足够的净现金流量维持其正常运行,当不能维持其正常运行时,是否能够通过合理的调整以满足项目基本的财务生存条件。对于非经营性项目(如防洪、治涝工程等),通过财务生存能力分析可以衡量出维持项目持续运行所需要的资金帮扶力度。

根据《水利建设项目经济评价规范》(SL 72—2013),水利建设项目财务评价的内容应根据项目的功能特点和财务收支情况区别对待。对于年财务收入大于年总成本费用的水力发电、城镇供水项目等，应进行包含三方面能力的评价分析。对于无财务收入或年财务收入小于年运行费用的防洪、治涝等项目，应进行财务生存能力分析，提出维持项目正常运行所需的政策措施。对于年财务收入大于年运行费用但小于年总成本费用的灌溉项目，应重点进行财务生存能力分析，根据情况进行偿债能力分析。

三、财务评价的作用

财务评价对企业投资决策、银行提供贷款及有关部门审批项目具有十分重要的作用。

(1) 财务评价是项目评价决策的重要组成部分。对投资项目的评价应从多角度、多方面进行，无论是对投资项目的前评价、中评价和后评价，财务评价都是必不可少的重要内容。在对投资项目的前评价——决策分析与评价的各个阶段中，无论是机会研究、项目建议书、初步可行性研究，还是详细可行性研究，财务评价都是其中的重要组成部分。

(2) 财务评价是投资决策的重要依据。项目决策所涉及的范围中，财务评价虽然不是唯一的决策依据，但却是重要的决策依据。在市场经济条件下，绝大部分项目的有关各方根据财务评价结果做出相应的决策：

1) 项目发起人决策是否发起或进一步推进该项目。

2) 投资人决策是否投资于该项目。

3) 债权人决策是否贷款给该项目。

各级项目审批部门在做出是否批准该项目的决策时，财务评价结论也是重要的决策依据之一，具体说来，财务评价的盈利能力分析结论是投资决策的基本依据，其中项目资本金盈利能力分析结论同时也是融资决策的依据；偿债能力分析结论不仅是债权人决策贷款与否的依据，也是投资人确定融资方案的重要依据，因此，通过财务评价，可以科学地做出是否进行投资的决策。

(3) 财务评价在项目或方案比选中起着重要作用。项目决策分析与评价的精髓是方案比选，无论是在规模、技术、工程等方面都必须通过方案比选予以优化，使项目整体更趋于合理，此时项目财务数据和指标往往是重要的比选依据。在投资机会不止一个的情况下，如何从多个备选项目中择优，往往是项目发起人、投资者，甚至政府有关部门关心的事情，财务评价的结果在项目或方案比选中起着重要的作用。

(4) 财务评价可以有效地支持投资各方谈判，促进平等合作。投资主体多元化已成为项目融资的主流，投资者之间存在着多种形式的合作，主要有国内合资或合作、中外合资或合作等，在酝酿合资、合作的过程中，财务评价结果起着促使投资各方平等合作的重要作用。

四、财务评价的分类

建设项目财务评价按照是否考虑融资方案可以分为融资前分析和融资后分析。一般宜先进行融资前分析，在融资前分析满足要求的前提下，初步设定融资方案，再进行融资后分析。

1. 融资前分析

融资前分析是在不考虑债务融资条件下进行的财务分析，只进行基本方案的盈利能力分析，以项目投资现金流量分析为主。由于融资前分析不考虑借款的利息计算与偿还分析，可以大大提高投资决策的速度，便于考察项目净现金流的价值是否大于其投资成本。

2. 融资后分析

融资后分析是在融资前分析的基础上，通过拟定比选融资方案，考察融资方案能否满足要求，从而为投资者做出项目融资决策提供依据。融资后分析需要进行全面的能力分析，通过盈利能力分析、偿债能力分析、财务生产能力分析，分析项目资本金现金流量和投资各方现金流量。

五、财务评价的步骤

(1) 选取财务评价基础数据与参数。包括：主要投入品和产出品财务价格、税率、利率、汇率、计算期、固定资产折旧率、无形资产及其他资产摊销年限，生产负荷及基准收益率等基础数据与参数。

(2) 计算销售（营业）收入，估算成本费用。

(3) 编制财务评价基本报表。将投资、费用、效益等基础数据汇总，分别编制反映项目财务盈利能力、清偿能力和项目生存能力的基本报表。主要有现金流量表、利润和利润分配表、财务计划现金流量表、资产负债表以及借款还本付息计划表等财务分析基本报表。

(4) 计算财务评价指标并进行分析评价。根据编制的基本财务报表，直接计算一系列反映项目盈利能力、偿债能力和财务生存能力指标，分别与对应的评价标准进行对比，对财务状况做出评价。反映项目财务盈利能力的指标包括静态（总投资收益率、资本金净利润率和静态投资回收期等）和动态指标（财务内部收益率、财务净现值和动态投资回收期等）；反映项目偿债能力的指标包括借款偿还期、利息备付率和偿债备付率等。反映财务生存能力的指标主要是累计盈余资金指标。

(5) 进行不确定性与风险分析。通过盈亏平衡分析、敏感性分析、概率分析等不确定性分析方法，分析项目可能面临的风险，及在不确定条件下适应市场变化的能力和抗风险的能力，得出不确定情况下项目财务评价的结论。

(6) 最终结论，编写财务评价报告。由以上项目的确定性分析和不确定性分析的结果，对项目可行性做出判断，并从多种方案中选择最优方案。

六、建设项目国民经济评价与财务评价的关系

建设项目经济评价由财务评价和国民经济评价两部分组成，评价所得到的结论是项目决策的主要依据；财务评价是国民经济评价的基础，国民经济评价则是财务评价的深化，两者既有联系，又有区别。

1. 国民经济评价与财务评价的联系

(1) 评价目的相同。两者都以寻求经济效益最好的项目为目的，追求以最小的投入获得最大的产出。

(2) 评价基础相同。两者都是在完成项目的市场预测、方案构思、投资估算、资金筹措等可行性研究的基础上进行评价的。

(3) 评价计算期相同。两者都使用相同的计算寿命期。

(4) 评价方法相似。两者都采用现金流量法，通过基本报表来计算相关指标的。

(5) 评价指标相似。两者都采用净现值和内部收益率来评价项目的经济效果。

第一节 概　　述

2. 国民经济评价与财务评价的区别

（1）评价角度不同。财务评价是站在企业的立场上，从项目的微观角度，按照现行的财税制度去分析项目的盈利能力和贷款偿还能力，以判断项目是否有财务上的生存能力。国民经济评价是站在国家的立场上，从国民经济综合平衡的角度，分析项目对国民经济发展和国家资源配置等方面的影响，以考察投资行为的经济合理性。

（2）跟踪对象不同。财务评价跟踪的是与项目直接相关的货币流动，由项目之外流入到项目之内的货币为财务收益，由项目之内流出到项目之外的货币为财务费用。

国民经济评价跟踪的是围绕项目发生的资源流动，减少社会资源的项目投入为国民经济费用，增加社会资源的项目产出为国民经济收益。

（3）费用与效益的划分不同。财务评价根据项目的实际收支来计算项目的效益与费用，凡是项目的收入都计为效益，凡是项目的支出均计为费用。

国民经济评价根据项目实际消耗的有用社会资源以及项目向社会贡献的有用产品或服务来计算项目的效益和费用。

在财务评价中作为费用或效益的税金、国内借款利息和财政补贴等，在国民经济评价中被视为国民经济内部转移支付，不作为项目的费用或效益；在财务评价中环境污染和降低劳动强度等不计为费用或效益，在国民经济评价中则需计为费用或效益。

（4）采用的价格体系不同。财务评价要求评价结果反映投资项目实际发生的情况，采用的是以现行市场价格体系为基础的预算价格。

国民经济评价要考虑国内市场价格的失真情况，采用的是对现行市场价格进行调整所得到的影子价格。

（5）采用的评价参数不同。在进行项目的外币折算时，财务评价采用的是特定时期的官方汇率，而国民经济评价采用的是国家统一测定的相对稳定的影子汇率，在计算净现值等指标或用内部收益率进行评价时，财务评价采用行业财务基准收益率，而国民经济评价则采用国家统一测定的社会折现率。

（6）评价的内容不同。财务评价的主要内容是盈利能力分析和清偿能力分析，必要时还应进行外汇平衡分析。

国民经济评价的主要内容是盈利能力分析和外汇效果分析，不必进行清偿能力分析。

3. 国民经济评价结论与财务评价结论的关系

对费用与效益计算比较简单，建设期和运营期比较短，不涉及进出口平衡等一般项目，如果财务评价的结论能够满足投资决策需要，可不进行国民经济评价；对于关系公共利益、国家安全以及市场不能有效配量资源的经济和社会发展项目，除应进行财务评价外，还应进行国民经济评价；对于特别重大的建设项目，还应辅以区域经济与宏观经济影响分析方法进行国民经济评价。

依据国民经济评价结论和财务评价结论，对一项建设项目的取舍原则如下：

（1）两项评价的结论均认为可行的项目，应予以通过。

（2）两项评价的结论均认为不可行的项目，应予以否定。

（3）财务评价的结论认为可行，而国民经济评价的结论认为不可行的项目，应给予否定，或者重新考虑方案。

（4）对某些国计民生急需的项目，财务评价的结论认为不可行，而国民经济评价的结论认为可行的项目，应予以通过，但国家和主管部门应采取相应的优惠政策，如财政补贴、减免税等，使项目在财务上具有生命力。

第二节 建设项目财务评价的方法

一、财务评价基础数据与参数选取

1. 财务分析的价格体系

（1）财务分析涉及的价格体系。影响价格变动的因素很多，但归纳起来不外乎两类：一类是相对价格变动因素；另一类是绝对价格变动因素。

1）相对价格。是指商品间的价格比例关系。导致商品相对价格发生变化的因素很复杂，例如，供应量的变化、价格政策的变化、劳动生产率的变化等，都可能引起商品价格的改变；消费水平变化、消费习惯改变、可替代产品的出现等引起供求关系发生变化，从而使均衡价格发生变化，也可以引起商品间比价的改变等。

2）绝对价格。是指用货币单位表示的商品价格水平。绝对价格变动一般体现为物价总水平的变化，即因货币贬值引起的所有商品价格的普遍上涨，或因货币升值引起的所有商品价格的低落。

在投资项目财务分析中，要对项目整个计算期内的价格进行预测，这必然会涉及如何处理价格变动的问题，包括通货膨胀因素问题。在整个计算期的若干年内，是采用同一个固定价格，还是各年都变动以及如何变动，这就是投资项目的财务分析采用什么价格体系的问题。

财务分析涉及的价格体系有三种，即固定价格体系、实价体系和时价体系。相应的，涉及三种价格，即基价、时价和实价。

1）基价。是指以基年价格水平表示的，不考虑其后价格变动的价格，也称固定价格。如果采用基价，项目计算期内各年的价格都是相同的，就形成了财务分析的固定价格体系。一般选择评价工作进行的年份为基年，也有选择预计开始建设年份的。

如某项财务分析在 2007 年进行，则一般选择 2007 年为其基年，若某货物 A 在 2007 年的价格为 100 元，那么其基价为 100 元，是以 2007 年价格水平表示的。

基价是确定项目涉及的各种货物预测价格的基础，也是估算建设投资的基础。

2）时价。是指某一时期当时的市场价格，它包含了相对价格变动和绝对价格变动的影响，以当时的价格水平表示。以基价为基础，按照预计的各种货物的不同价格上涨率（可称为时价上涨率），分别求出它们在计算期内任何一年的时价。

假定货物 A 的时价上涨率为 2%，在 2006 年基价 100 元的基础上，2007 年的时价应为 $100 \times (1+2\%) = 102$ （元）。若 2008 年货物 A 的时价上涨率为 3%，则 2008 年货物 A 的时价为 $100 \times (1+2\%) \times (1+3\%) = 105.06$ （元）。

3）实价。是以基年价格水平表示的，只反映相对价格变动因素影响的价格。可以由时价中扣除通货膨胀因素影响来求得实价。若通货膨胀率（确切地说，只有当物价总水平超过某个幅度时，才称为通货膨胀，故称物价总水平上涨率更合适）为 3.5714%。则

2007年货物A的实价为102/(1+3.5714%)＝98.5（元）这可以说明，虽然看起来2007年货物A的价格比2006年上涨了2%，但扣除通货膨胀影响后，货物A的实际价格反而比2006年降低了。

(2) 财务分析的取价原则。

1) 财务分析应采用预测价格。财务分析是基于对拟建项目未来数年或更长年份的效益与费用的估算，而无论投入还是产出的未来价格都会发生各种各样的变化，为了合理反映项目的效益和财务状况，财务分析应采用预测价格。

预测价格应是在选定的基年价格基础上，一般选择评价当年为基年。预测价格要考虑相对价格变动和绝对价格变动的影响。在建设期计算投入物的费用时，由于在投资估算中已经考虑了涨价预备费，因此可以采用一个固定价格计算建设期投入物的投资费用。在生产运行期，可以根据具体情况选择固定或变动价格进行财务分析。

2) 盈利能力分析应采用实价体系。采用实价计算净现值和内部收益率，进行现金流量分析是国际上通行的做法。这样做，便于投资者考察投资的实际盈利能力。因为实价排除了通货膨胀因素的影响，能够相对真实地反映投资的盈利能力，为投资决策提供较为可靠的依据。

如果采用含通货膨胀因素的时价进行盈利能力分析，特别是当对投入和产出采用同一时价上涨率时，就有可能使未来收益大大增加，夸大了项目的盈利能力。

3) 偿债能力分析原则上采用时价体系。用时价进行财务预测，编制利润与利润分配表、财务计划现金流量表及资产负债表，有利于描述项目计算期内各年当时的财务状况，相对合理地进行偿债能力分析，这是国际上通行的做法。

为了满足实际投资的需要，在投资估算中必须包含通货膨胀因素引起投资增长的部分，一般通过计算涨价预备费来体现。同样，在融资计划中也应包括这部分费用，在投入运营后的还款计划中自然包括该部分费用的偿还。

因此，只有采取既包含相对价格变化，又包含通货膨胀影响在内的时价表示投资费用和融资数额，并在其基础上进行计算，才能真实反映项目的偿债能力。

(3) 对财务分析采用价格体系的简化。在实践中，并不要求对所有项目，或在所有情况下，都必须全部采用上述价格体系进行财务分析，多数情况下允许根据具体情况适当简化，可以考虑采用以下几种简化方法：

1) 在建设期间，既考虑通货膨胀因素，又考虑相对价格变化，包括对投资费用的估算和对经营期投入产出价格的预测。

2) 在项目经营期内，盈利能力分析和偿债能力分析可以采用同一套价格，即预测的经营期的价格。

3) 在项目经营期内，可根据项目产出的具体情况，选用固定价格（项目经营期内各年价格不变）或考虑相对价格变化的变动价格（项目经营期内各年价格不同，或某些年份价格不同）。

4) 当有明确要求或通货膨胀严重时，项目偿债能力分析要采用时价体系。

2. 税费

财务评价中合理计算各种税费，是正确计算项目效益与费用的重要基础。财务评价涉及的税费主要有增值税、资源税、所得税、城市维护建设税和教育费附加等。进行评价时需说明税种、税基、税率、计税额等。如有减免税费优惠，应说明政策依据以及减免方式和减免金额。

3. 利率

借款利率是项目财务评价的重要基础数据，用以计算借款利息。采用固定利率的借款项目，财务评价直接采用约定的利率计算利息。采用浮动利率的借款项目，财务评价时应对借款期内的平均利率进行预测，采用预测的平均利率计算利息。

4. 汇率

财务评价汇率的取值，一般采用国家外汇管理部门公布的当期外汇牌价的卖出、买入的中间价。

5. 项目计算期选取

财务评价计算期包括建设期和生产运营期。生产运营期，应根据产品寿命期、主要设施和设备的使用寿命期、主要技术的寿命期等因素确定，财务评价的计算期一般不超过20年。

有些项目的运营寿命很长，如水利枢纽，其主体工程是永久性工程，其计算期应根据评价要求确定。对设定计算期短于运营寿命期较多的项目，计算内部收益率、净现值等指标时，为避免计算误差，可采用年金折现、未来值折现等方法，将计算期结束以后年份的现金流入和现金流出折现至计算期末。

6. 生产负荷

生产负荷是指项目生产运营期内生产能力发挥程度，也称生产能力利用率，以百分比表示。生产负荷是计算销售收入和经营成本的依据之一，一般应按项目投产期和投产后正常生产年份分别设定生产负荷。

7. 财务基准收益率设定

财务基准收益率是项目财务内部收益率指标的基准和判据，也是项目在财务上是否可行的最低要求，也用做计算财务净现值的折现率。

如果有行业发布的本行业基准收益率，即以其作为项目的基准收益率；如果没有行业规定，则由项目评价人员设定。设定方法：①参考本行业一定时期的平均收益水平并考虑项目的风险因素确定；②按项目占用的资金成本加一定的风险系数确定。

设定财务基准收益率时，应与财务评价采用的价格相一致，如果财务评价采用变动价格，设定基准收益率则应考虑通货膨胀因素。资本金净利润率，可采用投资者的最低期望收益率作为判据。

二、建设项目财务评价方法

建设项目财务评价的主要内容，是在编制财务报表的基础上，进行盈利能力分析、偿债能力分析和财务生存能力分析，建设项目财务评价通过编制财务报表，计算财务评价指标来进行。

（一）编制财务评价报表

财务报表主要有财务现金流量表、利润及利润分配表、财务计划现金流量表、资产负债表和借款还本付息计划表等。

第二节 建设项目财务评价的方法

1. 财务现金流量表

(1) 现金流量表的概念与作用。现金流量表是指反映项目在计算期内各年的现金流入、现金流出和净现金流量的计算表格。项目现金流量分析分为三个层次：第一层次为项目投资现金流量分析；第二层次为项目资本金现金流量分析；第三层次为投资各方的现金流量分析。因此，现金流量表也可分为项目投资现金流量表、项目资本金现金流量表和投资各方现金流量表。

编制现金流量表的主要作用是计算不同层次的财务内部收益率、财务净现值和投资回收期等分析指标。

此外，现金流量表只反映项目在计算期内各年实际发生的现金收支，不反映非现金收支（如折旧费、摊销费、应收及应付款等）。

(2) 现金流量表的结构。现金流量表的设计原理是现金流入减去现金流出等于净现金流量这一等式，因此，现金流量表的基本结构是现金流入、现金流出和净现金流量三个部分。为了分析的需要增设了如调整所得税等栏目。具体的格式因分析的层次不同而不同。

1) 项目投资现金流量表。项目投资现金流量表是指反映项目融资前，以项目全部投资为计算基础，分析投资项目现金流入和现金流出情况，用以计算投资项目所得税前税后的财务内部收益率、财务净现值及投资回收期等财务分析指标的表格。

由于项目各个融资方案不同，所采用的利率也是不同的，所以编制项目投资现金流量表时，不考虑融资即利息因素对项目的影响。

此外，由于项目的建设性质和建设内容不同，项目的所得税率和享受的国家优惠政策也是不相同的，因此，在编制项目投资现金流量表时，一般要计算所得税前税后的财务内部收益率、财务净现值和投资回收期等指标。

计算息税前的财务内部收益率、财务净现值和静态投资回收期的目的是考察项目方案设计本身的财务盈利能力，反映项目的可行性，因其不受融资方案和所得税的影响，可以供决策者对项目的可行性做出基本判断。由于不考虑资金来源和所得税的高低，从而也为各个投资方案的比较建立了共同基础。

项目投资现金流量表由现金流入、现金流出、所得税前净现金流量、累计所得税前净现金流量、调整所得税、所得税后净现金流量和累计所得税后净现金流量七大部分组成，见表 7.1。

表 7.1　　　　　　　　　　项目投资现金流量表　　　　　　　　　　单位：万元

序号	项 目	合计	计算期 1	2	3	4	...	n
1	现金流入							
1.1	营业收入							
1.2	补贴收入							
1.3	回收固定资产余值							
1.4	回收流动资金							
2	现金流出							

续表

序号	项目	合计	计算期 1	2	3	4	…	n
2.1	建设投资							
2.2	流动资金							
2.3	经营成本					—		
2.4	营业税金及附加							
2.5	维持运营投资							
3	所得税前净现金流量（1—2）							
4	累计所得税前净现金流量							
5	调整所得税							
6	所得税后净现金流量（3—5）							
7	累计所得税后净现金流量							

计算指标：
项目投资财务内部收益率/%（所得税前）
项目投资财务内部收益率/%（所得税后）
项目投资财务净现值（所得税前）（$i_c=$ %）
项目投资财务净现值（所得税后）（$i_c=$ %）
项目投资回收期（年）（所得税前）
项目投资回收期（年）（所得税后）

项目投资现金流量表的现金流入包括营业（产品销售）收入、补贴收入、回收固定资产余值、回收流动资金；现金流出包括建设投资（不含建设期利息）、流动资金、经营成本、营业税金及附加、维持运营投资等。

维持运营投资是指运营期发生的设备或设施的更新费用以及矿山、石油开采项目的拓展费用，也作为资金流出。调整所得税是以息税前利润为基数乘以所得税率计算的，净现金流量视扣减所得税与否，分税前净现金流量和税后净现金流量。

2）项目资本金现金流量表。为了全面考察项目的盈利能力，除了对融资前的项目现金流量进行分析外，还需要进行项目资本金现金流量分析，其实质是进行项目融资后的财务分析。项目资本金现金流量表的净现金流量是项目在缴税和还本付息后所剩余的收益（含投资应分得的利润），也即项目的净利润，又是投资者的权益性收益。

通过项目资本金现金流量表，可以计算资本金的财务内部收益率，通过资本金财务内部收益率能够从投资者整体角度考察项目的盈利能力。

项目资本金现金流量表与项目投资现金流量表的现金流入内容相同，现金流出包括项目资本金、借款本金偿还、借款利息支付、经营成本、营业税金及附加、所得税和维持运营投资。项目资本金现金流量表见表7.2。

3）投资各方现金流量表。对于某些项目，为了考察投资各方的具体收益情况，还需要编制从投资各方角度出发的现金流量表，即投资各方现金流量表。

表 7.2　　　　　　　　　　　　项目资本金现金流量表　　　　　　　　　　单位：万元

序号	项 目	合计	计算期 1	2	3	4	…	n
1	现金流入							
1.1	营业收入							
1.2	补贴收入							
1.3	回收固定资产余值							
1.4	回收流动资金							
2	现金流出							
2.1	项目资本金							
2.2	借款本金偿还							
2.3	借款利息支付							
2.4	经营成本							
2.5	营业税金及附加							
2.6	所得税							
2.7	维持运营投资							
3	净现金流量（1－2）							

计算指标：
资本金财务内部收益率/%

通过投资各方现金流量表可以计算投资各方财务内部收益率，考察投资各方的盈利情况：投资各方的财务内部收益率，实际上是相对次要的财务效益评价指标。因为在按普通股本比例分配利润和分担亏损与风险的原则下，投资各方的利益一般是均等的，只有在投资者中的各方有股权之外的不对等的利益分配时，其收益率才会有差异。

此外，不按比例出资和分配的合作经营项目，投资各方的收益率也可能会有差异。计算投资各方的内部收益率，可以看出投资各方收益的不均衡性是否在合理水平上，有助于促成投资各方达成平等互利的投资方案，从而确定是否值得投资。

投资各方现金流量表（表 7.3）的现金流入包括实分利润、资产处置收益分配、租赁费收入、技术转让或使用收入和其他现金流入，现金流出包括实际出资额、租赁资产支出和其他现金流出。

表 7.3　　　　　　　　　　　　投资各方现金流量表　　　　　　　　　　　单位：万元

序号	项 目	合计	计算期 1	2	3	4	…	n
1	现金流入							
1.1	实分利润							
1.2	资产处置收益分配							
1.3	租赁费收入							
1.4	技术转让或使用收入							

续表

序号	项　目	合计	计算期					
			1	2	3	4	…	n
1.5	其他现金流入							
2	现金流出							
2.1	实际出资额							
2.2	租赁资产支出							
2.3	其他现金流出							
3	净现金流量（1－2）							

计算指标：
投资各方财务内部收益率/%

投资各方现金流量表可按不同投资方分别编制。投资各方现金流量表中现金流入是指出资方因该项目的实施将实际获得的各种收入；现金流出是指出资方因该项目的实施将实际投入的各种支出。资产处置收益分配是指对有明确的合营期限或合资期限的项目，在期满时对资产余值按股比或约定比例的分配。租赁费用收入是指出资方将自己的资产租赁给项目使用所获得的收入，此时应将资产价值作为现金流出，列为租赁资产支出科目。技术转让或使用收入是指出资方将专利或专有技术转让或允许该项目使用所获得的收入。

2. 利润及利润分配表

（1）利润及利润分配表的概念与作用。利润及利润分配表是反映项目计算期内各年的利润总额、所得税及税后利润的分配情况，用以计算投资盈利情况的表格。

（2）利润及利润分配表的结构。

1）利润总额。利润总额是项目在一定时期内实现盈亏总额，即营业（产品销售）收入扣除企业税金及附加和总成本费用之后的数额。用公式表示为

$$利润总额＝营业（产品销售）收入＋补贴收入－销售税金及附加－总成本费用 \quad (7.1)$$

2）项目亏损及亏损弥补的处理。项目在上一个年度发生亏损，可用当年获得的所得税前利润弥补；当年所得税前利润不足弥补的，可以在5年内用所得税前利润延续弥补；延续5年未弥补的亏损，用缴纳所得税后的利润弥补。

3）所得税的计算。利润总额按照现行财务制度规定进行调整（如弥补上年的亏损）后，作为计算项目应缴纳所得税税额的计税基数。用公式表示为

$$应纳税所得额＝利润总额－弥补以前年度亏损 \quad (7.2)$$

4）可供分配的利润。所得税后利润即净利润，与期初未分配利润之和，构成可供分配的利润。计算如下：

$$可供分配利润＝净利润＋期初未分配利润 \quad (7.3)$$

5）提取法定盈余公积金。法定盈余公积金按当年税后净利润的10%提取，其累计额达到项目法人注册资本的50%以上可不再提取；法定盈余公积金可用于弥补亏损或按照国家规定转增资本金等。

6）可供投资者分配的利润。提取法定盈余公积金后的净利润，向投资者分配。这部

分可分配利润称为可供投资者分配的利润。

7) 未分配利润。可供投资者分配的利润按照第二章第五节利润分配的原则进行分配后，剩余部分为未分配利润。未分配利润可以用于偿还长期借款，借款偿还完毕后，可以计入来年作为可供分配的利润进行分配。

表 7.4　　　　　　　　　　　利润及利润分配表　　　　　　　　　单位：万元

序号	项　目	合计	计算期					
			1	2	3	4	…	n
1	营业收入							
2	营业税金及附加							
3	总成本费用							
4	补贴收入							
5	利润总额（1－2－3＋4）							
6	弥补以前年度亏损							
7	应纳税所得额（5－6）							
8	所得税							
9	净利润（5－8）							
10	期初未分配利润							
11	可供分配利润（9＋10）							
12	提取法定盈余公积金							
13	可供投资者分配的利润（11－12）							
14	应付优先股股利							
15	提取任意盈余公积金							
16	应付普通股股利（13－14－15）							
17	各投资方利润分配							
	其中：××方							
	××方							
18	未分配利润（13－14－15－17）							
19	息税前利润（利润总额＋利息支出）							
20	息税折旧摊销前利润（息税前利润＋折旧＋摊销）							

3. 财务计划现金流量表

(1) 财务计划现金流量表的概念。财务计划现金流量表是反映项目计算期内各年的投资、融资及经营活动的现金流入和流出，用于计算累计盈余资金，考察资金平衡和余缺情况，分析项目财务生存能力的报表。

(2) 财务计划现金流量表的结构。财务计划现金流量表主要按照不同类别的现金流量来分类、分项列示，其报表结构（主体部分）也是与现金流量的分类相联系的。

企业的财务现金流量分为三类：经营活动产生的现金流量、投资活动产生的现金流量和筹资活动产生的现金流量，财务计划净现金流量为三者净流量之和。

1）经营活动产生的现金流量。经营活动是指企业投资活动和筹资活动以外的所有交易和事项。主要包括：销售商品、提供劳务、经营租赁、购买商品、接受劳务、广告宣传、推销商品、缴纳税款等。

各类企业由于行业特点不同，对经营活动的认定存在一定差异，在编制财务计划现金流量表时，应根据企业的实际情况，对现金流量进行合理的归类。

经营活动现金流入主要包括：营业收入，即销售商品、提供劳务收到的现金；增值税销项税额；补贴收入；其他流入，收到的其他与经营活动有关的现金。

经营活动现金流出主要包括：经营成本，即购买商品、接受劳务支付的现金，支付给职工以及为职工支付的现金；支付的各项税费，包括增值税进项税额、销售税金及附加、增值税、所得税；流出的其他与经营活动有关的现金。

2）投资活动产生的现金流量。投资活动是指企业长期资产的购建和不包括在现金等价物范围内的投资及其处置活动。

其中的长期资产是指固定资产、在建工程、无形资产、其他资产等持有期限在一年或一个营业周期以上的资产。由于已经包括在现金等价物范围内的投资视同现金，所以将之排除在外。

投资活动主要包括：取得和收回投资、购建和处置固定资产、无形资产和其他长期资产等。

投资活动流入的现金主要包括：收回投资所收到的现金；取得投资收益所收到的现金；处置固定资产、无形资产和其他长期资产所收回的现金净额；收到的其他与投资活动有关的现金。

投资活动流出的现金主要包括：购建固定资产、无形资产和其他长期资产所支付的现金；投资所支付的现金；支付的其他与投资活动有关的现金。

3）筹资活动产生的现金流量。筹资活动是指导致企业资本及债务规模和构成发生变化的活动。其中的资本，包括实收资本（股本）、资本溢价（股本溢价）。与资本有关的现金流入和流出项目，包括吸收投资、发行股票、分配利润等。

其中的债务是指企业对外举债所借入的款项，如发行债券、向金融企业借入款项以及偿还债务等。

筹资活动流入的现金主要包括：项目资本金投入所收到的现金；建设投资借款所收到的现金；流动资金借款收到的现金；收到的其他与筹资活动有关的现金，是发行债券、短期借款等。

筹资活动流出的现金主要包括：偿还债务所支付的现金，主要是利息和本金；分配股利、利润或偿付利息所支付的现金；支付的其他与筹资活动有关的现金。

财务计划现金流量表（表 7.5）的编制基础是财务分析辅助报表和利润与利润分配表。

第二节 建设项目财务评价的方法

表 7.5　　　　　　　　　　　　财务计划现金流量表　　　　　　　　　　单位：万元

序号	项　目	合计	计算期 1	2	3	4	…	n
1	经营活动净现金流量（1.1－1.2）							
1.1	现金流入							
1.1.1	营业收入							
1.1.2	增值税销项税额							
1.1.3	补贴收入							
1.1.4	其他流入							
1.2	现金流出							
1.2.1	经营成本							
1.2.2	增值税进项税额							
1.2.3	销售税金及附加							
1.2.4	增值税							
1.2.5	所得税							
1.2.6	其他流出							
2	投资活动净现金流量（2.1－2.2）							
2.1	现金流入							
2.2	现金流出							
2.2.1	固定资产投资							
2.2.2	更新改造投资							
2.2.3	流动资金							
2.2.4	其他流出							
3	筹资活动净现金流量（3.1－3.2）							
3.1	现金流入							
3.1.1	项目资本金投入							
3.1.2	项目投资借款							
3.1.3	流动资金借款							
3.1.4	债券							
3.1.5	短期借款							
3.1.6	其他流入							
3.2	现金流出							
3.2.1	各种利息支出							
3.2.2	偿还债务本金							
3.2.3	应付利润（股利分配）							
3.2.4	其他流出							
4	净现金流量（1+2+3）							
5	累计盈余资金							

133

4. 资产负债表

(1) 资产负债表的概念。资产负债表是反映计算期内各年末资产、负债和所有者权益的增减变化及对应关系，以考察项目资产、负债和所有者权益的结构是否合理，用以计算资产负债率，进行偿债能力分析的报表。

(2) 资产负债表的结构。根据会计制度，资产和负债均从易流动向固定排列，并将资产排列在前、负债和所有者权益排列在后。资产主要包括：流动资产（货币资金、应收账款、预付账款、存货、其他）、在建工程、固定资产净值、无形及其他资产净值；负债主要有：流动负债（短期借款、应付账款、预收账款、其他）、项目投资借款、流动资金借款。所有者权益主要是资本金、盈余公积金、未分配利润。

5. 借款还本付息计划表

(1) 借款还本付息计划表的概念与作用。借款还本付息计划表是反映项目借款偿还期内借款本金偿还和利息支付情况，用于计算偿债备付率和利息备付率指标，进行偿债能力分析的表格。

按现行财务制度规定，归还建设投资借款的资金来源主要是当年可用于还本的折旧费和摊销费、当年可用于还本的未分配利润、以前年度结余可用于还本资金和可用于还本的其他资金等。

由于流动资金借款本金在项目计算期末一次性回收，因此不必考虑流动资金的偿还问题。

(2) 借款还本付息计划表的结构。借款还本付息计划表的结构包括两大部分（表7.7），即借款和债券。每一部分又分期初余额、当期还本付息和期末余额三项内容：

1) 借款。在项目的建设期，年初借款本息累计等于上年借款本金和建设期利息之和，在项目的生产期，年初借款本息累计等于上年尚未还清的借款本金，本年借款和建设期本年应计利息应根据"建设期利息估算表""项目总投资使用计划与资金筹措表"填列；生产期本年应计利息为当年的年初借款本息累计与借款年利率的乘积；本年还本可以根据当年偿还借款本金的资金来源填列；年末本息余额为年初本息余额与本年还本付息数额的差。

2) 债券。债券是指通过发行债券来筹措建设资金，因此债券的性质应当等同借款。两者的区别是，通过债券筹集建设资金的项目，项目是向债权人支付利息和偿还本金，而不是向贷款的金融机构支付利息和偿还本金。

表 7.6 资产负债表 单位：万元

序号	项目	合计	计算期					
			1	2	3	4	...	n
1	资产							
1.1	流动资产总额							
1.1.1	货币资金							
1.1.2	应收账款							
1.1.3	预付账款							
1.1.4	存货							

第二节 建设项目财务评价的方法

续表

序号	项 目	合计	计算期 1	2	3	4	...	n
1.1.5	其他							
1.2	在建工程							
1.3	固定资产净值							
1.4	无形及其他资产净值							
2	负债及所有者权益（2.4+2.5）							
2.1	流动负债总额							
2.1.1	短期借款							
2.1.2	应付账款							
2.1.3	预收账款							
2.1.4	其他							
2.2	项目投资借款							
2.3	流动资金借款							
2.4	负债小计（2.1+2.2+2.3）							
2.5	所有者权益							
2.5.1	资本金							
2.5.2	资本公积金							
2.5.3	累计盈余公积金							
2.5.4	累计未分配利润							

计算指标：
资产负债率/%

表7.7　　　　　　　　借款还本付息计划表　　　　　　　单位：万元

序号	项 目	合计	计算期 1	2	3	4	...	n
1	借款1							
1.1	期初借款余额							
1.2	当期还本付息							
	其中：还本							
	付息							
1.3	期末借款余额							
2	借款2							
2.1	期初借款余额							
2.2	当期还本付息							
	其中：还本							
	付息							

续表

序号	项 目	合计	计算期 1	2	3	4	...	n
2.3	期末借款余额							
3	债券							
3.1	期初债务余额							
3.2	当期还本付息							
	其中：还本							
	付息							
3.3	期末债务余额							
4	借款和债券合计							
4.1	期初余额							
4.2	当期还本付息							
	其中：还本							
	付息							
4.3	期末余额							
计算指标	利息备付率/%							
	偿债备付率/%							

6. 项目投资计划及资金筹措表

通过项目投资计划及资金筹措表对建设期各年投资进行规划，针对各年投资额制定相应的资金筹措方案，以确保项目能按计划进行。

表 7.8　　　　　　　　　　项目投资计划及资金筹措表

序号	项 目	建设期/年 1	2	3	...	n	合计
1	总投资						
1.1	固定资产投资						
1.2	建设期利息						
2	流动资金						
3	资金筹措						
3.1	资本金						
3.1.1	用于固定资产投资						
3.1.2	用于流动资金						
3.2	债务资金						
3.2.1	用于固定资产投资						
3.2.2	用于建设期利息						
3.2.3	用于流动资金						
3.3	其他资金						

7. 总成本费用估算表

总成本费用估算表可以帮助弄清楚在项目生产运行期，进行生产和销售产品（或提供服务）而产生的全部费用。总成本费用表中的总成本费用为衡量项目利润水平提供了重要依据；可变和固定成本为进行项目盈亏平衡分析提供了帮助。

在项目进行财务评价过程中，总成本费用表、利润与利润分配表和借款还本付息计划表是形成计算回路的三张表，常被称作"三联表"。总成本费用表中"利息支出"的计算与借款还本付息计划表中借款利息的计算与偿还有关，而借款还本付息计划表中用于偿还借款本金的资金来源又包括了利润与利润分配表中的"未分配利润"，而未分配利润的确定又与总成本费用表的"总成本费用"有关。因此，在进行财务评价报表编制时，需要在三张表之间互为数据引用，直到长期借款还清为止。

表 7.9　　　　　　　　　　　　　总 成 本 费 用 估 算 表

序号	项目	建设期 1	建设期 2	建设期/年 ...	运行期 ...	运行期 n	合计
1	年运行费						
1.1	材料费						
1.2	燃料及动力费						
1.3	修理费						
1.4	职工薪酬						
1.5	管理费						
1.6	库区基金						
1.7	水资源费						
1.8	其他费用						
1.9	固定资产保险费						
2	折旧费						
3	摊销费						
4	财务费用						
4.1	长期借款利息						
4.2	短期借款利息						
4.3	流动资金借款利息						
4.4	其他财务费用						
5	总成本费用						
5.1	固定成本						
5.2	可变成本						

（二）财务评价指标计算与分析

1. 盈利能力分析指标

（1）项目投资财务净现值（$FNPV$）。项目投资财务净现值是指按设定的折现率 i_c 计

算的项目计算期内各年净现金流量的现值之和。计算公式为

$$FNPV = \sum_{t=1}^{n} (CI-CO)_t (1+i_c)^{-t} \quad (7.4)$$

式中　　CI——现金流入；

　　　　CO——现金流出；

$(CI-CO)_t$——第 t 年的净现金流量；

　　　　n——计算期年数；

　　　　i_c——设定的折现率。

项目投资财务净现值是考察项目盈利能力的绝对指标，它反映项目在满足按设定折现率要求的盈利之外所能获得的超额盈利现值，所以，从财务净现值指标判断项目可行与不可行的标准是：$FNPV \geqslant 0$。表明项目的盈利能力达到或超过了设定折现率所要求的盈利水平，项目在财务上是可行的。

(2) 项目投资财务内部收益率。项目投资财务内部收益率（$FIRR$）是指能使项目在整个计算期内各年净现金流量现值累计等于零时的折现率。它是考察项目盈利能力的相对指标。其表达式如下：

$$\sum_{t=1}^{N} (CI-CO)_t (1+FIRR)^{-t} = 0 \quad (7.5)$$

式中　$FIRR$——项目内部收益率；

其他同上式。

采用项目投资财务内部收益率指标判断项目可行与否的标准通常是：$FIRR \geqslant i_c$，一般情况下，项目投资财务内部收益率大于等于基准折现率或设定折现率，项目则是可行的。

(3) 项目投资回收期（P_t）。项目投资回收期是指以项目的净收益回收项目投资所需要的时间，一般以年为单位，并从项目建设开始年算起，若从项目投产开始年算起的，应予以特别注明。

投资回收期有动态和静态两个，静态回收期的计算方法与动态相同，只是每年的净现金流量不需要贴现。其表达式为

$$\sum_{t=1}^{P_t} (CI-CO)_t (1+i_c)^{-t} = 0 \quad 动态 \quad (7.6)$$

$$\sum_{t=1}^{P_t} (CI-CO)_t = 0 \quad 静态 \quad (7.7)$$

从上式可以看到，将项目各年财务净现金流量的现值累计，累计到 P_t 年时，现金流入的现值之和等于现金流出的现值之和，此时的年份即为动态投资回收期。

投资回收期越短，表明项目的盈利能力和抗风险能力越好。投资回收期的判别标准是小于等于基准投资回收期，其取值可根据行业水平或者投资者的要求设定，越短越好。

(4) 资本金财务内部收益率。为了全面考察盈利能力，除进行投资项目现金流量分析，考核项目融资前的盈利能力之外，还要考核项目融资后的盈利能力，即进行项目资本金现金流量分析，分析资本金的盈利能力，为融资决策提供依据。

在市场经济条件下，项目资本金盈利能力指标是投资者最终决策的最重要的指标，是

比较和取舍融资方案的重要依据。

（5）投资各方财务内部收益率。对于某些项目，为了考察投资各方的具体收益，根据从投资各方角度出发编制的现金流量表，计算投资各方的内部收益率指标，该指标为融资后税后盈利能力分析指标。

依据投资各方现金流量表计算的投资各方财务内部收益率指标，其表达式和计算方法同项目投资财务内部收益率，只是所依据的表格和净现金流量内涵不同。

以上指标多为动态指标，还可以根据项目具体情况进行静态分析，选择计算一些静态指标。

（6）总投资收益率（ROI）。总投资收益率是指建设项目达到设计生产能力后的一个正常生产年份的年息税前利润总额或运营期内年平均息税前利润（$EBIT$）与项目总投资额（TI）的比率，它是考察项目融资后单位投资盈利能力的静态指标。

对于生产期内各年的利润总额变化幅度较大的项目应计算生产期年平均息税前利润总额，并通过年平均息税前利润总额与总投资额之比来求得投资总收益率。

（7）项目资本金净利润率（ROE）。项目资本金净利润率是指项目达到设计生产能力后的一个正常生产年份的年净利润或项目运营期内年平均净利润（NP）与项目资本金（EC）的比率，它反映投入项目的资本金的盈利能力。

总投资收益率、资本金净利润率两个静态指标主要是根据利润与利润分配表，借助现金流量表相关数据计算，其计算方法比较简单，经济意义比较直观，但它们没有考虑资金的时间价值，只考虑了年总收益、年净利润和投资的影响，忽视了其他经济数据，因此，在项目盈利能力分析中只作为辅助指标。

2. 偿债能力分析

偿债能力分析主要是通过编制借款还本付息计划表，计算相关指标，考察项目的偿还能力。反映项目偿债能力的指标包括利息备付率、偿债备付率、借款偿还期和资产负债率等。

（1）利息备付率（ICR）。利息备付率是指项目在借款偿还期内，各年可用于支付利息的息税前利润（$EBIT$）与当期应付利息费用（PI）的比值。

$$ICR = \frac{EBIT}{PI} \times 100\% \tag{7.8}$$

当期应付利息指计入总成本费用的全部利息费用。利息备付率是从付息资金来源是否充裕的角度反映项目是否具备偿付债务利息的能力。利息备付率一般应大于1，并结合债权人的要求确定。而且，利息备付率越高，表明偿付利息的保障程度越高。

（2）偿债备付率（DSCR）。偿债备付率是指项目在借款偿还期内各年可用于还本付息资金与当期应还本付息金额的比值。通过偿债备付率可以反映项目用于还本付息的资金保障程度。

偿债备付率用公式表示为

$$DSCR = \frac{EBITDA - T_{AX}}{PC} \times 100\% \tag{7.9}$$

其中　　　　　　$EBITDA = $ 息税前利润 ＋ 折旧费 ＋ 摊销费

式中　T_{AX}——企业所得税；

PC——应还本付息额，指偿还本金额和计入总成本费用的全部利息之和。

偿债备付率一般应大于1，并结合债权人的要求确定。偿债备付率越高，表明项目可以用来偿还本金和利息的保障程度也越高。

(3) 借款偿还期（P_d）。借款偿还期是指在有关财税规定及项目具体财务条件下，项目投产后以可用作还款的利润、折旧、摊销及其他收益偿还建设投资借款本金（含未付建设期利息）所需要的时间，一般以年为单位表示。该指标可由借款还本付息计划表推算。不足整年的部分可用线性插值法计算。计算出的借款偿还期指标越短，说明偿债能力越强。

借款偿还期指标适用于不预先约定借款偿还期限，按照最大还款能力计算偿还期限的项目。对于预先给定借款偿还期的方案，应采用利息备付率和偿债备付率指标分析项目偿债能力。借款偿还期的计算公式如下：

$$P_d = 借款偿还开始盈余的年份 - 开始借款年份 + \frac{当年偿还本金额}{当年可用于还款的资金额} \times 100\% \tag{7.10}$$

【例 7.1】 某水利建设项目，从第 1 年开始借款，并在第 6 年开始有了盈余资金。项目第 6 年未分配利润为 7262 万元，可作为偿还借款的折旧和摊销费为 1942 万元，还款期间的企业留利为 98 万元。当年归还国内借款本金为 1473 万元，归还国内借款利息为 34 万元。求该项目借款偿还期。

【解】 根据借款偿还期计算公式可得

$$P_d = 6 - 1 + \frac{1473}{7262 + 1942 - 98} \times 100\% = 5.16 （年）$$

(4) 资产负债率（$LOAR$）。资产负债率是指各期末负债总额（TL）同资产总额（TA）的比率。资产负债率是评价项目负债水平的综合指标，可以通过资产负债表求算。过高的资产负债率表明企业财务风险较大，而过低的资产负债率则表明企业对财务杠杆利用不够，适度的资产负债率水平一般为 40%~60%。资产负债率指标在长期债务还清后可以不再计算。

3. 财务生存能力分析

在项目运营期间，确保从各项经济活动中得到足够的净现金流量是项目能够持续生存的条件。财务分析中应根据财务计划现金流量表，综合考察项目计算期内各年的投资活动、融资活动和经营活动所产生的各项现金流入和流出，计算净现金流量和累计盈余资金，分析项目是否有足够的净现金流量维持正常运营。为此，财务生存能力分析亦可称为资金平衡分析。

财务分析应结合偿债能力分析进行，如果拟安排的还款期过短，致使还本付息负担过重，导致为维持资金平衡必须筹借的短期借款过多，可以调整还款期，减轻各年还款负担。

财务生存能力可通过以下相辅相成的两个方面具体判断：

(1) 拥有足够的经营净现金流量是财务可持续的基本条件，特别是在运营初期。一个项目具有较大的经营净现金流量，说明项目方案比较合理，实现自身资金平衡的可能性大，不会过分依赖短期融资来维持运营；反之，另一个项目不能产生足够的经营净现金流量，或经营净现金流量为负值，说明维持项目正常运行会遇到财务上的困难，项目方案缺乏合理性，实现自身资金平衡的可能性小，有可能要靠短期融资来维持运营；或者是此经营项目本身无能力实现自身资金平衡,提示要靠政府补贴。

(2) 各年累计盈余资金不出现负值是财务生存的必要条件,在整个运营期间,允许个别年份的净现金流量出现负值,但不能容许任一年份的累计盈余资金出现负值。

一旦出现负值时应适时进行短期融资,该短期融资应体现在财务计划现金流量表中,同时短期融资的利息也应纳入成本费用和其后的计算。

4. 财务评价指标与财务报表的关系

表 7.10 给出了财务评价指标与财务报表之间的对应关系。其中,项目投资现金流量表主要被用在融资前分析,不考虑债务融资,只针对项目基本方案进行盈利能力分析,在财务评价中应以动态分析为主,静态分析为辅;盈利能力分析中的项目资本金现金流量表、投资各方现金流量表、利润与利润分配表,偿债能力分析中的借款还本付息计划表和资产负债表,以及财务生存能力分析用到的财务计划现金流量表都是针对项目融资后分析使用的。

表 7.10　　　　　　　　财务评价指标与财务报表之间的关系

项　目	财务报表	静态评价指标	动态评价指标
盈利能力分析	项目投资现金流量表	静态投资回收期	内部收益率 净现值 净现值率 净年值 动态投资回收期
	项目资本金现金流量表		内部收益率 净现值
	投资各方现金流量表		内部收益率 净现值
	利润与利润分配表	总投资收益率 项目资本金利润率	
偿债能力分析	借款还本付息计划表	利息备付率 偿债备付率 借款偿还期	
	资产负债表	资产负债率	
财务生存能力分析	财务计划现金流量表	净现金流量 累计盈余资金	

第三节　项目财务评价案例分析

某项目为一新建化工项目,拟生产目前国内外市场均较为紧俏的 P 产品。这种产品目前在国内市场上供不应求,每年需要一定数量的进口,项目投产后可以产顶进。

本项目经济评价前的基础工作已经完成,对项目市场、生产规模、工艺技术方案、原材料和燃料及动力供应、建厂条件和厂址方案、公用工作和辅助设施、环境保护、工厂组织和劳动定员,以及项目实施规划等诸方面进行了全面充分的研究论证和多方案比较,确定了项目的最优方案。

项目生产规模为年产 P 产品 1.25 万 t，部分技术和设备拟从国外引进。厂址位于城市近郊；占用一般农田 250 亩，靠近主要原料和燃料产地，且交通运输方便，水电供应可靠。

项目主要设施包括生产车间、与工艺生产相适应的辅助生产设施、公用工程，以及有关的生产管理和生产福利等设施。

一、财务预测数据

（一）建设投资估算、流动资金

1. 建设投资估算

本项目建设投资采用概算法估算，估算额为 19217.17 万元，其中外汇为 1131 万美元。基本预备费费率取 10%，建设期物价年平均涨价率取 5%，外汇与人民币换算的汇率为 1 美元＝6.70 元计算。建设投资估算结果见表 7.11（辅助报表 1）。

2. 流动资金估算

本项目流动资金按分项详细估算法进行估算，估算总额为 3603.08 万元，详见表 7.12（辅助报表 2）。流动资产为应收账款、现金、存货和预收账款之和；流动负债为应付账款和预收账款之和；两项之差为流动资金。

（二）项目总投资使用计划与资金筹措、建设期利息

按本项目实施进度规划，项目建设期为 2 年，第一年完成建设投资 60%，第二年完成建设投资 40%。本项目资本金为 7626.49 万元，其中用于建设投资 6795.25 万元，建设期内均衡投入；用于流动资金 831.25 万，运营期第一年投入，其余均为借款。资本金由甲、乙两个投资者出资，出资比例为 60% 与 40%。外汇通过中国银行向国外借款，年利率为 3.25%；建设投资部分由中国建设银行提供贷款，年利率 6.54%，流动资金由中国交通银行贷款，年利率 5.45%。

本项目第三年投产，当年生产负荷为设计能力的 70%，第四年为 90%，第五年达到 100%。

建设期利息估算见表 7.13（辅助报表 3），项目总投资使用计划与资金筹措详见表 7.14（辅助报表 4）。

（三）营业收入、营业税金及附加和增值税

产品售价以市场价格为基础，预测到生产初期的市场价格，每吨出厂价按 14500 元计算（不含增值税），正常年份的营业收入为 18125 万元。

营业税金及附加按国家规定计取。产品缴纳增值税，增值税税率为 17%，城市维护建设税按增值税额的 7% 计取，教育费附加按增值税额的 3% 计取。正常生产年份的年销售税金及附加估算值为 135.94 万元，增值税为 1359.38 万元。

营业收入、营业税金及附加和增值税的估算见表 7.15（辅助报表 5）。

（四）总成本费用估算

总成本费用估算见表 7.16（辅助报表 6）。经营成本为外购原材料、外购燃料和动力费、工资及福利费、修理费、摊销费之和。总成本费用为经营成本、折旧费、摊销费和利息支出之和，其中可变成本为经营成本中的外购原材料和外购燃料、动力费之和，总成本中扣除可变成本为固定成本。

1. 原材料、燃料、动力费

所有外购原材料、燃料、动力费价格均以近几年国内市场已实现的价格为基础，预测到生产期初的价格。正常年份的外购原材料费为 8091.34 万元，外购燃料、动力费为 851.55 万元。

2. 工资及福利费估算

全厂定员 210 人，工资及福利费按每人每年 3 万元估算（其中福利费按工资额的 14% 计算），全年工资及福利费估算为 630 万元。

3. 固定资产折旧费

本项目计入固定资产原值的费用包括：固定资产投资中的工程费用、土地费用和预备费、建设期利息。固定资产原值合计为 19164.25 万元，按年限平均法计算折旧，折旧年限为 8 年，净残值率取 4%，由此得年折旧额为 2299.71 万元。详见表 7.17（辅助报表 7）。

4. 无形资产和其他资产

本项目固定资产投资中第二部分费用除土地费用进入固定资产原值外，其余费用计为项目的无形及递延资产，其值为 726.83 万元。其中，无形资产为 400 万元，其他资产 326.83 万元。

无形资产按 8 年摊销，年摊销费为 50 万元；其他资产按 5 年摊销，年摊销 65.37 万元。详见表 7.18（辅助报表 8）。

5. 修理费

修理费按折旧额的 50% 计取，每年为 1149.86 万元。

6. 其他费用

其他费用是指从制造费用、管理费用中扣除折旧费、摊销费、修理费、工资及福利费之后的其余部分，这里作简单处理，每年计取 727.51 万元。

（五）利润及利润分配

本项目利润及利润分配估算见表 7.22，其中：

（1）所得税按利润总额的 25% 计取。

（2）法定盈余公积金按可供分配利润的 10% 提取。

（3）可供投资者分配利润支付借款本金后无余额的年份，可供投资者分配利润全部计入未分配利润用于借款还本，不进行投资各方利润分配和转入下一年期初未分配利润。其余年份按可供投资者分配利润的 60% 提取投资各方利润分配，甲乙双方按其出资比例分配应付投资方利润。提取的投资者利润分配和未分配利润之和不得超过可供投资者利润分配额。

（六）借款还本付息估算

本项目借款的还本付息估算见表 7.16（辅助报表 6）累计到生产期初的建设期利息转计为借款本金，还本资金来源为折旧费、摊销费和可供投资者分配利润，其中：

（1）考虑到各种资金成本，人民币借款（包括建设期借款和运营期流动资金借款）按最大还款能力偿还，并优先保证建设投资借款本金偿还，再进行流动资金借款本金偿还。本案例的最大还款额计算如下：

$$最大还款额 = 息税前利润 + 折旧 + 摊销 - 所得税 \quad (7.11)$$

(2) 外汇借款从投产第二年起按 7 年等额还本，计算利息，表中外汇借款还本付息估算系折算为人民币列示。由于本项目产品用于替代进口且出售时全部收取人民币，项目没有外汇收入，偿还外汇借款本息的外汇系按 1 美元兑 6.70 元人民币的比价购买的调剂外汇。

二、财务分析

（一）财务盈利能力分析

(1) 项目投资现金流量表见表 7.19。从由表计算得到的财务分析指标来看：

1) 项目所得税后及税前财务内部收益率分别为 14.77% 及 18.59%，均大于行业基准收益率 $i_c=12\%$；项目所得税后及税前财务净现值 ($i_c=12\%$) 分别为 2335.40 万元及 5809.19 万元，均大于零。表明该项目从全部投资角度看盈利能力已满足了行业最低要求，在财务上值得进一步研究。

2) 项目所得税后及税前全部投资回收期（含建设期）分别为 6.01 年及 6.07 年，均小于行业基准投资回收期 6.66 年。表明项目投资能够在规定时间内回收。

(2) 项目资本金现金流量表见表 7.20，从由表计算得到的财务评价指标看，项目财务内部收益率为 22%＞$i_c=12\%$，财务净现值为 4217.95 万元大于零，表明项目在财务上可以考虑接受。

(3) 由项目利润与利润分配表和项目总投资使用计划与资金筹措表数据，可以计算以下指标：

$$总投资收益率 = \frac{年平均息税前利润}{项目总投资} \times 100\% = \frac{3695.94}{23631.58} \times 100\% = 15.64\%$$

$$项目资本金净利润率 = \frac{年平均净总额}{资本金} \times 100\% = \frac{2572.46}{7626.49} \times 100\% = 33.73\%$$

本项目总投资收益率、项目资本金净利润率大于行业平均利润率，表明项目单位投资盈利能力达到了行业平均水平。

（二）清偿能力分析

基于借款还本付息计划表、利润与利润分配表、总成本费用表的有关数据以及本方案设定的借款还款方式（建设投资借款和运营期流动资金借款按当年最大还款能力偿还、外币从运营期第二年开始等额本金偿还）计算得到利息备付率、偿债备付率见借款还本付息计划表中最后两行数据。资产负债率见资产负债表最后一行数据。本项目利息备付率和偿债备付率均不小于 1，支付利息、借款本金的保证度大，偿债风险小。

（三）财务生存能力分析

财务计划现金流量表见表 7.23，从表中可以看出项目各年财务净现金流量均不小于 0，且各年累计净现金流量不出现负值，说明项目方案比较合理，可以实现自身资金平衡，不需要依赖短期融资来维持运营，项目的财务是可持续的。

（四）财务评价结论

由上述财务分析结果看，本项目财务内部收益率高于行业基准收益率，则财务净现值大于零，投资回收期低于行业基准投资回收期，借款偿还能满足贷款机构要求，项目各年的财务状况也较好，且具有一定的抗风险能力。因此，从财务上讲项目可以接受。

第三节 项目财务评价案例分析

表 7.11　　　　　　　　　　建设投资估算表（辅助报表 1）

序号	工程或费用名称	建筑工程费/万元	设备购置费/万元	安装工程费/万元	其他费用/万元	合计/万元	其中外汇/万美元	比例/%
1	工程费用	1665.66	9914.53	3631.30		15211.49	1131.00	79.16
1.1	主体工程	1100.29	8321.53	3163.24		12585.06	1131.00	
1.2	辅助工程	217.89	473.40	35.16		726.45		
1.3	公用工程	189.22	1119.60	412.90		1721.72		
1.4	厂区服务性工程	117.90				117.90		
1.5	厂外工程	40.36		20.00		60.36		
2	工程建设其他费用				1276.83	1276.83		6.64
	其中：土地费用				550.00	550.00		
3	预备费				2728.85	2728.85		14.20
3.1	基本预备费				1648.83	1648.83		
3.2	涨价预备费				1080.02	1080.02		
4	建设投资合计	1665.66	9914.53	3631.30	4005.68	19217.17	1131.00	100.00
	比例/%	8.67	51.59	18.90	20.84			

表 7.12　　　　　　　　　　流动资金估算表（辅助报表 2）

序号	项目	最低周转天数	周转次数	建设期/万元 3 年	4 年	5 年	6~10 年
1	流动资产			3497.88	4256.46	4635.74	4635.74
1.1	应收账款	30	12	730.62	879.66	954.19	954.19
1.2	存货			2607.48	3203.67	3501.76	3501.76
1.2.1	原材料	40	9	629.33	809.13	899.04	899.04
1.2.2	燃料及动力	40	9	66.23	85.16	94.62	94.62
1.2.3	在产品	40	9	937.76	1136.50	1235.86	1235.86
1.2.4	产成品	40	9	974.15	1172.89	1272.25	1272.25
1.3	现金	30	12	113.13	113.13	113.13	113.13
1.4	预付账款	30	12	46.67	60.00	66.67	66.67
2	流动负债			626.67	805.72	895.24	895.24
2.1	应付账款	30	12	521.67	670.72	745.24	745.24
2.2	预收账款	30	12	105.00	135.00	150.00	150.00
3	流动资金（1−2）			2871.22	3450.74	3740.50	3740.50
4	流动资金增加额（1−2）			2871.22	579.53	289.76	0.00

表 7.13　　　　　　　　　　建设期利息估算表（辅助报表 3）

序号	项目	利率	合计/万元	建设期/万元 1 年	2 年
1	外汇借款（折成人民币）				
1.1	建设期利息	3.25%	273.30	73.88	199.42
1.1.1	期初借款余额				4620.50
1.1.2	当期借款			4546.62	3031.08
1.1.3	当期应计利息			73.88	199.42
1.1.4	期末借款余额			4620.50	7851.00
1.2	其他融资费用				
1.3	小计（1.1+1.2）		273.30	73.88	199.42
2	人民币借款				
2.1	建设期利息	6.54%	400.60	117.26	283.34
2.1.1	期初借款余额				3703.33
2.1.2	当期借款			3586.06	1258.17
2.1.3	当期应计利息			117.26	283.34
2.1.4	期末借款余额			3703.33	5244.83
2.2	其他融资费用				
2.3	小计（2.1+2.2）		400.60	117.26	283.34
3					
3.1	建设期利息合计（1.1+2.1）		673.91	191.15	482.76
3.2	其他融资费用合计（1.2+2.2）				

145

表 7.14　项目总投资使用计划与资金筹措表（辅助报表 4）

单位：万元，万美元

序号	项　目	计算期 合计 人民币	合计 外币	1 年 人民币	1 年 折人民币	1 年 外币	1 年 小计	2 年 人民币	2 年 折人民币	2 年 外币	2 年 小计	3 年 人民币	3 年 小计	4 年 人民币	4 年 小计	5 年 人民币	5 年 小计
1	总投资	23631.58	689.63	7100.95	4620.50	482.16	11721.45	4939.13	3230.50	482.16	8169.63	2871.22	2871.22	579.53	579.53	289.76	289.76
1.1	建设投资	19217.17	678.60	6983.68	4546.62	452.40	11530.30	4655.79	3031.08	452.40	7686.87	2871.22	2871.22	579.53	579.53	289.76	289.76
1.2	建设期利息	673.91	11.03	117.26	73.88	29.76	191.15	283.34	199.42	29.76	482.76						
1.3	流动资金	3696.06															
2	资金筹措	23631.58	689.63	7100.95	4620.50	482.16	11721.45	4939.13	3230.50	482.16	8169.63	2871.22	2871.22	579.53	579.53	289.76	289.76
2.1	项目资本金	7626.49		3397.62			3397.62	3397.62			3397.62	831.25	831.25				
2.1.1	用于建设投资	6795.24		3397.62			3397.62	3397.62			3397.62						
2.1.2	用于流动资金	831.25										831.25	831.25				
2.2	债务资金	16005.09	689.63	3703.33	4546.62	482.16	8323.83	1541.51	3230.50	482.16	4772.01	2039.97	2039.97	579.53	579.53	289.76	289.76
2.2.1	用于建设投资	12421.93	678.60	3586.06	4546.62	452.40	8132.68	1258.17	3031.08	452.40	4289.25	2039.97	2039.97	579.53	579.53	289.76	289.76
2.2.2	用于建设期利息	673.91	11.03	117.26	73.88	29.76	191.15	283.34	199.42	29.76	482.76						
2.2.3	用于流动资金	2909.25															
2.3	其他资金																

表 7.15　营业收入、营业税金及附加和增值税估算表（辅助报表 5）

序号	项　目	合计/万元	3 年 销售量/t	3 年 金额/万元	4 年 销售量/t	4 年 金额/万元	5～10 年 销售量/t	5～10 年 金额/万元
1	营业收入	137750.00	8750.00	12687.50	11250.00	16312.50	12500.00	18125.00
2	营业税金与附加	1033.13		95.16		122.34		135.94
2.1	营业税	0.00		0.00		0.00		0.00
2.2	消费税	0.00		0.00		0.00		0.00
2.3	城市维护建设税	723.19		66.61		85.64		95.16
2.4	教育费附加	309.94		28.55		36.70		40.78
3	增值税	10331.25		951.56		1223.44		1359.38
3.1	销项税额	23417.50		2156.88		2773.13		3081.25
3.2	进项税额	13086.25		1064.20		1368.26		1520.29

表 7.16　总成本费用估算表（辅助报表 6）　　　　　　　　　　　　　　　　　单位：万元

序号	项 目	合计	计算期							
			3 年	4 年	5 年	6 年	7 年	8 年	9 年	10 年
1	外购原材料	61494.18	5663.94	7282.21	8091.34	8091.34	8091.34	8091.34	8091.34	8091.34
2	外购燃料及动力费	6471.78	596.09	766.40	851.55	851.55	851.55	851.55	851.55	851.55
3	工资及福利费	5040.00	630.00	630.00	630.00	630.00	630.00	630.00	630.00	630.00
4	修理费	9198.84	1149.85	1149.85	1149.85	1149.85	1149.85	1149.85	1149.85	1149.85
5	其他费用	5820.05	727.51	727.51	727.51	727.51	727.51	727.51	727.51	727.51
6	经营成本 (1+2+3+4+5)	88024.85	8767.39	10555.97	11450.25	11450.25	11450.25	11450.25	11450.25	11450.25
7	折旧费	18397.68	2299.71	2299.71	2299.71	2299.71	2299.71	2299.71	2299.71	2299.71
8	摊销费	726.83	115.37	115.37	115.37	115.37	115.37	50.00	50.00	50.00
9	利息支出	2127.94	709.35	548.63	323.20	182.26	145.80	109.35	72.90	36.45
10	总成本费用合计 (6+7+8+9)	109277.30	11891.81	13519.67	14188.52	14047.58	14011.13	13909.31	13872.86	13836.41
	其中：固定成本	41311.33	5631.79	5471.07	5245.63	5104.69	5068.24	4966.42	4929.97	4893.52
	可变成本	67965.96	6260.02	8048.60	8942.89	8942.89	8942.89	8942.89	8942.89	8942.89

表 7.17　固定资产折旧费估算表（辅助报表 7）　　　　　　　　　　　　　　　单位：万元

序号	项 目	合计	计算期							
			3 年	4 年	5 年	6 年	7 年	8 年	9 年	10 年
1	固定资产合计									
1.1	原值	19164.25								
1.2	当期折旧费	18397.68	2299.71	2299.71	2299.71	2299.71	2299.71	2299.71	2299.71	2299.71
	净值		16864.54	14564.83	12265.12	9965.41	7665.70	5365.99	3066.28	766.57

表7.18 无形资产和其他资产摊销估算表（辅助报表8）

单位：万元

序号	项目	摊销年限	合计	计算期								
				3年	4年	5年	6年	7年	8年	9年	10年
1	无形资产	8									
	原值		400	50.00	50.00	50.00	50.00	50.00	50.00	50.00	50.00
	当期摊销费			350.00	300.00	250.00	200.00	150.00	100.00	50.00	0.00
	净值										
2	其他资产（开办费）	5	326.83	65.37	65.37	65.37	65.37	65.37			
	原值										
	当期摊销费			261.46	196.10	130.73	65.37	0.00			
	净值										
3	合计		726.83								
	原值			115.37	115.37	115.37	115.37	115.37	50.00	50.00	50.00
	当期摊销费			611.46	496.10	380.73	265.37	150.00	100.00	50.00	0.00
	净值										

表7.19 项目投资现金流量表

单位：万元

序号	项目	合计	计算期								
			1年	2年	3年	4年	5年	6年	7年	8年	9年	10年
1	现金流入	124087.63			12687.50	16312.50	18125.00	18125.00	18125.00	18125.00	18125.00	22587.63
1.1	营业收入	137750.00			12687.50	16312.50	18125.00	18125.00	18125.00	18125.00	18125.00	18125.00
1.2	补贴收入	0.00			0.00	0.00	0.00	0.00	0.00	0.00	0.00	0.00
1.3	回收固定资产余值	766.57										766.57
1.4	回收流动资金	3696.06										3696.06
2	现金流出	112015.65	11530.30	7686.87	11733.76	11257.84	11875.95	11586.19	11586.19	11586.19	11586.19	11586.19
2.1	建设投资	19217.17	11530.30	7686.87								
2.2	流动资金	3740.50			2871.22	579.53	289.76					
2.3	经营成本	88024.85			8767.39	10555.97	11450.25	11450.25	11450.25	11450.25	11450.25	11450.25

第三节 项目财务评价案例分析

续表

序号	项 目	合计	1年	2年	3年	4年	5年	6年	7年	8年	9年	10年
2.4	营业税金及附加	1033.13			95.16	122.34	135.94	135.94	135.94	135.94	135.94	135.94
2.5	维持运营投资	0.00			0.00	0.00	0.00	0.00	0.00	0.00	0.00	0.00
3	所得税前净现金流量 (1-2)	30178.30	-11548.98	-7686.87	953.74	5054.66	6249.05	6538.81	6099.23	6538.81	6538.81	11001.45
4	累计所得税前净现金流量		-11548.98	-19235.85	-18282.11	-13227.44	-6978.39	-439.58	6099.23	12638.04	19176.86	30178.30
5	调整所得税	7391.89	0.00	0.00	352.47	804.78	1030.93	1030.93	1030.95	1047.28	1047.28	1047.28
6	所得税后净现金流量 (3-5)	22786.42	-11548.98	-7686.87	601.27	4249.89	5218.12	5507.88	5507.87	5491.54	5491.54	9954.17
7	累积所得税后净现金流量		-11548.98	-19235.85	-18634.58	-14384.69	-9166.57	-3658.69	1849.17	7340.71	12832.25	22786.42

表 7.20 项目资本金现金流量表

单位：万元

序号	项 目	合计	1年	2年	3年	4年	5年	6年	7年	8年	9年	10年
1	现金流入	139347.82			12687.50	16312.50	18125.00	18125.00	18125.00	18125.00	18125.00	19722.82
1.1	产品营业收入	137750.00			12687.50	16312.50	18125.00	18125.00	18125.00	18125.00	18125.00	18125.00
1.2	补贴收入	766.57			0.00	0.00	0.00	0.00	0.00	0.00	0.00	766.57
1.3	回收固定资产余值	831.25										831.25
1.4	回收流动资金	121677.39			13518.75	16312.50	15898.33	13875.39	13848.05	13837.05	13809.71	13782.37
2	现金流出	121677.39	3397.62	3397.62	13518.75	16312.50	15898.33	13875.39	13848.05	13837.05	13809.71	13782.37
2.1	项目资本金	7626.49	3397.62	3397.62	831.25	0.00						
2.2	借款本偿还	16005.09			2940.47	4417.94	3038.81	1121.57	1121.57	1121.57	1121.57	1121.57
2.3	借款利息支付	2127.94			709.35	548.63	323.20	182.26	145.80	109.35	72.90	36.45
2.4	经营成本	88024.85			8767.39	10555.97	11450.25	11450.25	11450.25	11450.25	11450.25	11450.25
2.5	营业税金及附加	1033.13			95.16	122.34	135.94	135.94	135.94	135.94	135.94	135.94
2.6	所得税	6859.89			175.13	667.62	950.14	985.37	994.48	1019.94	1029.05	1038.16
2.7	维持运营投资	0.00			0.00	0.00	0.00	0.00	0.00	0.00	0.00	0.00
3	净现金流量 (1-2)	17670.43	-3397.62	-3397.62	-831.25	0.00	2226.67	4249.61	4276.95	4287.95	4315.29	5940.45

149

表 7.21 甲方投资财务现金流量表

单位：万元

序号	项 目	合 计	1年	2年	3年	4年	5年	6年	7年	8年	9年	10年
1	现金流入	7972.31		2038.57	0.00	0.00	923.53	1105.95	1364.78	1482.70	1534.01	1561.34
1.1	实分利润	7972.31		2038.57	0.00	0.00	923.53	1105.95	1364.78	1482.70	1534.01	1561.34
1.2	资产处置收益分配											
1.3	租赁费收入											
1.4	技术转让或使用收入											
1.5	其他现金流入											
2	现金流出	4575.89	2038.57		498.75							
2.1	实缴资本	4575.89	2038.57	2038.57	498.75							
2.2	租赁资产支出											
2.3	其他现金流出											
3	净现金流量 (1-2)	3396.42	-2038.57	-2038.57	-498.75	0.00	923.53	1105.95	1364.78	1482.70	1534.01	1561.34

计算指标 甲方投资财务内部收益率=9.67%

表 7.22 利润及利润分配估算表

单位：万元

序号	项 目	合计	3年	4年	5年	6年	7年	8年	9年	10年
1	营业收入	137750.00	12687.50	16312.50	18125.00	18125.00	18125.00	18125.00	18125.00	18125.00
2	营业税金及附加	1033.13	95.16	122.34	135.94	135.94	135.94	135.94	135.94	135.94
3	总成本费用	109277.30	11891.81	13519.67	14188.52	14047.58	14011.13	13909.31	13872.86	13836.41
4	补贴收入	0.00								
5	利润总额 (1-2-3+4)	27439.58	700.53	2670.49	3800.54	3941.48	3977.93	4079.75	4116.20	4152.65
6	弥补以前年度亏损	0.00	0.00	0.00	0.00	0.00	0.00	0.00	0.00	0.00
7	应纳税所得额 (5-6)	27439.58	700.53	2670.49	3800.54	3941.48	3977.93	4079.75	4116.20	4152.65
8	所得税	6859.89	175.13	667.62	950.14	985.37	994.48	1019.94	1029.05	1038.16
9	净利润 (5-8)	20579.68	525.40	2002.87	2850.41	2956.11	2983.45	3059.81	3087.15	3114.49

第三节 项目财务评价案例分析

续表

序号	项 目	合计	3年	4年	5年	6年	7年	8年	9年	10年
10	期初未分配利润	6554.48	0.00	0.00	0.00	457.33	1228.84	1516.42	1647.44	1704.45
11	可供分配的利润（9+10）	27134.17	525.40	2002.87	2850.41	3413.44	4212.29	4576.24	4734.59	4818.94
12	提取法定盈余公积金	2460.59	0.00	0.00	285.04	341.34	421.23	457.62	473.46	481.89
13	可供投资者分配的利润（11-12）	24673.58	525.40	2002.87	2565.36	3072.09	3791.06	4118.61	4261.14	4337.05
14	各方投资者利润分配	13287.19	0.00	0.00	1539.22	1843.26	2274.63	2471.17	2556.68	2602.23
	其中：甲方	7972.31			923.53	1105.95	1364.78	1482.70	1534.01	1561.34
	乙方	5314.87			615.69	737.30	909.85	988.47	1022.67	1040.89
15	未分配利润	11386.39	525.40	2002.87	1026.15	1228.84	1516.42	1647.44	1704.45	1734.82
15.1	还款转下年	3097.09	525.40	2002.87	568.82	0.00	0.00	0.00	0.00	0.00
15.2	剩余转下年期末未分配利润	8289.30	0.00	0.00	457.33	1228.84	1516.42	1647.44	1704.45	1734.82
16	息税前利润（利润总额+利息支出）	29567.54	1409.88	3219.11	4123.73	4123.78	4123.78	4189.10	4189.10	4189.10
17	息税前折旧摊销前利润（息税前利润+折旧+摊销）	48692.07	3824.96	5634.19	6538.81	6538.81	6538.86	6538.81	6538.81	6538.81

表7.23 财务计划现金流量表

单位：万元

序号	项 目	合计	1年	2年	3年	4年	5年	6年	7年	8年	9年	10年
1	经营活动净现金流量（1.1-1.2）	41832.13			3649.82	4966.57	5588.68	5553.44	5544.33	5518.88	5509.76	5500.65
1.1	现金流入	161167.50			14844.38	19085.63	21206.25	21206.25	21206.25	21206.25	21206.25	21206.25
1.1.1	营业收入	137750.00			12687.50	16312.50	18125.00	18125.00	18125.00	18125.00	18125.00	18125.00
1.1.2	增值税销项税额	23417.50			2156.88	2773.13	3081.25	3081.25	3081.25	3081.25	3081.25	3081.25
1.1.3	补贴收入											
1.1.4	其他流入											
1.2	现金流出	119335.37			11194.55	14119.06	15617.57	15652.81	15661.92	15687.37	15696.49	15705.60
1.2.1	经营成本	88024.85			8767.39	10555.97	11450.25	11450.25	11450.25	11450.25	11450.25	11450.25
1.2.2	增值税进项税额	13086.25			1064.20	1368.26	1520.29	1520.29	1520.29	1520.29	1520.29	1520.29

续表

序号	项 目	合计	1年	2年	3年	4年	5年	6年	7年	8年	9年	10年
1.2.3	营业税金及附加	1033.13			95.16	122.34	135.94	135.94	135.94	135.94	135.94	135.94
1.2.4	增值税	10331.25			951.56	1223.44	1359.38	1359.38	1359.38	1359.38	1359.38	1359.38
1.2.5	所得税	6859.89			175.13	667.62	950.14	985.37	994.48	1019.94	1029.05	1038.16
1.2.6	其他流出												
2	投资活动净现金流量(2.1−2.2)	−23631.58	−11721.45	−8169.63	−2871.22	−579.53	−289.76					
2.1	现金流入												
2.2	现金流出	23631.58	11721.45	8169.63	2871.22	579.53	289.76					
2.2.1	建设投资	19891.08	11721.45	8169.63								
2.2.2	维持运营投资												
2.2.3	流动资金				2871.22	579.53	289.76					
2.2.4	其他流出												
3	筹资活动净现金流量(3.1−3.2)	−7788.63	11721.45	8169.63	−778.61	−4387.04	−4611.47	−3147.08	−3542.01	−3702.09	−3751.16	−3760.25
3.1	现金流入	23631.58	11721.45	8169.63	2871.22	579.53	289.76					
3.1.1	项目资本金投入	7626.49	3397.62	3397.62	831.25							
3.1.2	建设投资借款	13095.84	8323.83	4772.01								
3.1.3	流动资金借款	2909.25			2039.97	579.53	289.76					
3.1.4	短期借款												
3.1.5	其他流入		0.00	0.00	0.00	0.00	0.00					
3.2	现金流出	31420.21			3649.82	4966.57	4901.23	3147.08	3542.01	3702.09	3751.16	3760.25
3.2.1	各种利息支出	2127.94			709.35	548.63	323.20	182.26	145.80	109.35	72.90	36.45
3.2.2	偿还债务本金	16005.09			2940.47	4417.94	3038.81	1121.57	1121.57	1121.57	1121.57	1121.57
3.2.3	应付利润	13287.19			0.00	0.00	1539.22	1843.26	2274.63	2471.17	2556.68	2602.23
3.2.4	其他流出		0.00	0.00	0.00	0.00						
4	净现金流量(1+2+3)	10411.91	0.00	0.00	0.00	0.00	687.45	2406.36	2002.32	1816.78	1758.61	1740.40
5	累计盈余资金		0.00	0.00	0.00	0.00	687.45	3093.81	5096.12	6912.91	8671.51	10411.91

第三节 项目财务评价案例分析

表 7.24　资产负债表　　　　　　　　　　　　　　　　　　　　　　　　　　　　单位：万元

序号	项目	1年	2年	3年	4年	5年	6年	7年	8年	9年	10年
1	资产	11721.45	19891.08	20973.89	19317.39	17969.04	18417.65	19233.73	20217.23	21273.57	22368.71
1.1	流动资产总额			3497.88	4256.46	5323.19	8186.88	11418.03	14751.24	18157.29	21602.14
1.1.1	货币资金			113.13	113.13	800.57	3664.26	6895.41	10228.62	13634.67	17079.52
	其中：现金			113.13	113.13	113.13	113.13	113.13	113.13	113.13	113.13
	累计盈余资金			0.00	0.00	687.45	3093.81	5096.12	6912.91	8671.51	10411.91
1.1.2	应收账款			730.62	879.66	0.00	457.33	1686.16	3202.59	4850.03	6554.48
1.1.3	预付账款			46.67	60.00	954.19	954.19	954.19	954.19	954.19	954.19
1.1.4	存货			2607.48	3203.67	66.67	66.67	66.67	66.67	66.67	66.67
1.1.5	其他					3501.76	3501.76	3501.76	3501.76	3501.76	3501.76
1.2	在建工程	11721.45	19891.08	16884.54	14564.83	12265.12	9965.41	7665.70	5365.99	3066.28	766.57
1.3	固定资产净值			611.46	496.10	380.73	265.37	150.00	100.00		
1.4	无形及递延资产净值 (2.4+2.5)										
2	负债及所有者权益	11721.45	19891.08	20973.89	19317.39	17969.04	18417.65	19233.73	20217.23	21273.57	22368.71
2.1	流动负债总额			626.67	805.72	895.24	895.24	895.24	895.24	895.24	895.24
2.1.1	短期借款			0.00	0.00	0.00	0.00	0.00	0.00	0.00	0.00
2.1.2	应付账款			521.67	670.72	745.24	745.24	745.24	745.24	745.24	745.24
2.1.3	预收账款			105.00	135.00	150.00	150.00	150.00	150.00	150.00	150.00
2.1.4	其他										
2.2	建设投资借款	8323.83	13095.84	10155.36	6729.43	5607.86	4486.29	3364.72	2243.14	1121.57	0.00
2.3	流动资金借款			2039.97	1627.48	0.00	5381.53	4259.96	3138.38	2016.81	895.24
2.4	负债小计 (2.1+2.2+2.3)	8323.83	13095.84	12822.00	9162.63	6503.10	13036.12	14973.77	17078.84	19256.76	21473.47
2.5	所有者权益	3397.62	6795.24	8151.89	10154.76	11465.94	13036.12	14973.77	17078.84	19256.76	21473.47
2.5.1	资本金	3397.62	6795.24	7626.49	7626.49	7626.49	7626.49	7626.49	7626.49	7626.49	7626.49
2.5.2	累计资本公积金			0.00	0.00	285.04	626.38	1047.61	1505.24	1978.70	2460.59
2.5.3	累计盈余公积金			0.00	0.00	0.00	0.00	0.00	0.00	0.00	0.00
2.5.4	累计未分配利润			525.40	2528.27	3554.41	4783.25	6299.67	7947.12	9651.57	11386.39
	计算指标：资产负债率/%				0.61	0.47	0.36	0.29	0.22	0.16	0.09

153

表7.25　借款还本付息计划表

单位：万元

序号	项　目	合计	1年	2年	3年	4年	5年	6年	7年	8年	9年	10年
1	长期人民币借款											
1.1	期初借款余额			3703.33	5244.83	2304.36						
1.2	当期还本付息	5738.55			3283.49	2455.07						
	其中：还本	5244.83			2940.47	2304.36						
	付息	493.72			343.01	150.71						
1.3	期末借款余额		3703.33	5244.83	2304.36	0.00						
2	长期外币借款											
2.1	期初借款余额			4620.50	7851.00	7851.00	6729.43	5607.86	4486.29	3364.72	2243.14	1121.57
2.2	当期还本付息	9126.79			255.16	1376.73	1340.28	1303.83	1267.38	1230.93	1194.47	1158.02
	其中：还本	7851.00			0	1121.57	1121.57	1121.57	1121.57	1121.57	1121.57	1121.57
	付息	1275.79			255.16	255.16	218.71	182.26	145.80	109.35	72.90	36.45
2.3	期末借款余额		4620.50	7851.00	7851.00	6729.43	5607.86	4486.29	3364.72	2243.14	1121.57	0.00
3	流动资金借款											
3.1	期初借款余额				2039.97	2619.49	1917.24					
3.2	当期还本付息	3267.68			111.18	1134.77	2021.73					
	其中：还本	2909.25			0.00	992.01	1917.24					
	付息	358.43			111.18	142.76	104.49					
3.3	期末借款余额				2039.97	1627.48	0.00					
4	借款合计											
4.1	期初借款余额	18133.03		8323.83	15135.81	12774.86	8646.67	5607.86	4486.29	3364.72	2243.14	1121.57
4.2	当期还本付息	16005.09			3649.82	4966.57	3362.01	1303.83	1267.38	1230.93	1194.47	1158.02
	其中：还本				2940.47	4417.94	3038.81	1121.57	1121.57	1121.57	1121.57	1121.57
	付息	2127.94			709.35	548.63	323.20	182.26	145.80	109.35	72.90	36.45
4.3	期末余额		8323.83	13095.84	12195.33	8356.91	5607.86	4486.29	3364.72	2243.14	1121.57	0.00
计算指标	利息备付率/%				1.99	5.87	12.76	22.63	28.28	38.31	57.46	114.92
	偿债备付率/%				1.00	1.00	1.66	4.26	4.37	4.48	4.61	4.75

习　题

1. 何谓财务评价？财务评价包含哪些内容？
2. 什么是项目的融资前分析？什么是项目的融资后分析？
3. 财务评价涉及的价格体系包括哪些？
4. 财务评价的步骤有哪些？
5. 国民经济评价和财务评价的区别与联系有哪些？
6. 财务评价所需的财务分析报表有哪些？财务评价的主要指标有哪些？如何利用各财务评价指标进行计算与评价？
7. 什么是财务生存能力分析？如何判别项目具有财务生存能力？
8. 某建设项目建设期 2 年，运营期 8 年，建设期均匀投入 2700 万元（不含建设期贷款利息），其中形成无形资产 600 万元。从项目建成投产起，当地政府每年拨款 70 万元用于安置下岗职工就业。无形资产在运营期 8 年中均匀摊入成本。固定资产使用年限 10 年，残值为 200 万元，按照直线折旧法折旧。项目建设投资资金来源为资本金和贷款，贷款总额为 1600 万元，在建设期每年贷入 800 万元，贷款年利率为 5.85%（按季计息），在运营期前 3 年按照等额本息法偿还。流动资金 500 万元，投产第一年投入 360 万元（其中 200 万元为银行借款），投产第二年投入 140 万元（其中 90 万元为银行借款），项目期末全部回收。流动资金贷款利率为 3%。项目投产当年需购置的设备预计投资 400 万元，投产当年的经营成本为 820 万元，以后各年经营成本为 1100 万元。项目运营期内正常年份的营业收入为 2600 万元，投产第一年生产负荷为 75%，第二年达产。股东会约定正常年份按可供投资者分配利润 50%，提取应付投资者各方的股利，运营期第一年根据达产比例按照正常年份的 75% 比例提取。营业税金及附加合并税率为 6%，企业所得税税率为 25%，该行业基准收益率为 10%，基准投资回收期为 7 年。其中：调整所得税 = 息税前利润 × 所得税税率，息税前利润 = 营业收入 + 补贴收入 − 营业税金及附加 − 经营成本 − 折旧费 − 摊销费。计算结果保留两位小数。问题：

（1）计算建设期贷款利息、固定资产年折旧费、无形资产摊销费。
（2）编制项目还本付息计划表。
（3）编制总成本费用估算表。
（4）编制项目投资现金流量表。
（5）编制项目资本金现金流量表。
（6）编制利润与利润分配表。
（7）计算项目所得税后静态、动态投资回收期，项目财务净现值，总投资收益率，项目资本金净利润率，利息备付率，偿债备付率；并从财务角度分析该项目的可行性。

第八章 风险与不确定性分析

第一节 风险与不确定性概述

一、风险与不确定性的概念

首先从不确定性与风险的区别开始说起。当一个人不能确定将来会发生什么时，就存在不确定性。风险即不确定性，它之所以重要，是因为关系到人们的福利。

因此，不确定性是风险的必要条件而非充分条件。任何一种存在风险的情况都是不确定的，但在没有风险的情况下也存在不确定性。

例如，假设要召开聚会，请了 12 位朋友，你认为最好 12 个人中有 10 人能来，但这里存在着不确定性——可能 12 人全来，也可能只能来 8 人。然而，只有当这种不确定性大大影响了你召开聚会的计划时才能有风险，知道了确切的客人数能改变你的行动吗？如果不能，那就只存在不确定性，不存在风险。

在进行工程项目决策之前，工程经济分析人员在占有一定信息资料的基础上，对影响投资经济效果的各技术经济变量进行技术经济预测、分析与判断，以此作为投资决策的依据，但是，各方案技术经济变量（如投资、成本、产量、价格等），受政治、文化、社会因素，经济环境，资源与市场条件，技术发展情况等因素的影响，而这些因素是随着时间、地点、条件改变而不断变化的，这些不确定性因素在未来的变化就构成了项目决策过程的不确定性。

同时，项目经济评价所采用的数据一般都带有不确定性，加上主观预测能力的局限性，对这些技术经济变量的估算与预测不可避免地会有误差，从而使投资方案经济效果的预测值与实际值可能会出现偏差。这种情况统称为工程项目的风险与不确定性。

随着市场经济体制的实行，风险与不确定性管理必将日益成为工程项目管理的一个重要内容。风险与不确定性分析是项目风险管理的前提与基础。

通过分析方案各个技术经济变量的变化对投资方案经济效益的影响，分析投资方案对各种不确定性因素变化的承受能力，进一步确认项目在财务和经济上的可靠性，这个过程称为风险与不确定性分析。

风险与不确定性分析作为工程项目财务分析与国民经济分析的必要补充，有助于加强项目风险管理与控制，避免在变化面前束手无策，同时，在风险与不确定性分析基础上做出的决策，可在一定程度上避免决策失误导致的巨大损失，有助于决策的科学化。

二、风险与不确定性产生的原因

由于影响项目经济效果的各种因素在未来的变化具有不确定性，加上测算项目现金流量的各种数据缺乏足够的信息，或者测算方法的误差，都会使经济效果评价的结果出现不确定性。因此，不确定性是所有项目固有的内在特性。一般项目出现不确定性的原因主要有以下几个方面：

(1) 基础数据偏差：由于项目评价所使用的一些基础数据，如项目投资、建设工期、经营成本、销售收入、利率、税率等，在评价时采用的是预测和估算值，这些数据在未来的变化存在不确定性，从而影响项目评价的结果。

(2) 通货膨胀：由于通货膨胀的存在，可能会使项目评价中使用的价格出现浮动，进而影响到经济评价所使用的基础数据与实际值出现偏差。

(3) 技术进步：技术进步会引起新老设备、产品和工艺的改进，从而导致根据原有技术水平和生产水平所估计的销售收入等指标就会与实际值出现偏差。

(4) 市场供求结构的变化：市场供求结构的变化会影响到产品的市场供求状况，进而对经济评价计算的指标值产生影响。

(5) 其他外部影响因素：如政府政策的变化，新法律和法规的颁布，国际政治经济形势的变化等，都会对项目的经济效果产生一定的甚至是难以预料的影响。

三、风险与不确定性分析的目的和内容

在不确定性分析中要找出对项目财务效益和国民经济效益影响较大的不利因素，并分析其对工程项目的影响程度，估计项目可能承担的风险，研究预防和应变措施，减少和消除对项目的不利影响，保证项目顺利实施，达到预期的效益，这是进行不确定性分析更积极的目的。

不同类型的项目，其不确定性因素不尽相同，影响的程度也不同。工程经济分析人员应善于根据各项目的特点及客观情况变化的特点，抓住关键因素，正确判断，提高分析水平。

国家发展和改革委员会、建设部发布的《建设项目经济评价方法与参数》（第三版）规定，不确定性分析主要包括盈亏平衡分析和敏感性分析。盈亏平衡分析只用于财务评价，敏感性分析可同时用于财务评价和国民经济评价。《水利建设项目经济评价规范》（SL 72—2013）指出，对于特别重要的水利建设项目，要进行风险分析。风险分析的程序包括风险因素识别、风险估计、风险评价与防范应对。

四、不确定性分析与风险分析的区别和联系

1. 不确定性分析与风险分析采用的分析方法不同

不确定性分析采用盈亏平衡分析和敏感性分析，通过对项目有较大影响的不确定性因素进行分析，计算基本变量增减带来的经济评价指标的变化，可以找出最敏感因素及其临界点，预测项目可能承担的风险，使项目的投资决策建立在较为稳妥的基础上。风险分析采用概率分析的方法，通过对风险因素的识别，采用定性或定量的方法估计各种风险因素发生的可能性及对项目的影响程度，揭示影响项目的关键风险因素，提出项目风险的预警、预报和相应的对策，降低项目风险。

2. 不确定性分析与风险分析的联系

(1) 不确定性分析和风险分析的目的相同。两者都是以识别、分析、评价影响项目的主要因素为目的，防范不利影响以提高项目的成功率。

(2) 不确定性分析是风险分析的基础。由于人们对未来事物认识的局限性，可获信息的有限性以及未来事物本身的不确定性，使得投资建好项目的实施结果可能偏离预期目标，这就形成了投资建设项目预期目标的不确定性，从而使项目可能得到高于或低于预期

的效益，甚至遭受一定的损失，导致投资建设项目"有风险"。不确定性分析找出的敏感因素可以作为风险因素识别和风险估计的依据。

（3）风险分析是不确定性分析的补充。通过不确定性分析可以找出影响项目效益的敏感因素，确定敏感程度，但却不能确定这种不确定性因素发生的可能性及影响程度。借助风险分析可以得知不确定性因素发生的可能性以及给项目带来经济损失的程度。

第二节　盈亏平衡分析

20世纪初，盈亏平衡分析在财务管理中得以运用，随后的半个世纪中，由于企业规模的扩大，固定成本在生产中比重日益增大，该方法得到了经营者的高度重视。因此，盈亏平衡分析作为工程经济分析中常用的基本方法，广泛应用于不确定性分析中。

各种不确定性因素（如投资、成本、销售量、销售价格等）的变化会影响方案的经济效果，当这些因素的变化达到某一临界值时，就会使方案的经济效果发生质的变化，影响方案的取舍，盈亏平衡分析目的就是寻找这种临界值，以确定方案对不确定因素变化的承受能力，为决策提供依据。

一、盈亏平衡分析概述

盈亏平衡分析又称"量—本—利"分析，目的是通过盈亏平衡分析可以确定盈亏平衡点，正确规划企业的生产发展水平，合理安排企业的生产能力，及时了解企业的经营状况以判断不确定因素对方案经济效果的影响程度，从而选择出风险最小、经济效益较好的运行方案。

1. 销售收入与产品产量的关系

根据市场条件的不同，销售收入与产品销售量的关系有两种情况：

第一种情况，在无竞争市场中，方案的生产销售活动不会明显地影响市场供求状况，市场的其他条件也不变，产品价格不随方案销售量的增加而变化，可以看做是一个常数，销售收入与销售量之间为线性关系。

第二种情况，在有竞争市场中，方案的生产销售活动明显地影响市场供求状况，随着产品销售量的增加，产品价格有所下降，这时，销售收入与销售量之间不再是线性关系，而是非线性关系。

2. 产品成本与产量的关系

盈亏平衡分析有一个基本假设，即生产单位按销售量组织生产，产品销售量等于产品产量。按照与产量关系的不同，产品成本可分为两大类。

在一定的生产规模限度内不随产品产量的变动而变动的成本，称为固定成本，如固定资产折旧费、大修理费用、管理费用等；随产品产量的变动而变动的成本，称为变动成本，如人工费、材料费、燃料费等。大部分变动成本与产量呈线性关系，少数的与产量成阶梯形递增关系，当这部分所占比例很少时，可视为变动成本与产品产量呈线性关系。

产品的总成本是固定成本与变动成本之和，它与产品产量之间的关系可以近似地认为是线性关系。

3. 盈亏平衡点及其确定

盈亏平衡点是方案盈利与亏损的临界点，根据成本及销售收入与产量（销售量）之间是否呈线性关系，盈亏平衡分析又可进一步分为线性盈亏平衡分析和非线性盈亏平衡分析，因此盈亏平衡点也有两种不同形式，即线性盈亏平衡点和非线性盈亏平衡点。

二、独立方案的盈亏平衡分析

（一）线性盈亏平衡分析

1. 线性盈亏平衡分析的前提条件

(1) 产量等于销售量。

(2) 产量变化，单位可变成本不变，从而总生产成本是产量的线性函数。

(3) 产量变化，销售单价不变，从而销售收入是销售量的线性函数。

(4) 只生产单一产品，或者生产多种产品，但可以换算为单一产品计算。

2. 线性盈亏平衡分析的方法

为进行盈亏平衡分析，通常将生产成本分为固定成本和可变成本。

假定在一定时期内，产品价格不变时，总成本费用和收入与产销量之间可以用线性函数来表示。若用 C_F 表示年总固定成本，C_V 表示单位产品变动成本，Q 表示年总产量，P 表示产品单价，T 表示单位产品销售税金及附加，B 表示利润，则有

销售收入 $\qquad S = P \times Q \qquad$ (8.1)

总成本费用 $\qquad C = C_F + C_V \times Q + T \times Q \qquad$ (8.2)

利润 $\qquad B = (P - C_V - T) \times Q - C_F \qquad$ (8.3)

以产销量为横轴，总成本费用和收入为纵轴，将总成本费用和收入与产销量之间的函数关系用图 8.1 来表示。由图 8.1 可知，销售收入线和总成本费用线的交点为盈亏平衡点 (break-even-point, BEP)，也就是盈利和亏损相等的临界点，该点对应的产量 Q_0 为盈亏平衡点产量。

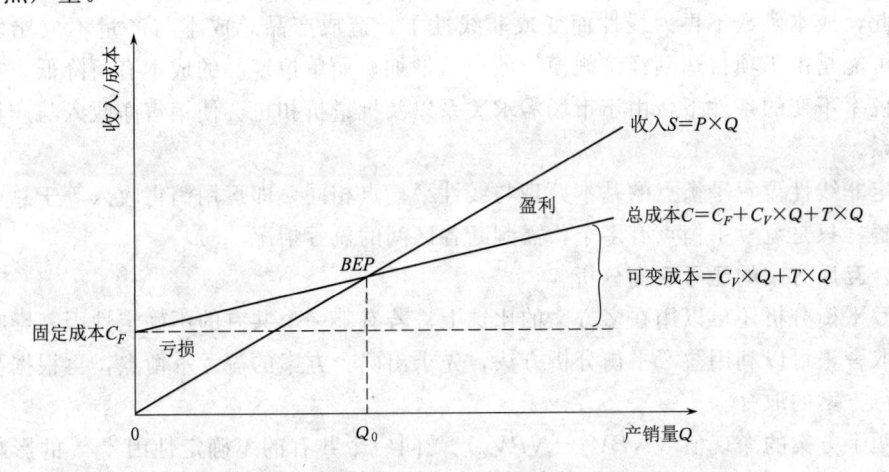

图 8.1　总成本费用和收入与产销量间的关系图

令式 (8.3) 中的利润 $B=0$，就可以得出以产销量 Q 表示的盈亏平衡点：

$$BEP(Q) = \frac{C_F}{P - C_V - T} \qquad (8.4)$$

从盈亏平衡点的定义中可知,固定成本占总成本的比例越高,盈亏平衡点的产量就越高,盈亏平衡点单位变动成本就越低,高的盈亏平衡产量和低的盈亏平衡单位产品变动成本意味着项目的经营风险较大,即会导致项目在面临不确定因素的变动时发生亏损的可能性增大。固定成本占总成本的比例一般取决于产品生产的技术要求以及工艺设备的选择,通常资金密集型项目的固定成本占总成本的比例较高,因而其风险也较大。

盈亏平衡点的表达形式有多种,除了用产量表示外,盈亏平衡点还可以用生产能力利用率、销售收入、单位产品售价等表示。其中最常用的是产量和生产能力利用率。

以生产能力利用率表示的盈亏平衡点,是指盈亏平衡点的产销量占项目正常产销售量的比重。所谓正常产销量是指正常市场和正常开工情况下的产销量。

$$BEP(\%) = \frac{BEP(Q)}{Q_d} = \frac{C_F}{(P - C_V - T) \times Q_d} \times 100\% \tag{8.5}$$

式中 Q_d——正常产销量(设计生产能力)。

盈亏平衡点可以反映项目对市场变化的适应和抗风险能力。从图8.1中可以看出,盈亏平衡点越低,达到此点的盈亏平衡产量和成本也就越少,项目投产后盈利的可能性就越大,适应市场变化的能力就越强,项目抗风险能力也就越强。根据经验,若 BEP(%)<70%,则项目抗风险能力较强,项目相对安全。

(二)非线性盈亏平衡分析

在实际工作中,常常会遇到产品的年总成本与产量并不成线性关系,产品的销售也会受到市场和用户的影响,销售收入与产量也不呈线性变化,这时就要用非线性盈亏平衡分析。

在生产扩大到一定限度后,正常价格的原料、动力已不能保证供应,企业必须付出较高的代价才能获得,正常的生产班次也不能完成生产任务,不得不加班加点,增大了劳务费用。此外,设备的超负荷运行带来的磨损的增大、寿命的缩短和维修费用的增加等。

因此,成本函数不再为线性而变成非线性了,造成产品总成本与产量不成比例的原因,还可能是由于项目达到经济规模导致产量增加,而单位产品的成本有所降低。在产品的销售税率不变的条件下,由于市场需求关系以及批量折扣也会使销售净收入与产量不成线性关系。

确定非线性盈亏平衡点的基本原理与线性平衡点相同,即运用销售收入等于总成本之方程求解,只是盈亏平衡点有多个,需判断各区间的盈亏情况。

三、互斥方案的盈亏平衡分析

盈亏平衡分析还可以用在多方案的比选上。若有某一个共有的不确定性因素影响这些方案的取舍,可以利用盈亏平衡分析方法,先求出两个方案的盈亏平衡点,再根据盈亏平衡点进行方案的取舍。

设两个方案的净现值(NPV_1,NPV_2)受同一个共有的不确定性因素 x 的影响,且可表示成 x 的函数,即有

$$NPV_1 = f_1(x) \text{ 和 } NPV_2 = f_2(x) \tag{8.6}$$

当两个方案的净现值相同时,即 $NPV_1 = NPV_2$ 时,有 $f_1(x) = f_2(x)$ 使其成立的 x 值,即为两个方案的优劣平衡点,结合对不确定性因素未来取值范围的预测,就可以做出

盈亏平衡分析方法简单明了，但在应用中也有一定的局限性，主要表现在盈亏平衡分析没有考虑资金的时间价值。盈亏平衡分析虽然能够从市场适应性方面说明项目方案风险的大小，但却不能揭示项目产生风险的来源。此外，降低盈亏平衡点可采用降低固定成本，但如何降低固定成本，还需要一些其他方法来帮助达到这个目的。

第三节 敏感性分析

一、敏感性分析与敏感因素

敏感性分析又称敏感度分析，它是项目经济决策中一种常用的不确定性分析方法，敏感性分析是通过测定一个或多个不确定性因素的变化所引起的项目经济效果评价指标的变化幅度，计算项目预期目标受各个不确定性因素变化的影响程度。

分析不确定性因素对于项目预期目标的敏感程度，并根据因素的敏感程度大小制定相应的对策，使项目达到预期目标。

可能对方案经济效果产生影响的不确定性因素很多，一般有产品销售量、产品售价、主要原材料和动力价格、固定资产投资、经营成本、建设工期和生产期等。其中有的不确定性因素的微小的变化就会引起方案经济效果发生很大的变化，对项目经济评价的可靠性产生很大的影响，则这些不确定性因素称为敏感因素，反之，称为不敏感因素。

与不敏感因素相比，敏感性因素的变化会给项目带来的风险更大一些，所以，敏感性分析的核心问题，是从众多的不确定因素中找出影响投资项目经济效果的敏感因素，并提出有针对性的控制措施，为项目决策服务。

二、敏感性分析的步骤

1. 确定分析指标

这里所述的分析指标，就是敏感性分析的具体分析对象，评价一个项目经济效果的指标有多个，如净现值、净年值、净现值率、内部收益率、投资回收期等，都可以作为敏感性分析指标。但是，对于某一个具体的项目而言，没有必要对所有的指标都作敏感性分析，因为不同的项目有不同的特点和要求，各个经济效果指标都有其各自特定的含义，分析、评价所反映的问题也有所不同。因此，应根据经济评价的深度和具体情况来选择敏感性分析指标。

选择原则有两点：①敏感性分析的指标应与确定性分析的指标相一致，不应超出确定性分析所用指标的范围另立指标；②确定性经济分析中所用指标比较多时，应选择最能够反映该项目经济效益、最能够反映该项目经济合理与否的一个或几个最重要的指标作为敏感性分析的对象。

一般在项目的机会研究阶段，各种经济数据较为粗略，常使用简单的投资收益率和投资回收期指标，而在详细可行性研究阶段，经济指标主要采用内部收益率和净现值等动态指标，并通常附以投资回收期指标。

2. 选择不确定因素，设定其变化幅度

影响方案经济效果的不确定性因素很多，如前所述，这些因素中的任何一个发生变化，都会引起方案经济效果的变动。但是在实际工作中，不可能也没有必要对影响经济效果的所有因素都进行不确定性分析，而应该根据经济评价的要求和项目的特点，将发生变化的可能性比较大、对项目方案经济效果影响比较大的几个主要因素设定为不确定性因素。

对于一般的项目而言，常用做敏感性分析的因素有投资额、建设期、产量或销售量、价格、经营成本、折现率等。对于具体的项目来说，还要作具体的选择和考虑，在选定了需要分析的不确定性因素后，还要结合实际情况，根据各不确定性因素可能波动的范围，设定不确定因素的变化幅度。

3. 计算设定的不确定因素变动对经济指标的影响数值

对于各个不确定因素的各种可能变化幅度，分别计算其对分析指标影响的具体数值，即固定其他不确定因素，变动某一个或某几个因素，计算经济效果指标值。

4. 寻找敏感因素

敏感性分析的目的在于寻找敏感因素，敏感因素是指其数值变化能显著影响分析指标的不确定因素，判别敏感因素的方法有相对测定法和绝对测定法两种。

(1) 相对测定法。设定各不确定因素一个相同的变化幅度，比较在同一变化幅度下各因素的变动对分析指标的影响程度，影响程度大者为敏感因素。这种影响程度可以用敏感度系数表示。

敏感度系数的计算公式为

$$S_{AF} = \frac{\Delta A/A}{\Delta F/F} \tag{8.7}$$

式中　S_{AF}——评价指标 A 对于不确定因素 F 的敏感度系数；

$\Delta F/F$——不确定因素 F 的变化率，%；

$\Delta A/A$——不确定因素 F 发生 ΔF 变化时，评价指标 A 的相应变化率，%。

如果敏感度系数大于零，说明评价指标和不确定性因素同向变化；反之，两者反向变化。$|S_{AF}|$ 越大，表明该不确定性因素越敏感。

相对测定法仅仅从评价指标对不确定因素变化的敏感程度来鉴别敏感因素，而没有考虑各个不确定因素本身可能变化的情况。事实上，鉴别某个因素是否为敏感因素，不仅要考虑评价指标对该因素变化的敏感程度，还要考虑该因素可能出现的最大变化幅度。

(2) 绝对测定法。设各不确定因素均向对方案不利的方向变化，并取其可能出现的对方案最不利的数值，据此计算方案的经济效果指标，视其是否达到使方案不可行的程度，如果某个因素可能出现的最不利数值使方案变得不可行，则表明该因素为方案的敏感因素。

绝对测定法也可以通过比较各方案的临界点来判断方案的敏感性。临界点是指不确定性因素的变化使项目由可行变成不可行的临界数值。超过这个临界数值，项目将由可行变为不可行。例如当项目投资增加到某一值时，净现值将由正值变为负值，此点称为投资增加的临界点。临界点可采用不确定性因素相对于基本方案的变化率或不确定因素变化达到的具体临界值表示。

5. 结合确定性分析进行综合评价，并对项目的风险情况作出判断

根据敏感因素对方案评价指标的影响程度及敏感因素的多少，判断项目风险的大小，

第三节 敏 感 性 分 析

结合确定性分析的结果作进一步的综合判断,寻求对主要不确定因素变化不敏感的项目,为项目决策进一步提供可靠的依据。

根据项目经济目标,如经济净现值或经济内部收益率等所做的敏感性分析称为经济敏感性分析。而根据项目财务目标所做的敏感性分析称为财务敏感性分析。

根据每次计算时考虑的变动不确定因素数目多少的不同,敏感性分析可以分为单因素敏感性分析和多因素敏感性分析。

三、单因素敏感性分析

假定其他因素不变,每次只考虑一个不确定因素的变化对项目经济效果的影响,称为单因素敏感性分析。单因素敏感性分析还应求出导致项目由可行变为不可行的不确定因素变化的临界值,临界值可以通过敏感性分析。具体做法是:将不确定因素变化率作为横坐标,以某个评价指标,如内部收益率为纵坐标作图,由每种不确定因素的变化可得到内部收益率随之变化的曲线。每条曲线与基准收益率的交点称为该不确定因素的临界点,该点对应的横坐标即为不确定因素变化的临界点。

【例 8.1】 某水利工程建设项目,初始投资 200 万元,寿命期 10 年,期末残值 20 万元,各年的销售收入均为 70 万元,经营成本均为 30 万元。基准收益率 $i_c=10\%$。预测投资、收入、成本的变化范围是 ±10%。试用净现值来进行单因素敏感性分析。

【解】 (1) 本利选取净现值作为评价指标,项目的现金流量图见图 8.2。

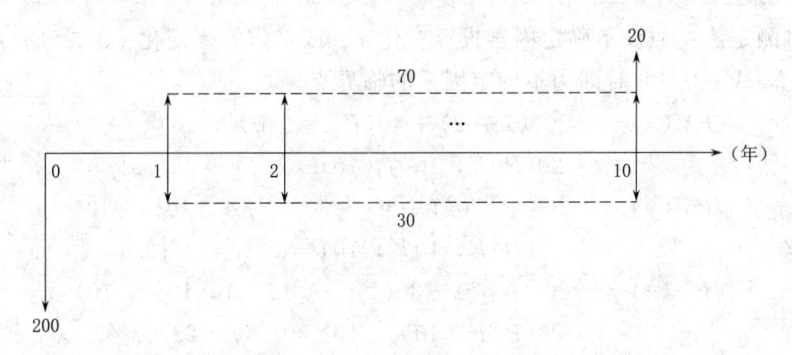

图 8.2 现金流量图(单位:万元)

(2) 投资、销售收入和经营成本作为不确定因素,变幅 ±10%。
(3) 计算不确定因素变动对经济指标的影响。
1) 计算不确定因素不发生变化时的净现值:
$NPV=-200+(70-30)(P/A,10\%,10)+20(P/F,10\%,10)=53.49$(万元)
2) 计算各不确定因素变化时的净现值:
a. 若投资(+10%),其他因素不变时:
$NPV_1=-200(1+10\%)+(70-30)(P/A,10\%,10)+20(P/F,10\%,10)$
$=33.49$(万元)
b. 若销售收入(-10%),其他因素不变时:
$NPV_2=-200+[70\times(1-10\%)-30](P/A,10\%,10)+20(P/F,10\%,10)$
$=10.48$(万元)

c. 若经营成本（+10%），其他因素不变时：
$$NPV_3 = -200 + [70 - 30 \times (1 + 10\%)](P/A, 10\%, 10) + 20(P/F, 10\%, 10)$$
$$= 35.06（万元）$$

（4）寻找敏感因素。

1）相对测定法：利用式（8.6）分别计算各方案的敏感度系数，并将结果汇总到表8.1中。

表 8.1　　　　　　　　　　单因素变化对净现值的影响

不确定因素	因素变化率/%	NPV/万元	ΔNPV/万元	评价指标变化率	敏感度系数
基本方案	0	53.49	—	—	—
投资	+10	33.49	−20.01	−0.374	−3.74
收入	−10	10.48	−43.02	−0.804	8.04
经营成本	+10	35.06	−18.44	−0.345	−3.45

根据表 8.1 中的敏感度系数可以看出，在不确定因素都变化同样数值（10%）时，销售收入的敏感度系数绝对值最大，为最敏感因素；投资对净现值指标的敏感性次之；经营成本的敏感性最小。

2）绝对测定法：假设不确定因素投资变化 x、或销售收入变化 y、或经营成本变化 z 时，净现值 $NPV=0$，此时即为不确定因素的临界点。

$$NPV(x) = -200(1+x) + 40(P/A, 10\%, 10)$$
$$+ 20(P/F, 10\%, 10) = 0 \quad x = 26.75\%$$
$$NPV(y) = -200 + [70(1+y) - 30](P/A, 10\%, 10)$$
$$+ 20(P/F, 10\%, 10) = 0 \quad y = -12.44\%$$
$$NPV(z) = -200 + [70 - 30(1+z)](P/A, 10\%, 10)$$
$$+ 20(P/F, 10\%, 10) = 0 \quad y = 29.02\%$$

根据图 8.3 中的临界点，可以看出，销售收入的斜率最大，销售收入为最敏感因素。

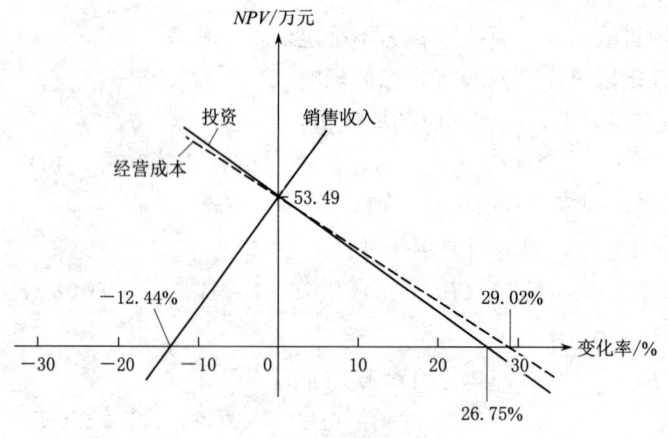

图 8.3　敏感性分析图

当销售收入减少 12.44% 时，净现值为零，达到临界点，如果销售收入继续减少，净现值将小于零，项目变得不可行；投资的斜率次之，为次敏感因素，当投资增加超过 26.75% 时，项目不可行；经营成本的斜率最小，敏感性最小。

四、多因素敏感性分析

单因素敏感性分析计算简单，结果明了，但实际上它是一种理想化了的敏感性分析方法。现实中，许多因素的变动都是具有相关性的，一个因素的变动往往会伴随着其他因素的变动，单纯考虑单个不确定因素的变化对经济效果评价指标的影响不能够真实地反映现实的实际情况，因此，具有一定的局限性。

多因素敏感性分析考虑了这种相关性，即是考察多个因素同时变化时对项目经济效果的影响程度，因而弥补了单因素分析的局限性，更全面地揭示了事物的本质。因此，在对一些有特殊要求的项目进行敏感性分析时，除了进行单因素敏感性分析外，还应进行多因素敏感性分析。

多因素敏感性分析需要考虑多种不确定因素可能发生的不同变动幅度的多种组合，计算起来比单因素敏感性分析要复杂得多，需编制相应程序，应用电子计算机进行计算。

五、敏感性分析的局限性

敏感性分析在一定程度上就各种不确定因素的变动对方案经济效果的影响作了定量描述，这有助于决策者了解方案的不确定程度，有助于确定在决策过程中及方案实施过程中需要重点研究与控制的因素，对提高方案经济评价的可靠性具有重要意义。

但是，敏感性分析具有其局限性，它只考虑了各个不确定因素对方案经济效果的影响程度，而没有考虑各不确定因素在未来发生变动的概率，这可能会影响分析结论的准确性。实际上，各个不确定因素在未来发生变动的概率一般是不同的，有些因素非常敏感，一旦发生变动对方案的经济效果影响很大，但它发生变动可能性很小，以至于可以忽略不计，而另一些因素可能不是很敏感，但它发生变动的可能性很大，实际所带来的不确定性比那些敏感因素更大。这个问题是敏感性分析所无法解决的，必须借助于风险概率分析方法。

第四节 风 险 分 析

一、风险分析概述

1. 风险分析的概念

项目风险分析是指风险管理主体通过风险识别、风险评价去认识项目的风险，并以此为基础，合理地使用风险回避、风险控制、风险分散、风险转移等管理方法、技术和手段对项目的风险进行有效的控制。

2. 风险分析的程序

在进行方案决策之前，需要从风险的角度考虑一些问题，如方案可能有哪些风险？这些风险出现的可能性有多大？当发生风险时的损失有多大？如何减少或消除这些可能的损失？明确风险分析的程序就可以回答这些问题了。

风险分析可以通过识别风险因素，采用定量和定性相结合的方法，估计风险因素发生的可能性及对项目的影响程度，评价风险程度并揭示影响项目的关键风险因素，提出风险对策，降低风险损失。风险分析的程序主要包括风险因素识别、风险评估、风险评价和应对措施。

（1）风险因素识别：是在众多不确定因素中，找出影响项目的主要风险因素，建立项目风险因素层次结构图，判断各因素间的关系。敏感性分析的结果可以作为风险因素识别和风险估计的依据。

（2）风险评估：应用主观概率和客观概率的统计方法，确定风险因素的变化区间及概率分布，计算项目评价指标的概率分布、期望及标准差。

（3）风险评价：根据风险识别和风险估计的结果，依据项目风险判别标准（可以采用以经济指标的累计概率或标准差为判别标准），找出影响项目成败的关键风险因素。

（4）应对措施：根据风险评价的结果，研究规避、控制与防范风险的应对措施，为项目全过程风险管理提供依据。

3. 风险分析与不确定性分析的异同

风险分析与不确定性分析的目的相同，两者都是以减轻风险损失或规避风险为目的的。通过识别、分析、评价影响项目的主要因素，防范不利影响以提高项目的成功率。

风险分析与不确定性分析在分析内容与方法方面却不同。风险分析是通过定量或定性的方法，在预先知道不确定性因素出现各种状态的可能性或概率分布的基础上，分析判断方案出现各种结果的可能性。而不确定性分析则不知道不确定性因素的概率分布，只是借助盈亏平衡分析和敏感性分析的方法，分析不确定性因素发生变化后对方案的结果影响。详见表8.2。

表 8.2　　　　　　　　　　　风险分析与不确定性分析的异同

不同点	不确定性分析	风 险 分 析
分析内容	不知道各种不确定性因素可能出现的状态及可能性的条件下，分析各种不确定性因素对方案结果的影响	预先需要知道不确定性因素可能出现的状态及可能性，判断方案的风险程度
分析方法	用盈亏平衡分析和敏感性分析对项目的不确定性因素进行分析，并粗略了解项目的抗风险能力	定量分析：概率分析法、决策树法、模特卡罗模拟法； 定性分析：专家调查法、层次分析法等

二、概率分析法

（一）概率分析概述

概率分析是运用概率和数理统计理论，研究各风险因素的变动情况，估计对项目评价指标影响程度的一种方法。概率分析首先预测风险因素发生的概率，将风险因素作为自变量，预测其取值范围和概率分布；再将选定的评价指标作为因变量，测算评价指标的相应取值范围和概率分布，计算评价指标的期望值，以及项目成功的概率。

概率分析的方法有很多种，这些方法多以项目经济评价指标（NPV为主）的期望值的计算为基础。这里重点介绍净现值的期望值法，通过计算项目 NPV 的期望值及 NPV 大于等于零的累计概率，来判断项目承担风险的能力。常用的参数主要为期望值和标准差。

1. 期望值

期望值是用来描述随机变量的一个主要参数，它是随机事件的所有可能变化量与相应概率的加权平均值。净现值大于等于零的累计概率越大（越接近1），则项目风险越小。项目净现值的期望值的计算公式为

$$E(NPV) = \sum_{i=1}^{n} NPV_i \times P_i \qquad (8.8)$$

式中　$E(NPV)$——随机变量 NPV 的期望值；

　　　NPV_i——第 i 个净现值的可能取值；

　　　P_i——取值 NPV_i 时对应的概率值。

2. 标准差

标准差是用来表示数学期望值与实际值的偏离程度的量，有时也叫均方差。标准差越小，期望值与实际值偏离的程度越小，则项目风险越小。净现值的标准差为

$$D(NPV) = \sum_{i=1}^{n} [NPV_i - E(NPV)]^2 P_i \qquad (8.9)$$

$$\sigma(NPV) = \sqrt{D(NPV)} \qquad (8.10)$$

式中　$D(NPV)$——随机变量 NPV 的方差；

　　　$\sigma(NPV)$——随机变量 NPV 的标准差。

（二）简单经济风险分析

《水利建设项目经济评价规范》（SL 72—2013）规定，水利建设项目经济风险分析可以在敏感性分析的基础上，确定各变量的变化区间及概率分布，计算项目净现值的概率分布、期望值及标准差，并根据计算结果进行风险评估。对于特别重大的水利建设项目，需要按照定量分析程序进行专题风险分析。在定量分析有困难时，可以进行定性分析。另外，考虑到对不确定性因素出现的概率进行预测和估计难度较大，各地又缺乏这方面的经验，规范规定对于一般大、中型水利建设项目，只要求采用简单的风险分析方法，就净现值的期望值和净现值大于或等于零时的累计概率进行研究，并允许根据经验设定不确定因素的概率分布。

简单经济风险分析的具体计算步骤如下：

(1) 选择影响项目经济评价指标的主要不确定因素。

(2) 拟定各不确定因素可能出现的各种情况。

(3) 分析确定或根据经验设定各不确定因素出现各种情况的概率。

(4) 计算各种可能情况的净现值及其概率，并计算项目净现值的期望值。

(5) 计算项目净现值大于或等于零的累计概率，并绘制累计概率曲线图。

【例 8.2】　某建设项目，建设期 1 年，生产运行期 10 年。建设投资、年销售收入和年经营成本分别为 800 万元、350 万元和 160 万元。经敏感性分析，项目的主要风险因素为建设投资和年销售收入，各因素可能出现的数值及其对应的概率如表 8.3 所列。已知基准折现率为 10%，试计算该项目净现值的期望值和净现值大于或等于零的累计概率。

表 8.3 风险因素及其概率分布

风险因素	建设投资 数额/万元	概率/%	年销售收入 数额/万元	概率/%
+20%	960	30	420	20
0	800	60	350	50
−20%	640	10	280	30

【解】 根据各因素的取值范围，结合本例的风险因素状态，确定风险因素组合状态共有 3×3＝9 种组合状态。各种组合状态的净现值与其对应的概率如表 8.4 所列。

表 8.4 各风险因素组合状态的净现值与概率

建设投资/万元	960			800			640		
年销售收入/万元	420	350	280	420	350	280	420	350	280
年经营成本/万元	160			160			160		
组合概率	0.06	0.15	0.09	0.12	0.3	0.18	0.02	0.05	0.03
净现值/万元	492.37	101.35	−289.67	652.37	261.35	−129.67	812.37	421.35	30.33

首先，计算各组合状态的净现值。例如在建设投资与年销售收入均增加 20% 的情况下，组合净现值：

$NPV = -960 + (420-160)(P/A, 10\%, 10)(P/F, 10\%, 1) = 492.37$（万元）

依次类推，可以分别计算各组合情况的净现值，列入表 8.4。

然后，根据式（8.9）和式（8.10），计算项目净现值的期望值为

$$E(NPV) = \sum_{i=1}^{n} NPV_i \times P_i = 190.25 \text{（万元）}$$

$$D(NPV) = \sum_{i=1}^{n} [NPV_i - E(NPV)]^2 P_i = 84136.85$$

$$\sigma(NPV) = \sqrt{D(NPV)} = 290.06 \text{（万元）}$$

$$\frac{\sigma(NPV)}{E(NPV)} = \frac{290.06}{190.25} = 1.5247$$

项目净现值大于等于零的累计概率为

$P(NPV \geq 0) = 0.06 + 0.15 + 0.12 + 0.3 + 0.02 + 0.05 + 0.03 = 0.73 = 73\%$

该项目的净现值大于等于零的累计概率为 73%，但标准差为 290.06 万元，离散系数为 1.5247，说明该项目风险较大。

三、项目风险的防范对策

项目风险分析的目的是研究如何降低风险程度或者规避风险，减少风险损失。项目风险防范对策是在风险识别和风险评估的基础上，根据不同风险因素提出相应的防范或规避对策，从而降低风险造成的损失。常用的风险对策主要有：

1. 风险回避

风险回避是投资主体完全规避风险的一种做法，即断绝风险的来源。对于投资项目的决策而言，风险回避就意味着彻底改变方案甚至否决项目实施。例如，风险分析显示产品市场存在严重风险，若采取回避风险的对策，就会做出缓建或者放弃项目的决策。简单的风险回避是一种消极的风险处理方法，因为会错失项目获得收益的可能性。因此，只有当风险损失较严重或者风险防范措施代价过于昂贵、得不偿失的时候才采用风险回避对策。

2. 风险控制

风险控制是针对可控性风险通过制订计划和采取措施，降低风险出现的可能性或者减少风险损失的对策。风险控制是一种积极主动的风险对策，一般包括预防损失和减少损失两方面。预防损失措施的主要作用在于降低损失发生的概率，而减少损失措施的作用在于降低损失的严重性或遏制损失的进一步发展。

3. 风险转移

风险转移是指通过一定的方式将可能面临的风险转移给受让人承担，以降低甚至减免投资主体的风险程度。风险损失转移的主要形式是保险和合同。

（1）保险转移。这是使用最为广泛的一种型式，通过向保险公司投保的方式，将项目风险全部或部分损失转移给保险公司。凡是保险公司可以投保的险种，都可以通过投保的方式转移全部或部分风险损失。

（2）合同转移。这种方式通过合同约定将风险全部或部分转移给其他参与者。例如，在建设项目发包时，可以与设计、施工方签订工程承发包合同，在合同中规定相应的违约条款，转移项目风险损失。此外，在工程项目建设过程中，也可以签订工程担保合同将信用风险转移。

4. 风险自留

风险自留是投资主体将可能的风险损失留给自己承担的一种对策。这种方式适用于已知有风险存在，但由于可能获得高回报而需要冒险时；或者风险损失较小，可以自行承担的项目。风险自留包括无计划自留和有计划自我保险。

（1）无计划自留。无计划自留是指当风险损失发生后从收入中支付风险损失。当经济主体没有意识到风险并认为损失不会发生时，或将意识到的与风险有关的最大可能损失显著低估时，就会采用无计划保留方式承担风险。一般来说，无资金保留应当谨慎使用，因为如果实际总损失远远大于预计损失，将引起资金周转困难。

（2）有计划自我保险。有计划自我保险是指在可能的损失发生前，通过各种资金安排以确保损失出现后能及时获得资金补偿损失。如通过建立风险预留基金来实现风险损失补偿。

习　题

1. 什么是不确定性分析？为什么要进行不确定性分析？
2. 如何进行盈亏平衡分析？
3. 什么是项目风险分析？项目风险分析的程序是什么？
4. 不确定性分析与风险分析的方法有哪些？

5. 单因素敏感性分析的步骤是什么？
6. 项目风险分析与不确定性分析的异同有哪些？
7. 某建设项目的年设计生产能力为 8 万件，每件售价 600 元，相关成本费用见表 8.5。则该项目的盈亏平衡点产量为多少？生产能力利用率为多大？

表 8.5　　　　　　　　　　项目相关成本费用表　　　　　　　　　　单位：万元

材料费	燃料费	非计件工资	固定资产折旧费	无形资产摊销费	长期借款利息	办公费
3700	220	70	260	80	30	110

8. 某水利建设项目建设期 2 年，生产运行期 8 年，各年现金流量如表 8.6 所示。已知基准折现率为 10%，试就投资、销售收入、经营成本因素的变化对净现值的影响进行单因素敏感性分析。
（1）绘出敏感性分析图。
（2）计算敏感度系数，指出敏感性因素。
（3）计算因素变化的临界值。

表 8.6　　　　　　　　　　项目各年现金流量　　　　　　　　　　单位：万元

年末	0	1	2	3	4	5	6	7	8	9
投资	−1600	−2600								
销售收入			2600	4200	4200	4200	4200	4200	4200	4200
经营成本			1800	3000	3000	3000	3000	3000	3000	3000
期末残值										600
净现金流量	−1600	−2600	800	1200	1200	1200	1200	1200	1200	1200

9. 已知某建设项目有甲、乙两个方案，销售情况及其对应的概率和净现值见表 8.7。试用概率分析的方法比较甲、乙两个方案的风险大小。

表 8.7　　　　　　两个方案的销售情况及其对应的概率和净现值

| 销售情况 | 概率/% | 净现值/万元 ||
		方案甲	方案乙
好	60	20	15
一般	20	5	10
差	20	−5	5

第九章 设备更新分析

第一节 概 述

一、设备更新原因分析

设备在使用或闲置过程中，由于物理作用（如冲击力、摩擦力、振动、扭转、弯曲等）、化学作用（如锈蚀、老化等）或技术进步的影响等，使设备遭受了损耗，称为设备的磨损。

设备更新源于设备的磨损，磨损分为有形磨损和无形磨损两种形式，设备磨损是有形磨损和无形磨损共同作用的结果。

1. 设备有形磨损的概念、种类

设备的有形磨损即为物质磨损，它是指由于设备被使用或自然环境造成设备实体的内在磨损。设备有形磨损又分为第Ⅰ类有形磨损和第Ⅱ类有形磨损。

（1）第Ⅰ类有形磨损（物理磨损）。运转中的设备在外力作用下（如摩擦、受到冲击、超负荷或应变应力作用、受热不均匀等）造成的实体磨损、变形或损坏称为第Ⅰ类有形磨损，产生第Ⅰ类有形磨损的原因有摩擦磨损、机械磨损和热伤。

（2）第Ⅱ类有形磨损（化学磨损）。自然环境的作用是造成设备有形磨损的另一个原因，设备在自然力作用下（生锈、腐蚀、老化等）造成的磨损称为第Ⅱ类有形磨损。这种磨损与生产过程的使用无关，甚至在一定程度上还同使用程度成反比。因此设备闲置或封存不用同样也会产生有形磨损，如金属件生锈、腐蚀、橡胶件老化等。

按照磨损的程度，有形磨损可以分为：①可消除磨损。指设备通过修理或者大修理修复磨损，使设备可继续使用；②不可消除磨损。指磨损设备无法修复到可继续使用状态。

2. 设备无形磨损的概念、种类

无形磨损也称为经济磨损，是由于社会经济环境变化造成的设备价值的相对贬值，无形磨损不是由于生产过程中的使用或自然力的作用造成的，所以它不表现为设备实体的变化和损坏。设备无形磨损按其成因不同分为第Ⅰ类无形磨损和第Ⅱ类无形磨损。

（1）第Ⅰ类无形磨损（设备绝对价值的降低）。第Ⅰ类无形磨损是受技术进步的影响，设备制造工艺不断改进，劳动生产率不断提高，使生产同样结构、同样性能的设备所需的社会必要劳动时间相应减少，成本不断降低，因而设备的市场价格也不断降低，这样就使原来购买的设备相应的贬值了。

（2）第Ⅱ类无形磨损（设备相对价值的降低）。第Ⅱ类无形磨损是受技术进步的影响，社会上出现了结构更先进、技术更完善、生产效率更高、耗费原材料和能源更少的新型设备，而使原有机器设备在技术上显得陈旧落后造成的，它的后果不仅是使原有设备价值降低，而且会使原有设备局部或全部丧失其使用功能。

第Ⅱ类无形磨损导致原有设备使用功能降低的程度与技术进步的具体形式有关,当技术进步表现为不断出现性能更完善、效率更高的新设备,但加工方法没有原则性变化时,将使原有设备的使用功能大幅度降低;当技术进步表现为采用新的加工对象如新材料时,则原有设备的使用功能完全丧失,加工旧材料的设备必然要被淘汰;当技术进步表现为改变原有生产工艺,采用新的加工方法时,则为旧工艺服务的原有设备也将失去使用功能,当技术进步表现为产品的更新换代时,不能适用于新产品生产的原有设备也要丧失使用功能,即被淘汰。

3. 设备综合磨损的概念及成因

一般情况下,设备在使用过程中发生的磨损实际上是由有形磨损和无形磨损同时作用而产生的,称之为综合磨损。设备在运行或闲置中的有形磨损不可避免,不同的只是具体设备在不同的条件下表现的有形磨损的程度不一样,同时由于科学技术的进步是连续无间断的,无法确定技术进步的起点和终点,因此,技术进步引起的设备磨损在任何情况下对任何设备都存在,只是不同设备的技术发展不平衡表现出的无形磨损的程度不同而已。

因此,对于任何特定的设备,两种磨损必然同时发生。两种磨损的共同点是两者都会引起设备原始价值的贬值,但不同的是有形磨损比较严重的设备,在修复补偿之前,往往不能正常运转,大大降低了作用性能;而无形磨损的设备,如果其有形磨损程度比较小,则无论其无形磨损的程度如何,均不会影响正常使用,但其经济性能必定发生变化,需要经过经济分析以决定是否继续使用。

二、设备磨损的补偿

由于设备有形磨损和无形磨损的存在,对设备的使用价值产生不同程度的影响,为维持设备正常工作,必须对已遭受磨损的设备进行及时合理的补偿。设备磨损的补偿有技术补偿和经济补偿两种。

1. 设备磨损的技术补偿

根据设备磨损的程度、类型的不同,相应的就有修理、现代化改造和更新等几种技术补偿方式,其目的在于保障设备良好的技术状态,防止设备故障停机等所造成的损失。

若设备使用价值的降低主要是由有形磨损引起的,磨损较轻,可通过修理进行补偿,若磨损太重无法修复,或虽能修复但精度不能保证,则通过更新进行补偿。

若设备使用价值的降低主要是由无形磨损引起的,则采取现代化改装或更新方式进行补偿,若设备虽遭受无形磨损但使用价值并没有改变,不必进行补偿。

2. 设备磨损的经济补偿

设备磨损的经济补偿是通过提取折旧来实现的,设备的折旧是伴随设备损耗发生的价值转移,设备投入使用后,其实物形态逐渐磨损,对应的价值逐步转移到产品中,构成产品的成本,待产品销售后再将这部分价值收回,对设备提取的折旧主要用于设备的更新。

三、设备更新的概念与特点分析

1. 设备更新的概念

设备更新是指对技术上或者经济上不宜继续使用的设备,用新的设备更换或者用先进的技术对原有的设备进行局部改造。设备更新有以下两种形式:

(1) 用相同的设备去更换有形磨损严重而不能继续使用的旧设备。

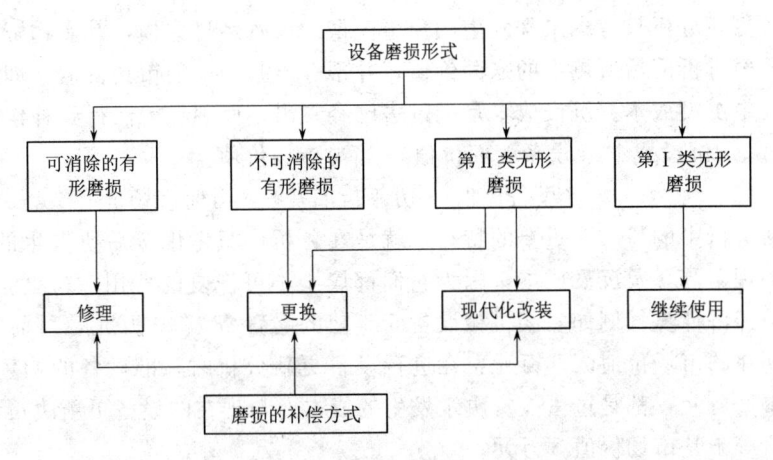

图 9.1 设备磨损与补偿之间的关系

(2) 用技术更先进、结构更完善、效率更高、性能更好、耗费能源和原材料更少的新型设备来替换那些在物理上不能继续使用或者在经济上不宜继续使用的旧设备。

设备更新的经济分析就是对设备磨损补偿选择什么样的方式和时机等进行经济分析论证。

设备更新同技术方案选择一样,应遵循有关的技术政策,进行技术论证和经济分析,做出最佳的选择。

2. 设备更新的特点分析

(1) 设备更新的中心内容是确定设备的经济寿命。设备的寿命是指设备从投入使用开始,由于磨损,直到设备在技术上或经济上不宜使用为止的时间。设备的寿命主要有以下几种:

1) 物理寿命。即自然寿命。它是由有形磨损所决定的,指设备从全新状态投入使用,直到即使通过大修理也不能恢复其原有用途而不得不报废的时间。

2) 技术寿命。指设备从全新状态投入使用,直到因技术进步或性能更优的新设备出现所经历的时间。尽管旧设备还能够继续使用,但因其技术落后而丧失了使用价值。技术寿命是由无形磨损决定的,一般短于物理寿命,而且技术进步越快,技术寿命越短。

3) 折旧寿命。即设备的折旧年限,它是指按国家财务、会计制度规定的折旧原则和方法,将设备的原值通过折旧方式转入产品成本,直到设备的折旧余额达到或者接近于零时所经历的时间。

4) 经济寿命。它是从经济角度确定的设备最合理的使用期限,是指设备从投入使用的全新状态开始到如果继续使用经济上已经不合理为止的整个时间过程。它是由有形和无形磨损共同作用决定的。

(2) 设备更新分析应站在咨询者的立场分析问题。设备更新问题的要点是要站在第三者客观的立场上,而不是站在旧资产所有者的立场上考虑问题。故若要保留旧资产,首先要付出相当于旧资产当前市场价值的现金,才能取得旧资产的使用权,这是设备更新分析的重要概念。

(3) 设备更新分析只考虑未来发生的现金流量。设备经过磨损，其实物资产的价值有所降低，设备经过折旧后所剩下的账面价值，并不等于其当前的市场价值，即更新旧设备往往会产生一笔沉没成本。沉没成本是指过去已经支出，而现在无法得到补偿的成本。

$$\begin{aligned}沉没成本 &= 设备账面价值 - 当前市场价值\\ &= (设备原值 - 历年折旧费) - 当前市场价值\end{aligned} \quad (9.1)$$

设备更新分析中的另一个重要的特点，就是在分析中只考虑今后所发生的现金流量，对以前发生的现金流量及沉没成本，因为它们都属于不可恢复的费用，与更新决策无关，故不需再参与经济计算。例如，某机械设备5年前的购置费为10万元，目前的账面价值为5万元，现在的市场价值为3万元，在进行设备更新分析时，旧设备的购置费用10万元和沉没成本2万元，都是过去投资决策发生的成本，与现在的设备更新决策无关，目前该设备的价值等于其市场价值3万元。

(4) 设备更新分析以费用年值法为主。由于不同设备方案的使用寿命不同，因此通常都采用费用年值法进行比较。

(5) 逐年滚动比较。在确定更新时机时，需要先比较现有设备剩余经济寿命和新设备的经济寿命，然后采用逐年滚动比较的方法比较新旧设备的费用年值，当旧设备的费用年值超过新设备的费用年值时，就需要更换旧设备。

第二节 设备大修理的技术经济

一、设备大修理的经济实质

设备是由不同材质的众多零部件组成的，它们的使用条件和功能也各不相同，因此设备不同部分的零部件遭受的有形磨损是非均匀性的，即设备的零部件有着不同的物理寿命，设备零部件有形磨损的不均衡性，决定了设备修理的可行性。

设备的大修理是设备修理中的一种非常重要的方式，是维修工作中最大的一种计划修理，通过对设备的全部解体，修理耐久的部分，调整、修复或更换磨损的零部件，全面消除缺陷，恢复设备精度，恢复零部件和整机的全部或接近全部的功能。

设备大修能利用保留下来的零部件，从而节约了大量的原材料和加工工时，这一点与设备更新相比具有很大的优越性。因此在设备更新分析时大修理是设备更新的替代方案，这是大修理的经济实质，也是大修理这种对设备磨损进行补偿的方式能够存在的经济前提。对设备进行更新分析时应与大修理方案进行比较，反过来，进行设备大修理决策时，也应同设备更新及设备其他再生产方式相比较。

二、设备大修理的经济界限

设备虽然通过大修理可以延长其物理寿命，但是在大修理决策时，要注意修理是有限度的，长期无休止的修理，会导致设备性能劣化的加深，使其根本恢复不到原有的性能水平。

设备在寿命期满前所需的大修理费用总额可能是个相当可观的数字，有时甚至可能超过设备原值数倍，当一次大修理的费用加该时期设备的残值大于或者等于新设备价值时，十分明显，这样的大修理在经济上是不合理的。因此，使用经过大修理的设备生产的产品成本在任何情况下都不能超过相同的新设备生产的单位产品的成本。

三、设备大修理周期数的确定

从技术上，大修可以消除有形磨损，使设备得以长期使用。但是设备在不同的大修理周期修理后生产的单位产品的成本可能是不相等的，因此从经济角度确定一台设备究竟大修到第几个周期最为适宜，这是大修理工作必须解决的问题，也即设备大修理周期数的确定问题。

如果一台设备的经济寿命已经确定，而且设备每次大修理间隔期又是已知的，则设备大修理周期数应由下式得出：

$$\sum_{j=1}^{n} T_j = T_E \tag{9.2}$$

式中　T_E——设备的经济寿命；

　　　T_j——第 $j-1$ 次到第 j 次大修理的间隔期，若 $j=1$ 时，则表示新设备至第一次大修理的间隔期；

　　　n——设备大修理的周期数。

第三节　设备经济寿命的确定

一、设备经济寿命计算原理

设备的经济寿命是从经济角度分析设备使用的最合理期限，因此计算设备的经济寿命可以从设备运行过程中发生的费用入手，分析其变化规律。一台设备其整个寿命期内发生的费用包括：

(1) 原始费用，指采用新设备时一次性投入的费用，包括设备原价、运输费和安装费等。

(2) 使用费，指设备在使用过程中发生的费用，包括运行费（人工、燃料、动力、刀具、机油等消耗）和维修费（保养费、修理费、停工损失费、废次品损失费等）。

(3) 设备残值，指对旧设备进行更换时，旧设备处理的价值，可根据设备转让或处理的收入扣除拆卸费用和可能发生的修理费用等计算，设备残值也可能是个负数。

设备的年平均使用成本是由两部分组成的：一部分是设备的原始费用与设备残值代数和的年分摊额，随着设备使用年限的延长，设备的年分摊额会逐渐减少；另一部分是设备的年使用费，该部分费用随着设备使用年限的延长会逐渐增加。

因此，设备的年平均使用成本是随着设备使用时间而变化的，在适当的使用年限会出现年平均使用成本最低值，这个能使平均使用成本达到最低的年数就是设备的经济寿命。

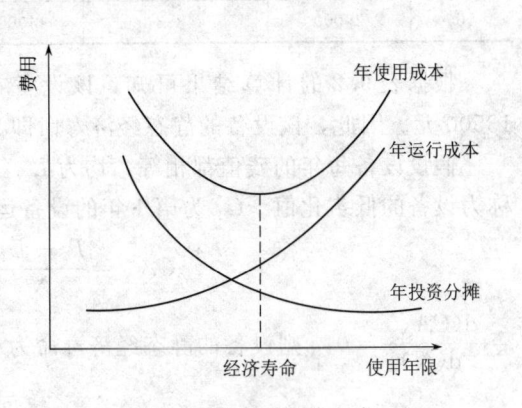

图 9.2　设备的经济寿命

二、经济寿命的计算方法

1. 静态分析下的经济寿命

在不考虑资金时间价值的基础上计算设备的经济寿命，其计算公式为

$$CA_t = \frac{I_0 - L_N}{N} + \frac{1}{N}\sum_{t=1}^{N} C_t \qquad (9.3)$$

式中　CA_t——静态年平均使用成本；
　　　I_0——设备目前的实际价值；
　　　L_N——第 N 年末的设备净残值；
　　　C_t——第 t 年的设备运行成本。

当 CA_t 最小时的 t 即为设备的经济寿命。

【例 9.1】　已知某设备当前的实际价值 I_0 为 30000 元，使用年限为 6 年，相关统计数据见表 9.1，试计算该设备的静态经济寿命为多少？

表 9.1　　　　　　　　　　设 备 相 关 统 计 数 据　　　　　　　　　单位：元

使用年限	1	2	3	4	5	6
年运行成本（C_t）	5000	6000	7000	9000	11500	14000
年末残值（L_N）	15000	7500	3750	1875	1000	1000

【解】　利用式（9.3），该设备不同使用年限对应的年平均使用成本如表 9.2 所列。

表 9.2　　　　　　　　　设备年平均使用成本计算　　　　　　　　　单位：元

使用年限	年投资成本（$I_0 - L_N$）	平均年投资分摊额 (2)/(1)	年运行成本（C_t）	累计运行成本（$\sum C_t$）	平均年运行成本 (5)/(1)	年平均使用成本 (3)+(6)
(1)	(2)	(3)	(4)	(5)	(6)	(7)
1	15000	15000	5000	5000	5000	20000
2	22500	11250	6000	11000	5500	16750
3	26250	8750	7000	18000	6000	14750
4	28125	7031	9000	27000	6750	13781
5	29000	5800	11500	38500	7700	13500
6	29000	4833	14000	52500	8750	13583

根据表 9.2 的计算结果可知，该设备在使用 5 年时，年平均使用成本达到最低为 13500 元。因此，该设备的静态经济寿命即为 5 年。

假设设备每年的残值都相等，均为 L_N，每年的设备使用费逐年递增的费用相等为 λ，称为设备的低劣化值。C_1 为第 1 年的设备运行成本，则设备年平均使用成本为

$$CA_N = \frac{I_0 - L_N}{N} + C_1 + \frac{N-1}{2}\lambda \qquad (9.4)$$

令 $\dfrac{\mathrm{d}(CA_N)}{\mathrm{d}(N)} = 0$，则设备的静态经济寿命为

$$N_0 = \sqrt{\frac{2(I_0 - L_N)}{\lambda}} \qquad (9.5)$$

式中 λ——设备的低劣化值。

【例 9.2】 若有一台设备，目前实际价值 $I_0=8000$ 元，估计残值 $L_N=1600$ 元，第一年的设备运行成本 $C_1=500$ 元，每年设备的成本增量（年低劣化值）均为 $\lambda=200$ 元，求该设备的静态经济寿命？

【解】 根据式（9.5），设备的静态经济寿命为

$$N_0=\sqrt{\frac{2(I_0-L_N)}{\lambda}}=\sqrt{\frac{2\times(8000-1600)}{200}}=8（年）$$

2. 动态分析下的经济寿命

在考虑资金时间价值的基础上计算设备的经济寿命，若基准收益率为 i_c，则经济寿命为设备年平均使用成本最小时的使用年限。

$$CA_t=[I_0-L_N(P/F,i_c,t)+\sum_{t=1}^{N}C_t(P/F,i_c,t)](A/P,i_c,t)$$

$$=I_0(A/P,i_c,t)-L_N(A/F,i_c,t)+\sum_{t=1}^{N}C_t(P/F,i_c,t)(A/P,i_c,t) \quad (9.6)$$

因为 $(A/F,i_c,t)=(A/P,i_c,t)-i_c$

所以 $CA_t=(I_0-L_N)(A/P,i_c,t)+L_Ni_c+\sum_{t=1}^{N}C_t(P/F,i_c,t)(A/P,i_c,t) \quad (9.7)$

【例 9.3】 在［例 9.1］中，如果考虑资金时间价值，若 $i_c=6\%$，试计算该设备的动态经济寿命为多少？

【解】 利用式（9.7），计算设备不同使用年限下的年使用成本，见表 9.3。

表 9.3　　　　　　　　设备不同使用年限下的年使用成本　　　　　　　　单位：元

使用年限	年投资成本 I_0-L_N	$(A/P,6\%,t)$	$L_N\times6\%$	$(2)\times(3)+(4)$	年运行成本 C_t	$(P/F,6\%,t)$	$[\sum(6)\times(7)]\times(3)+(5)$
(1)	(2)	(3)	(4)	(5)	(6)	(7)	(8)
1	15000	1.0600	900	16800.0	5000	0.9434	21800.0
2	22500	0.5454	450	12721.5	6000	0.8900	18206.6
3	26250	0.3741	225	10045.1	7000	0.8396	16006.1
4	28125	0.2886	112.5	8229.4	9000	0.7921	14885.4
5	29000	0.2374	60	6944.6	11500	0.7473	14460.0
6	29000	0.2034	60	5958.6	14000	0.7050	14405.2

根据表 9.3 的计算结果可知，该设备在使用 6 年时，年平均使用成本达到最低为 14405.2 元。因此，该设备的动态经济寿命即为 6 年。与静态经济寿命相比，动态经济寿命增加了 1 年。

第四节　设备更新方案的比选

设备更新是修理以外的另一种设备综合磨损的补偿方式，设备更新有两种形式：一种

是用相同结构和效能的机器设备去更换有形磨损严重、不能继续使用的旧设备，这种更新不具有更新技术的性质，主要解决设备的损坏问题；另一种是用技术更先进、效率更高、原料消耗更少的新设备来替代技术上或经济上不能继续使用的旧设备，这种更新不仅能解决设备的损坏问题，还能解决设备技术落后的问题，设备更新主要采用后面一种形式。

设备的更新应本着如下的原则：如果设备采用修理的方式比较合理的就不要急着更新，可以修中有改；改进工艺设备能满足要求的，就不要更新设备；只需要更新个别关键零部件或单台设备的，就不要更新整机或整条生产线。

对于设备更新不能轻率从事，应根据情况具体的区别与对待，尤其在做更新决策时，关键是要确定一个设备的最佳更新期限，应以技术经济分析作为依据，从理论上讲，设备合理的更新时间应与其经济寿命相同，也就是说，设备到了经济寿命就应进行更新。但是应该指出的是研究设备的经济寿命的时候，只是从设备的年平均费用入手，忽略了技术进步和资金等因素对设备更新的影响和制约。所以，在研究设备经济寿命的基础上进一步研究设备的更新时机问题是很有必要的。

一、设备更新方案的经济分析

对企业来说，设备更新问题的决策是很重要的，如果因为暂时的故障就将现有的设备进行草率的报废处理，或者因为片面追求先进和现代化而购买最新型的设备，都有可能造成资本的流失；而对于一个资金比较紧张的企业可能会选择另一个极端的做法，即拖延设备更新直到其不能再使用为止。后者对企业来说是一种危险的做法，它必须依靠低效率的设备所生产的高成本和低质量的产品与竞争对手们利用现代化的设备生产的低成本和高质量的产品进行竞争，显然，这会使企业处在一个极为不利的地位。

设备更新有两种情况：一种是有些设备在其整个使用期内并不会过时，即在一定时期内还没有更先进的设备出现。在这种情况下，设备在使用过程中避免不了有形磨损的作用，结果引起设备的维修费用，特别是大修理费以及其他运行费用的不断增加，这时立即进行原型设备的替换，在经济上是合理的，这就是原型设备更新问题。

另一种是在技术不断进步的条件下，由于无形磨损的作用，很可能在设备尚未使用到其经济寿命，就已经出现了价格很低的同型设备或工作效率更高和经济效益更好的更新型的同类设备，这时就要分析继续使用原设备和购置新设备的两种方案，进行选择，确定设备是否更新。

在实际工作中，往往是综合磨损作用的结果，现代设备技术进步速度越来越快，设备的更新周期越来越短，因此，对企业来说，设备的更新分析是一个很重要的工作。

1. 原型设备更新分析

有些设备在使用时并不过时，也就是说在设备达到经济寿命年限前技术上仍然先进，不存在技术上提前报废的问题，当该设备到达经济寿命年限时，再继续使用，经济上已经不合算，于是可以对原型设备进行替换，这类原型设备更新的时机应以其经济寿命年限为佳。

原型设备更新分析主要有三个步骤：
（1）确定各方案共同的研究期。
（2）用费用年值法确定各方案设备的经济寿命。

第四节 设备更新方案的比选

（3）通过比较每个方案设备的经济寿命确定最佳方案，即旧设备是否更新以及新设备未来的更新周期。

2. 新型设备更新分析

所谓新型设备更新分析，就是假定企业现有设备可被其经济寿命期内等额年总成本最低的设备取代。

设备更新分析结论与研究期密切相关，同样的新旧设备，研究期的假定条件不同，可能得出各种不同的结论。

【例9.4】 某建设单位有一台旧设备，现提出更换新设备的要求，有关数据见表9.4，试进行是否需要更新设备的选择。（$i=15\%$）

表9.4 相关经济技术指标

相关指标	原价/元	预计使用年限/年	已使用年限/年	最终残值/元	市场价值/元	年运行成本/元
旧设备	22000	10	4	2000	6000	7000
新设备	24000	10	0	3000	24000	4000

【解】 在对新、旧设备进行比较分析时，应站在一个客观的立场上正确地描述新、旧设备各自的现金流量，而不应在旧设备的拥有者的角度进行主观分析。因此，在分析继续使用旧设备还是更换新设备时，遵循客观原则，可以选择用6000元买旧设备，或者用24000元购买新设备，在此基础上将这样两个方案进行比较。新、旧设备的现金流量如图9.3和图9.4所示。

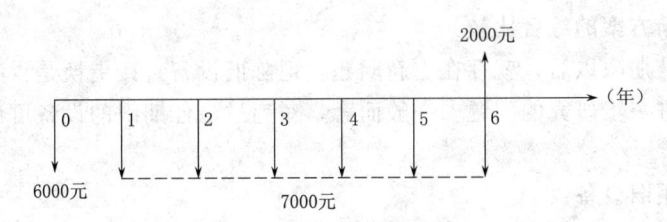

图9.3 旧设备的现金流量图

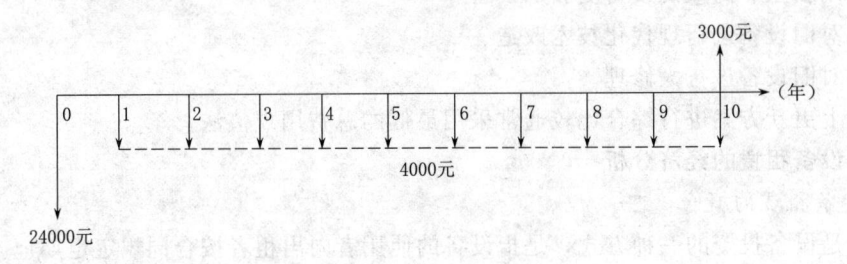

图9.4 新设备的现金流量图

由图9.3可得旧设备的费用年值为

$$AC_{旧}=6000(A/P,15\%,6)+7000-2000(A/F,15\%,6)=8356.8（元）$$

由图9.4可得新设备的费用年值为

$AC_{新} = 24000(A/P, 15\%, 10) + 4000 - 3000(A/F, 15\%, 10) = 8635.3$ （元）

$AC_{旧} < AC_{新}$，所以应该继续使用旧设备。

二、设备更新方案的各种主要因素

设备需要更新的原因大致主要有能力不适应、维修过多、效率降低、无形磨损严重等。以下分别举例介绍。

1. 由于能力不适应而引起的更新

在企业生产经营中，有时设备既没有技术上的陈旧落后，也没有经济上的不可行，仅仅是因为生产的发展而引起的生产能力或加工精度难以满足要求，这时也需要更新。

2. 由于维修过多而引起的更新

由于设备在使用过程中发生磨损，需要进行临时性的小修理或者定期大修，在大修之前，应该分析计算大修和更新的优越性，判断继续大修和更新哪一种方案更合算。

3. 由于效率降低而引起的更新

设备通常在开始使用时效率较高，以后随着磨损的产生而效率不断降低，当效率的降低是由于设备的少数组件受到磨损而引起时，应定期更新这些组件，使整个设备保持较高的效率，但有些设备，其效率的降低是无法通过修理来恢复的，如冰箱制冷系统损坏、热水管内形成水垢等，这时就要通过经济分析在一定的时候全部加以更新。

4. 由于无形磨损严重而引起的更新

通过技术创新不断改善设备的生产效率，提高设备的使用功能，会造成旧设备产生无形磨损，当无形磨损达到一定限度时，现代化的改装也不经济，就有可能导致企业对旧设备进行更新。

三、设备更新方案的综合比较

设备超过最佳期限以后，就存在更新问题，但陈旧设备直接更换是否必要或是否是最佳选择，是需要进一步研究的问题。一般而言，对超过最佳期限的设备可以采用以下5种处理办法：

(1) 继续使用旧设备。
(2) 用相同结构的原型新设备更新旧设备。
(3) 用新型、高效的设备更新旧设备。
(4) 对旧设备进行现代化技术改造。
(5) 对旧设备进行大修理。

对以上更新方案进行综合比较通常采用最低的总费用现值法。

四、设备租赁的经济分析

1. 设备租赁的概念

租赁是设备投资的一种方式，是指设备的使用者向出租者按合同规定定期地支付一定的费用而取得设备使用权的一种方式，对使用者来说，可以带来如下好处：

(1) 促进资产的合理使用，提高设备的利用率。
(2) 在资金短缺的情况下，也能使用设备。
(3) 可以避免通货膨胀的冲击，减少投资风险。
(4) 可以减少税金的支出。

(5) 可获得良好的技术服务。

(6) 可以避免设备技术落后的风险。

2. 设备租赁的方式

(1) 经营租赁，也称为运行租赁。任何一方可以随时通知对方在规定时间内取消或终止租约，临时使用的设备（如车辆、计算机等）通常采用这种方式。

(2) 融资租赁。

1) 融资租赁的含义。融资租赁也称金融租赁或资本租赁，是指不带维修条件的设备租赁业务，融资租赁与分期付款购入设备相类似，实质上是承租者通过设备租赁公司筹集设备投资的一种方式。

在融资租赁方式下，设备是由出租人完全按照承租人的要求选定的，所以出租人对设备的性能、物理性质、老化风险以及维修保养不负任何责任。在大多数情况下，出租人在租期内分期回收全部成本、利息和利润，租赁期满后，出租人通过收取名义货价的形式，将租赁物件的所有权转移给承租人。

2) 融资租赁的方式。

(a) 自营租赁。自营租赁也称为直接租赁。其一般程序为：用户根据自己所需设备，先向制造厂家或经销商洽谈供货条件，然后向租赁公司洽谈租赁预约，经租赁公司审查合格后，双方签订租赁合同，由租赁公司支付全部设备款，并让供货者直接向承租人供货，货物经验收并开始使用后，租赁期即开始。承租人根据合同规定向租赁公司分期交付租金，并负责租赁设备的安装、维修和保养。

(b) 回租租赁。回租租赁也称为售出与回租，是先由租赁公司买下企业正在使用的设备，然后再将原设备租赁给该企业的租赁方式。

(c) 转租赁。转租赁是指国内租赁公司在国内用户与国外厂商签定设备买卖合同的基础上，选定一家国外租赁公司或厂商，以承租人身份与其签订租赁合同，然后再以出租人身份将该设备转租给国内用户，并收取租金转付给国外租赁公司的一种租赁方式。

3. 设备租赁决策分析

在租赁设备前，是采用购置设备还是租赁设备应做好设备租赁的经济分析，即对两方案在经济上进行比较优选，其方法与设备更新方案选择无实质上的差别。

当采用租赁设备时，租赁费直接计入成本，当租赁费用的现值与购置费用相等时，区别仅在于税金的大小，当采用直线折旧法时，一般租赁费用要高于折旧费用，因此所付税金较少，对企业有利。

习 题

1. 设备磨损的种类有哪些？
2. 设备磨损的补偿方式有哪些？
3. 设备的寿命有哪些？各有什么特点？
4. 如何确定设备大修理的经济界限？
5. 已知某设备的原价为 5500 元，使用年限为 6 年，相关统计数据见表 9.5，试计算该设备的静态和动态经济寿命。

表 9.5　设备相关统计数据　　单位：元

使用年限	1	2	3	4	5	6
年运行成本	1000	1200	1500	2000	2500	3000
年末残值	4000	3000	2500	2000	1500	1000

6. 已知某设备原值为 15000 元，初始运行费为 1000 元，年低劣化值为 900 元，基准折现率为 10%。试计算该设备的静态经济寿命。

7. 某水泵站准备更新水泵设备，若购买一套原型水泵需要 1952 元，每年运行费为 900 元；若购买一套新式水泵需要 2450 元，每年运行费为 500 元。若计算分析期为 8 年，原型和新式水泵运行均无残值，基准折现率为 12%，试判断是否需要购买新式水泵。

8. 已知 A 设备的购置费为 16000 元，使用年限 6 年；B 设备的购置费为 9000 元，使用年限 5 年。A、B 设备的使用年限、年运行费和年末净值见表 9.6 和表 9.7。若 B 设备已承担生产任务 2 年，现准备用 A 设备进行替换，试判断是否需要更换？若需要更换，什么时间更换最合理？

表 9.6　A 设备相关统计数据　　单位：元

使用年限	1	2	3	4	5	6
年运行费	100	300	500	800	1000	1300
年末净值	12000	9000	7000	5000	4000	3000

表 9.7　B 设备相关统计数据　　单位：元

使用年限	1	2	3	4	5
年运行费	1000	1400	1800	2300	2900
年末净值	6000	5500	4000	2500	1000

第十章 价值工程

第一节 价值工程原理

价值工程（value engineering，VE），又称价值分析（VA），是20世纪40年代后期产生的一门新兴的管理技术。它的创始人公认是美国工程师麦尔斯。第二次世界大战期间，物资供应十分紧张。供职于通用电气公司采购部门的麦尔斯，从多年采购工作实践中逐步摸索到短缺材料可以寻找相同功能者作"代用品"的经验，认为购买材料的目的是获得某种功能而不是材料本身。所以，只要满足功能，就可以选用购买得到的或较为便宜的材料，代替原设计指定的材料使用。通过一系列成功的实践活动，麦尔斯总结出一套在保证同样功能的前提下降低成本的比较完整的科学方法，定名为"价值分析"。以后随着其研究内容的不断丰富与完善，其研究领域也从材料代用逐步推广到产品设计、生产、工程、组织、服务等领域，形成了一门比较完整的科学体系——价值工程。

价值工程与一般的投资决策理论不同，一般的投资决策理论研究的是项目的投资效果，强调的是项目的可行性。而价值工程是研究如何以最少的人力、物力、财力和时间获得必要的功能的技术经济分析方法，强调的是产品的功能分析和功能改进。

一、价值工程的基本概念及特点

价值工程是以提高产品（或作业）价值和有效利用资源为目的，通过有组织的创造性工作，寻求用最低的寿命周期成本，可靠地实现所研究对象的必要功能，以获得最佳综合效益的一种管理技术。其中，价值工程中"工程"的含义是指为实现提高价值的目标所进行的一系列分析研究的活动。

价值工程的定义，涉及价值、功能和寿命周期成本这三个基本概念。

1. 价值

价值工程中所述的"价值"是一个相对概念，是指价值工程分析对象所具有的功能与形成功能的费用之比。它是衡量一个研究对象经济效益高低的尺度，可以用一个数学公式表示为

$$V = F/C \tag{10.1}$$

式中 V——价值；

F——研究对象的功能，广义是指产品或作业的功用和用途；

C——获得相应功能的寿命周期成本，即从研发、设计、试验、试制、生产、销售、使用、维修直到报废所花费费用的总和。

从式（10.1）可以看出，价值工程中的价值是一种比较价值或相对价值的概念，对象的效用或功能越大，成本越低，价值就越大。

2. 功能

功能是指价值工程分析对象能够满足人们某种需要的一种属性。

比如对产品而言，功能就是指它的用途。任何产品的存在是由于它们具有能满足用户所需求的功能。人们购买产品的实质是为了获得产品的功能。

根据功能的不同特性，可做如下分类：

(1) 按功能的重要程度可分为基本功能和辅助功能。基本功能就是要达到这种产品的目的所必不可少的功能，是产品的主要功能，如果不具备这种功能，这种产品就失去其存在的价值。例如承重墙的基本功能是承受荷载。辅助功能是为了更有效地实现基本功能而添加的功能，是次要功能，是为了实现基本功能而附加的功能。

(2) 按功能的性质可分为使用功能和美学功能。使用功能从功能的内涵上反映其使用属性，而美学功能是从产品外观反映功能的艺术属性。无论使用功能还是美学功能，它们都是通过基本功能和辅助功能来实现的。产品的使用功能和美学功能要根据产品的特点而有所侧重。有的产品其使用功能突出，例如地下电缆、地下管道等；有的其美学功能突出，例如墙纸、壁画等。当然，很多产品两种功能兼而有之，例如手表。

(3) 按功能的量化标准可分为过剩功能和不足功能。过剩功能是指某些功能虽属必要，但满足需要有余，在数量上超过了用户需求或标准功能水平。不足功能是相对于过剩功能而言的，表现为产品功能水平低于标准功能水平，不能完全满足用户需要。不足功能和过剩功能是价值工程的主要研究对象。

(4) 按用户的需求可分为必要功能和不必要功能。必要功能是指用户所要求的功能以及实现用户所需求功能有关的功能，使用功能、美学功能、基本功能、辅助功能等均可能成为必要功能；不必要功能是指不符合用户要求的功能。不必要功能包括三类：①多余功能；②重复功能；③过剩功能。不必要的功能很可能产生不必要的费用，这不仅增加了用户的经济负担，而且还浪费资源。因此，价值工程所指的功能，通常指必要功能，即充分满足用户要求的功能。

(5) 按总体与局部可分为总体功能与局部功能。总体功能和局部功能是目的和手段的关系，产品各局部功能是实现产品总体功能的手段，而产品的总体功能又是产品各局部功能要达到的目的。

上述分类有助于分辨确定各种功能的性质和重要程度。价值工程正是抓住产品功能这一本质，通过对产品功能的分析研究，正确、合理地确定产品的必要功能、消除不必要功能，加强不足功能、削弱过剩功能，改进设计，降低产品成本。因此，可以说价值工程是以功能为中心，在可靠地实现必要功能基础上来考虑降低产品成本的。

3. 寿命周期成本

寿命周期是指从价值工程分析对象被研究开发、设计制造、用户使用直到报废为止的整个时期。对象的寿命周期一般可分为自然寿命和经济寿命。价值工程一般以经济寿命来计算和确定对象的寿命周期。

寿命周期成本是指从分析对象被研究开发、设计制造、销售使用直到报废所发生的各项费用之和。寿命周期成本主要由生产成本及维护成本组成。生产成本 C_1 是指用户购买产品的费用，包括产品的研发、设计、试制、生产、销售等费用；使用及维护成本 C_2 是指用户使用产品过程中支付的各种费用,包括使用过程中的能耗、维修费用、人工费用、管理费用等。

在一定范围内,C_1 与 C_2 存在此消彼长的关系。随着功能水平提高,生产成本 C_1 增加,使用及维护成本 C_2 降低;反之功能水平降低,其生产成本 C_1 降低,但是使用及维护成本 C_2 增加。

二、价值工程的特点

价值工程涉及价值、功能和寿命周期成本等三个基本要素,它具有以下特点。

1. 价值工程的目标是以最低的寿命周期成本使产品(或作业)具备它必须具备的功能

寿命周期成本与其功能是辩证统一的关系。寿命周期成本的高低,不仅关系到生产企业的利益,同时也与满足用户的要求乃至建设资源节约型社会密切相关。因此价值工程的活动应贯穿于生产和使用的全过程,兼顾生产者和用户的利益,以获得最佳综合效益。

2. 价值工程的核心是对产品(或作业)进行功能分析

价值工程的功能是指对象能够满足某种要求的一种属性。例如,住宅有提供居住空间的功能,厂房有提供生产制造场地的功能等。用户购买产品,是购买这种产品的功能。企业生产的目的,也是提供用户所期望的功能,而产品的结构、材质等是实现这些功能的手段,目的是主要的,手段可以广泛选择。因此,价值工程的核心是功能分析,应围绕着产品的功能进行分析,促使功能与成本合理匹配,获取较高经济效益。

价值工程一般要求将功能定量化,即将功能转化为能够与成本直接相比的量化值。

3. 价值工程是以集体的智慧开展的有计划、有组织的管理活动

价值工程研究的问题设计产品的整个寿命周期,涉及面广,研究过程复杂。因此,在开展价值工程活动时,必须组织科研、设计生产、管理、采购、供销、财务,甚至用户等各方面有经验的人员参加,以适当的组织形式组成一个智力结构合理的集体,共同研究,发挥集体智慧、经验和积极性,排除片面性和盲目性,博采众长,有计划、有领导、有组织地开展活动,以达到提升产品价值的目的。

4. 价值工程以用户要求为重点

产品的设计依据是用户的功能需求。用户对产品功能提出的各种要求,就应成为价值工程的改进重点,认真地鉴别出产品中存在的那些与用户要求无关的功能,降低由此造成的冗余成本。

5. 价值工程强调不断改革和创新

价值工程强调不断改革和创新,开拓新构思和新途径,获得新方案,创造新功能载体,从而简化产品结构,节约原材料,提高产品的技术性能与经济效益。

三、提高价值的途径

公式 $V=F/C$,不仅深刻地反映出产品价值与功能和实现此功能所耗成本之间的关系,而且也为如何提高价值提供了五种途径:

(1) 在提高产品功能的同时,降低产品成本,这是大幅度提高价值最为理想的途径。

即：$\dfrac{F\uparrow}{C\downarrow}=V\uparrow\uparrow$。

（2）在产品成本不变的条件下，通过提高产品的功能，达到提高产品价值的目的。即：$\dfrac{F\uparrow}{C\rightarrow}=V\uparrow$。

（3）在保持产品功能不变的前提下，通过降低成本达到提高价值的目的。即：$\dfrac{F\rightarrow}{C\downarrow}=V\uparrow$。

（4）在适度增大产品成本同时，产品功能有较大幅度提高，即功能的提高幅度超过了成本的提高幅度，价值还是提高了。即：$\dfrac{F\uparrow\uparrow}{C\uparrow}=V\uparrow$。

（5）产品功能略有下降，产品成本大幅度下降，即功能的下降幅度小于成本下降的幅度，这样也可以达到提升产品价值的目的。即：$\dfrac{F\downarrow}{C\downarrow\downarrow}=V\uparrow$。

在产品形成的各个阶段都可以应用价值工程提升产品价值，但在不同的阶段应用价值工程效果却是大不相同的。价值工程更侧重在产品的研制与设计阶段，对于工程项目来说，侧重在规划与设计阶段。

第二节 价值工程的实施步骤

价值工程也像其他技术一样有自己独特的一套工作程序，其实施步骤见表10.1。

表 10.1　　　　　　　　　　价值工程的实施步骤

工作阶段	价值工程的实施步骤		价值工程的问题
	基本步骤	详细步骤	
准备阶段	确定对象	1. 工作对象选择	研究对象是什么？
		2. 信息资料收集	
分析阶段	功能分析	3. 功能定义	它的功能是什么？
		4. 功能整理	
	功能评价	5. 功能成本分析	它成本是多少？
		6. 功能评价	它的价值是多少？
		7. 确定改进范围	
创新阶段	制定方案	8. 方案创造	有无其他方法实现同样功能？
		9. 概略评价	
		10. 调整完善	新方案的成本是多少？
		11. 详细评价	
		12. 提出方案	新方案能满足功能的要求吗？
实施阶段	方案实施与成果评价	13. 方案审批	实现预定目标了吗？
		14. 方案实施与检查	
		15. 成果评价	

一、准备阶段

价值工程准备阶段的主要工作为对象选择与信息资料的收集,目的是确定价值工程的研究对象。

(一) 对象选择

对象选择需要运用一定的原则和方法选择价值工程研究对象。一般来说,从以下几方面考虑价值工程对象的选择:

(1) 从设计方面来看,对产品结构、性能和技术指标差、体积和重量大的产品进行价值工程的活动,可使产品结构、性能、技术水平得到优化,从而得到产品价值。

(2) 从生产方面来看,对量大面广、工序繁琐、工艺复杂、原材料和能源消耗高、质量难于保证的产品,进行价值工程活动。

(3) 从销售方面来看,选择用户意见较多、退货索赔多和竞争力差的产品进行价值活动,以赢得消费者的认同,占领更大的市场份额。

(4) 从成本方面来看,选择成本高或成本比重大的产品,进行价值活动可降低产品成本。

价值工程对象选择的方法有很多种,应根据不同价值工程对象的特点及企业自身条件选用适宜的方法。常用的方法有经验分析法、ABC 分析法、强制确定法、百分比分析法、价值指数法等。这里仅介绍常用的几种。

1. 经验分析法

经验分析法是一种定性分析方法。这种方法是依据分析人员的经验而做出的选择,它的优点是简便易行,考虑问题综合全面。缺点是缺乏定量的数据,准确性较差,对象选择的正确与否主要取决于参加者的水平与态度。为了消除和克服缺点,可以挑选经验丰富、熟悉业务的人员参加,通过集体研究,共同确定分析对象。在实践中,也可将经验分析法与其他方法结合使用,以取得更好的经济效果。

2. ABC 分析法

ABC 分析法也叫成本比重法、重点法或者巴雷特法。用 ABC 分析法选择价值工程对象时,将产品、零件或工序按其成本大小进行排队,通过分析比较局部成本在总成本中所占的比重大小,用"关键的占少数和次要的占多数"的关系确定价值工程对象。

一般按如下方式对产品、零件或工序进行分类,见表 10.2。

A 类,数量比率占 10% 左右,而它的成本费用占总成本的比重为 70% 左右,一般作为价值工程的研究对象。

B 类,数量比率占 20% 左右,它的成本占总成本比重为 20% 左右,如果人力、财力、物力允许也可以作为价值工程的研究对象。

C 类,数量比率占 70% 左右,它的成本占总成本比重为 10% 左右,一般不宜作为价值工程的研究对象。

【例 10.1】 某住宅楼工程基础部分包含 17 个分项工程,各分项工程的造价及基础部分的直接费见表 10.2,试采用 ABC 分析法确定该基础工程中可能作为价值工程研究对象的分项工程。

【解】 基础分项工程的 ABC 分类见表 10.2,其中,C20 带形钢筋混凝土基础、干铺土石屑垫层、回填土三项工程为 A 类工程，应考虑作为价值工程分析的对象。

表 10.2　　　　　某住宅楼基础工程分项工程分类

分项目工程名称	成本/元	累计分项工程数	累计分项工程数百分比/%	累计成本/元	累计成本百分比/%	分类
C20 带形钢筋混凝土基础	63436	1	5.88	63436	39.5	A
干铺土石屑垫层	29119	2	11.76	92555	57.64	A
回填土	14753	3	17.65	107308	66.83	A
商品混凝土运费	10991	4	23.53	118299	73.67	B
C10 混凝土基础垫层	10952	5	29.41	129251	80.49	B
排水费	10487	6	35.29	139738	87.02	B
C20 独立式钢筋混凝土基础	6181	7	41.18	145919	90.87	C
C10 带形无筋混凝土基础	5638	8	47.06	151557	94.38	C
C20 矩形钢筋混凝土柱	2791	9	52.94	154348	96.12	C
M5 砂浆砌砖基础	2202	10	58.82	156550	97.49	C
挖土机挖土	2058	11	64.71	158608	98.77	C
推土机场外运费	693	12	70.59	159301	99.20	C
履带式挖土机场外运费	529	13	76.47	159830	99.53	C
满堂脚手架	241	14	82.35	160071	99.68	C
平整场地	223	15	88.24	160294	99.82	C
槽底钎探	197	16	94.12	160491	99.94	C
基础防潮底	89	17	100	160580	100	C
总成本	160580					

3. 强制确定法

强制确定法是以功能重要程度作为选择价值工程对象的一种分析方法。具体步骤是：首先进行功能评分，求出功能系数和成本系数，依据价值系数的计算结果分析对象的功能与成本是否相称，若不相称，应选为价值工程的研究对象。

此方法是从功能与成本两方面来考虑问题的，所以比较全面而且方法简便易行，能够将功能由定性表达提升到定量分析。但这种方法是依据人的主观打分，不能准确地反映出功能差距的大小。如果零部件间功能差别不大且比较均匀，而且一次分析的零部件数目不太多时，可采用强制确定法。在零部件很多时，可先用经验分析法、ABC 分析法选出重点零部件，再用强制法细选。

（二）信息资料收集

价值工程研究对象确定之后，围绕有关问题，搜集情报资料十分重要。一般应收集以下几方面的信息资料。

1. 用户方面

用户使用产品目的、使用条件、使用环境、维护保养条件等；用户对产品的性能及外观方面的要求；用户对产品价格、交货期限、技术服务方面的要求；用户对产品的可靠性、安全性、操作性及寿命的要求。

2. 市场方面

产品的产销情况、市场需求、市场容量、销售量与市场需求量的预测、产品竞争的情况；目前有哪些竞争的厂家和竞争的产品，竞争产品的价格、利润、销售量、质量指标、用户反映、市场划分和占有率情况；同类企业和同类产品的发展计划，拟增加的投资额，改扩建及合并调整情况。

3. 技术方面

产品的功能、水平高低，实现功能的方式和方法，产品的成本；本企业产品设计、工艺、制造等技术档案资料；国内同类产品的设计方案、产品结构、加工工艺、设备、材料、标准；新技术、新材料、新工艺、新设备发展方面的情报；有关技术法规和标准的要求等。

4. 经济方面

本企业的基本情况；企业的经营方针、生产能力及限制条件、经营情况、技术经济指标等。

5. 政府和社会方面

政府的有关法规、条例、政策、环境保护等方面的情报。

信息资料的收集要有明确的目标，收集的情报要求完整、可靠、及时，这就要求有计划地收集情报资料，并对取得的情报进行加工、分类，整理成可供分析利用的信息。

二、分析阶段

价值工程分析阶段的主要工作有功能定义、功能整理与功能评价。

1. 功能定义

功能定义就是用简明的语言对价值工程对象的每一项功能做一个确切的描述。通过这种描述，把功能的本质、内容及其水平准确地表达出来。定义的方法、原则如下：

（1）使用简洁语言。多用"两词"法，即动词加名词，如基础功能定义"承受荷载"，间隔墙功能定义"分隔空间"。

（2）尽量准确，反映功能本质。

（3）适当抽象，不违反准确性为度，有助于开阔思路。

（4）全面。可参照产品从上到下、从主到次顺序分析定义。

2. 功能整理

产品的结构间、功能间都有着复杂的联系。因此，仅仅把产品的功能定义出来是不够的，价值工程还要求在大量的功能定义基础上进行功能整理。

功能整理就是用系统的观点将已经定义了的功能加以系统化，找出各局部功能相互之间的逻辑关系，并用图表形式表达，以明确产品的功能系统，从而为功能评价和方案构思提供依据。

3. 功能评价

功能评价就是找出实现功能的最低费用作为功能的目标成本（功能评价值），以功能目标成本为基准，通过与功能现实成本的比较，求出两者的比值（功能价值）和两者的差异值（改善期望值），然后选择功能价值低、改善期望值大的功能作为价值工程活动的重点改进对象。

(1) 功能评价的程序。功能评价的步骤为：①计算功能的现实成本 C；②求出功能的目标成本 F（功能评价值）；③计算功能的价值 $V=F/C$ 和改进期望值 $H=C-F$，选择功能的改进对象。

(2) 功能现实成本的计算。功能现实成本的计算与一般的成本核算既有共同点，也有不同之处。两者相同点是指它们在成本费用的构成项目上是相同的；两者的不同之处在于功能现实成本的计算是以对象的功能为单位，而传统的成本核算是以产品或零部件为单位。因此，在计算功能现实成本时，就需要根据传统的成本核算资料，将产品或零部件的现实成本转化为功能现实成本。

当一个零部件只具有一个功能时，该零部件的成本就是它本身的功能成本；当一项功能要有多个零部件共同实现时，该功能的成本就等于这些零部件的功能成本之和。当一个零部件具有多项功能或同时与多项功能有关时，就需要将零部件成本分摊给各项有关功能，至于分摊的方法和分摊的比例，可根据具体情况决定。

【例 10.2】 某产品有 A、B、C、D、E 五个零部件组成，成本分别为 160 元、70 元、180 元、50 元和 40 元，共实现 $F_1 \sim F_5$ 五项功能，具体数据见表 10.3。求各项功能的现实成本。

表 10.3 某产品功能现实成本计算

构配件			功能（或功能域）				
序号	名称	成本/元	F_1	F_2	F_3	F_4	F_5
1	A	160	50	60	20		30
2	B	70		20		50	
3	C	180	50	50	30	50	
4	D	50		40		10	
5	E	40					40
合计		C 500	C_1 100	C_2 170	C_3 50	C_4 110	C_5 70

【解】 表 10.3 中的 A 零部件是用来实现 F_1、F_2、F_3 和 F_5 功能的，将 A 零部件的成本分配给其所实现的 4 项功能，分别为 50 元、60 元、20 元和 30 元。依此类推将 B、C、D、E 的成本分别分摊到各自实现的功能中，然后将各功能分配的成本合计起来，得到了各功能的现实成本。如 F_1 的现实成本为 100 元，F_2 的现实成本为 170 元。

(3) 功能目标成本（功能评价值）计算。功能目标成本是指可靠地实现用户要求功能的最低成本，可以根据图纸和定额，也可以根据国内外先进水平或根据市场竞争的价格等来确定。它可以理解为是企业有把握，或者说应该达到的实现用户要求功能的最低成本。功能目标成本计算方法有多种，这里仅介绍功能评价值分配法。

功能评价值分配法是根据功能的重要性系数确定功能评价值的方法，其基本思路是：确定产品总目标成本，并根据各功能的重要程度和复杂程度确定功能重要性系数，然后按功能重要性系数分配产品的目标成本，从而求出各个功能的目标成本。

从上述的分析可以看出功能评价值分配法的核心是确定功能重要性系数。

1) 功能重要性系数的计算。功能重要性系数是评价对象的某项功能在总功能所占的比重。确定功能重要性系数的方法主要有环比评分法和强制评分法。

强制评分法是采用一定的评分规则，通过对比打分来计算功能重要性系数。它又包括0－1两两对比评分法和0－4两两对比评分法。下面采用第一种方法加以说明。

这种方法是请5～15个对产品熟悉的专家各自参加功能的评价，评价的基本步骤如下：

第一步：每个专家将两个功能按功能重要程度对比打分，功能重要的打1分，相对不重要的打0分，不允许两者同样重要而都打1分，或两者都不重要都打0分。假设计算[例10.2]中的5项功能F_1、F_2、F_3、F_4和F_5的功能重要性系数，表10.4是评分法打分表。

表10.4　　　　　　　　　0－1评分法打分表

功能名称	F_1	F_2	F_3	F_4	F_5	功能得分
F_1	×	1	1	0	1	3
F_2	0	×	1	0	1	2
F_3	0	0	×	1	0	1
F_4	1	1	0	×	1	3
F_5	0	0	1	0	×	1
合计						10

将各零件得分相加后得总分，根据上表可知F_1得3分，F_2得2分等。

第二步：计算每个功能平均得分值。平均得分值是将得分总数除以评价人数。计算过程见表10.5。

表10.5　　　　　　　　　0－1评分法计算表

评价人员＼功能名称	专家1	专家2	专家3	专家4	专家5	总得分	平均得分	功能重要性系数
F_1	3	4	4	4	4	19	3.8	0.38
F_2	2	3	3	2	3	13	2.6	0.26
F_3	1	1	0	1	2	5	1.0	0.10
F_4	3	2	3	3	1	12	2.4	0.24
F_5	1	0	0	0	0		0.2	0.02
合计	10	10	10	10	10	50	10	1.00

第三步：计算功能重要性系数。功能重要性系数是将零件所得平均得分值除以平均得分值总和。计算过程见表10.5。功能重要性系数越大说明功能越重要。

2) 功能评价值的计算。功能评价值的计算可以分为新产品设计和老产品改进设计两种情况。

老产品在改进设计之前，已经有了产品和各个功能的现状成本，但成本的分配不一定合理，因此可利用功能重要性系数重新分配成本，从而确定功能评价值，具体可按表

10.6进行。

表10.6　　　　　　　　　老产品的功能评价值

功能	现实成本 ①	功能评价系数 ②	功能评价值 ③＝②×500
F_1	100	0.38	190
F_2	170	0.26	130
F_3	50	0.1	50
F_4	110	0.24	120
F_5	70	0.02	10
合计	500	1.00	500

对新产品设计，产品的目标成本已大致地确定。因此，可将设定好的新产品目标成本按功能评价系数进行分配，求出各功能的目标成本。

(4) 计算功能价值系数 V，分析成本功能的合理匹配程度。功能价值系数 V 的计算方法可分为功能成本法与功能指数法两大类。

1) 功能成本法。功能成本法将评价对象的功能评价值与功能的现实成本进行比较，求得评价对象的价值系数和成本降低目标期望值，进而确定价值工程改进对象，具体可见表10.7。计算公式如下：

$$价值系数\ V = \frac{功能评价值\ F}{功能的现实成本\ C}$$

表10.7　　　　　　　　　　功　能　价　值　计　算

功能或功能领域	功能现状成本 C	功能目标成本 F	功能价值 $V=F/C$	成本降低目标 $C-F$	功能改进优先顺序
F_1	100	190	1.90	—	—
F_2	170	130	0.76	40	2
F_3	50	50	1.00	—	—
F_4	110	120	1.09	—	—
F_5	70	10	0.14	60	1
合计	500	500	—	100	

2) 功能指数法。功能指数法将评价对象的功能指数与评价对象的成本指数进行比较，得出评价对象的价值指数，进而确定价值工程的改进对象，计算公式如下：

$$价值指数\ V = \frac{评价对象功能指数\ F}{评价对象成本指数\ C}$$

根据上述计算公式，功能的价值系数（或指数）可能出现的结果如下：

(a) $V=1$，表示功能与成本达到了合理匹配，一般无需改进。

(b) $V<1$，此时成本对于所实现的功能来说偏高。一种可能是存在着过剩功能；另一种可能是功能虽无过剩，但实现功能的条件或方法不佳，致使实现功能的成本过高。这种情形一般应列为改进范围。

(c) $V>1$，说明该功能比较重要，但分配的成本较少。这种情况应具体分析，若是成本偏低，使功能不足，则应作为改进对象，若确属以较低成本实现了必要功能，则一般不列为价值工程的改进范围。

(5) 确定价值工程对象的改进范围。从以上分析可以看出，确定价值工程对象的改进范围，应综合考虑 V 偏离 1 的程度以及成本降低的幅度，优先选择 V 远小于 1，而且成本改进幅度大的功能。表 10.7 显示，该产品价值工程功能改进顺序应为 F_5 和 F_2 功能。

【例 10.3】 某市拟兴建一截污环保工程，工程地质条件复杂，施工场地狭小，实物工程量多。经过认真调查研究，对截污环保工程的建设提出三个备选方案。

方案 1：竖井施工，直径 5.5m，深度 60m，需开挖山体 1730m³，预计工期 4 个月。

方案 2：斜井施工，圆拱直墙断面，全长 105m，预计工期 2.5 个月。

方案 3：平洞施工，圆拱直墙断面，全长 130m，预计工期 3.5 个月。

为保证施工质量，按期完成施工任务，并取得较好的经济效益，该市决定对其开展价值工程活动，选定一个最优方案。

(a) 对截污环保工程进行功能分析。第一步工作是进行功能定义。截污环保工程的基本功能是截排污水，其辅助功能是使用方便。

第二步工作是进行功能整理，建设方请有关的专家分类整理出五项功能：下料出渣通道（F_1）、施工人员通道（F_2）、隧道井棚（F_3）、隧道施工面衬砌（F_4）和通风供水供电（F_5）。通过计算，得出这五项功能的重要程度比为 $F_1:F_2:F_3:F_4:F_5=6:2:4:1:3$。

(b) 对截污环保工程进行功能评价。采用环比评分法计算功能重要性系数，首先确定上面 5 项功能的暂定重要性系数，即对上下相邻两项功能的重要性进行对比打分，所打的分作为暂定重要性系数。如 F_1 的暂时重要性系数为 $6:2=3$，F_2 的为 $2:4=0.5$，依此类推，功能重要性系数计算如表 10.8 中暂定重要性系数列。

其次，对暂定重要性系数进行修正。修正方法是将最下面的功能 F_5 的修正后重要性系数定为 1，再自下而上与暂定重要性系数逐个相乘，得到各功能的修正后的重要性系数，具体可见表 10.8 中修正后重要性系数列。

最后，以修正后重要性系数的合计值为分母，各功能的修正后重要性系数为分子，相除后即得各功能的重要性系数，具体可见表 10.8。

表 10.8　　　　　　　　　　功能重要性系数计算表

功　能	暂定重要性系数	修正后重要性系数	功能重要性系数
下料出渣通道（F_1）	3	2	0.375
施工人员通道（F_2）	0.5	2/3	0.125
隧道井棚（F_3）	4	4/3	0.250
隧道施工面衬砌（F_4）	1/3	1/3	0.0625
通风供水供电（F_5）	—	1	0.1875
合　计	—	16/3	1

随后，专家对三个方案的功能满足程度进行了打分（满分为 10 分），具体数据见表 10.9。

表 10.9　　　　　　　　　　各方案功能得分表

功能名称	方案功能得分		
	方案 1	方案 2	方案 3
下料出渣通道（F$_1$）	6	10	9
施工人员通道（F$_2$）	7	9	8
隧道井棚（F$_3$）	6	8	7
隧道施工面衬砌（F$_4$）	8	9	8
通风供水供电（F$_5$）	7	8	7

根据功能重要性系数计算表和各方案功能得分表的相关数据，可以计算出各方案的加权得分，再以各方案功能加权得分合计为分母，各方案功能加权得分为分子，相除得到功能指数。具体数据见表 10.10。

表 10.10　　　　　　　　各方案的功能指数计算表

功能	功能重要性系数	各方案功能加权得分		
		方案 1	方案 2	方案 3
下料出渣通道（F$_1$）	0.375	0.375×6	0.375×10	0.375×9
施工人员通道（F$_2$）	0.125	0.125×7	0.125×9	0.125×8
隧道井棚（F$_3$）	0.25	0.25×6	0.25×8	0.25×7
隧道施工面衬砌（F$_4$）	0.0625	0.0625×8	0.0625×9	0.0625×8
通风供水供电（F$_5$）	0.1875	0.1875×7	0.1875×8	0.1875×7
合计	1.00	6.4375	8.9375	7.9375
功能指数		0.2761	0.3834	0.3405

建设方请有关专家估算出方案 1、方案 2、方案 3 三个方案的工程总造价分别为 220.07 万元、209.47 万元和 266.09 万元。与功能指数的计算类似，以各方案造价的合计为分母，各方案造价为分子，相除后得到各方案的成本指数，具体数据见表 10.11。

表 10.11　　　　　　　　各方案成本指数计算表

方案	方案 1	方案 2	方案 3	合计
工程总造价/万元	220.07	209.47	266.09	695.63
成本指数	0.3164	0.3011	0.3825	1.00

依据各方案的功能指数和成本指数的计算结果，可以计算出各方案的价值指数，具体数据见表 10.12。

表 10.12　　　　　　　　各方案计算表价值指数

方案	方案 1	方案 2	方案 3
功能指数	0.2761	0.3834	0.3405
成本指数	0.3164	0.3011	0.3825
价值指数	0.8726	1.2733	0.8902

由计算结果可知，方案 2 的价值指数最高，当几个方案相比较时，价值指数最高的方案为最优方案，所以应选择斜井施工方案。

与其他方案相比，虽然斜井施工方案为最优，但它本身也存在一些问题，仍需改进，价值工程工作人员应针对存在的问题，运用价值工程进行进一步优化。

第三节 方案创新及评价

一、方案创新

价值工程活动成功的关键在于针对产品存在的问题提出解决的方案，完成产品的改进。方案创新是以提高对象功能价值为出发点，根据已建立的功能流程图和功能目标成本，运用创造性的思维方法，加工已获得的资料，创造出实用效果好，经济效益高的方案，要具备创新精神和创新能力，价值工程中常用的方案创新的方法有头脑风暴法、模糊目标法、专家函询法等。

(1) 头脑风暴法（BS 法）。这种方法是以开小组会方式进行。具体做法是事先通知议题，开会是要求应邀参加会议的各方面专业人员在会上自由奔放地思考，提出不同的方案，多多益善，但不评价别人的方案，并且希望与会者在别人建议方案的基础上进行改进，提出新的方案来。

(2) 模糊目标法（Corden 法）。这种方法是美国人哥顿在 20 世纪 60 年代提出来的，所以也称哥顿法。其特点是与会人员会前不知道议题，在开会讨论时也只是抽象地讨论，不接触具体的实质性问题，以免束缚与会人员的思想，待讨论到一定程度以后才把要研究的对象提出来，以作进一步研究。

(3) 专家函询法（Delphi 法）。这种方法不采用开会的形式，而是由主管人员或部门把已经构思的方案以信函的方式分发给有关的专业人员，征询他们的意见，然后将意见汇总，统计和整理之后再分发下去，希望再次补充修改，如此反复若干次，把原来比较分散的意见在一定程度上使内容集中成为统一的集体结论，作为新的代替方案。

方案创造的方法很多，总的精神是要充分发挥各有关人员的智慧，集思广益，多提方案，从而为评价方案创造条件。

二、方案评价

在方案创造阶段提出的设想和方案是多种多样的，能否付诸实施，就必须对各个方案的优缺点和可行性进行分析、比较、论证和评价，并在评价过程中进一步完善有希望的方案。方案评价包括概略评价和详细评价两个阶段。其评价内容都包括技术评价、经济评价、社会评价以及综合评价。

在对方案进行评价时，无论是概略评价还是详细评价，一般可先做技术评价，再分别进行经济评价和社会评价，最后进行综合评价。

1. 概略评价

概略评价是对方案创新阶段提出的各个方案设想进行初步评价，目的是淘汰那些明显不可行方案，筛选少数几个价值较高的方案，以供详细评价作进一步的分析，概略评价的内容包括以下几个方面：

（1）技术可行性方向。应分析和研究创新方案能否满足所要求的功能及其本身在技术上能否实现。

（2）经济可行性方面。应分析和研究产品成本能否降低和降低的幅度，以及实现目标成本的可能性。

（3）社会评价方面。应分析研究创新方案对社会影响的大小。

（4）综合评价方面。应分析和研究创新方案能否使价值工程活动对象的功能和价值有所提高。

2. 详细评价

详细评价是在掌握大量数据资料的基础上，对通过概略评价的少数方案，从技术、经济、社会三个方面进行详尽分析，为提案的编写和审批提供依据。详细评价的内容包括以下几个方面。

（1）技术可行性方面。主要以用户需要的功能为依据，对创新方案的必要功能条件实现的程度作出分析评价。特别对产品或零部件，一般要对功能的实现程度（包括性能、质量、寿命等）、可靠性、维修性、操作性、安全性以及系统的协调性等进行评价。

（2）经济可行性方面。主要考虑成本、利润、企业经营的要求，创新方案的适用期限与数量，实施方案所需费用、节约额与投资回收期以及实现方案所需的生产条件等。

（3）社会评价方面。主要研究和分析创新方案给国家和社会带来的影响（如环境污染、生态平衡、国民经济效益等）。

（4）综合评价方面。是在上述三种评价的基础上，对整个创新方案的诸因素做出全面系统的评价。为此，首先要明确规定评价项目，即确定评价所需的各种指标和因素，然后分析各个方案对每一评价项目的满足程度，最后再根据方案对各评价项目的满足程度来权衡利弊，判断各方案的总体价值，从而选出总体价值最大的方案，即技术上先进、经济上合理和社会上有利的最优方案。

3. 方案综合评价方法

用于方案综合评价的方法有很多，常用的定性方法有德尔菲法、优缺点列举法等；常用的定量方法有直接评分法、加权评分法、比较价值评分法、环比评分法、强制评分法、几何平均值评分法等。下面简要介绍几种方法。

（1）优缺点列举法。把每一个方案在技术上、经济上的优缺点详细列出，进行综合分析，并对优缺点作进一步调查，用淘汰法逐步缩小考虑范围，从范围不断缩小的过程中找出最后的结论。

（2）直接评分法。根据各种方案能够达到各项功能要求的程度，按 10 分制（或 100 分制）评分，然后算出每个方案达到功能要求的总分，比较各方案总分，作出采纳、保留、舍弃的决定，再对采纳、保留的方案进行成本比较，最后确定最优方案。

（3）加权评分法。又称矩阵评分法，这种方法是将功能、成本等各种因素，根据要求的不同进行加权计算，权数大小应根据它在产品中所处的地位而定，算出综合分数，最后与各方案寿命周期成本进行综合分析，选择最优方案。加权评分法主要包括以下四个步骤：

1）确定评价项目及其权重系数。

2）根据各方案对各评价项目的满足程度进行评分。
3）计算各方案的评分权数和。
4）计算各方案的价值系数，以较大的为优。

在方案实施过程中，应该对方案的实施情况进行检查，发现问题及时解决。方案实施完成后，要进行总结评价和验收。

习　题

1. 什么是价值工程？价值工程中的价值含义是什么？提高价值有哪些途径？
2. 什么是寿命周期和寿命期成本？价值工程中为什么要考虑寿命周期成本？
3. 什么是功能？功能如何分类？
4. 什么是功能评价？常用的评价方法有哪些？
5. 什么是价值工程对象的选择？ABC 分析法的基本思路是什么？
6. 功能改善目标如何确定？

第十一章 建设项目的后评价

第一节 建设项目后评价概述

一、我国项目后评价的发展过程

我国的投资项目后评价，始于20世纪80年代，1988年原国家计划委员会委托中国国际工程咨询公司，进行了首批国家重点投资建设项目的后评价，标志着项目后评价工作在我国应用正式开始。20世纪90年代中期，项目后评价工作在全国普遍推广。在政策法规方面，1996年6月国家计委发布了《国家重点建设项目管理办法》，1998年水利部发布《水利工程建设程序管理暂行规定》（水建〔1998〕16号），2008年国家发展和改革委员会颁发了《中央政府投资项目后评价管理办法（试行）》（发改投资〔2008〕2959号），2010年水利部印发《水利建设项目后评价管理办法（试行）》（水规计〔2010〕51号）、《水利建设项目后评价报告编制规程》（SL 489—2010）等文件将后评价明确规定为建设程序的一部分，并对后评价的内容、组织实施办法做出了基本规定。在水利建设项目后评价方面，从20世纪90年代开始相继对丹江口水利枢纽、广东高州水库、湖南韶山灌区、河北潘家口水利枢纽及引滦工程、河南宿鸭湖、内蒙古永济灌区、澧水流域江垭水利枢纽等工程项目进行了后评价工作。在肯定这些项目已发挥的作用和效益基础上，也指出了不足和有待改进的地方，为今后提高项目综合效益做出了贡献。

二、建设项目后评价的概念

项目后评价是指项目投资完成以后，对项目的立项的目的、实施的过程、取得的效益、产生的作用、造成的影响进行系统的、客观的分析，从而判断建设项目预期目标实现程度的一种评价方法。

根据项目的寿命周期，项目评价按照时点划分为前评价（也称项目前评估）、中评价（也称中间评价或跟踪评价）和后评价。这三个阶段的评价，在评价方法上都是采取定性与定量相结合的方法，但在评价的内容和作用等方面存在较大差别。

（1）建设项目前评估。是在建设开工前依据行业资料和经验性资料，以及国家有关部门颁布的定额、方法和参数，通过对项目的实施条件、设计方案、实施计划及经济效益，来评价项目的必要性、可行性和合理性，为项目的投资决策提供依据。

（2）建设项目中间评价。是在项目从开工到竣工验收期间对项目所进行的评价，其作用是及时发现项目建设过程中存在的问题，分析问题的原因，针对项目的目标提出相应的对策和措施，对方案进行调整和完善，确保项目顺利完成。中间评价可以是全面、系统的对项目评价，也可以是对项目的某项内容评价。

（3）建设项目后评价。是在项目建成投产后，依据现实资料，将项目的现实情况与项目前评估的预测情况及国内外同类项目情况进行比较，从中找出差距，提出改进措施，并将信息反馈到投资决策部门,间接作用于未来项目的投资决策,提高决策的科学化水平。

一般对水利建设项目后评价进行的时点没有明确的要求,通常是在项目竣工达到设计生产能力后的1~2年内进行,此时项目达到设计生产能力,各项运行指标和经济效益已达到正常,宜于衡量和分析项目的建设、运行情况与预测情况的差距。对于那些效益和影响显现所需时间较短或较长的项目,可以适当地提前或延后进行后评价。

三、建设项目后评价的特点和原则

1. 主要特点

(1) 现实性。项目后评价是以实际情况为基础,对项目建设、运营现实存在的情况、产生的数据进行评价,具有现实性。

(2) 客观性。项目后评价是以实事求是的态度,发现问题,分析原因,做出结论,客观、负责地对项目做出评价。

(3) 全面性。项目后评价是项目立项决策、设计施工、生产运营等全过程进行全面的系统评价,不仅包含项目寿命周期的各个阶段,而且涉及项目的经济效益、社会影响、环境效应、综合管理等方面。

(4) 指导性。项目后评价的结果需要反馈到决策部门,作为新项目的立项和评估的基础以及调整投资计划和政策的依据。

2. 基本原则

(1) 公正性。公正性原则表示在评价时,应采取实事求是的态度,在发现问题、分析原因和做出结论时避免主观臆断,应始终保持以客观、公正的态度进行评价工作。公正性标志着项目后评价及评价者的信誉。

(2) 独立性。独立性原则是指项目后评价不受项目决策者、管理者和执行者的干扰,要从评价机构、评价人员、评价程序以及监督机制等方面加以落实和保证,并且要自始至终贯穿于整个项目后评价过程,包括评价内容确定、指标选择、调查范围、报告编审等都应独立完成。

(3) 科学性。科学性原则是指项目后评价所采用的理论、方法和手段是公认和经过实践验证为正确的,评价结果既要反映项目的成功经验,也要反映失败教训。项目后评价所采用的资料信息也要具有完整性和可靠性。

(4) 实用性。实用性原则强调项目后评价结果能对未来的类似项目提供借鉴和指导,对被评价项目本身的后期运行也具有指导作用。项目后评价报告提出的结论和建议要具体、实用和可行。

(5) 反馈性。反馈性包括两方面的含义:一是用于项目后评价的信息资料是从项目竣工后,由实施过程中反馈回来的;二是后评价结果要及时反馈给相关决策和实施部门,项目后评价是这两级反馈的中间加工过程,它将工程项目运行的复杂信息通过分析、处理、归纳,成为具体的结论和建议,供相关部门和类似项目的立项评估使用。

四、建设项目后评价的目的和作用

1. 目的

通过对项目实施过程结果及其影响进行调查研究和全面系统回顾,与项目决策时确定的目标以及技术、经济、环境、社会指标进行对比,找出差别与变化,分析成败的原因,总结经验，吸取教训，得到启示。并通过及时有效的信息反馈，对项目实施运营中出现的问题提出对策，为未来新项目的决策和投资决策管理水平的完善和提高提出建议，进而达到提高投资效益的目的。

2. 作用

建设项目后评价在提高项目决策水平、改进项目管理、降低投资风险和提高投资效益等方面都有着极其重要的作用，具体表现在以下几个方面。

(1) 提高项目管理水平。投资项目管理是一项十分复杂的活动，它涉及政府主管部门、业主、设计、施工、监理、物资、银行等多个部门，通过对项目全面系统分析，总结经验教训，使项目的决策者、管理者和建设者学习更加科学合理的方法和策略，提高项目管理水平。

(2) 提高项目投资决策的科学水平。项目前评价是建设项目投资决策的依据，但项目前评价所作的预测和结论是否正确，需要通过项目后评价来检验，通过建立项目后评价制度，完善后评价的体系，一方面可以加强对前评价人员的事后监督，增强其责任感，促使前评价人员努力做好前评价工作，提高项目预测的准确性；另一方面可以通过项目后评价的反馈信息，及时纠正项目决策中存在的问题，从而提高未来类似建设项目的决策科学化水平。

(3) 为国家制定投资计划、产业政策和技术参数提供依据。通过建设项目后评价，能够发现宏观投资管理中存在的问题，从而使国家及时修正某些不适合经济发展的技术政策，修订某些已经过时的指标参数。同时，国家还可以根据项目后评价反馈的信息，合理确定投资规模和投资流向，协调各产业、各部门之间及其内部的各种比例关系。

此外，国家还可以根据项目后评价反馈信息，充分运用法律、行政、经济手段，建立必要的法规、制度和机构，促进投资管理的良性循环。

(4) 对项目本身正常运营的监督与促进。项目后评价是在项目运营阶段进行，通过分析项目运营状况，比较实际情况与预测情况的偏离程度，探究产生偏差的原因，提出切实可行的纠偏措施，从而促进项目运营正常化，充分发挥项目的经济效益、社会效益和环境效益。

(5) 为银行部门及时调整信贷政策提供依据。

第二节 建设项目后评价内容

一、纵向全程评价内容

(一) 建设项目前期工作的后评价

建设项目的前期工作是项目从酝酿决策到开工建设前所进行的各项工作，它对项目的成败起着决定性的作用。这一阶段的工作又分为项目立项决策阶段和项目准备阶段，其后评价的主要内容如下。

1. 项目立项决策阶段后评价的主要内容

(1) 项目立项条件后评价。这一部分主要是从实际情况出发，对当初认可的立项条件和决策目标是否正确，项目的产品方案、设备选择、工艺流程、资源状况、建设条件、建设方案等是否适应项目需要,产品是否符合市场需要等进行评价分析。

(2) 项目决策程序和方法后评价。这一部分主要是检查和分析当初项目决策的程序和方法是否科学,是否符合国家现行有关制度和规定的要求,项目的审定是否规范、客观。

(3) 项目决策阶段的经济和环境后评价。这一部分主要包括两个方面:

1) 项目决策前是否对项目的经济方面进行了科学的可行性研究,实际的资金需求的到位情况与前期的预测是否一致,从而检验前期经济评价结论的正确程度。

2) 前期决策是否全面深入地对项目的环境影响进行了客观、科学的估测和评价,是否提出了降低不利影响、避免风险损失的措施,根据环境的实际影响来分析当初的环境评价是否科学。

2. 项目准备阶段后评价的主要内容

(1) 项目技术准备工作后评价。这一部分主要是分析承担项目勘察设计的单位是否经过招标选定,勘察、设计工作的质量如何,涉及的依据、标准、规程、规范、定额、费率是否符合国家有关规定,并根据施工实践和项目的生产使用情况,检验设计方案在技术上的可行性和经济上的合理性。

(2) 项目作业准备工作后评价。这一部分主要是分析项目的筹建,征地、拆迁、安置、补偿、投标、"三通一平"等工作是否满足工程实施要求。项目的总进度计划是否能够控制工程建设进度和保证工程按期竣工等方面进行后评价。

(二) 建设项目中期工作的后评价

建设项目中期即建设项目实施阶段,是指项目从开工到竣工的全过程,是项目建设程序中耗时较长的一个阶段,也是建设投资最为集中的一个时期,这一阶段能集中反映出项目前期的深度,工程质量、工程造价、资金到位情况以及影响项目投资等各方面的问题,其后评价的主要内容如下。

(1) 项目施工和监理工作后评价。这一部分主要是对项目施工、施工单位和监理单位的招标和资质审查工作进行回顾和检查,对工程质量、工程进度、工程造价、施工安全、施工合同等工作进行评价,重点是工程实施过程中发生的超工期、超概算、质量差等原因进行分析。

(2) 项目投产准备工作后评价。这一部分主要是检查工程项目投产前生产人员和技术人员的培训工作是否及时到位,投产后所需要原材料、燃料、动力条件是否在竣工验收前已经落实,是否组建了合理的生产管理机构以及制定了相关的管理制度等。

(3) 项目竣工验收工作后评价。这一部分主要是回顾、检查项目竣工验收是否及时,辅助设施及配套工程是否与主体工程同时建成使用,工程质量是否达到设计要求,能否达到综合生产能力,验收时遗留问题是否妥善处理,竣工决算是否及时编制,技术资料是否完整移交等。并在此基础上,对项目造价、质量、工期等方面存在的问题进行研究分析。

(三) 建设项目后期工作的后评价

建设项目后期,即建设项目运营阶段,这一时期是项目投资建设阶段的延续,是实现项目投资经济效益和投资回收的关键阶段,这一阶段的后评价是项目评价的关键环节,其主要内容如下。

(1) 项目经营管理后评价。这一部分主要包括项目生产条件及达产情况后评价；项目生产经营和市场情况，以及产品的品种、数量和质量是否与当初预测相符；生产技术和经营管理系统能否保证生产的正常进行和经济效益的提高；项目的资源投入和产出情况后评价等。

(2) 项目经济效益后评价。这一部分是建设项目后评价的主要内容。它是用项目投产或交付使用后的实际数据（实际投资额、资金筹集和使用、实际生产成本、销售收入、税金和利润等数据）来重新计算项目各有关经济效益指标，并将其与当初预测的投资效益情况进行比较分析，从中发现问题，分析原因，提出提高投资经济效益的具体建议和措施。

(3) 项目对社会经济和自然环境影响后评价。这一部分主要是将投资项目对社会经济和自然环境的实际影响与当初预测的情况进行对比分析，找出差异及产生差异的原因，对在社会经济和自然环境方面存在不利影响的项目，提出解决和防范措施；对项目与社会经济、自然环境的相互适应性以及项目的可持续性进行分析，并论证项目投资效益的可持续性发挥。

二、横向全面评价内容

项目横向全面评价，即项目绩效和影响评价，主要包括以下几个方面。

1. 项目技术评价

这一部分内容主要包括：工艺、技术和装备的先进性、适应性、经济性、安全性、建筑质量及安全、资源和能源等。

2. 项目效益评价

项目效益评价是指对项目竣工后的实际经济效果所进行的财务评价和国民经济评价。其评价指标主要包括内部收益率、净现值及贷款偿还期等反映项目盈利和清偿能力的指标；评价方式是以项目建成运营后的实际数据为依据，重新计算项目的各项经济指标，并与项目评估时预测的经济指标进行对比，分析二者间的偏差及产生偏差的原因，总结经验教训。

评价内容主要包括项目总投资和负债状况，重新计算项目的财务评价指标、经济评价指标和偿还能力等。

项目效益分析应通过投资增量效益的分析，突出项目对企业效益的作用和影响。

3. 项目管理评价

项目管理评价的目的是通过项目实施过程中的管理行为及管理效果的分析，全面总结项目管理经验，为类似项目的管理提供指导。

项目管理评价的主要内容包括项目实施相关者管理、项目管理体制与机制、项目管理者水平，以及企业项目管理、投资监管状况、体制机制创新等。

4. 项目影响评价

项目影响评价包括环境影响评价和社会影响评价两个方面。

项目环境影响评价内容主要包括项目污染控制、地区环境生态影响、环境治理与保护等。项目社会影响评价内容主要包括增加就业机会、征地拆迁补偿和移民安置、带动区域经济社会发展，推动产业技术进步等，必要时还应进行项目的利益群体分析。

除上述建设项目的纵、横评价外,还应对项目持续能力进行评价,主要是对影响项目持续能力的内部因素和外部条件进行分析。持续能力的内部因素包括财务状况、技术水平、污染控制、企业管理体制与激励机制等,核心是产品竞争能力;持续能力的外部条件包括资源、环境、生态、物流条件、政策环境、市场变化及其趋势。

三、建设项目后评价指标

建设项目在后评价过程中,除了运用一些定性指标进行定性分析评价外,更重要的是要尽量把定性指标转化成定量指标,形成一整套项目后评价指标体系。由于评价一个工程项目要从项目的建设水平、项目的效益水平以及项目对社会和环境的影响程度等方面进行评价,并且要与项目前评估时所预测的水平相比较,所以项目评价指标体系要能够全面地描述和反映项目的整体功能和效果。

1. 项目后评价指标体系的设置

根据项目后评价的目的和特点,项目后评价指标体系的设置应遵循以下原则:

(1) 目的性与全面性相结合。项目后评价的指标既要围绕后评价项目的目的而体现一定的针对性,又要全面反映项目全过程的情况。

(2) 独特性与关联性相结合。项目后评价指标虽具有自身的独特性,但应与前评估指标、行业指标有着关联性,增强其可比性。

(3) 综合指标与单项指标相结合。综合指标能反映项目的整体情况,弥补单项指标的片面性与松散性。但综合指标受多种因素的影响,可能会掩盖某些方面的不足,需要用单项指标来进一步补充说明。

(4) 动态指标与静态指标相结合。项目后评价与项目前评价一样,也采取动态评价指标与静态评价指标相结合的方式。

(5) 微观投资效果指标与宏观投资效果指标相结合。由于整个国民经济和各行业、各地区、各企业的根本利益是一致的,因此项目后评价指标既要反映项目给企业或部门带来的微观投资效果,也要反映给整个国民经济带来的宏观投资效果。

2. 项目后评价指标体系的构成

项目后评价的参考指标众多,涉及项目目标、投资环境、社会环境、工程技术、费用效果、安全生产、组织管理、财务与经济、采购与支付、环境与生态、卫生与健康、监督和信息等方面的指标。

(1) 项目前期和中期效果的后评价指标。

1) 实际设计周期变化率。实际设计周期是指从设计合同生效到设计完成并提交给建设单位所经历的时间。实际设计周期变化率用实际设计周期与预计周期的偏差相对设计周期的百分比率来表示。该指标反映了项目实际设计周期与预计设计周期相比的变化程度。

2) 实际建设工期变化率。该指标用实际建设工期与预计(或定额)建设工期的偏差相对预计(或定额)建设工期的百分比来表示。它反映了实际建设工期与计划安排工期(或国家统一制定的合理工期)的偏离程度。

3) 实际工程合格率或优良率。这两个指标分别用合格或优良的单位工程数占验收鉴定的单位工程总数的百分比来表示,它们反映了工程的整体质量。

4) 实际返工损失率。该指标是指因项目质量事故停工或返工而增加的项目投资额占项目累计完成投资额的万分比。

5) 实际总投资变化率。该指标用实际静态或动态总投资与预计静态或动态总投资的偏差相对于预计相应状态总投资的百分比表示；它反映了项目实际总投资与前评估时的预计总投资的偏离程度。

6) 实际单位生产能力投资变化率。该指标用实际的单位生产能力投资与设计的单位生产能力投资的偏差与设计的单位生产能力投资的百分比表示。它反映了实际单位生产能力投资与设计单位生产能力投资的偏离程度。

(2) 项目后期效果的后评价指标。

1) 实际达产年限变化率。该指标用实际达产年限与设计达产年限的偏差相对于设计达产年限的百分比表示，它反映了实际达产年限与设计达产年限的偏离程度。

2) 实际产品成本变化率。该指标用产品的实际成本与预测成本的偏差相对于预测成本的百分比表示，它反映了产品实际成本与预测成本的偏离程度。

3) 实际产品价格变化率。用该年实际产品价格与预测产品价格的偏差相对于预测产品价格的百分比来表示。这项指标可用于衡量产品价格前评估的预测水平，也可以部分的解释实际投资效益与预期投资效益出现偏差的原因，还可以作为重新预测项目寿命周期内产品价格变化情况的依据。

4) 实际销售变化率。用产品实际销售数量与预测销售数量的偏差相对于预测销售数量的百分比来表示，它们反映了产品实际销售与预测销售情况的偏差程度。

5) 实际投资利润率。该指标用实际年平均利润额占实际投资总额的百分比表示，它是反映建设项目投资效果的一个重要指标。

6) 实际投资利税率。该指标用实际年平均利税额占实际投资利税额的百分比表示，它也是反映建设项目投资效果的重要指标。

(3) 项目全寿命周期效果的后评价指标。

1) 实际净现值。实际净现值是根据项目投产后实际的年净现金流量以及根据实际情况重新预测的剩余寿命周期内各年的净现金流量按照重新选定的折现率计算出的建设期初的净现值。该指标越大，说明项目实际投资效益越好。

2) 实际净现值变化率。实际净现值变化率用实际净现值与建设期初投资现值的百分比表示。它反映了单位实际投资额的现值所带来的净现值的多少。

3) 实际投资回收期。实际投资回收期包括实际静态投资回收期和实际动态投资回收期两种指标。它反映了用项目实际净收益或重新预测的净收益来回收项目实际投资所需要的时间。

4) 实际内部收益率。实际内部收益率是根据项目投产后实际的年净现金流量或重新预测的剩余寿命期内各年的净现金流量计算出的净现值等于零时的折现率。

该指标大于重新选定的基准收益率或行业基准收益率时，说明该项目实际效益较好。

5) 实际借款偿还期。实际借款偿还期是指用项目投产后实际的或重新预测的可用作还款的资金数额来偿还项目投资实际借款本息所需要的时间，它反映了项目的实际清偿能力。

（4）项目影响效果的后评价指标。反映建设项目影响效果的后评价指标包括社会效益后评价指标和环境效益后评价指标，它们有定性指标和定量指标两大类。

1）定性指标。反映项目后评价的社会效益和环境效益的定性指标主要有对资源的有效利用、先进技术的扩散、生产力布局的改善、产业结构的调整、地区经济平衡发展的促进以及有利于生态平衡和环境保护等方面产生影响的描述。

2）定量指标。反映项目后评价的社会效益和环境效益的主要定量指标有劳动就业效益后评价指标、收益分配效益后评价指标、综合能耗指标。

第三节 建设项目后评价方法及程序

建设项目后评价方法是基于现代系统工程与反馈控制的管理理论，由于建设项目具有复杂性，其影响因素众多，所以项目后评价的内容十分广泛，可用于项目评价的方法也特别多，总体上是采用定性分析和定量研究相结合的方式，具体的方法通常有对比分析法、逻辑框架法、成功度评价法及统计预测法等。

一、对比分析法

对比分析法是项目后评价的主要分析评价方法，它是采用现场调查和调查问卷等方式，获取项目实际情况，然后对照项目立项时所确定的直接目标和宏观目标，以及其他指标，找出偏差和变化，分析原因，得出结论，总结经验教训。它包括纵向对比（通常称前后对比）、横向对比和有无对比等方法。

1. 纵向对比

纵向对比是将项目前期可行性研究和评估的结果、预期的技术经济指标，与项目实际运行结果及在评价时所做的新预测进行比较，找出存在的偏差，并分析产生变化的原因，是一种简单易行的常用方法。

2. 横向对比

横向对比是将项目与国内外同类项目进行比较，通过对投资水平、技术水平、产品质量和经济效益指标等方面的对比，评价项目的实际竞争能力。

3. 有无对比

有无对比是将项目建设及投产后产生的实际效果和影响，与若没有项目可能发生的情况进行对比分析，以度量项目的真实效益、影响和作用。对比分析的重点是要区分项目自身的作用和影响，以及项目以外其他因素的作用和影响。

二、逻辑框架法

逻辑框架法是美国国际开发署在1970年开发并使用的一种设计、计划和评价的工具，它是目前国际上广泛用于项目规划、活动的策划、分析、管理、评价的基本方法。许多国际组织也把这种方法作为援助项目的计划、管理和后评价的主要方法。

逻辑框架法不是一种机械的方法或程序，而是一种综合、系统地研究问题的思维框架模式，这种方法有助于对关键因素和重要问题做出合乎逻辑的分析。

为项目计划者和评价各提供一种分析框架，用以确定工作的范围和任务，并通过对项目目标和达到目标所需要的手段进行逻辑关系的分析。

逻辑框架法是一种概念化论述项目的方法。它用一张简单的框图来清晰地分析一个复杂项目的内涵和关系，使之更易理解。这种方法是将几个内容相关且必须同步考虑的动态因素组合起来，通过分析其间的逻辑关系，从设计、策划的目的、目标等方面来评价一项活动或一个项目。

逻辑框架法的核心概念是事物的因果逻辑关系，即"如果"提供了某种条件，"那么"就会产生某种结果，这些事件包括事物内在的因素和事物所需要的外部因素。

三、成功度评价法

成功度评价法即所谓的打分评价法，是以项目的目标和效益为核心所进行的全面系统评价，此方法是依靠评价专家或专家组的经验，根据项目各方面的执行情况，并通过系统准则或目标判断表来评价项目总体的成功程度。

四、统计预测法

项目后评价包括对项目已经发生事实的总结和对项目未来发展的预测。后评价时点前的统计数据是评价对比的基础，后评价时点的数据是评价对比的对象，后评价时点后的数据是预测分析的依据。

统计预测法就是通过有效的统计调查，得到大量可靠的统计数据，经过适当的处理分析，对项目未来发展的状况和趋势作出估计和推测。

(1) 统计调查。统计调查是根据评价的目的和要求，采用科学的调查方法有策划、有组织地收集被研究对象的相关资料的工作过程。统计调查是统计工作的基础，是统计整理和统计分析的前提。

统计调查是一项复杂、严肃和技术性较强的工作，每一项统计调查都应事先制订一个指导调查全过程的调查方案，包括确定调查目的、调查对象（被调查的单位或个人）、调查项目、调查事件、拟定调查表格、制定调查的组织实施计划等。

调查人员应保持实事求是的态度，力求做到所调查的资料真实、完整、准确。调查过程中应适当采用先进的技术和科学的方法。

统计调查可采用观察法、问询法（包括面谈、电话采访、问卷调查等方式）等各种方法。

(2) 资料整理。统计资料整理是根据评价的任务，对统计调查所获得的大量资料进行加工汇总，使其系统化、条理化、科学化，以得出反映事物总体综合特征的工作过程。

统计资料整理工作由分组、汇总和编制统计表三个环节构成。分组是资料整理的前提，汇总是资料整理的中心，编制统计表是资料整理的结果。

(3) 统计分析。统计分析是根据评价的目的和要求，采用各种分析方法，对评价的对象进行全面剖析和综合研究，以揭示事物内在联系和发展变化规律。

统计分析采用的主要方法有分组法、综合指标法、动态数列法、指数法、抽样和回归分析法、投入产出法等。

(4) 效果预测。预测是对尚未发生或目前还不明确的事物进行预先的估计和推测，是在现存时点对事物将要发生的结果进行探索和研究。

五、建设项目后评价程序

（一）后评价项目选择

一般根据下列条件选择须开展后评价的项目。

(1) 政府投资项目中规定需要进行后评价的项目。
(2) 特殊项目（如大型项目、复杂项目和实验性的新项目等）。
(3) 可为即将实施的国家预算、宏观战略和规划制定提供信息的项目。
(4) 具有未来发展方向的有代表性的项目。
(5) 对行业或地区的投资发展有重要意义的项目。
(6) 竣工运营后与前评估的预测结果有重大变化的项目。
(7) 其他需要了解项目的作用和效果的项目。

原则上讲，为使项目的运营、管理更加完善和本着对投资者负责的态度，大、中型投资项目有条件都应进行项目后评价工作。

（二）项目后评价需提供的资料

项目后评价需提供的资料包含项目前期文件、项目实施文件。

（三）项目自我总结评价报告

1. 项目概况
(1) 项目情况简述。
(2) 项目决策目标和目的。
(3) 项目主要建设内容。
(4) 项目实施进度。
(5) 项目总投资。
(6) 项目资金来源及到位情况。
(7) 项目运行及效益现状。

2. 项目实施过程总结
(1) 项目前期决策总结。
(2) 项目实施准备工作。
(3) 项目建设实施总结。
(4) 项目运营情况。

3. 项目效果和效益评价
(1) 项目技术水平评价。
(2) 项目财务经济效益评价。
(3) 项目经营管理评价。

4. 项目环境效益和社会效益评价
(1) 项目的环境效益评价。
(2) 项目的社会效益评价。

5. 项目目标和可持续性评价
(1) 项目目标评价。
(2) 项目持续能力评价。

(3) 项目存在的主要问题。

6. 项目主要经验教训、结论和相关建议

(四) 项目后评价的一般程序

项目后评价的类型很多，各个项目后评价的要求也不同。因此，各个项目后评价的程序也是有所差异的，项目后评价的一般程序有如下几个环节。

1. 提出问题

明确项目后评价的具体对象、评价目的及具体要求。项目后评价的提出单位可以是国家计划部门、银行部门、各主管部门，也可以是企业（项目）自身。

2. 筹划准备

(1) 组建评估机构。项目筹划阶段，项目后评价的提出单位可以自行组织实施后评价工作，也可以委托有相应资质的评估机构组成的评估小组进行评估。

(2) 制定实施计划。评价小组负责制定建设项目后评价的详细实施计划，包括评价人员的配备、建立组织机构的设想、时间进度的安排、内容范围与深度的确定、预算安排、评价方法的制定等。

(3) 采集资料。按照项目后评价实施计划规定的内容和要求，制订调查提纲，确定调查对象和调查方法，开展实际调查工作，收集项目后评价所需的各种资料，并将调查所取得的资料进行有效整理，以供分析研究采用。这些资料主要有以下几个方面：

1) 项目的原始资料。主要包括项目可行性研究报告、立项审批书、项目变更资料竣工验收资料、决算审计报告、各项设计文件、项目运营情况的原始记录以及项目自我总结评价报告等资料。

2) 项目的现场调查资料。主要包括项目实施情况、项目目标的实现情况、项目各项经济技术指标的合理性、项目产生的作用及影响等方面的资料。

3) 其他相关资料。主要指与后评价项目有关的国家经济政策、行业相关情况以及其他相关信息。

(4) 分析研究。按照项目后评价实施计划，利用所调查的资料和项目后评价指标，按照项目后评价程序，围绕建设项目后评价内容，运用项目后评价方法，进行分析，客观评价项目，找出存在的问题和欠缺，提出具体的改进措施和建议。

(5) 编制报告。根据项目后评价的分析研究结果，编写系统全面的建设项目后评价报告，提交委托单位和上级有关部门。项目的类型不同，后评价报告的内容和格式也不完全一致。一般包括以下几个方面：

1) 封面。

2) 后评价组织及人员分工。

3) 报告摘要。

4) 项目概况。

5) 后评价内容及方法。

6) 数据处理与分析。

7) 主要成果与存在问题。

8) 后评价结论与建设。

习 题

1. 简述建设项目后评价与前评估的主要区别。
2. 建设项目后评价具有哪些特点和原则?
3. 建设项目后评价的作用是什么?
4. 简述建设项目后评价的内容。

第十二章 水利工程经济评价分析

第一节 综合利用水利工程的投资费用分摊

一、概述

水利工程一般具有防洪、除涝、灌溉、城镇供水、水力发电、航道改善、水质改善、水库养殖和水利旅游等综合利用效益，有的水利工程具有上述一项效益，综合利用的水利工程则具有上述多项效益。

在过去一段时间内由于缺乏经济核算，整个综合利用水利工程的投资，往往由某一水利或水电部门负担，并不在各个受益部门之间进行投资费用分摊，结果常常发生以下几种情况：

（1）负担全部投资的部门认为，本部门的效益有限，而所需投资却较大，因而迟迟不下决心或者不愿意建设此项工程，使水利资源得不到应有的开发和利用，任其白白浪费。

（2）主办单位由于受到资金的限制，可能使综合利用水利工程的开发规模偏小，因而其综合利用效益得不到充分的发展。

（3）如果综合利用水利工程牵涉的部门较多，相互之间的关系较为复杂，有些不承担投资的部门往往提出过高的设计标准或设计要求，使工程投资不合理的增加，工期被迫拖延，不能以较少的工程投资在较短的时间内发挥较大的综合利用效益。

因此，综合利用水利工程的投资在各个受益部门之间进行合理分摊是势在必行，对综合利用水利工程进行投资分摊的目的，主要是：

（1）合理分配国家资金，正确编制国民经济发展规划和建设计划，保证国民经济各部门有计划按比例协调地发展。

（2）充分合理地开发和利用水利资源和各种能源资源，在满足国民经济各部门要求的条件下，使国家的总投资和运行费用最少。

（3）协调国民经济各部门对综合利用水利工程的要求，选择经济合理的开发方式和发展规模，分析比较综合利用水利工程各部门的有关参数或技术经济指标。

（4）充分发挥投资的经济效果，只有对综合利用水利工程进行投资和运行费用分摊，才能正确计算防洪、灌溉、水电、航运等部门的效益与费用，以便加强经济核算，制订各种合理的价格，不断提高综合利用水利工程的经营和管理水平。

国外对综合利用水利工程（一般称多目标水利工程）的投资分摊问题曾作过较多的研究，提出很多的计算方法。由于问题的复杂性，有些文献认为：直到现在为止，还提不出一个可以普遍采用的、能够被各方面完全同意的河流多目标开发工程的投资分摊公式，我国过去对这方面问题研究较少，也缺乏投资分摊的实践经验。下面将介绍比较通用的投资分析方法和有关部门建议的费用分摊方法，并对各种分摊方法进行讨论。

二、综合利用水利工程的投资费用构成

综合利用水利工程一般包括水库、大坝、溢洪道、泄水建筑物、引水建筑物、电厂、船闸等建筑物，其投资构成可以大致分为下列两大类：

(1) 把综合利用水利工程的投资划分为共用建筑物投资和专用建筑物投资两大部分，水库和大坝等建筑物可以为各受益部门服务，其投资可列为共用投资；电厂、船闸、灌溉引水建筑物等由于专为某一部门服务，故其投资应列为专用投资。

(2) 把综合利用水利工程的投资划分为可分投资和剩余投资两大部分，所谓某一部门的可分投资，是指水利工程中包括该部门与不包括该部门的总投资之差值。

显然某一部门的可分投资，比它的专用投资要大一些，例如水电部门的可分投资除电厂、调压室等专用投资外，还应包括为满足电力系统调峰等要求而增大压力引水管道的直径，为满足最低发电水头和事故备用库容的要求而必须保持一定死库容所需增加的那一部分投资。

所谓剩余投资，就是总投资减去各部门可分投资后的差值。

在投资分摊计算中，尚需考虑各个部门的最优替代工程方案。所谓最优替代工程方案，是指同等满足国民经济发展要求的具有同等效益的许多方案中，选择其中一个在技术上可行的、经济上最有利的替代工程方案。

例如水电站的最优替代工程方案，在一般情况下是火电站或者核电站；水库对下游地区防洪的最优替代工程方案，可能是在沿河两岸修筑堤防或在适当地区开辟蓄洪、滞洪区；地表水自流灌溉的最优替代工程方案，可能是在当地抽引地下水灌溉等。

在具体研究综合利用水利工程投资构成时，还会遇到许多复杂的情况，例如：

(1) 天然河道原来是可以通航的，由于修建水利工程而被阻隔，为了恢复原有河道的通航能力而增加的投资，不应由航运部门负担，而应由其他受益部门共同承担，但是为了提高通航标准而专门修建的建筑物，其额外增加的费用则应由航运部门负担。

(2) 溢洪道和泄洪建筑物及其附属设备的投资，占水利枢纽工程总投资的相当大的比重。上述建筑物的任务包括有两方面：一方面保证工程本身的安全，当发生超大洪水（例如千年一遇或万年一遇洪水）时，依靠泄洪建筑物的巨大泄洪能力而确保水库及大坝的安全；另一方面，对于一般洪水（例如 10 年一遇或 20 年一遇洪水），依靠泄洪建筑物及泄洪设备一部分的控泄能力就能确保下游河道的防汛安全。前一部分任务所需的投资，应由各个受益部门共同负担；后一部分任务所需增加的投资，则应由下游防洪部门单独负担。

(3) 灌溉、工业和城市生活用水，常常需修建专用的取水口和引水建筑物，其所需的投资应列为有关部门的专用投资。当这些部门所引用的水量与其他部门用水（如发电用水）结合时，则在此情况下投资分摊计算比较复杂。

不论在上述何种情况下，一般认为任一部门所负担的投资，不应超过该部门的最优替代工程方案所需的投资，也不应少于专为该部门服务的专用建筑物的投资。

综上所述，综合利用水利工程的投资构成，一般可用式 (12.1) 表示为

$$K_{总}=K_{共}+\sum_{j=1}^{n}K_{专,j} \quad (j=1,2,\cdots,n) \tag{12.1}$$

式中 $K_{总}$——工程总投资；

$K_{共}$——几个部门共同建筑物的投资；

$K_{专,j}$——第 j 部门的专用建筑的投资。

也可用式（12.2）表示为

$$K_{总}=K_{剩}+\sum_{j=1}^{n}K_{分,j} \qquad (j=1,2,\cdots,n) \qquad (12.2)$$

式中 $K_{分,j}$——第 j 部门的可分离部分的投资（简称可分投资）；

$K_{剩}$——工程总投资减去各部门可分投资后所剩余的投资。

三、现行投资费用的分摊方法

1. 按各部门的主次地位分摊

在综合利用水利工程中各部门所处的地位并不相同，往往某一部门占主导地位，要求水利工程的运行方式服从它的要求，其他次要部门的工程运行时间则处在从属的地位。

在这种情况下，各个次要部门只负担为本身服务的专用建筑物的投资或可分投资，其余部分的投资则全部由主导部门承担，这种投资分摊方法适用于主导部门的地位十分明确，工程的主要任务是满足该部门所提出的功能要求。

2. 按枢纽指标系数分摊

这种方法是一种按照综合利用水利工程的某项指标（如用水量、库容、可发展的灌溉面积等）的比例系数进行费用分摊的方法。例如按照防洪库容与兴利库容的比例分摊防洪与兴利共用费用的分摊比例为

$$\alpha_i=\frac{V_i}{\sum_{i=1}^{n}V_i} \qquad (12.3)$$

式中 V_i——第 i 个受益部门占用综合利用水库工程的库容。

按照各兴利部门所用水量分摊各兴利部门共用费用的分摊比例为

$$\beta_i=\frac{W_i}{\sum_{i=1}^{n}W_i} \qquad (12.4)$$

式中 W_i——第 i 个受益部门利用综合利用水利枢纽提供的年用水量。

按枢纽指标系数分摊的方法概念明确、简单易行，分摊的费用交易被相关部门接受，得到了广泛的使用。适用于各种综合利用工程的规划设计、可行性研究和初步设计阶段的费用分摊。但这种方法也存在一些不足：

（1）不能准确地反映各部门用水的特点。如有的部门只利用库容、不利用水量（如防洪），有的部门既利用库容又利用水量（如发电、灌溉）。而且随着利用时间的不同，各部门对用水量的要求也不同，水量保证程度也不同。

（2）水库建成后是在统一调度下运行的，很难精确划分出各部门利用的库容或水量。

3. 按效益比例分摊

这种方法是根据综合利用各部门在经济分析期内折算的效益现值（或折算的效益年值），与该综合利用各部门效益现值的总和（或各部门效益年值的总和）的比例分摊共用费用。其分摊比例为

第一节 综合利用水利工程的投资费用分摊

$$\alpha_i = \frac{PB_i}{\sum_{i=1}^{n} PB_i} \tag{12.5}$$

式中 PB_i——第 i 个受益部门的效益现值（年值）。

这种方法分摊的费用与各部门获得的效益大小有关，效益大则多分摊，效益小则少分摊。在使用时需要注意以下问题：

(1) 计算资料的全面与准确，计算方法的完善，直接会影响到各部门所获得的效益是否与实际相等。

(2) 应根据实际情况确定效益计算的范围。项目的效益包括直接效益和间接效益；效益还可分为国家效益和地方效益，有的能定量计算，如工业供水产值提高，灌溉供水产量增加等；有的很难定量计算，只能定性分析，如环境效益等。

(3) 对用水部门来说，按效益大小分摊的投资与所获得的供水量没有直接关系，该法不利于节约用水，不利于发挥供水的最大效益。

4. 按最优等效替代方案的费用比例分摊

通过最优等效替代方案可以获得同等效益，所需的费用可以反映各部门为了满足自身需要所付出的代价。因此，可以用最优等效替代工程的费用现值（年值）比例分摊综合利用水利工程中共用费用。其分摊比例为

$$\alpha_i = \frac{PC_i}{\sum_{i=1}^{n} PC_i} \tag{12.6}$$

式中 PC_i——第 i 个受益部门的最优等效替代工程费用现值（年值）。

这种方法不需要计算工程经济效益，比较适合效益难以计算的项目。但因为需要确定最优替代方案的费用，有可能替代方案比较多，致使计算工作量大，而且还需要有关部门的密切配合，这都有可能会影响到费用分摊的效果。

5. 可分费用-剩余效益法（SCRB）分摊

可分费用-剩余效益法是按照费用可以分为可分费用和剩余费用，把综合性水利工程各部门多目标开发与单目标开发进行比较，所节省的投资费用被看作是剩余效益的体现，所有受益部门都有权分配。这种方法分摊的是剩余费用，它比共用投资要小，因此可以缩小分摊误差，分摊结果也比较合理。但这种分摊方法比较复杂，计算工作量较大。

利用可分费用-剩余效益法进行投资费用分摊时，可以将某部门的直接效益与其最优等效替代方案的费用两者之中取较小值，再减去该部门的可分离费用，作为该部门的剩余效益。然后，用该部门的剩余效益与各部门剩余效益的总和之比作为分摊比例。其分摊比例为

$$\alpha_i = \frac{PS_i}{\sum_{i=1}^{n} PS_i} \tag{12.7}$$

$$PS_i = \min(PB_i, PC_{ti}) - PC_{fi} \tag{12.8}$$

式中 PS_i——第 i 个受益部门的剩余效益；

PC_{ti}——第 i 个受益部门的最优等效替代工程费用；

PC_{fi}——第 i 个受益部门的可分费用。

最后用上述确定的分摊比例分摊剩余费用,再将分摊的剩余费用与可分费用加起来就可以得到最终确定的总分摊费用。

【例 12.1】 某综合利用水利工程具有发电和灌溉综合效益,工程运行期为 50 年,各部门的投资、年费用和年效益见表 12.1,基准折现率 $i=8\%$,试用最优等效替代方案的费用现值比例分摊法和可分费用-剩余效益法进行年费用的分摊。

表 12.1　　　发电和灌溉部门的投资、年费用和年效益表　　　单位:万元

项　目		投资	年运行费用	年效益
综合利用水利工程		20000	1000	3000
可分费用	发电	10000	600	2000
	灌溉	4000	150	1000
最优替代工程	发电	14000	1000	2000
	灌溉	8000	100	1000
专用工程	发电	7000	520	
	灌溉	2000	120	

【解】（1）最优等效替代方案的费用现值比例分摊法。

首先计算工程年费用。将综合利用水利工程的投资折算成投资年回收值 $=20000(A/P,8\%,50)=1635$ 万元,再加上年运行费 1000 万元,可以得到综合利用水利工程的年费用为 2635 万元。按照同样的方法可以求得发电、灌溉部门最优替代工程的年费用分别为 2144 万元和 754 万元(表 12.2)。

然后再计算分摊比例。用各部门最优替代工程年费用除以各部门最优替代工程年费用总和,计算得到的发电、灌溉部门年费用分摊比例分别为 73.98% 和 26.02%(表 12.2)。

最后确定费用分摊额。用综合利用水利工程年费用分别乘以发电、灌溉部门年费用分摊比例就可以得到发电、灌溉部门分摊的年费用分别为 1949.37 万元和 685.63 万元(表 12.2)。

表 12.2　　　按最优等效替代方案的费用现值比例分摊年费用

项　目	发　电	灌　溉	合　计
工程年费用/万元	—	—	2635
最优替代工程年费用/万元	2144	754	2898
年费用分摊比例/%	73.98	26.02	100.00
年费用分摊额/万元	1949.37	685.63	2635

（2）可分费用-剩余效益法。首先需要确定选用效益。将发电、灌溉部门的工程年效益①与其最优等效替代方案的费用②两者之中取较小值,作为选用效益③。

然后计算分摊比例。按照（1）中的方法计算发电、灌溉部门可分年费用④分别为 1417 万元和 477 万元。再用选用效益③减去该部门的可分年费用④,作为该部门的剩余效益⑤,并以此为依据,用发电、灌溉部门的剩余效益与其剩余效益的总和之比作为分摊

第一节 综合利用水利工程的投资费用分摊

比例⑥。

最后计算年总费用分摊额。由于可分费用-剩余效益法分摊的是剩余费用，需要将分摊比例乘以剩余费用［2635－1417－477＝741（万元）］，即可得到发电、灌溉部门的剩余年费用分摊额⑦，再加上可分年费用④得到年费用分摊额⑧，计算结果见表 12.3。

表 12.3　　　　　　　按可分费用-剩余效益法分摊年费用

项　　目	序号	发电	灌溉	合计
工程年效益/万元	①	2000	1000	3000
最优替代工程年费用/万元	②	2144	754	2898
选用效益/万元	③	2000	754	2754
可分年费用/万元	④	1417	477	1894
剩余效益/万元	⑤	583	277	860
分摊比例/%	⑥	67.8	32.2	100
剩余年费用分摊额/万元	⑦	502	239	741
年费用分摊额/万元	⑧	1919	716	2635

从上面的计算结果可以看出，采用不同的投资费用分摊方法计算的各部门年费用结果还是有一定差别的。但无论采用哪种分摊方法，发电、灌溉部门分摊的年费用均分别小于其效益，同时也分别小于发电、灌溉部门的最优等效替代工程年费用。这说明本例采用的这两种分摊方法的年费用分摊结果均是合理的。

四、对各种投资费用分摊方法的分析

采用各部门替代工程的费用作为本部门效益，然后按其比例进行费用分摊的原则，迄今仍为各国所普遍采用。用各部门的直接收益（例如电费收入、农产品销售收入等）作为本部门的效益，然后按其比例进行费用分摊，在我国目前情况下是较难实行的，主要因为某些产品的价格与价值存在一定的背离现象，此外，工农业产品之间还存在剪刀差。

一般来说，我国某些主要农产品价格偏低，用货币表示的效益人为地被缩小；某些工业产品的价格偏高，用货币计算出来的效益偏大。但从理论上说，从发展方向上看，根据各部门的效益按比例进行费用分摊的原则，仍然是我们努力的方向。

综合利用水利工程各受益部门所分摊的费用，除应从分摊原则分析其是否公平合理外，还应从下列各方面进行合理性检查：

（1）任何部门所分摊的年费用（包括投资年回收值和年运行费两方面）不应大于本部门最优替代工程的年费用。

（2）各受益部门所分摊的费用，不应小于因满足该部门需要所须增加的工程费用，最少应承担为该部门服务的专用工程（包括配套工程）的费用。

如果检查分析时发现某部门分摊的投资和年运行费不尽合理时，应在各部门之间进行适当调整。

在综合利用水利工程各部门之间进行投资费用分摊，应该采用动态经济分析方法，即应该考虑资金的时间价值。根据实际情况，分别定出各部门及其替代工程的经济寿命 n（年）、折现率或基准收益率 i。

在初步设计阶段，对于重要的大型综合利用工程进行投资费用分摊时，尽可能采用按剩余效益分摊剩余费用法或 SCRB 法，虽然计算工作量稍大些，但此法使各部门必须分摊的剩余费用尽可能减小，有利于减少费用分摊的误差。

如果兴建水利枢纽而使某些部门受到损失，为此修建专用建筑物以恢复原有部门的效益，这部分工程所需的费用，应计入综合利用工程的总费用中，由各受益部门按其所得的效益进行费用分摊。

例如在原来可以通航的天然河道上，由于修筑大坝而使航运遭受损失，为此需修建过船建筑物，这部分费用应由其他受益部门分摊。但为了提高航运标准而额外增加各种专用设施，其所需费用应由航运部门负担。

筏运、渔业、旅游等部门一般可不参加综合利用工程的费用分摊，因为在水库内虽然可以增加木筏的拖运量，但却增加了过坝的困难。渔业、旅游业等在水库建设中多为附属性质，因此可不分摊综合利用工程的费用，只需负担其专用设施的费用即可。

应再次强调的是：为了保证国民经济各部门有计划按比例地发展，合理分配国家有限的资金；为了综合开发和利用各种水利资源，充分发挥其经济效益；为了不断提高综合利用工程的经营管理水平，进一步加强经济核算，对综合利用工程均须进行投资费用分摊，这是当前水利工程经济计算中要求解决的一个课题。

第二节 城镇水利工程供水价格及经济分析

一、概述

1949 年新中国成立以来，随着工业的迅速发展和城市人口的大量增加，近几年，全国百余个城市先后发生了较为严重的缺水，北京、天津以及滨海城市大连、青岛市均曾出现过供水十分紧张的局面，主要原因是我国北方地区水资源比较缺乏。

解决途径不外乎开源节流，一方面应大力采取各种节约用水措施，提高水的重复利用率；另一方面逐步建设跨流域调水工程，例如南水北调等工程。

城市用水主要包括生活用水（指广义生活用水）、工业用水、郊区农副业生产用水。生活用水主要指家庭生活、环境、公共设施和商业用水；工业用水主要指工矿企业在生产过程中用于制造、加工、冷却、空调、净化等部门的用水。据统计，在现代化大城市用水中，生活用水约占城市总用水量的 30%～40%，工业用水约占 60%～70%，现着重分析生活用水和工业用水。

1. 生活用水

随着城市人口的增加，生活水平的提高，城市生活用水平均每年递增 3%～5%。在城市生活用水中，家庭生活用水量约占 50%，机关、医院、宾馆、学校、商业等部门的用水量约占 50%。目前我国城市生活用水量的标准还是比较低的，人均用水量为 60～100L/d，远远低于发达国家的人均用水量 300～500L/d。

今后城市生活用水量的预测，可以现状为基础，适当考虑生活水平提高和人口增长等因素，拟定合理的用水标准进行估算。当缺乏资料时，可参照国家城建总局推荐的用水标准拟定，参阅表 12.4。

表 12.4　　　　　　　　　不同发展阶段的城市生活用水标准　　　　　　　　　单位：L/d

城市类型 \ 水平年	现　状	近　期	远　期
小城市（10 万～50 万人）	60～70	70～90	90～120
中城市（50 万～100 万人）	70～80	80～100	100～150
大城市（100 万人以上）	80～120	120～180	180～250

2. 工业用水

根据工业生产中的用水情况，工业用水大体上可分为 4 类：

(1) 冷却水。在工业生产过程中用来吸收多余的热量，以冷却生产设备的水称为冷却水。在火力发电、钢铁冶炼和化工等工业生产中的冷却用水量很大，在某些滨海城市大量采用海水作为冷却水，以弥补当地淡水资源的不足，在城市工业区冷却水量一般占工业总用水量的 70% 左右。

(2) 空调水。空调水主要用以调节生产车间的温度和湿度。在纺织工业、电子仪表工业、精密机械工业生产中均需要较多的空调水。

(3) 产品用水。产品用水包括原料用水和洗涤用水。原料用水是把水作为产品的原料，成为产品的组成部分；洗涤用水是把水作为生产介质，参与生产过程，水用过后即被排放出来，水中往往有许多杂质，对于污染比较严重的工业废水，必须进行水质处理，以确保城市环境卫生。

(4) 其他用水。其他用水包括场地清洗用水、车间用水、职工生活用水等。

工业用水量是否合理的评价标准，一般有以下几种：

1) 单位产品的用水量。某些工厂单位产品的用水量常表示为：m^3/t 钢，m^3/t 纸等。国外先进工厂炼钢用水量一般为 $4\sim15m^3/t$ 钢，国内钢厂用水量一般为 $40\sim80m^3/t$ 钢，国内外吨钢用水量的差距还是比较大的。

2) 单位产值的用水量。这是一个综合用水量指标，我国广泛采用以万元产值的用水量（m^3/万元）表示，该指标与工业结构、生产工艺、技术水平等因素有关。据 2002 年全国水资源公报，万元国内生产总值平均用水量为 $537m^3$，万元工业产值的用水量为 $241m^3$，随着技术水平的提高，万元产值用水量将进一步降低。

3) 工业用水量重复利用率。提高工业用水的循环利用率，是节约用水和保护水源的有效措施。它比较科学地反映出各工厂、各行业用水的水平，又可以和别的部门、地区乃至与其他国家进行比较。应该指出，节约用水有着很大的经济效益、环境效益和社会效益，随着城市的发展，新增水源及其供水工程的费用越来越高，而节约用水，提高工业用水的重复利用率所需的投资，往往为新建供水工程投资的 1/5～1/10。

此外节约用水还可以减少工业废水量和生活污水量，减少对环境的污染，因而其环境效益也是十分明显的。我国工业用水量重复利用率一般为 60%～80%，今后将进一步提高。

二、城镇水利工程供水经济效益估算

城市供水效益主要反映在提高工业产品的数量和质量以及提高居民的生活水平和健康

水平上。没有水，非但工业生产不能进行，人类也无法赖以生存。城市供水效益不仅仅是经济效益，更重要的具有难以估算的社会效益，目前尚无完善的计算方法。

根据《水利建设项目经济评价规范》（SL 72—94），城镇供水项目的效益是指有、无项目对比可为城镇居民增供生活用水和为工矿企业增供生产用水所获得的国民经济效益。其计算方法有以下几种。

1. 按举办最优等效替代工程或采取节水措施所需的年折算费用表示

为满足城镇居民生活用水和工业生产用水，往往在技术上有各种可能的供水方案，例如河湖地表水、当地地下水、由水库供水、从外流域调水或海水淡化等。该方法以节省可获得同等效益的替代措施中最优方案的年费用作为某供水工程的年效益。

2. 按曾因缺水使工业生产遭受的损失计算供水效益

在水资源贫乏地区，可按缺水曾使工矿企业生产遭受的损失计算新建供水工程的效益。在进行具体计算时，应使现有供水工程发挥最大的经济效益，尽可能使不足水量造成的损失最小，在由于供水不足造成减少的产值中，应扣除尚未消耗掉的原材料、燃料、动力等可变费用，这样因缺水所减少的净产值损失，才算作为新建供水工程的效益。

3. 根据供水在工矿企业生产中的地位采用工矿企业的净效益乘分摊系数计算

此法的关键问题在于如何确定分摊系数。一般采用供水工程的投资（或固定资金）与工矿企业（包括供水工程，下同）的投资（或固定资金）之比作为分摊系数，或者按供水工程占用的资金（包括固定资金和流动资金）与工矿企业占用资金之比作为分摊系数。

本方法仅适用于供水方案已优选后对供水工程效益的近似计算，否则会形成哪个方案占用资金（或投资）愈多，其供水效益愈大的不合理现象。

4. 在已进行水资源影子价格分析研究的地区可按供水量和影子水价的乘积表示效益

根据国家计划委员会颁布的《建设项目经济评价方法与参数》，项目的效益是指项目对国民经济所作的贡献，其中直接效益是指项目产出物（商品水）用影子水价计算的经济价值。因此用影子水价与供水量计算供水工程的经济效益是可行的，有理论根据的。

存在的问题是由于商品水市场具有区域性、垄断性和无竞争性等特点，因此尚需研究相应的影子水价，当求出某地区的影子水价后即可根据供水工程的供水量估算其经济效益。

5. 现对上述各种供水效益计算方法进行如下的探讨

（1）最优等效替代工程法，适用于具有多种供水方案的地区。该方法能够较好地反映替代工程的劳动消耗和劳动占用，避免了直接进行供水经济效益计算中的困难，替代工程的投资与年运行费是比较容易确定和计算的，因此本方法为国内外广泛采用。

（2）工业缺水损失法，认为缺水曾使工业生产遭受的损失，可由新建的供水工程弥补这个损失，以此算作为新建工程的效益，关键问题在于如何估算损失值，由于缺水，工厂企业不得不停产、减产，因一部分原材料、燃料、动力并不需要投入，因此减产、停产的总损失值应扣除这部分后的余额，才是缺水减产的损失值。

在水资源缺乏地区，当供水工程不能满足各部门的需水要求时，可按产品单位水量净产值的大小进行排队，以便进行水资源优化分配，使因缺水而使工业生产遭受的损失值最小。如可能，应找出缺水量与工矿企业净损失值的相关关系，求出不同供水保证率与工业净损失值的关系曲线，由此求得的期望损失值作为新建供水工程的年效益更为合理些。

（3）分摊系数法，认为按供水在生产中的地位分摊总效益，求出供水效益。现在把供水工程作为整个工矿企业的有机组成部分之一，按各组成部分占用资金的大小比例确定效益的分摊系数。此法没有反映水在生产中的特殊重要性，没有体现水利是国民经济的基础产业，因此用此法所求出的供水效益可能是偏低的。

由于上述计算供水效益的几种方法均存在一些问题，应根据当地水资源特点及生产情况与其他条件，选择其中比较适用的计算方法。

由于天然来水的随机性，丰水年供水量多，城市需水量并不一定随之增加，甚至有可能减少，枯水年情况可能恰好相反，因此应通过调研，根据统计资料求出供水效益频率曲线，由此求出各种保证率的供水量及其供水效益。

附带说明，在国民经济评价阶段，应按影子价格计算供水工程的经济效益；在财务评价阶段，应按财务价格及有关规定计算供水工程实际财务收益。

三、水利工程供水价格的制定

2003 年 7 月，国家发展和改革委员会与水利部联合制定了《水利工程供水价格管理办法》（以下简称《水价办法》），《水价办法》明确规定，水利工程供水价格是指供水经营者通过拦、蓄、引、提等水利工程设施销售给用户的天然水价格，同时规范了水价构成，明确水价由供水生产成本费用、利润和税金构成。现分述于下。

1. 供水生产成本费用

供水生产成本费用如按经济用途分类，则包括生产成本和生产费用，即

$$\text{供水生产成本费用} = \text{供水生产成本} + \text{供水生产费用} \qquad (12.9)$$

供水生产成本费用如按经济性质分类，则包括固定资产的折旧费、无形资产及递延资产的摊销费、借贷款利息净支出以及年运行费。

供水生产成本是指正常供水生产过程中发生的直接工资、直接材料、其他直接支出以及制造费用等构成，即

$$\text{供水生产成本} = \text{直接工资} + \text{直接材料费} + \text{其他直接支出} + \text{制造费用} \qquad (12.10)$$

式中，直接工资是指直接从事生产运行人员的工资、奖金、津贴、补贴以及社会保险支出等；直接材料费是指生产运行过程中实际消耗的原材料、辅助材料、备品配件、燃料、动力费等；其他直接支出是指直接从事生产运行人员的职工福利费以及供水工程的观测费、临时设施费等；制造费用包括固定资产的折旧费、保险费、维护修理费（包括工程维护费和库区维护费）、水资源费、办公费等。

2. 供水生产费用

供水生产费用是指为组织和管理供水生产、经营而发生的合理销售费用、管理费用和财务费用，统称期间费用。其构成如下：

$$\text{供水生产费用（期间费用）} = \text{销售费用} + \text{管理费用} + \text{财务费用} \qquad (12.11)$$

式中，销售费用是指在供水销售过程中发生的各项费用，包括运输费、包装费、保险费、广告费等；管理费用是指行政管理部门为组织和管理生产经营活动所发生的各项费用；财务费用是指为筹集生产经营所需资金而发生的费用，包括汇兑净损失、金融机构手

续费以及筹资发生的其他财务费用。

3. 各类用水生产成本费用分摊系数计算

综合利用水利工程一般具有除害（例如防洪等）、兴利（例如供水、发电等）两大功能。工程投资及其生产成本费用，根据《水利工程管理单位财务制度》规定，可采用库容比例法在除害兴利两大部门之间进行分摊。

四、税金

税金是指按国家税法规定应交纳并可计入水价的税金。根据我国税收法规，供水经营者应交纳行为税、流转税和所得税，但其中部分税种可以减免。现分述于下：

（1）行为税中的房产税、车船使用税、印花税等，均应交纳，并应计入水价。

（2）流转税一般包括营业税和增值税。国家税务总局明确规定，"供应和开采未经加工的天然水，不征收增值税"，此外，规定农业的排泄水免征营业税。

（3）所得税按规定无论供水经营者的性质是企业还是事业，其供水生产实现的利润都应计算所得税，可将相应税金计入供水价格。

《水价办法》规定，利润是指供水经营者从事正常供水生产经营所应获得的合理收益。供水经营者的合理利润，是指交纳所得税后的净利润。供水利润的基本计算公式为

$$供水利润 = 供水资金占有量 \times 资金利润率 \qquad (12.12)$$

或

$$供水利润 = 供水净资产 \times 资金利润率 \qquad (12.13)$$

式中，净资产包括实收资本（或者股本）、资本公积金、盈余公积金和未分配利润等；供水净资产是将工程净资产中非供水部分（包括防洪、发电等）分摊出去，剩下单独用于"供水"的净资产。

核定供水利润的方法有两种：①按资本金（即资金占有量，包括固定资金与流动资金两部分）的利润率确定；②按净资产利润率确定。《水价办法》规定，利润率按高于同期银行贷款利率2~3个百分点核定，例如当前银行长期贷款利率为6%，则供水资金的利润率为8%~9%。

五、供水价格核定

《水价办法》规定，水利工程供水价格按照补偿成本、合理收益、优质、优价、公平负担的原则制定，并根据供水成本费用和市场供求的变化情况适时调整。一般商品价格不能低于生产成本费用，否则就要赔本，再生产就难以为继。所以，商品价格必须高于生产成本费用，这样才能补偿物质消耗和劳动报酬支出，才能维持简单再生产，水利工程供水价格除考虑补偿生产成本费用外，还要计入税金和利润，即

$$供水价格 = 供水成本费用 + 税金 + 利润 \qquad (12.14)$$

在核定水价之前，要认真学习、领会《水价办法》对水价核定的原则和要求，收集有关资料，调阅、对比该供水工程各年的供水成本、费用、利润和税金。

如均在正常生产情况下，在核定水价时可采用最近几年的发生数进行计算；然后核定农业、城镇生活和工业以及水力发电的定额用水量、供水保证率以及实际年平均用水量。如有多年资料（一般不少于10年），应尽量采用，否则按实测资料计算；如无实测资料，则按实际用水量和设计保证率计算。

第三节　防洪工程经济分析

一、洪水灾害的类型及防洪措施

洪水灾害（flood disaster）是指洪水给人类生活、生产与生命财产带来的危害与损失。主要是指河流洪水泛滥成灾，淹没广大平原和城市；或者山区山洪暴发，冲毁和淹没土地村镇和矿山；或者由洪水引起的泥石流压田毁地以及冰凌灾害等，均属洪水灾害的范畴。在我国，比较广泛而又影响重大的是平原地区的洪灾，对我国经济发展影响很大，是防护的重点。

洪水灾害是我国发生频率高、危害范围广、对国民经济影响最为严重的自然灾害，也是威胁人类生存的十大自然灾害之一。

如 1975 年 8 月上旬受 3 号台风影响，河南省西南部山区的驻马店、南阳、许昌等地区发生了我国大陆上罕见特大暴雨，暴雨中心林庄最大 24h 雨量 1060.3mm，连续 3 天雨量 1605.3mm 的特大洪水（以下简称"75·8"暴雨洪水），致使两座大型水库垮坝，下游 7 个县城遭到毁灭性灾害。

1981 年 7—8 月四川盆地受灾农作物 100 多万 hm^2；倒塌房屋 100 多万余间；死亡人数 1358 人；受伤人数 28140 人。

1982 年 6—8 月中旬江南及淮河流域农田受灾 400 多万 hm^2；倒塌、损坏房屋 50 万余间；死亡人数 900 多人；受伤人数 6000 多人。

1983 年 6 月中旬至 7 月中旬长江中下游地区农田受灾约 439 万 hm^2；倒塌、损坏房屋 164 万余间；死亡人数 920 余人；受伤人数 2800 人。

洪水灾害，按洪水特性可分为主要由洪峰造成的和主要由洪量造成的洪水灾害；按漫、决堤成灾的影响，可分为洪水漫决后能自然归槽只危害本流域的洪水灾害，和不能归危害其他流域的洪水灾害；按洪水与涝水的关系，可分为纯洪水灾害和先涝后洪或洪涝交错的混合型洪水灾害。

防洪是指用一定的工程措施或其他综合治理措施，防止或减轻洪水的灾害。在与自然的斗争中，人们早已掌握若干不同的防洪措施。

但随着人类社会的发展和进步，这些工程措施现在更趋于完善和先进，效益更为显著，并由单纯除害发展为除害与兴利相结合的综合治理工程措施。

防治洪水的措施，可分为两大类：第一类是治标性的措施，这类措施是在洪水发生以后设法将洪水安全排泄而减免其灾害，其措施主要包括堤防工程、分洪工程、防汛、抢险及河道整治等；第二类是治本性的措施，其中一类是在洪水未发生前就地拦蓄径流的水土保持措施，另一类是具有调蓄洪水能力的综合利用水库等。

堤防工程是在河流两岸修筑堤防，进一步增加河道宣泄洪水的能力，保护两岸低地，这种措施最古老，也最广泛采用，在现阶段仍不失为防御洪灾的一种重要措施。例如我国黄河下游两岸大堤及长江中游的荆江大堤等。

分洪工程是在河流上（一般是在中、下游）适当地点修建分洪闸、引洪道等建筑物，将一部分洪水分往别处，以减轻干流负担。例如黄河下游的北金堤分洪工程及长江中游的荆江分洪工程等。

河道整治也是增加河道泄洪能力的一种工程措施，其内容包括：拓宽和疏浚河道，裁弯取直，消灭过水卡口，消除河道中障碍物以及开辟新河道等。

水土保持是防治山区水土流失，从根本上消除洪水灾害的一项措施。水土保持分为坡面和沟壑治理两方面，一般需要采用农、林、牧及工程等综合措施。水土保持不但能根治洪水，而且能蓄水保土，有利于农业生产，是发展山区经济的一种重要措施。

蓄洪工程是在干、支流的上、中游，兴建水库以调蓄洪水，这种措施不但从根本上控制下游洪水的灾害，而且与发电、灌溉、供水及航运发展等结合，是除害兴利、综合利用水资源的根本措施。

除上述各项工程措施外，亦可采用"非工程防洪措施"，这是指在受洪水威胁的地区，采用一水一麦、种植高秆作物、加高房基等防御洪水的措施，或者加强水文气象预报，及时疏散受洪水威胁地区的人口，甚至有计划采取人工决口等措施，尽可能减轻洪水灾害及其损失。

防洪措施，常常是上述若干措施的组合，包括治本的和治标的、工程性和非工程性的措施，通过综合治理，联合运用，尽可能减免洪水灾害，并进一步达到除害兴利的目的。

二、防洪工程经济分析的特点及其内容

洪水灾害的最大特点，是洪水在时间出现上具有随机分布的特性。年内或年际间不同频率洪水的差别很大，相应的灾情变化亦很大，在大多数情况下，一般性的或较小的洪水虽然经常出现，但并不具有危害性或危害性较小，特大洪水则危害性甚大，甚至影响本区域或全国的经济发展计划。

洪灾损失亦分直接损失和间接损失两方面，有的能用实物和货币表达，有的则不易用货币表达。在能用实物或货币表达的损失中，不少也难以估计准确。因此洪灾损失的计算，由于考虑的深度和广度不同，可能有很大差别。

在受洪水威胁的范围内，无论农、工、商业和其他各种企业的动产与不动产，无论是个人的、集体的和国家的财产，随着国民经济的发展均在逐年递增，其数量和质量均在不断变化。因此，即使同一频率的洪水，发生在不同年份其损失也不一样，有随时间变化的特性。

洪水灾害的大小，与暴雨大小、雨型分布、工程标准等因素有关。在洪灾损失中，有些可以直接估算出来，而另有一些损失如人民生命安全、对生产发展的影响等，一般难以用实物或货币直接估算。

能用实物或货币计算的损失，按受灾对象的特点和计算上的方便，一般可以考虑以下几个方面：

（1）农产品损失。洪水泛滥成灾，影响作物收成，农作物遭受自然灾害的面积，称作受灾面积，减产30%以上的称作成灾面积。一般可将灾害程度分为四级：毁灭性灾害，作物荡然无存，损失100%；特重灾害，减产大于80%；重灾害，减产50%～80%；轻灾害，减产30%～50%。

在估算农作物损失时，为了反映其价值的损失，有人建议采用当地集市贸易的年平均

第三节 防洪工程经济分析

价格计算；也有人提出用国际市场价格计算，再加上运输费用及管理损耗等费用。在计算农作物损失时，秸秆的价值亦应考虑在内，可用农作物损失的某一百分数表示。

(2) 房屋倒塌及牲畜损失。在计算这些损失时，要考虑到随着整个国民经济及农村经济的发展，房屋数量增多，质量提高，倒塌率降低，倒塌后残余值回收率增大等因素。

(3) 人民财产损失。城乡人民群众的生产设施，如机具、肥料、农药、种子、林木等；以及个人生活资料，如用具、粮食、衣物、燃料等因水淹所造成的损失，一般可按某一损失率估算。20世纪50年代在淮河流域规划时，曾拟定过损失率：长期浸水为25％～50％，短期浸水为5％～25％等。

(4) 工矿、城市的财产损失。包括城市、工矿的厂房、设备、住宅、办公楼、社会福利设施等不动产损失以及家具、衣物、商店百货、交通工具、可移动设备等动产损失。

在考虑损失时，对城市、工矿区的洪水位、水深、淹没历时等要详细调查核定，并要考虑设备的原有质量、更新程度、洪水来临时转移的可能性、水毁后复建性质等因素，以确定损失的种类、数量及其相应的损失率，不能笼统地全部按原价或新建价折算成为洪灾损失。

城市、工矿企业因水灾而停工停产的损失，亦不应单纯按产值计算，一般只估算停工期间工资、管理、维修以及利润和税金等损失，而不计入原材料、动力、燃料等消耗。

(5) 工程损失。洪水冲毁水利工程，如水库、水电站、堤防、涵闸、桥梁、码头、护岸、渠道、水井、排灌站等；冲毁交通运输工程，如公路、铁路、通信线路、航道船闸等；冲毁公用工程，如输电高压线、变电站、电视塔、自来水设施、排水设施以及淤积下水道等。所有上述各项工程损失，可用国家和地方拨付的工程修复专款来估算。

(6) 交通运输中断损失。包括铁路、公路、航运、电信等因水毁中断，客、货运被迫停止运输所遭受的损失。特别是铁路中断，对国民经济影响甚大，这主要包括：

1) 线路修复费。在遭遇各种频率洪水时可按不同工程情况，估算铁路损坏长度，再以单位长度铁路造价的扩大指标进行估算。

2) 客、货运费的损失。估算不同频率洪水时运输中断的天数、设计水平年或计算基准年的客、货运量、加权运距等，再按运价、票价、运输成本等计算运输损失值。

3) 间接损失。关于铁路中断引起的间接损失，有一种情况是工矿企业的原材料、产品不能及时运进、运出，对生产和消费产生一系列的连锁反应，但这样考虑的范围很广，任意性很大。

另一种情况是工矿企业和其他行业所需的原材料、物资等商品，一般均有储备，当铁路中断时，可动用储备。目前国外一般是用绕道运输的办法来完成同样的运输任务，以绕道增加的费用来计算铁路中断损失。也可以考虑按停掉那些占用运输量大、产值利润小的企业损失来计算。

(7) 其他损失。包括水灾后国家和地方支付的生产救灾、医疗救护、病伤、抚恤等经费，洪水袭击时抗洪抢险费用，堤防决口、洪水泛滥、泥沙毁田、淤塞河道及排灌设施和土地地力恢复等损失费用。

三、防洪工程经济分析的内容和计算步骤

防洪的目的，是要求采用一定的工程措施防止或减少洪水灾害，其所减少的灾害损失

就是防洪工程的效益。

对一条河流或一个区域而言，防止或减少洪灾的措施，常常有很多可能的方案可供选择。它们的投资、淹没占地、防洪能力、综合效益以及对环境的影响等均不尽相同。在一定的条件下，需要比较分析不同方案的可能性和合理性。

防洪工程经济分析的内容和任务，就是对技术上可能的各种措施方案及其规模进行投资、年运行费、年平均效益等经济分析计算，并综合考虑其他因素，确定最优防洪工程方案及其相应的技术经济参数和有关指标。

不同的防洪标准，不同的工程规模，不同的技术参数，均可视为经济分析计算中的不同方案。

防洪工程经济分析的计算步骤如下：

(1) 根据国民经济发展的需要与可能，结合当地的具体条件，拟定技术上可能的各种方案，并确定相应的工程指标。

(2) 调查分析并计算各个方案的投资、年运行费、年平均效益等基本经济数据。其中：

1) 防洪工程投资。这主要指主体工程、附属工程、配套工程、移民安置费用以及环境保护、维持生态平衡所需的投资。分洪滞洪工程淹没耕地和迁移居民，如果是若干年才遇到一次，且持续时间不长，则可根据实际损失情况给予赔偿，可不列入基建投资，而作为洪灾损失考虑。

2) 防洪工程的年运行费。这主要包括工程运行后每年须负担的岁修费、大修费、防汛费等项。一般岁修费率为防洪工程固定资产值的 $0.5\% \sim 1.0\%$，大修理费率为 $0.3\% \sim 0.5\%$，两者合计为 $0.8\% \sim 1.5\%$。防汛费是防洪工程的一项特有费用，与防洪水位、工程标准、防汛措施等许多因素有关，一般随工程防洪标准的提高而减少。此外，年运行费还包括库区及工程的其他维护费、材料、燃料及动力费、工资及福利费等。

3) 分析计算各个方案的主要经济效果指标及其他辅助指标，然后对各个方案进行经济分析和综合评价，确定比较合理的可行方案。

四、防洪工程的经济效益

防洪工程的效益，与灌溉或发电工程的效益不同，它不是直接创造财富，而是把因修建防洪工程而减少的洪灾损失作为效益。因此，防洪工程效益只有当遇到原来不能防御的大洪水时才能体现出来。如果遇不上这类洪水，效益就体现不出来，有人称这种效益为"潜在效益"。

防洪工程从防御常遇洪水提高到防御稀遇洪水所需工程规模及其投资和年运行费等，均要相应大幅度地增加，虽然遇上稀遇洪水时一次防洪效益很大，但因其出现机会稀少，因此若按其多年平均值计算，比起防御常遇洪水所增加的效益可能并不很大。但工程修建后，若很快遇上一次稀遇大洪水，其防洪效益可能比工程本身的投资大若干倍；若在很长时间内甚至在工程有效使用期内遇不到这种稀遇洪水，则长期得不到较大的防洪效益，就形成投资积压，每年还得支付防汛和运行管理费等。因此，防洪效益分析是一个随机问题，具有不确定性和不准确性。

洪灾损失与淹没的范围、淹没的深度、淹没的历时和淹没的对象有关，还与决口流量、行洪流速等有关，这些因素是估计洪灾损失的基本资料。

不同频率洪水的各年损失不同，一般在经济分析中要求用年平均损失值衡量，因此需要计算工程修建前后不同频率洪水的灾害损失，求出工程修建前后的年平均损失差值。

洪灾损失一般可通过历史资料对比法和水文水利计算法确定，具体计算步骤和内容如下：

1. 洪水淹没范围

根据历史上几次典型洪水资料，通过水文水利计算，求出兴建防洪工程前后河道、分蓄洪区、淹没区的水位和流量，由地形图和有关淹没资料，查出防洪工程兴建前后的淹没范围、耕地面积、迁移人口以及淹没对象等。

在进行水文水利计算时，要考虑防护地区的具体条件，如河道、地形特点，拟定防洪工程（如水库、分蓄洪工程）的控制运用方式，堤防决口、分蓄洪区行洪的水力学条件等，作为计算依据。这种方法现已被广泛应用，其优点是能进行不同方案各种典型洪水的计算，同时能考虑各种具体条件，其缺点是工作量大，有些假定可能与实际有较大的出入。

2. 水灾损失率

目前此值都是通过在本地区或经济和地形地貌相似的其他地区对若干次已经发生过的大洪水进行典型调查分析后确定的。

3. 洪灾损失计算

洪灾损失包括农业、林业、工程设施、交通运输以及个人、集体、国家财产等损失，通常根据受淹地区典型调查材料，确定淹没损失指标，一般用每亩综合损失率表示，然后根据每亩综合损失率指标和淹没面积，确定洪灾损失值。

由于调查的是各种典型年的洪灾损失，防洪的年平均效益则为防洪措施实施前的年平均损失，减去防洪措施实施后的年平均损失，一般采用频率曲线法计算。

洪水成灾面积及其损失，与暴雨洪水频率等有关，因此必须对不同频率的洪水进行调查计算，以便制作洪灾损失频率曲线，从而求算年平均损失值。

第四节 治涝工程经济分析

一、涝渍灾害

农作物在正常生长时，植物根部的土壤必须有相当的孔隙率，以便空气及养分流通，促使作物生长。地下水位过高或地面积水时间过长，土壤中的水分接近或达到饱和的时间超过了作物生长期所能忍耐的限度，必将造成作物的减产或萎缩死亡，这就是涝渍灾害。因此搞好排水系统，提高土壤调蓄能力，也是保证农业增产的基本措施。

平原地区的灾害，常常是洪、涝、渍、旱、碱灾交替发生，当上游洪水流经平原因超过河道宣泄能力而决堤引起洪灾。若暴雨后由于地势低洼平坦，排水不畅或因河道排泄能力有限，或受到外河（湖）水位顶托，致使地面长期积水，造成作物淹死，是为涝灾。

成灾程度的大小，与降雨量多少、外河水位的高低及农作物耐淹程度、积水时间长短等因素有关，这类灾害可称为暴露性灾害，其相应的损失称为涝灾的直接损失。

有的由于长期阴雨和河湖长期高水位，致使地下水位抬高，抑制农作物生长而导致减产，是为渍灾，或称潜在性灾害，其相应损失称为涝灾的间接损失。在土壤受盐碱威胁的地区，当地下水位抬高至临界深度以上，常易形成土壤盐碱化，造成农作物受灾减产，是为碱灾。

北方平原例如黄淮海某些地区，由于地势平坦，夏伏之际暴雨集中，常易形成洪涝灾害；如久旱不雨，则易形成旱灾；有时洪、涝、旱、碱灾害伴随发生，或先洪后涝，或先涝后旱，或洪涝之后土壤发生盐碱化。

因此对其必须坚持洪、涝、旱、碱灾综合治理，才能保证农业高产稳产。

治涝必须采取一定的工程措施，当农田中由于暴雨产生多余的地面水和地下水时，可以通过排水网和出口枢纽排泄到容泄区（指承泄排水的江、河、湖泊或洼淀等），其目的为及时排除由于暴雨所产生的地面积水，减少淹水时间及淹水深度，不使农作物受涝；并及时降低地下水水位，减少土壤中的过多水分，不使农作物受渍。

在盐碱化地区，要降低地下水水位至土壤不返盐的临界深度以下，达到改良盐碱地和防止次生盐碱化。当条件允许时，尚应发展井灌、井渠，可综合控制地下水水位，在干旱季节则可保证必要的农田灌溉。

二、治理标准

修建治涝工程，减免涝、渍、碱灾害，首先要确定治理标准，现分述如下。

1. 治涝标准

治涝工程的设计，必须根据遇旱有水、遇涝排水、改良土壤，达到农业高产稳产的要求。考虑涝区的地形、土壤、水文气象、涝灾情况、现有治涝措施等因素，正确处理大中小、近远期、上下游、泄与蓄、自排与抽排以及工程措施与其他措施等关系，合理确定工程的治涝任务和选择治涝标准。

治涝设计标准一般应以涝区发生一定重现期的暴雨而不受灾为准，重现期一般采用5~10年。条件较好的地区或有特殊要求的棉粮基地和大城市郊区，可以适当提高标准。条件较差的地区，可采取分期提高的办法。

治涝设计中除应排除地面涝水外，还应考虑作物对降低地下水位的要求。

我国各地区降雨特性不同，应根据当地的自然条件、涝渍灾害、工程效益等情况进行经济分析，合理选择治涝标准。

2. 治渍标准

治渍标准是要求地下水位在降雨后一定时间内下降到作物的耐渍深度以下。作物耐渍的地下水深度，因气候、土壤、农作物品种、不同的生长期而不同，应根据试验资料而定。

3. 治碱标准

治碱措施可分为农业、水利、化学等改良盐碱地措施。水利措施主要是建立良好的排水系统，控制地下水水位，不使土壤返盐的地下水深度，常被称为地下水的临界深度。

三、治涝工程经济分析的特点

治涝工程具有除害的性质，工程效益主要表现在涝灾的减免程度上，即与工程有、无对比在修建工程后减少的那部分涝灾损失，即为治涝工程效益。在一般情况下，涝灾损失

第四节 治涝工程经济分析

主要表现在农田减产方面。只有当遇到大涝年份，涝区长期大量积水时，才有可能发生房屋倒塌，工程或财产损毁等情况。涝灾的大小与暴雨发生的季节、雨量强度、积涝水深、历时、作物耐淹能力等许多因素有关。

计算治涝工程效益或估计工程实施后灾情减免程度时，均须作某些假定并采用简化方法，根据不同的假定和不同的计算方法，其计算结果可能差别很大。因此在进行治涝经济分析时，应根据不同地区的涝灾成因、排水措施等具体条件，选择比较合理的计算分析方法。

治涝工程效益的大小，与涝区的自然条件、生产水平关系甚大。自然条件好、生产水平高的地区，农产品产值大，受灾时损失亦大，但治涝后效益也大；反之，原来条件比较差的地区，如治涝后生产仍然上不去，相应工程效益也就比较小。

此外，规划治涝工程时，应统筹考虑除涝、排渍、治碱、防旱等问题，只有综合治理，才能获得较大的综合效益。

四、治涝工程经济分析的任务与步骤

1. 治涝工程经济分析的任务

治涝工程经济分析的任务是对治涝规划区选择合理的治涝标准、工程规模和治涝措施。对于已建的治涝工程，亦可提出进一步提高经济效果的建议。

2. 治涝工程经济分析的步骤

(1) 根据治涝任务，拟定技术上可行的、经济上合理的若干个比较方案。

(2) 收集历年的雨情、水情、灾情等基本资料，分析治涝区致涝的原因。

(3) 计算各个方案的投资、年运行费和年效益以及其他经济指标。

(4) 分析各个方案的经济效果指标、辅助指标及其他非经济因素；经济效果指标有效益费用比、内部收益率、经济净现值等；辅助指标有年平均减涝面积、工程占地面积、盐碱化地区的治碱面积等。

(5) 对各个比较方案进行国民经济评价，并进行敏感性分析。

进行经济分析时，应注意各个方案的条件具有可比性，基本资料、计算原则、研究深度应具有一致性，并以国家有关的方针、政策、规程和规范作为准绳。

五、治涝工程的投资和年运行费

1. 投资计算

治涝工程的投资，应包括使工程能够发挥全部效益的主体工程和配套工程所需的投资，主体工程一般为国家基建工程，例如输水渠、排水河道、容泄区以及有关的工程设施和建筑物等。

配套工程包括各级排水沟渠及田间工程等，一般为集体筹资，群众出劳力，应分别计算投资。对于支渠以下及田间配套工程的投资，一般有以下两种计算方法：

(1) 根据主体工程设计资料及施工记载，对主体及附属工程进行投资估算；当有较细项目的基建投资或各基层的用工、用料记载的，则可进行统计分析计算。

(2) 通过典型区资料，按扩大指标估算投资。

2. 年运行费计算

治涝工程的年运行费，是指保证工程正常运行每年所需的经费开支，其中包括维护费

（含定期大修费）、河道清淤维修费、燃料动力费、生产行政管理费、工作人员工资等。

由于排涝工程面广，加上历来的"重建轻管"思想，不少地方河渠失修，淤积严重，建筑物及设备维护不善，明显地降低了工程寿命，增加了大修费用，使年运行费用大量增加，因此对除涝工程必须加强管理，做好经常性维修工作。

关于治涝工程的年运行费，可根据工程投资的一定费率进行估算，可参考有关规程的规定。

六、治涝工程的经济效益

治涝工程的效益，已如上述是以修建工程措施后可减少的涝灾损失值表示的。涝灾的损失主要是农作物的减产损失，可通过内涝积水量法、实际年系列法、暴雨笼罩面积法等计算求出。

七、治渍、治碱效益估算

治涝工程往往对排水河道采取开挖等治理措施，从而降低了地下水位，因此，同时带来了治碱、治渍效益。当地下水埋深适宜时，作物的产量和质量都可以得到提高，从而达到增产效益，其估算方法如下：

（1）首先把治渍、治碱区划分成若干个分区，调查无工程各分区的地下水埋深情况、作物种植情况和产量产值收入等情况，然后分类计算各种作物的收入、全部农作物的总收入和单位面积的平均收入。

（2）拟定几个治渍、治碱方案，分区控制地下水埋深，计算各地下水埋深方案的农作物收入、全区总收入，其与无工程总收入的差值，即为治渍、治碱效益。

第五节　灌溉工程经济分析

一、灌溉工程类型

灌溉工程按照用水方式，可分为自流灌溉和提水灌溉；按照水源类型，可分为地表水灌溉和地下水灌溉；按照水源取水方式，又可分为无坝引水、低坝引水、抽水取水和由水库取水等。

当灌区附近水源丰富，河流水位、流量均能满足灌溉要求时，即可选择适宜地点作为取水口，修建进水闸引水自流灌溉。在丘陵山区，当灌区位置较高，当地河流水位不能满足灌溉要求时可从河流上游水位较高处引水，借修筑较长的引水管渠以取得自流灌溉的水头，此时修建引水工程一般较为艰巨，通常在河流上筑低坝或闸，抬高水位，以便引水自流灌溉。与无坝引水比较，虽然增加了拦河闸坝工程，但可缩短引水管渠，经济上可能是合理的，应作方案比较，才能最终确定。

若河流水量丰富，但灌区位置较高时，则可考虑就近修建提灌站。这样，引水管渠工程量小，但增加了机电设备投资及其年运行费，一般适用于提水水头较大而所需提水灌溉流量较小的山区、丘陵区。

当河流来水与灌溉用水不相适应时，即河流的水位及流量均不能满足灌溉要求时，必须在河流的适当地点修建水库提高水位并进行径流调节，以解决来水和用水之间的矛盾，并可综合利用河流的水利资源。采用水库取水，必须修建大坝、溢洪道、进水闸等建筑物，工程量较大，且常带来较大的水库淹没损失。

对于地下水丰富地区，应以井灌提水为主；或井渠结合相互补充供水灌溉。对某些灌区，可以综合各种取水方式，形成蓄、引、提相结合的灌溉系统。在灌溉工程规划设计中，究竟采用何种取水方式，应通过不同方案的技术经济分析比较，才能最终确定最优方案。

二、灌水方法

根据灌溉用水输送到田间的方法和湿润土壤的方式，灌溉方法大致可分为地面灌溉、渗灌和滴灌以及喷灌几大类。

1. 地面灌溉

这是目前应用最广泛的一种灌溉方式，水进入田间后，靠重力和毛细管作用浸润土壤，按湿润土壤方式的不同，又可分为畦灌、沟灌、淹灌和漫灌四种方式：

（1）畦灌。用田埂将灌溉土地分隔成一系列的小区，灌水时将水引入，使沿畦长方向流动，在流动过程中靠重力和毛细管作用湿润土壤。本法适用于密植作物。

（2）沟灌。在作物行距间开挖灌水沟，水在流动过程中靠毛细管作用湿润土壤，其优点为不破坏作物根部附近的土壤结构，不导致田面板结，能减少土壤蒸发损失。本法适用于宽行距的中耕作物。

（3）淹灌。用田埂将灌溉土地分成许多格田，灌水时使格田保持一定的水深，靠重力作用湿润土壤。本法主要用于水稻。

（4）漫灌。田间不作任何工程，灌水时任其在地面上漫流，借重力作用渗入土壤。漫灌均匀性差，水量浪费大。

2. 渗灌和滴灌

（1）渗灌。又称地下灌溉，是在地面下铺设管道系统，将灌溉水引入田间耕作层中，靠毛细管作用自下而上湿润土壤。优点是灌水质量好，蒸发损失少，少占耕地，便于机耕；缺点是造价高，检修困难。

（2）滴灌。利用一套低压塑料管道系统将水直接输送到每棵果树或作物的根部，水由滴头直接滴注在根部的地表土，然后浸润作物根系。其主要优点是省水，自动化程度高，使土壤湿度保持在最优状态；缺点是需要大量塑料管，投资大。本法适用于果园。

3. 喷灌

利用专门设备将压力水喷射到空中散成细小水滴，像天然降雨般地进行灌溉。其优点为地形适应性强，灌水均匀，灌溉水利用系数高，尤其适合于透水性强的土壤；缺点是基建投资较高，喷灌时受风的影响大。

由于我国水资源短缺，应提倡采用节水灌溉，尽量提高水的利用率。

三、灌溉工程经济分析的任务

灌溉工程经济分析的任务，就是对技术上可能的各种灌溉工程方案及其规模进行效益、投资、年运行费等因素的综合分析，结合政治、社会等非经济因素，确定灌溉工程的最优开发方案，其中包括灌溉标准、灌区范围、灌溉面积、灌水方法等各种问题。

灌溉工程的经济效果，主要反映在有无灌溉或者现有灌溉土地经过工程改造后农作物产量和质量的提高以及产值的增加。由于农业生产有其自身的特点，因而进行灌溉工程经济分析时应注意下列几个问题：

(1) 农作物产量与质量的提高，是水、肥料、种子、土壤改良以及其他农业技术和管理措施综合作用的结果。因此不能把农业增产的效益全部算在灌溉的账上，应在水利部门与农业等其他部门之间进行合理的分摊，对综合措施或综合利用工程的费用，也应在有关受益部门之间进行分摊。

(2) 农作物对灌溉水量和灌水时间的要求以及灌溉水源本身，均直接受气候等因素变化的影响。由于水文气象因素每年均不相同，因此灌溉效益各年亦有差异，故不能用某一代表年来估算效益。例如在干旱年份，农作物需要灌溉，其增产效益十分显著，因此在干旱年份灌溉的效益很大；在风调雨顺年份即使没有灌溉也可获得丰收，这一年的灌溉效益就很小；在丰水多雨年份，某些作物根本不需要灌溉，因而这一年可能没有灌溉效益。由上述可知，估算灌溉效益时不能采用某一保证率的代表年作为灌溉工程的年效益，必须用某一代表时段（例如15年以上，其中包括各种不同典型水文年）逐年估算灌溉效益，求出其多年平均值作为灌溉的年效益。为了全面反映灌溉工程的增产情况，还应计算特大干旱年的效益。

(3) 过去有些单位只计算灌溉骨干工程的投资，不考虑配套工程所需的投资，这样就少算了投资项目，结果夸大了灌溉工程的效益。不管国家投资的骨干工程，还是集体和群众出工出料的配套工程，都是整个灌溉系统不可缺少的组成部分，只有考虑这两部分所需的投资与年运行费后，才能与相应灌溉效益比较。此外，集体与群众所出的材料和劳务支出，必须按规定的价格和标准工资计算，使各部分投资与年运行费均在相同基础上进行核算。

(4) 要考虑投资和效益的时间因素，尤其大型灌溉工程，投资大，工期长。为了减少资金积压损失，应该考虑分期投资，分期配套，施工一片，完成一片，生效一片，尽快提前发挥工程效益。

四、灌溉工程的投资与年运行费

上面已提到，灌溉工程的投资与年运行费是指全部工程费用的总和，其中包括渠道工程、渠系建筑物和设备、各级固定渠道以及田间工程等部分。进行投资估计时，应分别计算各部分的工程量、材料量以及用工量，然后根据各种工程的单价及工资、施工设备租用费、施工管理费、土地征收费、移民费以及其他不可预见费，确定灌溉工程的总投资。

在规划阶段，由于尚未进行详细的工程设计，常用扩大指标法进行投资估算。

灌溉工程的投资构成，一般包括国家及地方的基本建设投资、农田水利事业补助费、群众自筹资金和劳务投资。过去在大中型灌溉工程规划设计中，国家及地方的基建投资一般只包括斗渠口以上部分，进行灌溉工程经济分析时，尚应考虑以下几个部分的费用：

(1) 斗渠口以下配套工程（包括渠道及建筑物）的全部费用：过去曾按面积大小及工程难易程度，由国家适当补助一些农田水利事业费，实际上远远不足配套工程所需，群众投资及投工都很大。今后应通过典型调查，求得每亩实际折款数。

(2) 土地平整费用：灌区开发后，一种情况是把旱作物改为水稻，土地平整要求高，工程量大；另一种情况是原为旱作物，为适应畦灌、沟灌需要平整地形，可平整为缓坡地形，因而工程量较小。平整土地所需的单位投资，亦可通过典型调查确定。

(3) 工程占地补偿费：通过调查，求出工程占地亩数。补偿费用有两个计算方式：①造田，按所需费用赔偿；②按工程使用年限内农作物产值扣除农业成本费后求出赔偿费。

关于灌溉工程的年运行费，主要包括：①维护费，一般以投资的百分数计，土建工程约为0.5%~1.0%，机电设备约为3%~5%，金属结构约为2%~3%；②管理费，包括建筑物和设备的经常管理费；③工资及福利费；④水费；⑤灌区作物的种子、肥料等；⑥材料、燃料、动力费，当灌区采用提水灌溉或喷灌方法时，必须计入该项费用，该值随灌溉用水量的多少与扬程的高低等因素而定。

关于灌溉工程的流动资金，是指工程为维持正常运行所需的周转资金，一般按年运行费的某一百分数取值。

五、灌溉工程的经济效益

灌溉工程的国民经济效益，是指灌溉和未灌溉相比所增加的农、林、牧产品按影子价格计算的产值。前面已经提到，灌区开发后农作物的增产效益是水利和农业两种措施综合作用的结果，应该对其效益在水利和农业之间进行合理的分摊。

一般说来，有两大类计算方法：一类是对灌溉后的增产量进行合理分摊，从而计算出水利灌溉分摊的增产量，常用分摊系数表示部门间的分摊比例；另一类是从产值中扣除农业生产费用，求得灌溉后增加的净产值作为水利灌溉分摊的效益。

由于我国幅员辽阔，各地气象、水文、土壤、作物构成及其他农业生产条件相差甚大，因此灌溉效益也不尽相同。我国南方及沿海地区，雨量充沛，平均年降雨量一般在1200mm以上，旱作物一般不需要进行灌溉，这类地区灌溉工程的效益主要表现如下：

(1) 提高灌区原有水稻种植面积的灌溉保证率。

(2) 作物的改制，如旱地改水田等。

(3) 由于水利条件的改善以及农业技术措施的提高，可能引起新的作物品种的推广等。

在西北地区，由于雨量少，蒸发量大，平均年降雨量一般仅为200mm左右。干旱是这类地区的主要威胁，因此发展灌溉是保证农作物高产、稳产的基础条件。

第六节　水力发电工程经济分析

一、概述

一般电力系统是把若干座不同类型的发电站（水电站、火电站、核电站、抽水蓄能电站等）用输电线、变电站、供电线路联络起来成为一个电网，统一向许多不同性质的用户供电，满足各种负荷要求。

电源规划主要是根据各种发电方式的特性和资源条件，决定增加何种形式的电站（水电、火电、核电等），以及发电机组的容量与台数。承担基荷为主的电站，因其利用率较高，宜选用适合长期运行的高效率机组，如核电机组和大容量、高参数火电机组等，以降低燃料费用。承担峰荷为主的电站，因其年利用率低，宜选用启动时间短、能适应负荷变化而投资较低的机组，如燃气轮机组等。

对于水电机组，在丰水期应尽量满发，承担系统基荷；在枯水期因水量有限承担峰荷。由于水电机组的造价仅占水电站总投资的一小部分，近年来多倾向于在水电站中适当增加超过保证出力的装机容量（即加大装机容量的逾量），以避免弃水或减少弃水。对有条件的水电站，世界各国均致力发展抽水蓄能机组，即系统低谷负荷时，利用火电厂的多余电能进行抽水蓄能；当系统高峰负荷时，再利用抽蓄的水能发电。尽管抽水—蓄能—发电的总效率仅 2/3，但从总体考虑，安装抽水蓄能机组比建造调峰机组还是经济，尤其对调峰容量不足的系统更是如此。

由于各种电站的动能经济特性不同，不同类型电站在统一的电力系统中运行，可以使各种能源得到更充分合理的利用，电力供应更加安全可靠，供电费用更加节省。现简要介绍水电站、火电站的主要经济特性。

二、水电站的投资

水电站是将水能转换为电能的综合工程设施，又称水电厂。它包括为利用水能生产电能而兴建的一系列水电站建筑物及装设的各种水电站设备。利用这些建筑物集中天然水流的落差形成水头，汇集、调节天然水流的流量，并将它输向水轮机，经水轮机与发电机的联合运转，将集中的水能转换为电能，再经变压器、开关站和输电线路等将电能输入电网。

有些水电站除发电所需的建筑物外，还常有为防洪、灌溉、航运、过鱼等综合利用目的服务的其他建筑物。这些建筑物的综合体称水电站枢纽或水利枢纽。

将水能转换为电能的综合工程设施，一般包括由挡水、泄水建筑物形成的水库和水电站引水系统、发电厂房、机电设备等。水库的高水位水经引水系统流入厂房推动水轮发电机组发出电能，再经升压变压器、开关站和输电线路输入电网。

水电站枢纽的组成建筑物有以下几种：

（1）挡水建筑物。用以截断水流，集中落差，形成水库的拦河坝、闸或河床式水电站的厂房等水工建筑物。如混凝土重力坝、拱坝、土石坝、堆石坝及拦河闸等。

（2）泄水建筑物。用以宣泄洪水或防空水库的建筑物，如开敞式河岸溢洪道、溢流坝、泄洪洞及放水底孔等。

（3）进水建筑物。从河道或水库按发电要求引进发电流量的引水道首部建筑物，如有压、无压进水口等。

（4）引水建筑物。向水电站输送发电流量的明渠及其渠系建筑物、压力隧洞、压力管道等建筑物。

（5）平水建筑物。在水电站负荷变化时用以平稳引水建筑物中流量和压力的变化，保证水电站调节稳定的建筑物，对有压引水式水电站为调压井或调压塔，对无压引水式电站为渠道末端的压力前池。

（6）厂房枢纽建筑物。水电站厂房枢纽建筑物主要是指水电站的主厂房、副厂房、变压器场、高压开关站、交通道路及尾水渠等建筑物。这些建筑物一般集中布置在同一局部区域形成厂区，厂区是发电、变电、配电、送点的中心，是电能生产的中枢。

水电站的投资，一般包括永久性建筑工程（如大坝、溢洪道、输水隧洞、发电厂房等）、机电设备的购置和安装、施工临时工程及库区移民安置等费用所组成。从水电工程

第六节 水力发电工程经济分析

基本投资的构成比例看，永久性建筑工程约占 32%～45%，主要与当地地形、地质、建筑材料和施工方法等因素有关；机电设备购置和安装费用约占 18%～25%，其中主要为水轮发电机组和升压变电站，其单位千瓦投资与机组类型、单机容量大小和设计水头等因素有关；施工临时工程投资约占 15%～20%，其中主要为施工队伍的房建投资和施工机械的购置费等；库区移民安置费用和水库淹没损失补偿费以及其他费用共约占 10%～35%，这与库区移民的安置数量、水库淹没的具体情况与补偿标准等因素有关。

关于远距离输变电工程投资，一般并不包括在电站投资内，而是单独列为一个工程项目。由于水电站一般远离负荷中心地区，输变电工程的投资有时可能达到水电站本身投资的 30%以上，当与火电站进行经济比较时，应考虑输变电工程费用。

水电站单位千瓦投资与电站建设条件关系很大，20 世纪 50 年代平均单位千瓦投资约为 1000 元，后来由于水电站开发条件逐渐困难，库区移民安置标准适当提高，施工机械化程度不断提高，加上物价水平不断上升等原因，水电站平均单位千瓦的投资 60 年代约为 2000 元，70 年代约为 3000 元，80 年代约为 4000 元，90 年代约为 5000 元，进入 21 世纪后水电站单位千瓦投资已达 10000 元。

举世闻名的长江三峡水利工程，其静态投资（包括输变电工程，以 1993 年 5 月价格计算）为 1150 亿元，水电站装机容量为 1820 万 kW（共有机组 26 台，单机容量 70 万 kW），折合单位千瓦投资 6320 元（投资尚未在防洪、发电、航运等受益部门之间分摊），其中库区移民安置费用及远距离高压输变电工程投资分别约占工程总投资的 35%及 21%。

三、水电站的年运行费

水电站为了维持正常运行每年所需要的各种费用，统称为水电站的年运行费，其中包括下列各个部分。

(1) 维护费（包括大修理费）。为了恢复固定资产原有的物质形态和生产能力，对遭到耗损的主要组成部件进行周期性的更换与修理，统称为大修理。为了使水电站主要建筑物和机电设备经常处于完好状态，一般每隔两、三年须进行一次大修理。由于大修理所需费用较多，因此每年从电费收入中提存一部分费用作为基金供大修理时集中使用。

$$\text{大修理费} = \text{固定资产原值} \times \text{大修理费率} \tag{12.15}$$

此外，尚需对水库和水电站建筑物及机电设备进行经常性的检查、维护与保养，包括对一些小零件进行修理或更换所需的费用。

(2) 材料、燃料及动力费。水电站材料费系指库存材料和加工材料的费用，其中包括各种辅助材料及其他生产用的原材料费用。燃料及动力费系指水电站本身运行所需的燃料等动力费。

(3) 工资。包括工资和福利费以及各种津贴和奖金等，可按电厂职工编制计算。

(4) 水费。水电厂与水库管理处往往隶属于不同的行政管理系统，由于近来强调进行企业管理，因此电厂发电所用的水量应向水库管理处或其主管单位缴付水费。发电专用水的水价应与诸部门（发电、灌溉、航运等）综合利用水量的水价有所不同。

(5) 其他费用。包括保险费、行政管理费、办公费、差旅费等。

以上各种年运行费，可根据电力工业有关统计资料结合本电站的具体情况计算求出。

当缺乏资料时,水电站年运行费可按其投资或造价的1%~2%估算,大型电站取较低值,中小型电站取较高值。

四、水电站的年费用

为了综合反映水电站所需费用(包括一次性投资和经常性年运行费)的大小,常用年费用表示。

(1)当进行静态经济分析时,根据现行财税制度,水电站发电成本主要包括年折旧费与年运行费两大部分,此即为水电站的年费用。

其中　　　　　年折旧费＝固定资产原值×年综合折旧费率　　　　(12.16)

根据资本保全原则,当项目建成投入运行时,其总投资形成固定资产、无形资产、递延资产和流动资产四部分,因此从水电站总投资中扣除后三部分后即得固定资产原值。关于年综合折旧率,一般采用直线折旧法并不计其残值时,则

年综合折旧费率＝1/固定资产综合折旧年限　　　　(12.17)

式中,折旧年限一般采用经济使用年限(即经济寿命)。

(2)当进行动态经济分析时,水电站年费用为资金年分摊值(资金年回收值)与年运行费之和,即

年费用＝水电站固定资产原值×$(A/P, i, n)$＋年运行费　　　　(12.18)

五、火电厂的年运行费

火电厂的年运行费包括固定年运行费和燃料费两大部分,固定年运行费主要与装机容量的大小有关,燃料费主要与该年发电量的多少有关。现分述于下:

(1)固定年运行费。主要包括火电厂的大修理费、维修费、材料费、工资及福利费、水费(冷却用水等)以及行政管理费等。

以上各种固定年运行费可以根据电力工业有关统计资料结合本电站的具体情况计算求出。由于火电厂汽轮发电机组、锅炉、煤炭运输、传动、粉碎、燃烧及除灰系统比较复杂,设备较多,因而运行管理人员亦比同等装机容量的水电站要增加若干倍。当缺乏资料时,火电厂固定年运行费可按其投资的6%左右估算。

(2)燃料费。火电厂的燃料费主要与年发电量、单位发电量的标准煤耗及折合标准煤的到厂煤价等因素有关。

必须说明,如果火电站的投资中包括了煤矿及铁路等部门所分摊的投资,则燃料费应该只计算到燃煤所分摊的年运行费;如果火电站的投资中并不考虑煤矿及铁路等部门的投资,仅指火电厂本身的投资,则燃料费应按照当地影子煤价(国民经济评价时)或财务煤价(财务评价时)计算。

六、水电站的国民经济效益

在水电建设项目国民经济评价中,水电站工程效益可以用下列两种方法之一表示其国民经济效益:

(1)用同等程度满足电力系统需要的替代电站的影子费用,作为水电站的国民经济效益。在目前情况下,水电站的替代方案应是具有调峰、调频能力并可担任电力系统事故备用容量的火力发电站。一般认为,为了满足设计水平年电力系统的负荷要求,如果不修建某水电站,则必须修建其替代电站,两者必选其中之一。

第六节 水力发电工程经济分析

换句话说，如果修建某水电站，则可不修建其替代电站，所节省的替代电站的影子费用（包括投资、燃料费与运行费），可以认为这就是修建水电站的国民经济效益。

（2）用水电站的影子电费收入作为水电站的国民经济效益。用此法计算水电站的国民经济效益比较直截了当，容易令人理解，但困难在于如何确定不同类电量（峰荷电量、基荷电量、季节性电量等）的影子电价。在有关部门尚未制定出各种影子电价之前，可参照国家发展和改革委员会颁布的《建设项目经济评价方法与参数》中的有关规定，结合电力系统和电站的具体条件，分析确定影子电价。

对于具有综合利用效益的水电建设项目，应以具有同等效益的替代建设项目的影子费用作为该水电建设项目的效益；或者采用影子价格直接计算该水电建设项目的综合利用效益。

附录一 复利系数表

附表 1 复利系数表($i=1\%$)

n	$(F/P,i,n)$	$(P/F,i,n)$	$(F/A,i,n)$	$(A/F,i,n)$	$(A/P,i,n)$	$(P/A,i,n)$	$(F/G,i,n)$	$(A/G,i,n)$
1	1.0100	0.9901	1.0000	1.0000	1.0100	0.9901	0.0000	0.0000
2	1.0201	0.9803	2.0100	0.4975	0.5075	1.9704	1.0000	0.4975
3	1.0303	0.9706	3.0301	0.3300	0.3400	2.9410	3.0100	0.9934
4	1.0406	0.9610	4.0604	0.2463	0.2563	3.9020	6.0401	1.4876
5	1.0510	0.9515	5.1010	0.1960	0.2060	4.8534	10.1005	1.9801
6	1.0615	0.9420	6.1520	0.1625	0.1725	5.7955	15.2015	2.4710
7	1.0721	0.9327	7.2135	0.1386	0.1486	6.7282	21.3535	2.9602
8	1.0829	0.9235	8.2857	0.1207	0.1307	7.6517	28.5671	3.4478
9	1.0937	0.9143	9.3685	0.1067	0.1167	8.5660	36.8527	3.9337
10	1.1046	0.9053	10.4622	0.0956	0.1056	9.4713	46.2213	4.4179
11	1.1157	0.8963	11.5668	0.0865	0.0965	10.3676	56.6835	4.9005
12	1.1268	0.8874	12.6825	0.0788	0.0888	11.2551	68.2503	5.3815
13	1.1381	0.8787	13.8093	0.0724	0.0824	12.1337	80.9328	5.8607
14	1.1495	0.8700	14.9474	0.0669	0.0769	13.0037	94.7421	6.3384
15	1.1610	0.8613	16.0969	0.0621	0.0721	13.8651	109.6896	6.8143
16	1.1726	0.8528	17.2579	0.0579	0.0679	14.7179	125.7864	7.2886
17	1.1843	0.8444	18.4304	0.0543	0.0643	15.5623	143.0443	7.7613
18	1.1961	0.8360	19.6147	0.0510	0.0610	16.3983	161.4748	8.2323
19	1.2081	0.8277	20.8109	0.0481	0.0581	17.2260	181.0895	8.7017
20	1.2202	0.8195	22.0190	0.0454	0.0554	18.0456	201.9004	9.1694
21	1.2324	0.8114	23.2392	0.0430	0.0530	18.8570	223.9194	9.6354
22	1.2447	0.8034	24.4716	0.0409	0.0509	19.6604	247.1586	10.0998
23	1.2572	0.7954	25.7163	0.0389	0.0489	20.4558	271.6302	10.5626
24	1.2697	0.7876	26.9735	0.0371	0.0471	21.2434	297.3465	11.0237
25	1.2824	0.7798	28.2432	0.0354	0.0454	22.0232	324.3200	11.4831
26	1.2953	0.7720	29.5256	0.0339	0.0439	22.7952	352.5631	11.9409
27	1.3082	0.7644	30.8209	0.0324	0.0424	23.5596	382.0888	12.3971
28	1.3213	0.7568	32.1291	0.0311	0.0411	24.3164	412.9097	12.8516
29	1.3345	0.7493	33.4504	0.0299	0.0399	25.0658	445.0388	13.3044
30	1.3478	0.7419	34.7849	0.0287	0.0387	25.8077	478.4892	13.7557
31	1.3613	0.7346	36.1327	0.0277	0.0377	26.5423	513.2740	14.2052
32	1.3749	0.7273	37.4941	0.0267	0.0367	27.2696	549.4068	14.6532
33	1.3887	0.7201	38.8690	0.0257	0.0357	27.9897	586.9009	15.0995
34	1.4026	0.7130	40.2577	0.0248	0.0348	28.7027	625.7699	15.5441
35	1.4166	0.7059	41.6603	0.0240	0.0340	29.4086	666.0276	15.9871
36	1.4308	0.6989	43.0769	0.0232	0.0332	30.1075	707.6878	16.4285
37	1.4451	0.6920	44.5076	0.0225	0.0325	30.7995	750.7647	16.8682
38	1.4595	0.6852	45.9527	0.0218	0.0318	31.4847	795.2724	17.3063
39	1.4741	0.6784	47.4123	0.0211	0.0311	32.1630	841.2251	17.7428
40	1.4889	0.6717	48.8864	0.0205	0.0305	32.8347	888.6373	18.1776
41	1.5038	0.6650	50.3752	0.0199	0.0299	33.4997	937.5237	18.6108
42	1.5188	0.6584	51.8790	0.0193	0.0293	34.1581	987.8989	19.0424
43	1.5340	0.6519	53.3978	0.0187	0.0287	34.8100	1039.7779	19.4723
44	1.5493	0.6454	54.9318	0.0182	0.0282	35.4555	1093.1757	19.9006
45	1.5648	0.6391	56.4811	0.0177	0.0277	36.0945	1148.1075	20.3273
46	1.5805	0.6327	58.0459	0.0172	0.0272	36.7272	1204.5885	20.7524
47	1.5963	0.6265	59.6263	0.0168	0.0268	37.3537	1262.6344	21.1758
48	1.6122	0.6203	61.2226	0.0163	0.0263	37.9740	1322.2608	21.5976
49	1.6283	0.6141	62.8348	0.0159	0.0259	38.5881	1383.4834	22.0178
50	1.6446	0.6080	64.4632	0.0155	0.0255	39.1961	1446.3182	22.4363

附表 2　　　　　　　　　复利系数表（$i=2\%$）

n	$(F/P,i,n)$	$(P/F,i,n)$	$(F/A,i,n)$	$(A/F,i,n)$	$(A/P,i,n)$	$(P/A,i,n)$	$(F/G,i,n)$	$(A/G,i,n)$
1	1.0200	0.9804	1.0000	1.0000	1.0200	0.9804	0.0000	0.0000
2	1.0404	0.9612	2.0200	0.4950	0.5150	1.9416	1.0000	0.4950
3	1.0612	0.9423	3.0604	0.3268	0.3468	2.8839	3.0200	0.9868
4	1.0824	0.9238	4.1216	0.2426	0.2626	3.8077	6.0804	1.4752
5	1.1041	0.9058	5.2040	0.1920	0.2122	4.7135	10.2020	1.9604
6	1.1262	0.8880	6.3081	0.1585	0.1785	5.6014	15.4060	2.4423
7	1.1487	0.8706	7.4343	0.1345	0.1545	6.4720	21.7142	2.9208
8	1.1717	0.8535	8.5830	0.1165	0.1365	7.3255	29.1485	3.3961
9	1.1951	0.8368	9.7546	0.1025	0.1225	8.1622	37.7314	3.8681
10	1.2190	0.8203	10.9497	0.0913	0.1113	8.9826	47.4860	4.3367
11	1.2434	0.8043	12.1687	0.0822	0.1022	9.7868	58.4358	4.8021
12	1.2682	0.7885	13.4121	0.0766	0.0946	10.5753	70.6045	5.2642
13	1.2936	0.7730	14.6803	0.0681	0.0881	11.3484	84.0166	5.7231
14	1.3195	0.7579	15.9739	0.0626	0.0826	12.1062	98.6969	6.1786
15	1.3459	0.7430	17.2934	0.0578	0.0778	12.8493	114.6708	6.6309
16	1.3728	0.7284	18.6393	0.0537	0.0737	13.5777	131.9643	7.0799
17	1.4002	0.7142	20.0121	0.0500	0.0700	14.2919	150.6035	7.5256
18	1.4282	0.7002	21.4123	0.0467	0.0667	14.9920	170.6156	7.9681
19	1.4568	0.6864	22.8406	0.0438	0.0638	15.6785	192.0279	8.4073
20	1.4859	0.6730	24.2974	0.0412	0.0612	16.3514	214.8685	8.8433
21	1.5157	0.6598	25.7833	0.0388	0.0588	17.0112	239.1659	9.2760
22	1.5460	0.6468	27.2990	0.0366	0.0566	17.6580	264.9492	9.7055
23	1.5769	0.6342	28.8450	0.0347	0.0547	18.2922	292.2482	10.1317
24	1.6084	0.6217	30.4219	0.0329	0.0529	18.9139	321.0931	10.5547
25	1.6406	0.6095	32.0303	0.0312	0.0512	19.5235	351.5150	10.9745
26	1.6734	0.5976	33.6709	0.0297	0.0497	20.1210	383.5453	11.3910
27	1.7069	0.5859	35.3443	0.0283	0.0483	20.7069	417.2162	11.8043
28	1.7410	0.5744	37.0512	0.0270	0.0470	21.2813	452.5605	12.2145
29	1.7758	0.5631	38.7922	0.0258	0.0458	21.8444	489.6117	12.6214
30	1.8114	0.5521	40.5681	0.0246	0.0446	22.3965	528.4040	13.0251
31	1.8476	0.5412	42.3794	0.0236	0.0436	22.9377	568.9720	13.4257
32	1.8845	0.5306	44.2270	0.0226	0.0426	23.4683	611.3515	13.8230
33	1.9222	0.5202	46.1116	0.0217	0.0417	23.9886	655.5785	14.2172
34	1.9607	0.5100	48.0338	0.0208	0.0408	24.4986	701.6901	14.6083
35	1.9999	0.5000	49.9945	0.0200	0.0400	24.9986	749.7239	14.9961
36	2.0399	0.4902	51.9944	0.0192	0.0392	25.4888	799.7184	15.3809
37	2.0807	0.4806	54.0343	0.0185	0.0385	25.9695	851.7127	15.7625
38	2.1223	0.4712	56.1149	0.0178	0.0378	26.4406	905.7470	16.1409
39	2.1647	0.4619	58.2372	0.0172	0.0372	26.9026	961.8619	16.5163
40	2.2080	0.4529	60.4020	0.0166	0.0366	27.3555	1020.0992	16.8885
41	2.2522	0.4440	62.6100	0.0160	0.0360	27.7995	1080.5011	17.2576
42	2.2972	0.4353	64.8622	0.0154	0.0354	28.2348	1143.1112	17.6237
43	2.3432	0.4268	67.1595	0.0149	0.0349	28.6616	1207.9734	17.9866
44	2.3901	0.4184	69.5027	0.0144	0.0344	29.0800	1275.1329	18.3465
45	2.4379	0.4102	71.8927	0.0139	0.0339	29.4902	1344.6355	18.7034
46	2.4866	0.4022	74.3306	0.0135	0.0335	29.8923	1416.5286	19.0571
47	2.5363	0.3943	76.8712	0.0130	0.0330	30.2866	1490.8588	19.4079
48	2.5871	0.3865	79.3535	0.0126	0.0326	30.6731	1567.6760	19.7556
49	2.6388	0.3790	81.9406	0.0122	0.0322	31.0521	1647.0295	20.1003
50	2.6916	0.3715	84.5794	0.0118	0.0318	31.4236	1728.9701	20.4420

附表 3　　　　　　　　　　复利系数表($i=3\%$)

n	$(F/P,i,n)$	$(P/F,i,n)$	$(F/A,i,n)$	$(A/F,i,n)$	$(A/P,i,n)$	$(P/A,i,n)$	$(F/G,i,n)$	$(A/G,i,n)$
1	1.0300	0.9709	1.0000	1.0000	1.0300	0.9709	0.0000	0.0000
2	1.0609	0.9426	2.0300	0.4926	0.5226	1.9135	1.0000	0.4926
3	1.0927	0.9151	3.0909	0.3235	0.3535	2.8286	3.0300	0.9803
4	1.1255	0.8885	4.1836	0.2390	0.2690	3.7171	6.1201	1.4631
5	1.1593	0.8626	5.3091	0.1884	0.2184	4.5797	10.3045	1.9409
6	1.1941	0.8375	6.4684	0.1546	0.1846	5.4172	15.6137	2.4138
7	1.2299	0.8131	7.6625	0.1305	0.1605	6.2303	22.0821	2.8819
8	1.2668	0.7894	8.8923	0.1125	0.1425	7.0197	29.7445	3.3450
9	1.3048	0.7664	10.1591	0.0984	0.1284	7.7861	38.6369	3.8032
10	1.3439	0.7441	11.4639	0.0872	0.1172	8.5302	48.7960	4.2565
11	1.3842	0.7224	12.8078	0.0781	0.1081	9.2526	60.2591	4.7049
12	1.4258	0.7014	14.1920	0.0705	0.1005	9.9540	73.0677	5.1485
13	1.4685	0.6810	15.6178	0.0640	0.0940	10.6350	87.2597	5.5872
14	1.5126	0.6611	17.0863	0.0585	0.0885	11.2961	102.8775	6.0210
15	1.5580	0.6419	18.5989	0.0538	0.0838	11.9379	119.9638	6.4500
16	1.6047	0.6232	20.1569	0.0496	0.0796	12.5611	138.5627	6.8742
17	1.6528	0.6050	21.7616	0.0460	0.0760	13.1661	158.7196	7.2936
18	1.7024	0.5874	23.4144	0.0427	0.0727	13.7535	180.4812	7.7081
19	1.7535	0.5703	25.1169	0.0398	0.0698	14.3238	203.8956	8.1179
20	1.8061	0.5537	26.8704	0.0372	0.0672	14.8775	229.0125	8.5226
21	1.8063	0.5375	28.6765	0.0349	0.0649	15.4150	255.8821	8.9231
22	1.9161	0.5129	30.5368	0.0327	0.0627	15.9369	284.5593	9.3186
23	1.9736	0.5067	32.4529	0.0308	0.0608	16.4436	315.0961	9.7093
24	2.0328	0.4919	34.4265	0.0290	0.0590	16.9355	347.5490	10.0954
25	2.0938	0.4776	36.4593	0.0274	0.0574	17.4131	381.9755	10.4768
26	2.1566	0.4637	38.5530	0.0259	0.0559	17.8768	418.4347	10.8535
27	2.2213	0.4502	40.7096	0.0246	0.0546	18.3270	456.9878	11.2255
28	2.2879	0.4371	42.9309	0.0233	0.0533	18.7641	497.6974	11.5930
29	2.3566	0.4243	45.2189	0.0221	0.0521	19.1885	540.6283	11.9558
30	2.4273	0.4120	47.5754	0.0210	0.0510	19.6004	585.8472	12.3141
31	2.5001	0.4000	50.0027	0.0200	0.0500	20.0004	633.4220	12.6678
32	2.5751	0.3883	52.5028	0.0190	0.0490	20.3888	683.4253	13.0169
33	2.6523	0.3770	55.0778	0.0182	0.0482	20.7658	735.9280	13.3616
34	2.7319	0.3660	57.7302	0.0173	0.0473	21.1318	791.0051	13.7018
35	2.8139	0.3554	60.4621	0.0165	0.0465	21.4872	848.7361	14.0375
36	2.8983	0.3450	63.2759	0.0158	0.0458	21.8323	909.1981	14.3688
37	2.9852	0.3350	66.1742	0.0151	0.0451	22.1672	972.4741	14.6957
38	3.0748	0.3252	69.1594	0.0145	0.0445	22.4925	1038.6483	15.0182
39	3.1670	0.3158	72.2342	0.0138	0.0438	22.8082	1107.8078	15.3363
40	3.2620	0.3066	75.4013	0.0133	0.0433	23.1148	1180.0420	15.6502
41	3.3599	0.2976	78.6633	0.0127	0.0427	23.4124	1255.4433	15.9597
42	3.4607	0.2890	82.0232	0.0122	0.0422	23.7014	1334.1065	16.2650
43	3.5645	0.2805	85.4839	0.0117	0.0417	23.9819	1416.1297	16.5660
44	3.6715	0.2724	89.0484	0.0112	0.0412	24.2543	1501.6136	16.8629
45	3.7816	0.2644	92.7199	0.0108	0.0408	24.5187	1590.6620	17.1556
46	3.8950	0.2567	96.5015	0.0104	0.0404	24.7754	1683.3819	17.4441
47	4.0119	0.2493	100.3965	0.0100	0.0400	25.0247	1779.8834	17.7285
48	4.1323	0.2420	104.4084	0.0096	0.0396	25.2667	1880.2799	18.0089
49	4.2562	0.2350	108.5406	0.0092	0.0392	25.5017	1984.6883	18.2852
50	4.3839	0.2281	112.7969	0.0089	0.0389	25.7298	2093.2289	18.5575

附表 4　　　　　　　　　　复利系数表($i=4\%$)

n	$(F/P,i,n)$	$(P/F,i,n)$	$(F/A,i,n)$	$(A/F,i,n)$	$(A/P,i,n)$	$(P/A,i,n)$	$(F/G,i,n)$	$(A/G,i,n)$
1	1.0400	0.9615	1.0000	1.0000	1.0400	0.9615	0.0000	0.0000
2	1.0816	0.9246	2.0400	0.4902	0.5302	1.8861	1.0000	0.4902
3	1.1249	0.8890	3.1216	0.3203	0.3603	2.7751	3.0400	0.9739
4	1.1699	0.8548	4.2465	0.2355	0.2755	3.6299	6.1616	1.4510
5	1.2167	0.8219	5.4163	0.1846	0.2246	4.4518	10.4081	1.9216
6	1.2653	0.7903	6.6330	0.1508	0.1908	5.2421	15.8244	2.3857
7	1.3159	0.7599	7.8983	0.1266	0.1666	6.0021	22.4574	2.8433
8	1.3686	0.7307	9.2142	0.1085	0.1485	6.7327	30.3557	3.2944
9	1.4233	0.7026	10.5828	0.0945	0.1345	7.4353	39.5699	3.7391
10	1.4802	0.6756	12.0061	0.0833	0.1233	8.1109	50.1527	4.1773
11	1.5395	0.6496	13.4864	0.0741	0.1141	8.7605	62.1588	4.6090
12	1.6010	0.6246	15.0258	0.0666	0.1066	9.3851	75.6451	5.0343
13	1.6651	0.6006	16.6268	0.0601	0.1001	9.9856	90.6709	5.4533
14	1.7317	0.5775	18.2919	0.0547	0.0947	10.5631	107.2978	5.8659
15	1.8009	0.5553	20.0236	0.0499	0.0899	11.1184	125.5897	6.2721
16	1.8730	0.5339	21.8245	0.0458	0.0858	11.6523	145.6133	6.6720
17	1.9479	0.5134	23.6975	0.0422	0.0822	12.1657	167.4378	7.0656
18	2.0258	0.4936	25.6454	0.0390	0.0790	12.6593	191.1353	7.4530
19	2.1068	0.4746	27.6712	0.0361	0.0761	13.1339	216.7807	7.8342
20	2.1911	0.4564	29.7781	0.0336	0.0736	13.5903	244.4520	8.2091
21	2.2788	0.4388	31.9692	0.0313	0.0713	14.0292	274.2300	8.5779
22	2.3699	0.4220	34.2480	0.0292	0.0692	14.4511	306.1992	8.9407
23	2.4647	0.4057	36.6179	0.0273	0.0673	14.8568	340.4472	9.2973
24	2.5633	0.3901	39.0826	0.0256	0.0656	15.2470	377.0651	9.6479
25	2.6658	0.3751	41.6459	0.0240	0.0640	15.6221	416.1477	9.9925
26	2.7725	0.3607	44.3117	0.0226	0.0626	15.9828	457.7936	10.3312
27	2.8834	0.3468	47.0842	0.0212	0.0612	16.3296	502.1054	10.6640
28	2.9987	0.3335	49.9676	0.0200	0.0600	16.6631	549.1896	10.9909
29	3.1187	0.3207	52.9663	0.0189	0.0589	16.9837	599.1572	11.3120
30	3.2434	0.3083	56.0849	0.0178	0.0578	17.2920	652.1234	11.6274
31	3.3731	0.2965	59.3283	0.0169	0.0569	17.5885	708.2084	11.9371
32	3.5081	0.2851	62.7015	0.0159	0.0559	17.8736	767.5367	12.2411
33	3.6484	0.2741	66.2095	0.0151	0.0551	18.1476	830.2382	12.5396
34	3.7943	0.2636	69.8579	0.0143	0.0543	18.4112	896.4477	12.8324
35	3.9461	0.2534	73.6522	0.0136	0.0536	18.6646	966.3056	13.1198
36	4.1039	0.2437	77.5983	0.0129	0.0529	18.9083	1039.9578	13.4018
37	4.2681	0.2343	81.7022	0.0122	0.0522	19.1426	1117.5562	13.6784
38	4.4388	0.2253	85.9703	0.0116	0.0516	19.3679	1199.2584	13.9497
39	4.6164	0.2166	90.4091	0.0111	0.0511	19.5845	1285.2287	14.2157
40	4.8100	0.2083	95.0255	0.0105	0.0505	19.7928	1375.6379	14.4765
41	4.9931	0.2003	99.8265	0.0100	0.0500	19.9931	1470.6634	14.7322
42	5.1928	0.1926	104.8196	0.0095	0.0495	20.1856	1570.4899	14.9828
43	5.4005	0.1852	110.0124	0.0091	0.0491	20.3708	1675.3095	15.2284
44	5.6165	0.1780	115.4129	0.0087	0.0487	20.5488	1785.3219	15.4690
45	5.8412	0.1712	121.0294	0.0083	0.0483	20.7200	1900.7348	15.7047
46	6.0748	0.1646	126.8706	0.0079	0.0479	20.8847	2021.7642	15.9356
47	6.3178	0.1583	132.9454	0.0075	0.0475	21.0429	2148.6348	16.1618
48	6.5705	0.1522	139.2632	0.0072	0.0472	21.1951	2281.5802	16.3832
49	6.8333	0.1463	145.8337	0.0069	0.0469	21.3415	2420.8434	16.6000
50	7.1067	0.1407	152.6671	0.0066	0.0466	21.4822	2566.6771	16.8122

附表 5　　　　　　　　复利系数表($i=5\%$)

n	$(F/P,i,n)$	$(P/F,i,n)$	$(F/A,i,n)$	$(A/F,i,n)$	$(A/P,i,n)$	$(P/A,i,n)$	$(F/G,i,n)$	$(A/G,i,n)$
1	1.0500	0.9524	1.0000	1.0000	1.0500	0.9524	0.0000	0.0000
2	1.1025	0.9070	2.0500	0.4878	0.5378	1.8594	1.0000	0.4878
3	1.1576	0.8638	3.1525	0.3172	0.3672	2.7232	3.0500	0.9675
4	1.2155	0.8227	4.3101	0.2320	0.2820	3.5460	6.2025	1.4391
5	1.2763	0.7835	5.5256	0.1810	0.2310	4.3295	10.5126	1.9025
6	1.3401	0.7462	6.8019	0.1470	0.1970	5.0757	16.0383	2.3579
7	1.4071	0.7107	8.1420	0.1228	0.1728	5.7864	22.8402	2.8052
8	1.4775	0.6768	9.5491	0.1047	0.1547	6.4632	30.9822	3.2445
9	1.5513	0.6446	11.0266	0.0907	0.1407	7.1078	40.5313	3.6758
10	1.6289	0.6139	12.5779	0.0795	0.1295	7.7217	51.5579	4.0991
11	1.7103	0.5847	14.2068	0.0704	0.1204	8.3064	64.1357	4.5144
12	1.7959	0.5568	15.9171	0.0628	0.1128	8.8633	78.3425	4.9219
13	1.8856	0.5305	17.7130	0.0565	0.1065	9.3936	94.2597	5.3215
14	1.9799	0.5051	19.5986	0.0510	0.1010	9.8986	111.9726	5.7133
15	2.0789	0.4810	21.5786	0.0463	0.0963	10.3797	131.5713	6.0973
16	2.1829	0.4581	23.6575	0.0423	0.0923	10.8378	153.1498	6.4736
17	2.2920	0.4363	25.8404	0.0387	0.0887	11.2741	176.8073	6.8423
18	2.4066	0.4155	28.1324	0.0355	0.0855	11.6896	202.6477	7.2034
19	2.5270	0.3957	30.5390	0.0327	0.0827	12.0853	230.7801	7.5566
20	2.6533	0.3769	33.0660	0.0302	0.0802	12.4622	261.3191	7.9030
21	2.7860	0.3589	35.7193	0.0280	0.0780	12.8212	294.3850	8.2416
22	2.9253	0.3418	38.5052	0.0260	0.0760	13.1630	330.1043	8.5730
23	3.0715	0.3256	41.4305	0.0241	0.0741	13.4886	368.6095	8.8971
24	3.2251	0.3101	44.5020	0.0225	0.0725	13.7986	410.0400	9.2140
25	3.3864	0.2953	47.7271	0.0210	0.0710	14.0939	454.5420	9.5238
26	3.5557	0.2812	51.1135	0.0196	0.0696	14.3752	502.2691	9.8266
27	3.7335	0.2678	54.6691	0.0183	0.0683	14.6430	553.3825	10.1224
28	3.9201	0.2551	58.4026	0.0171	0.0671	14.8981	608.0517	10.4114
29	4.1161	0.2429	62.3227	0.0160	0.0660	15.1411	666.4542	10.6936
30	4.3219	0.2314	66.4388	0.0151	0.0651	15.3725	728.7770	10.9691
31	4.5380	0.2204	70.7608	0.0141	0.0641	15.5928	795.2158	11.2381
32	4.7649	0.2099	75.2988	0.0133	0.0633	15.8027	865.9766	11.5005
33	5.0032	0.1999	80.0638	0.0125	0.0625	16.0025	941.2754	11.7566
34	5.2533	0.1904	85.0670	0.0118	0.0618	16.1929	1021.3392	12.0063
35	5.5160	0.1813	90.3203	0.0111	0.0611	16.3742	1106.4061	12.2498
36	5.7918	0.1727	95.8363	0.0104	0.0604	16.5469	1196.7265	12.4872
37	6.0814	0.1644	101.6281	0.0098	0.0598	16.7113	1292.5628	12.7186
38	6.3855	0.1566	107.7095	0.0093	0.0593	16.8679	1394.1909	12.9440
39	6.7048	0.1491	114.0950	0.0088	0.0588	17.0170	1501.9005	13.1636
40	7.0400	0.1420	120.7998	0.0083	0.0583	17.1591	1615.9955	13.3775
41	7.3920	0.1353	127.8398	0.0078	0.0578	17.2944	1736.7953	13.5857
42	7.7616	0.1288	135.2318	0.0074	0.0574	17.4232	1864.6350	13.7884
43	8.1497	0.1227	142.9933	0.0070	0.0570	17.5459	1999.8668	13.9857
44	8.5572	0.1169	151.1430	0.0066	0.0566	17.6628	2142.8601	14.1777
45	8.9850	0.1113	159.7002	0.0063	0.0563	17.7741	2294.0031	14.3644
46	9.4343	0.1060	168.6852	0.0059	0.0559	17.8801	2453.7033	14.5461
47	9.9060	0.1009	178.1194	0.0056	0.0556	17.9810	2622.3884	14.7226
48	10.4013	0.0961	188.0254	0.0053	0.0553	18.0772	2800.5079	14.8943
49	10.9213	0.0916	198.4267	0.0050	0.0550	18.1687	2988.5333	15.0611
50	11.4674	0.0874	209.3480	0.0048	0.0548	18.2559	3186.9599	15.2233

附表 6　　　　　　　　　复利系数表($i=6\%$)

n	$(F/P,i,n)$	$(P/F,i,n)$	$(F/A,i,n)$	$(A/F,i,n)$	$(A/P,i,n)$	$(P/A,i,n)$	$(F/G,i,n)$	$(A/G,i,n)$
1	1.0600	0.9434	1.0000	1.0000	1.0600	0.9434	0.0000	0.0000
2	1.1236	0.8900	2.0600	0.4854	0.5454	1.8334	1.0000	0.4854
3	1.1910	0.8396	3.1836	0.3141	0.3741	2.6730	3.0600	0.9612
4	1.2625	0.7921	4.3746	0.2286	0.2886	3.4651	6.2436	1.4272
5	1.3382	0.7473	5.6371	0.1774	0.2374	4.2124	10.6182	1.8836
6	1.4185	0.7050	6.9753	0.1434	0.2034	4.9173	16.2553	2.3304
7	1.5036	0.6651	8.3938	0.1191	0.1791	5.5824	23.2306	2.7676
8	1.5938	0.6274	9.8975	0.1010	0.1610	6.2098	31.6245	3.1952
9	1.6895	0.5919	11.4913	0.0870	0.1470	6.8017	41.5219	3.6133
10	1.7908	0.5584	13.1808	0.0759	0.1359	7.3601	53.0132	4.0220
11	1.8983	0.5268	14.9716	0.0668	0.1268	7.8869	66.1940	4.4213
12	2.0122	0.4970	16.8699	0.0593	0.1193	8.3838	81.1657	4.8113
13	2.1329	0.4688	18.8821	0.0530	0.1130	8.8527	98.0356	5.1920
14	2.2609	0.4423	21.0151	0.0476	0.1076	9.2950	116.9178	5.5635
15	2.3966	0.4173	23.2760	0.0430	0.1030	9.7122	137.9328	5.9260
16	2.5404	0.3936	26.6725	0.0390	0.0990	10.1059	161.2088	6.2794
17	2.6928	0.3714	28.2129	0.0354	0.0954	10.4773	186.8813	6.6240
18	2.8543	0.3503	30.9057	0.0324	0.0924	10.8276	215.0942	6.9597
19	3.0256	0.3305	33.7600	0.0296	0.0896	11.1581	245.9999	7.2867
20	3.2071	0.3118	36.7856	0.0272	0.0872	11.4699	279.7599	7.6051
21	3.3996	0.2942	39.9927	0.0250	0.0850	11.7641	316.5454	7.9151
22	3.6035	0.2775	43.3923	0.0230	0.0830	12.0416	356.5382	8.2166
23	3.8197	0.2618	46.9958	0.0213	0.0813	12.3034	399.9305	8.5099
24	4.0489	0.2470	50.8156	0.0197	0.0797	12.5504	446.9263	8.7951
25	4.2919	0.2330	54.8645	0.0182	0.0782	12.7834	497.7419	9.0722
26	4.5494	0.2198	59.1564	0.0169	0.0769	13.0032	552.6064	9.4314
27	4.8223	0.2074	63.7058	0.0157	0.0757	13.2105	611.7628	9.6029
28	5.1117	0.1956	68.5281	0.0146	0.0746	13.4062	675.4685	9.8568
29	5.4184	0.1846	73.6398	0.0136	0.0736	13.5907	743.9966	10.1032
30	5.7435	0.1741	79.0582	0.0126	0.0726	13.7648	817.6364	10.3422
31	6.0881	0.1643	84.8017	0.0118	0.0718	13.9291	896.6946	10.5740
32	6.4534	0.1550	90.8898	0.0110	0.0710	14.0840	981.4963	10.7988
33	6.8406	0.1462	97.3432	0.0103	0.0703	14.2302	1072.3861	11.0166
34	7.2510	0.1379	104.1838	0.0096	0.0696	14.3681	1169.7292	11.2276
35	7.6861	0.1301	111.4348	0.0090	0.0690	14.4982	1273.9130	11.4319
36	8.1473	0.1227	119.1209	0.0084	0.0684	14.6210	1385.3478	11.6298
37	8.6361	0.1158	127.2681	0.0079	0.0679	14.7368	1504.4686	11.8213
38	9.1543	0.1092	135.9042	0.0074	0.0674	14.8460	1631.7368	12.0065
39	9.7035	0.1031	145.0585	0.0069	0.0669	14.9491	1767.6410	12.1857
40	10.2587	0.0972	154.7620	0.0065	0.0665	15.0463	1912.6994	12.3590
41	10.9029	0.0917	165.0477	0.0061	0.0661	15.1380	2067.4614	12.5264
42	11.5570	0.0865	175.9505	0.0057	0.0657	15.2245	2232.5091	12.6883
43	12.2505	0.0816	187.5076	0.0053	0.0653	15.3062	2408.4596	12.8446
44	12.9855	0.0770	199.7580	0.0050	0.0650	15.3832	2595.2672	12.9956
45	13.7646	0.0727	212.7435	0.0047	0.0647	15.4558	2795.7252	13.1413
46	14.5905	0.0685	226.5081	0.0044	0.0644	15.5244	3008.4687	13.2819
47	15.4659	0.0647	241.0986	0.0041	0.0641	15.5890	3234.9769	13.4177
48	16.3939	0.0610	256.5645	0.0039	0.0639	15.6500	3476.0755	13.5485
49	17.3775	0.0575	272.9584	0.0037	0.0637	15.7076	3732.6400	13.6748
50	18.4202	0.0543	290.3359	0.0034	0.0634	15.7619	4005.5984	13.7964

附表 7　　　　　　　　　复利系数表($i=7\%$)

n	$(F/P,i,n)$	$(P/F,i,n)$	$(F/A,i,n)$	$(A/F,i,n)$	$(A/P,i,n)$	$(P/A,i,n)$	$(F/G,i,n)$	$(A/G,i,n)$
1	1.0700	0.9346	1.0000	1.0000	1.0700	0.9346	0.0000	0.0000
2	1.1449	0.8734	2.0700	0.4831	0.5531	1.8080	1.0000	0.4831
3	1.2250	0.8163	3.2149	0.3111	0.3811	2.6243	3.0700	0.9549
4	1.3108	0.7629	4.4399	0.2252	0.2952	3.3872	6.2849	1.4155
5	1.4026	0.7130	5.7507	0.1739	0.2439	4.1002	10.7248	1.8650
6	1.5007	0.6663	7.1533	0.1398	0.2098	4.7665	16.4756	2.3032
7	1.6058	0.6227	8.6540	0.1156	0.1856	5.3893	23.6289	2.7304
8	1.7182	0.5820	10.2598	0.0975	0.1675	5.9713	32.2829	3.1465
9	1.8385	0.5439	11.9780	0.0835	0.1535	6.5152	42.5427	3.5517
10	1.9672	0.5083	13.8164	0.0724	0.1424	7.0236	54.5207	3.9461
11	2.1049	0.4751	15.7836	0.0634	0.1334	7.4987	68.3371	4.3296
12	2.2522	0.4440	17.8885	0.0559	0.1259	7.9427	84.1207	4.7025
13	2.4098	0.4150	20.1406	0.0497	0.1197	8.3577	102.0092	5.0648
14	2.5785	0.3878	22.5505	0.0443	0.1143	8.7455	122.1498	5.4167
15	2.7590	0.3624	25.1290	0.0398	0.1098	9.1079	144.7003	5.7583
16	2.9522	0.3387	27.8881	0.0359	0.1059	9.4466	169.8293	6.0897
17	3.1588	0.3166	30.8402	0.0324	0.1024	9.7632	197.7174	6.4110
18	3.3799	0.2959	33.9990	0.0294	0.0994	10.0591	228.5576	6.7225
19	3.6165	0.2765	37.3790	0.0268	0.0968	10.3356	262.5566	7.0242
20	3.8697	0.2584	40.9955	0.0244	0.0944	10.5940	299.9356	7.3163
21	4.1406	0.2415	44.8652	0.0223	0.0923	10.8355	340.9311	7.5990
22	4.4304	0.2257	49.0057	0.0204	0.0904	11.0612	385.7963	7.8725
23	4.7405	0.2109	53.4361	0.0187	0.0887	11.2722	434.8020	8.1369
24	5.0724	0.1971	58.1767	0.0172	0.0872	11.4963	488.2382	8.3923
25	5.4274	0.1842	63.2490	0.0158	0.0858	11.6536	546.4148	8.6391
26	5.8074	0.1722	68.6765	0.0146	0.0846	11.8258	609.6639	8.8773
27	6.2139	0.1609	74.4838	0.0134	0.0834	11.9867	678.3403	9.1072
28	6.6488	0.1504	80.6977	0.0124	0.0824	12.1371	752.8242	9.3289
29	7.1143	0.1406	87.3465	0.0114	0.0814	12.2777	833.5218	9.5427
30	7.6123	0.1314	94.4608	0.0106	0.0806	12.4090	920.8684	9.7487
31	8.1451	0.1228	102.0730	0.0098	0.0798	12.5318	1051.3292	9.9471
32	8.7153	0.1147	110.2182	0.0091	0.0791	12.6466	1117.4022	10.1381
33	9.3253	0.1072	118.9334	0.0084	0.0784	12.7538	1227.6204	10.3219
34	9.9781	0.1002	128.2588	0.0078	0.0778	12.8540	1346.5538	10.4987
35	10.6766	0.0937	138.2369	0.0072	0.0772	12.9477	1474.8125	10.6687
36	11.4239	0.0875	148.9135	0.0067	0.0767	13.0322	1613.0494	10.8321
37	12.2236	0.0818	160.3374	0.0062	0.0762	13.1170	1761.9629	10.9891
38	13.0793	0.0765	172.5610	0.0058	0.0758	13.1935	1922.3003	11.1398
39	13.9948	0.0715	185.6403	0.0054	0.0754	13.2649	2094.8613	11.2845
40	14.9745	0.0668	199.6351	0.0050	0.0750	13.3317	2280.5016	11.4233
41	16.0227	0.0624	214.6096	0.0047	0.0747	13.3941	2480.1367	11.5565
42	17.1443	0.0583	230.6322	0.0043	0.0743	13.4524	2694.7463	11.6842
43	18.3444	0.0545	247.7765	0.0040	0.0740	13.5070	2925.3785	11.8065
44	19.6285	0.0509	266.1209	0.0038	0.0738	13.5579	3173.1550	11.9237
45	21.0025	0.0476	285.7493	0.0035	0.0735	13.6055	3439.2759	12.0360
46	22.4726	0.0445	306.7518	0.0033	0.0733	13.6500	3725.0252	12.1435
47	24.0457	0.0416	329.2244	0.0030	0.0730	13.6916	4031.7769	12.2463
48	25.7289	0.0389	353.2701	0.0028	0.0728	13.7305	4361.0013	12.3447
49	27.5299	0.0363	378.9990	0.0026	0.0726	13.7668	4714.2714	12.4387
50	29.4570	0.0339	406.5289	0.0025	0.0725	13.8007	5093.2704	12.5287

附表 8　　　　　　　　复利系数表($i=8\%$)

n	$(F/P,i,n)$	$(P/F,i,n)$	$(F/A,i,n)$	$(A/F,i,n)$	$(A/P,i,n)$	$(P/A,i,n)$	$(F/G,i,n)$	$(A/G,i,n)$
1	1.0800	0.9259	1.0000	1.0000	1.0800	0.9259	0.0000	0.0000
2	1.1664	0.8573	2.0800	0.4808	0.5608	1.7833	1.0000	0.4808
3	1.2597	0.7938	3.2464	0.3080	0.3880	2.5771	3.0800	0.9487
4	1.3605	0.7350	4.5061	0.2219	0.3019	3.3121	6.3264	1.4040
5	1.4693	0.6806	5.8666	0.1705	0.2505	3.9927	10.8325	1.8465
6	1.5869	0.6302	7.3359	0.1363	0.2163	4.6229	16.6991	2.2763
7	1.7138	0.5835	8.9228	0.1121	0.1921	5.2064	24.0350	2.6937
8	1.8509	0.5403	10.6366	0.0940	0.1740	5.7466	32.9578	3.0985
9	1.9990	0.5002	12.4876	0.0801	0.1601	6.2469	43.5945	3.4910
10	2.1589	0.4632	14.4866	0.0690	0.1490	6.7101	56.0820	3.8713
11	2.3316	0.4289	16.6455	0.0601	0.1401	7.1390	70.5686	4.2395
12	2.5182	0.3971	18.9771	0.0527	0.1327	7.5361	87.2141	4.5957
13	2.7196	0.3677	21.4953	0.0465	0.1265	7.9038	106.1912	4.9402
14	2.9372	0.3405	24.2149	0.0413	0.1213	8.2442	127.6865	5.2731
15	3.1722	0.3152	27.1521	0.0368	0.1168	8.5595	151.9014	5.5945
16	3.4259	0.2919	30.3243	0.0330	0.1130	8.8514	179.0535	5.9046
17	3.7000	0.2703	33.7502	0.0296	0.1096	9.1216	209.3778	6.2037
18	3.9960	0.2502	37.4502	0.0267	0.1067	9.3719	243.1280	6.4920
19	4.3157	0.2317	41.4463	0.0241	0.1041	9.6036	280.5783	6.7697
20	4.6610	0.2145	45.7620	0.0219	0.1019	9.8181	322.0246	7.0369
21	5.0338	0.1987	50.4229	0.0198	0.0998	10.0168	367.7865	7.2940
22	5.4365	0.1839	55.4568	0.0180	0.0980	10.2007	418.2094	7.5412
23	5.8715	0.1703	60.8933	0.0164	0.0964	10.3711	472.6662	7.7786
24	6.3412	0.1577	66.7648	0.0150	0.0950	10.5288	534.5595	8.0066
25	6.8485	0.1460	73.1059	0.0137	0.0937	10.6748	601.3242	8.2254
26	7.3964	0.1352	79.9544	0.0125	0.0925	10.8100	674.4302	8.4352
27	7.9881	0.1252	87.3508	0.0114	0.0914	10.9352	754.3846	8.6363
28	8.6271	0.1159	95.3388	0.0105	0.0905	11.0511	841.7354	8.8289
29	9.3173	0.1073	103.9659	0.0096	0.0896	11.1584	937.0742	9.0133
30	10.0627	0.0994	113.2832	0.0088	0.0888	11.2578	1041.0401	9.1897
31	10.8677	0.0920	123.3459	0.0081	0.0881	11.3498	1154.3234	9.3584
32	11.7371	0.0852	134.2135	0.0075	0.0875	11.4350	1277.6692	9.5197
33	12.6760	0.0789	145.9506	0.0069	0.0869	11.5139	1411.8828	9.6737
34	13.6901	0.0730	158.6267	0.0063	0.0863	11.5869	1577.8334	9.8208
35	14.7583	0.0676	172.3168	0.0058	0.0858	11.6546	1716.4600	9.9611
36	15.9682	0.0626	187.1021	0.0053	0.0853	11.7172	1888.7768	10.0949
37	17.2456	0.0580	203.0703	0.0049	0.0849	11.7752	2075.8790	10.2225
38	18.6253	0.0537	220.3159	0.0045	0.0845	11.8289	2278.9493	10.3440
39	20.1153	0.0497	238.9412	0.0042	0.0842	11.8786	2499.2653	10.4597
40	21.7245	0.0460	259.0565	0.0039	0.0839	11.9246	2738.2065	10.5699
41	23.4625	0.0426	280.7810	0.0036	0.0836	11.9672	2997.2630	10.6747
42	25.3395	0.0395	304.2435	0.0033	0.0833	12.0067	3278.0440	10.7744
43	27.3666	0.0365	329.5830	0.0030	0.0830	12.0432	3582.2876	10.8962
44	29.5560	0.0338	356.9496	0.0028	0.0828	12.0771	3911.8706	10.9592
45	31.9204	0.0313	386.5056	0.0026	0.0826	12.1084	4266.8202	11.0447
46	34.4741	0.0290	418.4261	0.0024	0.0824	12.1374	4655.3258	11.1258
47	37.2320	0.0269	452.9002	0.0022	0.0822	12.1643	5073.7519	11.2028
48	40.2106	0.0249	490.1322	0.0020	0.0820	12.1891	5526.6521	11.2758
49	43.4274	0.0230	530.3427	0.0019	0.0819	12.2122	6016.7842	11.3451
50	46.9016	0.0213	573.7702	0.0017	0.0817	12.2335	6547.1270	11.4107

附表 9 复利系数表($i=9\%$)

n	$(F/P,i,n)$	$(P/F,i,n)$	$(F/A,i,n)$	$(A/F,i,n)$	$(A/P,i,n)$	$(P/A,i,n)$	$(F/G,i,n)$	$(A/G,i,n)$
1	1.0900	0.9174	1.0000	1.0000	1.0900	0.9174	0.0000	0.0000
2	1.1881	0.8417	2.0900	0.4785	0.5685	1.7591	1.0000	0.4785
3	1.2950	0.7722	3.2781	0.3051	0.3951	2.5313	3.0900	0.9426
4	1.4116	0.7084	4.5731	0.2187	0.3087	3.2397	6.3681	1.3925
5	1.5386	0.6499	5.9847	0.1671	0.2571	3.8897	10.9412	1.8282
6	1.6771	0.5963	7.5233	0.1329	0.2229	4.4859	16.9255	2.2498
7	1.8280	0.5470	9.2004	0.1087	0.1987	5.0330	24.4491	2.6574
8	1.9926	0.5019	11.0285	0.0907	0.1807	5.5348	33.6497	3.0512
9	2.1719	0.4604	13.0210	0.0768	0.1668	5.9952	44.6782	3.4312
10	2.3674	0.4224	15.1929	0.0658	0.1558	6.4177	57.6992	3.7978
11	2.5804	0.3875	17.5603	0.0569	0.1469	6.8052	72.8921	4.1510
12	2.8127	0.3555	20.1407	0.0497	0.1397	7.1607	90.4524	4.4910
13	3.0658	0.3262	22.9534	0.0436	0.1336	7.4896	110.5932	4.8182
14	3.3417	0.2992	26.0192	0.0384	0.1284	7.7862	133.5465	5.1326
15	3.6425	0.2745	29.3609	0.0341	0.1241	8.0607	159.5657	5.4346
16	3.9703	0.2519	33.0034	0.0303	0.1203	8.3126	188.9267	5.7245
17	4.3276	0.2311	36.9737	0.0270	0.1170	8.5436	221.9301	6.0024
18	4.7171	0.2120	41.3013	0.0242	0.1142	8.7556	258.9038	6.2687
19	5.1417	0.1945	46.0185	0.0217	0.1117	8.9501	300.2051	6.5236
20	5.6044	0.1784	51.1601	0.0195	0.1095	9.1285	346.2236	6.7674
21	6.1088	0.1637	56.7645	0.0176	0.1076	9.2922	397.3837	7.0006
22	6.6586	0.1502	62.8733	0.0159	0.1059	9.4424	454.1482	7.2232
23	7.2579	0.1378	69.5319	0.0144	0.1044	9.5802	517.0215	7.4357
24	7.9111	0.1264	76.7898	0.0130	0.1030	9.7066	586.5535	7.6384
25	8.6231	0.1160	84.7009	0.0118	0.1018	9.8226	663.3433	7.8316
26	9.3992	0.1064	93.3240	0.0107	0.1007	9.9290	748.0442	8.0156
27	10.2451	0.0976	102.7231	0.0097	0.0997	10.0266	841.3682	8.1906
28	11.1671	0.0895	112.9682	0.0089	0.0989	10.1161	944.0913	8.3571
29	12.1722	0.0822	124.1354	0.0081	0.0981	10.1983	1057.0595	8.5154
30	13.2677	0.0754	136.3075	0.0073	0.0973	10.2737	1181.1949	8.6657
31	14.4618	0.0691	149.5752	0.0067	0.0967	10.3428	1317.5024	8.8083
32	15.7633	0.0634	164.0370	0.0061	0.0961	10.4062	1467.0776	8.9436
33	17.1820	0.0582	179.8003	0.0056	0.0956	10.4644	1631.1146	9.0718
34	18.7284	0.0534	196.9823	0.0051	0.0951	10.5178	1810.9149	9.1933
35	20.4140	0.0490	215.7108	0.0046	0.0946	10.5668	2007.8973	9.3083
36	22.2512	0.0449	236.1247	0.0042	0.0942	10.6118	2223.6080	9.4171
37	24.2538	0.0412	258.3759	0.0039	0.0939	10.6530	2459.7328	9.5200
38	26.4367	0.0378	282.6298	0.0035	0.0935	10.6908	2718.1087	9.6172
39	28.8160	0.0347	309.0665	0.0032	0.0932	10.7255	3000.7385	9.7090
40	31.4094	0.0318	337.8824	0.0030	0.0930	10.7574	3309.8049	9.7957
41	34.2363	0.0292	369.2919	0.0027	0.0927	10.7866	3647.6874	9.8775
42	37.3175	0.0268	403.5281	0.0025	0.0925	10.8134	4016.9793	9.9546
43	40.6761	0.0246	440.8457	0.0023	0.0923	10.8380	4420.5074	10.0273
44	44.3370	0.0226	481.5218	0.0021	0.0921	10.8605	4861.3531	10.0958
45	48.3273	0.0207	525.8587	0.0019	0.0919	10.8812	5342.8748	10.1603
46	52.6767	0.0190	574.1860	0.0017	0.0917	10.9002	5868.7336	10.2210
47	57.4176	0.0174	626.8628	0.0016	0.0916	10.9176	6442.9196	10.2780
48	62.5852	0.0160	684.2804	0.0015	0.0915	10.9336	7069.7823	10.3317
49	68.2179	0.0147	746.8656	0.0013	0.0913	10.9482	7754.0628	10.3821
50	74.3575	0.0134	815.0836	0.0012	0.912	10.9617	8500.9284	10.4295

附表 10   复利系数表($i=10\%$)

n	$(F/P,i,n)$	$(P/F,i,n)$	$(F/A,i,n)$	$(A/F,i,n)$	$(A/P,i,n)$	$(P/A,i,n)$	$(F/G,i,n)$	$(A/G,i,n)$
1	1.1000	0.9091	1.0000	1.0000	1.1000	0.9091	0.0000	0.0000
2	1.2100	0.8264	2.1000	0.4762	0.5762	1.7355	1.0000	0.4762
3	1.3310	0.7513	3.3100	0.3021	0.4021	2.4869	3.1000	0.9366
4	1.4641	0.6830	4.6410	0.2155	0.3155	3.1699	6.4100	1.3812
5	14.6105	0.6209	6.1051	0.1638	0.2638	3.7908	11.0510	1.8101
6	1.7716	0.5645	7.7156	0.1296	0.2296	4.3553	17.1561	2.2236
7	1.9487	0.5132	9.4872	0.1054	0.2054	4.8684	24.8717	2.6216
8	2.1436	0.4665	11.4359	0.0874	0.1874	5.3349	34.3589	3.0045
9	2.3579	0.4241	13.5795	0.0736	0.1736	5.7590	45.7948	3.3724
10	2.5937	0.3855	15.9374	0.0627	0.1627	6.1446	59.3742	3.7255
11	2.8531	0.3505	18.5312	0.0540	0.1540	6.4951	75.3117	4.0641
12	3.1384	0.3186	21.3843	0.0468	0.1468	6.8137	93.8428	4.3884
13	3.4523	0.2897	24.5227	0.0408	0.1408	7.1034	115.2271	4.6988
14	3.7975	0.2633	27.9750	0.0357	0.1357	7.3667	139.7498	4.9955
15	4.1772	0.2394	31.7725	0.0315	0.1315	7.6061	167.7248	5.2789
16	4.5950	0.2176	35.9497	0.0278	0.1278	7.8237	199.4973	5.5493
17	5.0545	0.1978	40.5447	0.0247	0.1247	8.0216	235.4470	5.8071
18	5.5599	0.1799	45.5992	0.0219	0.1219	8.2014	275.9917	6.0526
19	6.1159	0.1635	51.1591	0.0195	0.1195	8.3649	321.5905	6.2861
20	6.7275	0.1486	57.2750	0.0175	0.1175	8.5136	372.7500	6.5081
21	7.4002	0.1351	64.0025	0.0156	0.1156	8.6487	430.9250	6.7189
22	8.1403	0.1128	71.4027	0.0140	0.1140	8.7715	494.0275	6.9189
23	8.9543	0.1117	79.5430	0.0126	0.1126	8.8832	565.4302	7.1085
24	9.8497	0.1015	88.4975	0.0113	0.1113	8.9847	644.9732	7.2881
25	10.8347	0.0923	98.3471	0.0102	0.1102	9.0770	733.4706	7.4580
26	11.9182	0.0839	109.1818	0.0092	0.1092	9.1609	831.8177	7.6186
27	13.1100	0.0763	121.0999	0.0083	0.1083	9.2372	940.9994	7.7704
28	14.4210	0.0693	134.2099	0.0075	0.1075	9.3066	1062.0994	7.9137
29	15.8631	0.0630	148.6309	0.0067	0.1067	9.3696	1196.3093	8.0489
30	17.4494	0.0573	164.4940	0.0061	0.1061	9.4269	1344.9402	8.1762
31	19.1943	0.0521	181.9434	0.0055	0.1055	9.4790	1509.4342	8.2962
32	21.1138	0.0474	201.1378	0.0050	0.1050	9.5264	1691.3777	8.4091
33	23.2252	0.0431	222.2515	0.0045	0.1045	9.5694	1892.5154	8.5152
34	25.5477	0.0391	245.4767	0.0041	0.1041	9.6086	2114.7670	8.6149
35	28.1024	0.0356	271.0244	0.0037	0.1037	9.6442	2360.2437	8.7086
36	30.9127	0.0323	299.1268	0.0033	0.1033	9.6765	2631.2681	8.7965
37	34.0039	0.0294	330.0395	0.0030	0.1030	9.7059	2930.3949	8.8789
38	37.4043	0.0267	364.0434	0.0027	0.1027	9.7327	3260.4343	8.9562
39	41.1448	0.0243	401.4478	0.0025	0.1025	9.7570	3624.4778	9.0285
40	45.2593	0.0221	442.5926	0.0023	0.1023	9.7791	4025.9256	9.0962
41	49.7852	0.0201	487.8518	0.0020	0.1020	9.7991	4468.5181	9.1596
42	54.7637	0.0183	537.6370	0.0019	0.1019	9.8174	4956.3699	9.2188
43	60.2401	0.0166	592.4007	0.0017	0.1017	9.8340	5494.0069	9.2741
44	66.2641	0.0151	652.6408	0.0015	0.1015	9.8491	6086.4076	9.3258
45	72.8905	0.0137	718.9047	0.0014	0.1014	9.8628	6739.0484	9.3740
46	80.1795	0.0125	791.7953	0.0013	0.1013	9.8753	7457.9532	9.4190
47	88.1975	0.0113	871.9749	0.0011	0.1011	9.8866	8249.7485	9.4610
48	97.0172	0.0103	960.1723	0.0010	0.1010	9.8969	9121.7234	9.5001
49	106.7190	0.0094	1057.1896	0.0009	0.1009	9.9063	10081.8957	9.5365
50	117.3909	0.0085	1163.9085	0.0009	0.1009	9.9148	11139.0853	9.5704

附表 11　　　　　　　　　　复利系数表($i=12\%$)

n	$(F/P,i,n)$	$(P/F,i,n)$	$(F/A,i,n)$	$(A/F,i,n)$	$(A/P,i,n)$	$(P/A,i,n)$	$(F/G,i,n)$	$(A/G,i,n)$
1	1.1200	0.8929	1.0000	1.0000	1.1200	0.8929	0.0000	0.0000
2	1.2544	0.7972	2.1200	0.4711	0.5917	1.6901	1.0000	0.4717
3	1.4049	0.7118	3.3744	0.2963	0.4163	2.4163	3.1200	0.9246
4	1.5735	0.6355	4.7793	0.2092	0.3292	3.0373	6.4944	1.3589
5	1.7623	0.5674	6.3528	0.1574	0.2778	3.6048	11.2737	1.7746
6	1.9738	0.5066	8.1152	0.1232	0.2432	4.1114	17.6266	2.1720
7	2.2107	0.4523	10.0890	0.0991	0.2191	4.5638	25.7418	2.5515
8	2.4760	0.4039	12.2997	0.0813	0.2013	4.9676	35.8308	2.9131
9	2.7731	0.3606	14.7757	0.0677	0.1877	5.3282	48.1305	3.2574
10	3.1058	0.3220	17.5487	0.0570	0.1770	5.6502	62.9061	3.5847
11	3.4785	0.2875	20.6546	0.0484	0.1684	5.9377	80.4548	3.8953
12	3.8960	0.2567	24.1331	0.0414	0.1614	6.1944	101.1094	4.1897
13	4.3635	0.2292	28.0291	0.0357	0.1557	6.4235	125.2426	4.4683
14	4.8871	0.2046	32.3926	0.0309	0.1509	6.6282	153.2717	4.7317
15	5.4736	0.1827	37.2797	0.0268	0.1468	6.8109	185.6643	4.9803
16	6.1304	0.1631	42.7533	0.0234	0.1434	6.9740	222.9440	5.2147
17	6.8660	0.1456	48.8837	0.0205	0.1405	7.1196	265.6971	5.4353
18	7.6900	0.1300	55.7497	0.0179	0.1379	7.2497	314.5810	5.6427
19	8.6128	0.1161	63.4397	0.0158	0.1358	7.3658	370.3301	5.8375
20	9.6463	0.1037	72.0524	0.0139	0.1339	7.4694	433.7704	6.0202
21	10.8038	0.0926	81.6987	0.0122	0.1322	7.5620	505.8226	6.1913
22	12.1003	0.0826	92.5026	0.0108	0.1308	7.6446	587.5215	6.3514
23	13.5523	0.0738	104.6029	0.0096	0.1296	7.7184	680.0241	6.5010
24	15.1786	0.0659	118.1552	0.0085	0.1285	7.7843	784.6270	6.6406
25	17.0001	0.0588	133.3339	0.0075	0.1275	7.8431	902.7823	6.7708
26	19.0401	0.0525	150.3339	0.0067	0.1267	7.8957	1036.1161	6.8921
27	21.3249	0.0469	169.3740	0.0059	0.1259	7.9426	1186.4501	7.0049
28	23.8839	0.0419	190.6989	0.0052	0.1552	7.9844	1355.8241	7.1098
29	26.7499	0.0374	214.5828	0.0047	0.1247	8.0218	1546.5229	7.2071
30	29.9599	0.0334	241.3327	0.0041	0.1241	8.0552	1761.1057	7.2974
31	33.5551	0.0298	271.2926	0.0037	0.1237	8.0850	2002.4384	7.3811
32	37.5817	0.0266	304.8477	0.0033	0.1233	8.1116	2273.7310	7.4586
33	42.0915	0.0238	342.4294	0.0029	0.1229	8.1354	2578.5787	7.5302
34	47.1425	0.0212	384.5210	0.0026	0.1226	8.1566	2921.0082	7.5965
35	52.7996	0.0189	431.6635	0.0023	0.1223	8.1755	3305.5291	7.6577
36	59.1356	0.0169	484.4631	0.0021	0.1221	8.1924	3737.1926	7.7141
37	66.2318	0.0151	543.5987	0.0018	0.1218	8.2075	4221.6558	7.7661
38	74.1797	0.0135	609.8305	0.0016	0.1216	8.2210	4765.2544	7.8141
39	83.0812	0.1200	684.0102	0.0015	0.1215	8.2330	5375.0850	7.8582
40	93.0510	0.0107	766.0914	0.0013	0.1213	8.2438	6059.0952	7.8988
41	104.2171	0.0096	860.1424	0.0012	0.1212	8.2534	6826.1866	7.9361
42	116.7231	0.0086	964.3595	0.0010	0.1210	8.2619	7688.3290	7.9704
43	130.7299	0.0076	1081.0826	0.0009	0.1209	8.2696	8650.6885	8.0019
44	146.4175	0.0068	1211.8215	0.0008	0.1208	8.2764	9731.7711	8.0308
45	163.9876	0.0061	1358.2300	0.0007	0.1207	8.2825	10943.5836	8.0572
46	183.6661	0.0054	1522.2176	0.0007	0.1207	8.2880	12301.8136	8.0815
47	205.7061	0.0049	1705.8838	0.0006	0.1206	8.2928	13824.0313	8.1037
48	230.3908	0.0043	1911.5898	0.0005	0.1205	8.2972	15529.9250	8.1241
49	258.0377	0.0039	2141.9806	0.0005	0.1205	8.3010	17441.5048	8.1427
50	289.0022	0.0035	2400.0182	0.0004	0.1204	8.3045	19583.4854	8.1597

附表 12　　　　　　　　复利系数表（$i=15\%$）

n	$(F/P,i,n)$	$(P/F,i,n)$	$(F/A,i,n)$	$(A/F,i,n)$	$(A/P,i,n)$	$(P/A,i,n)$	$(F/G,i,n)$	$(A/G,i,n)$
1	1.1500	0.8696	1.0000	1.0000	1.1500	0.8696	0.0000	0.0000
2	1.3225	0.7561	2.1500	0.4651	0.6151	1.6257	1.0000	0.4651
3	1.5209	0.6575	3.4725	0.2880	0.4380	2.2832	3.1500	0.9071
4	1.7490	0.5718	4.9934	0.2003	0.3503	2.8550	6.6225	1.3263
5	2.0114	0.4972	6.7424	0.1483	0.2983	3.3522	11.6159	1.7228
6	2.3131	0.4323	8.7537	0.1142	0.2642	3.7845	18.3583	2.0972
7	2.6600	0.3759	11.0668	0.0904	0.2404	4.1604	27.1120	2.4498
8	3.0590	0.3269	13.7268	0.0729	0.2229	4.4873	38.1788	2.7813
9	3.5179	0.2843	16.7858	0.0596	0.2096	4.7716	51.9056	3.0922
10	4.0456	0.2472	20.3037	0.0493	0.1993	5.0188	68.6915	3.3832
11	4.6524	0.2149	24.3493	0.0411	0.1911	5.2337	88.9952	3.6549
12	5.3503	0.1869	29.0017	0.0345	0.1845	5.4206	113.3444	3.9082
13	6.1528	0.1625	34.3519	0.0291	0.1791	5.5831	142.3461	4.1438
14	7.0757	0.1423	40.5047	0.0247	0.1747	5.7245	176.6980	4.3624
15	8.1371	0.1229	47.5804	0.0210	0.1710	5.8474	217.2027	4.5650
16	9.3576	0.1069	55.7175	0.0179	0.1679	5.9542	264.7831	4.7522
17	10.7613	0.0929	65.0751	0.0154	0.1654	6.0472	320.5006	4.9251
18	12.3755	0.0808	75.8364	0.0132	0.1632	6.1280	385.5757	5.0843
19	14.2318	0.0703	88.2118	0.0113	0.1613	6.1982	461.4121	5.2307
20	16.3665	0.0611	102.4436	0.0098	0.1598	6.2593	549.6239	5.3651
21	18.8215	0.0531	118.8101	0.0084	0.1584	6.3125	652.0675	5.4883
22	21.6447	0.0462	137.6316	0.0073	0.1573	6.3587	770.8776	5.6010
23	24.8915	0.0402	159.2764	0.0063	0.1563	6.3988	908.5092	5.7040
24	28.6252	0.0349	184.1678	0.0054	0.1554	6.4338	1067.7856	5.7979
25	32.9190	0.0304	212.7930	0.0047	0.1547	6.4641	1251.9534	5.8834
26	37.8568	0.0264	245.7120	0.0041	0.1541	6.4906	1464.7465	5.9612
27	43.5353	0.0230	283.5688	0.0035	0.1535	6.5135	1710.4584	6.0319
28	50.0656	0.0200	327.1041	0.0031	0.1531	6.5335	1994.0272	6.0960
29	57.5755	0.0174	377.1697	0.0027	0.1527	6.5509	2321.1313	6.1541
30	66.2118	0.0151	434.7451	0.0023	0.1523	6.5660	2698.3010	6.2006
31	76.1435	0.0131	500.9569	0.0020	0.1520	6.5791	3133.0461	6.2541
32	87.5651	0.0114	577.1005	0.0017	0.1517	6.5905	3634.0030	6.2970
33	100.6998	0.0099	664.6655	0.0015	0.1515	6.6005	4211.1035	6.3257
34	115.8048	0.0086	765.3654	0.0013	0.1513	6.6091	4875.7690	6.3705
35	133.1755	0.0075	881.1702	0.0011	0.1511	6.6166	5641.1344	6.4019
36	153.1519	0.0065	1014.3457	0.0010	0.1510	6.6231	6522.3045	6.4301
37	176.1246	0.0057	1167.4975	0.0009	0.1509	6.6288	7536.6502	6.4554
38	202.5433	0.0049	1343.6222	0.0007	0.1509	6.6338	8704.1477	6.4781
39	232.9248	0.0043	1546.1655	0.0006	0.1506	6.6380	10047.7699	6.4985
40	267.8635	0.0037	1779.0903	0.0006	0.1506	6.6418	11593.9354	6.5168
41	308.0431	0.0032	2046.9539	0.0005	0.1505	6.6450	13373.0257	6.5331
42	354.2495	0.0028	2354.9969	0.0004	0.1504	6.6478	15419.9796	6.5478
43	407.3870	0.0025	2709.2465	0.0004	0.1504	6.6503	17774.9765	6.5609
44	468.4950	0.0021	3116.6334	0.0003	0.1503	6.6524	20484.2230	6.5725
45	538.7693	0.0019	3585.1285	0.0003	0.1503	6.6543	23600.8564	6.5830
46	619.5847	0.0016	4123.8977	0.0002	0.1502	6.6559	27185.9849	6.5923
47	712.5224	0.0014	4743.4824	0.0002	0.1502	6.6573	31309.8826	6.6006
48	819.4007	0.0012	5456.0047	0.0002	0.1502	6.6585	36053.3650	6.6080
49	942.3108	0.0011	6275.4055	0.0002	0.1502	6.6596	41509.3697	6.6146
50	1083.6570	0.0009	7217.7163	0.0001	0.1501	6.6605	47784.7752	6.6205

附表 13 复利系数表($i=20\%$)

n	(F/P,i,n)	(P/F,i,n)	(F/A,i,n)	(A/F,i,n)	(A/P,i,n)	(P/A,i,n)	(F/G,i,n)	(A/G,i,n)
1	1.2000	0.8333	1.0000	1.0000	1.2000	0.8333	0.0000	0.0000
2	1.4400	0.6944	2.2000	0.4545	0.6545	1.5278	1.0000	0.4545
3	1.7280	0.5787	3.6400	0.2747	0.4747	2.1065	3.2000	0.8791
4	2.0736	0.4823	5.3680	0.1863	0.3863	2.5887	6.8400	1.2742
5	2.4883	0.4019	7.4416	0.1344	0.3344	2.9906	12.2080	1.6405
6	2.9860	0.3349	9.9299	0.1007	0.3007	3.3255	19.6496	1.9788
7	3.5832	0.2791	12.9159	0.0774	0.2774	3.6046	29.5795	2.2902
8	4.2998	0.2326	16.4991	0.0606	0.2606	3.8372	42.4954	2.5756
9	5.1598	0.1938	20.7989	0.0481	0.2481	4.0310	58.9945	2.8364
10	6.1917	0.1615	25.9587	0.0385	0.2385	4.1925	79.7934	3.0739
11	7.4301	0.1346	32.1504	0.0311	0.2311	4.3271	105.7521	3.2893
12	8.9161	0.1122	39.5805	0.0253	0.2253	4.4392	137.9025	3.4841
13	10.6993	0.0935	48.4966	0.0206	0.2206	4.5327	177.4830	3.6597
14	12.8392	0.0779	59.1959	0.0169	0.2169	4.6106	225.9796	3.8175
15	15.4070	0.0649	72.0351	0.0139	0.2139	4.6755	285.1755	3.9588
16	18.4884	0.0541	87.4421	0.0114	0.2114	4.7296	357.2106	4.0851
17	22.1861	0.0451	105.9306	0.0094	0.2094	4.7746	444.6528	4.1976
18	26.6233	0.0376	128.1167	0.0078	0.2078	4.8122	550.5833	4.2975
19	31.9480	0.0313	154.7400	0.0065	0.2065	4.8435	678.7000	4.3861
20	38.3376	0.0261	186.6880	0.0054	0.2054	4.8696	833.4400	4.4643
21	46.0051	0.0217	225.0256	0.0044	0.2044	4.8913	1020.1280	4.5334
22	55.2061	0.0181	271.0307	0.0037	0.2037	4.9094	1245.1536	4.5941
23	66.2474	0.0151	326.2369	0.0031	0.2031	4.9245	1516.1843	4.6475
24	79.4968	0.0126	392.4842	0.0025	0.2025	4.9371	1842.4212	4.6943
25	95.3962	0.0105	471.9811	0.0021	0.2021	4.9476	2234.9054	4.7352
26	114.4755	0.0087	567.3773	0.0018	0.2018	4.9563	2706.8865	4.7709
27	137.3706	0.0073	681.85428	0.0015	0.2015	4.9636	3274.2638	4.8020
28	164.8447	0.0061	819.2233	0.0012	0.2012	4.9697	3956.1166	4.8291
29	197.8136	0.0051	984.0680	0.0010	0.2010	4.9747	4775.3399	4.8527
30	237.3763	0.0042	1181.8816	0.0008	0.2008	4.9789	5759.4078	4.8731
31	284.8516	0.0035	1419.2579	0.0007	0.2007	4.9824	6941.2894	4.8908
32	341.8219	0.0029	1704.1095	0.0006	0.2006	4.9584	8360.5472	4.9061
33	410.1863	0.0024	2045.9314	0.0005	0.2005	4.9878	10064.6568	4.9194
34	492.2235	0.0020	2456.1176	0.0004	0.2004	4.9898	12110.5881	4.9308
35	590.6682	0.0017	2948.3411	0.0003	0.2003	4.9915	14566.7057	4.9406
36	708.8019	0.0014	3539.0094	0.0003	0.2003	4.9929	17515.0469	4.9491
37	850.5622	0.0012	4247.8112	0.0002	0.2002	4.9941	21054.0562	4.9564
38	1020.6740	0.0010	5098.3735	0.0002	0.2002	4.9951	25301.8675	4.9627
39	1224.8090	0.0008	6119.0482	0.0002	0.2002	4.9959	30400.2410	4.9681
40	1469.7710	0.0007	7343.8578	0.0001	0.2001	4.9966	36519.2892	4.9728
41	1763.7250	0.0006	8813.6294	0.0001	0.2001	4.9972	43863.1470	4.9767
42	2116.4710	0.0005	10577.3553	0.0001	0.2001	4.9976	52676.7764	4.9801
43	2539.7650	0.0004	12693.8263	0.0001	0.2001	4.9980	63254.1317	4.9831
44	3047.7180	0.0003	15233.5916	0.0001	0.2001	4.9984	75947.9581	4.9856
45	3657.2620	0.0003	18281.3099	0.0001	0.2001	4.9986	91181.5497	4.9877
46	4388.7140	0.0002	21938.5719	0.0000	0.2000	4.9989	109462.8596	4.9895
47	5266.4570	0.0002	26327.2863	0.0000	0.2000	4.9991	131401.4316	4.9911
48	6319.7480	0.0002	31593.7436	0.0000	0.2000	0.9992	157728.7179	4.9924
49	7583.6980	0.0001	37913.4923	0.0000	0.2000	4.9993	189322.4615	4.9935
50	9100.4380	0.0001	45497.1908	0.0000	0.2000	4.9995	227235.9538	4.9945

附表 14 复利系数表（$i=25\%$）

n	(F/P,i,n)	(P/F,i,n)	(F/A,i,n)	(A/F,i,n)	(A/P,i,n)	(P/A,i,n)	(F/G,i,n)	(A/G,i,n)
1	1.2500	0.8000	1.0000	1.0000	1.2500	0.8000	0.0000	0.0000
2	1.5625	0.6400	2.2500	0.4444	0.6944	1.4400	1.0000	0.4444
3	1.9531	0.5120	3.8121	0.2623	0.5123	1.9520	3.2500	0.8525
4	2.4414	0.4096	5.7656	0.1734	0.4234	2.3616	7.0625	1.2249
5	3.0518	0.3277	8.2070	0.1218	0.3718	2.6893	12.8281	1.5631
6	3.8147	0.2621	11.2588	0.0888	0.3388	2.9514	21.0352	1.8683
7	4.7684	0.2097	15.0735	0.0663	0.3163	3.1611	32.2935	2.1424
8	5.9605	0.1678	19.8419	0.0504	0.3004	3.3289	47.3674	2.3872
9	7.4506	0.1342	25.8023	0.0388	0.2888	3.4631	67.2091	2.6048
10	9.3132	0.1074	33.2529	0.0301	0.2801	3.5705	93.0116	2.7971
11	11.6415	0.0859	42.5661	0.0235	0.2735	3.6564	126.2645	2.9663
12	14.5519	0.0687	54.2077	0.0184	0.2684	3.7251	168.8306	3.1145
13	18.1899	0.0550	68.7596	0.0145	0.2645	3.7801	223.0383	3.2437
14	22.7374	0.0440	86.9495	0.0115	0.2615	3.8241	291.7979	3.3559
15	28.4217	0.0352	109.6868	0.0091	0.2591	3.8593	378.7474	3.4530
16	35.5271	0.0281	138.1085	0.0072	0.2572	3.8874	488.4342	3.5366
17	44.4089	0.0225	173.6357	0.0058	0.2558	3.9099	626.5427	3.6084
18	55.5112	0.0180	218.0446	0.0046	0.2546	3.9279	800.1784	3.6698
19	69.3889	0.0144	273.5558	0.0037	0.2535	3.9424	1018.2230	3.7222
20	86.7362	0.0115	342.9447	0.0029	0.2529	3.9539	1291.7788	3.7667
21	108.4202	0.0092	429.6809	0.0023	0.2523	3.9631	1634.7235	3.8045
22	135.5253	0.0074	538.1011	0.0019	0.2519	3.8705	2064.4043	3.8365
23	169.4066	0.0059	673.6264	0.0015	0.2515	3.9764	2602.5054	3.8634
24	211.7582	0.0047	843.0329	0.0012	0.2512	3.9811	3276.1318	3.8861
25	264.6978	0.0038	1054.7912	0.0009	0.2509	3.9849	4119.1647	3.9052
26	330.8722	0.0030	1319.4890	0.0008	0.2508	3.9879	5173.9559	3.9212
27	413.5903	0.0024	1650.3612	0.0006	0.2506	3.9903	6493.4449	3.9346
28	516.9879	0.0019	2063.9515	0.0005	0.2505	3.9923	8143.8061	3.9457
29	646.2349	0.0015	2580.9394	0.0004	0.2504	3.9938	10207.7577	3.9551
30	807.7936	0.0012	3227.1743	0.0003	0.2503	3.9950	12788.6971	3.9628
31	1009.742	0.0010	4034.9678	0.0002	0.2502	3.9960	16015.8713	3.9693
32	1262.177	0.0008	5044.7098	0.0002	0.2502	3.9968	20050.8392	3.9746
33	1577.721	0.0006	6306.8872	0.0002	0.2502	3.9975	25095.5490	3.9791
34	1972.152	0.0005	7884.6901	0.0001	0.2501	3.9980	31402.4362	3.9828
35	2465.190	0.0004	9856.7613	0.0001	0.2501	3.9984	39287.0453	3.9858
36	3081.487	0.0003	12321.9516	0.0001	0.2501	3.9987	49143.8066	3.9883
37	3851.859	0.0003	15403.4396	0.0001	0.2501	3.9990	61465.7582	3.9904
38	4814.824	0.0002	19255.2994	0.0001	0.2501	3.9992	76869.1978	3.9921
39	6018.531	0.0002	24070.1243	0.0000	0.2500	3.9993	96124.4972	3.9935
40	7523.163	0.0001	30088.6554	0.0000	0.2500	3.9995	120194.6215	3.9947
41	9403.954	0.0001	37611.8192	0.0000	0.2500	3.9996	150283.2769	3.9956
42	11754.94	0.0001	47015.7740	0.0000	0.2500	3.9997	187895.0961	3.9964
43	14693.67	0.0001	58770.7175	0.0000	0.2500	3.9997	234910.8702	3.9971
44	18367.09	0.0001	73464.3969	0.0000	0.2500	3.9998	293681.5877	3.9976
45	22958.87	0.0000	91831.4962	0.0000	0.2500	3.9998	367145.9846	3.9980
46	28698.59	0.0000	114790.3702	0.0000	0.2500	3.9999	458977.4808	3.9984
47	35873.24	0.0000	143488.9627	0.0000	0.2500	3.9999	573767.8510	3.9987
48	44841.55	0.0000	179362.2034	0.0000	0.2500	3.9999	717256.8137	3.9989
49	56051.93	0.0000	224203.7543	0.0000	0.2500	3.9999	896619.0172	3.9991
50	70064.92	0.0000	280255.6929	0.0000	0.2500	3.9999	1120822.7715	3.9993

附表 15 复利系数表($i=30\%$)

n	(F/P,i,n)	(P/F,i,n)	(F/A,i,n)	(A/F,i,n)	(A/P,i,n)	(P/A,i,n)	(F/G,i,n)	(A/G,i,n)
1	1.3000	0.7622	1.0000	1.0000	1.3000	0.7962	0.0000	0.0000
2	1.6900	0.5917	2.3000	0.4348	0.7348	1.3609	1.0000	0.4348
3	2.1970	0.4552	3.9900	0.2506	0.5506	1.8161	3.3000	0.8271
4	2.8561	0.3501	6.1870	0.1616	0.4616	2.1662	7.2900	1.1783
5	3.7129	0.2693	9.0431	0.1106	0.4106	2.4356	13.4770	1.4902
6	4.8268	0.2072	12.7560	0.0784	0.3784	2.6427	22.5201	1.7654
7	6.2749	0.1594	17.5828	0.0569	0.3569	2.8201	35.2761	2.0062
8	8.1573	0.1226	23.8577	0.0419	0.3419	2.9247	52.8590	2.2156
9	10.6045	0.0943	32.0150	0.0312	0.3312	3.0190	76.7167	2.3963
10	13.7858	0.0725	42.6195	0.0235	0.3235	3.0915	108.7317	2.5512
11	17.9216	0.0558	56.4053	0.0177	0.3177	3.1473	151.3512	2.6833
12	23.2981	0.0429	74.3270	0.0135	0.3135	3.1903	207.7565	2.7952
13	30.2875	0.0330	97.6250	0.0102	0.3102	3.2233	282.0835	2.8895
14	39.3738	0.0254	127.9125	0.0078	0.3078	3.2487	379.7085	2.9685
15	51.1859	0.0195	167.2863	0.0060	0.3060	3.2682	507.6210	3.0344
16	66.5417	0.0150	218.4722	0.0046	0.3046	3.2832	674.9073	3.0892
17	86.5042	0.0116	285.0139	0.0035	0.3035	3.2948	893.3795	3.1345
18	112.4554	0.0089	371.5180	0.0027	0.3027	3.3037	1178.3934	3.1718
19	146.1920	0.0068	483.9734	0.0021	0.3021	3.3105	1549.9114	3.2025
20	190.0496	0.0053	630.1655	0.0016	0.3016	3.3158	2033.8849	3.2275
21	247.0645	0.0040	820.2151	0.0012	0.3012	3.3198	266.0503	3.2480
22	321.1839	0.0031	1067.2796	0.0009	0.3009	3.3230	3484.2654	3.2646
23	417.5391	0.0024	1388.4635	0.0007	0.3007	3.3254	4551.5450	3.2781
24	542.8008	0.0018	1806.0026	0.0006	0.3006	3.3272	5940.0086	3.2890
25	705.6410	0.0014	2348.8033	0.0004	0.3004	3.3286	7746.0111	3.2979
26	917.3333	0.0011	3054.4443	0.0003	0.3003	3.3297	10094.8145	3.3050
27	1192.533	0.0008	3971.7776	0.0003	0.3003	3.3305	13149.2588	3.3107
28	1550.293	0.0006	5164.3109	0.0002	0.3002	3.3312	17121.0364	3.3153
29	2015.381	0.0005	6714.6042	0.0001	0.3001	3.3317	22285.3474	3.3189
30	2619.995	0.0004	8729.9855	0.0001	0.3001	3.3321	28999.9516	3.3219
31	3405.994	0.0003	11349.9811	0.0001	0.3001	3.3324	37729.9371	3.3242
32	4427.792	0.0002	14755.9755	0.0001	0.3001	3.3326	49079.9182	3.3261
33	5756.130	0.0002	19183.7681	0.0001	0.3001	3.3328	63835.8937	3.3276
34	7482.969	0.0001	24939.8985	0.0000	0.3000	3.3329	83019.6618	3.3288
35	9727.860	0.0001	32422.8681	0.0000	0.3000	3.3330	107959.5603	3.3297
36	12646.21	0.0001	42150.7285	0.0000	0.3000	3.3331	140382.4284	3.3305
37	16440.08	0.0001	54796.9471	0.0000	0.3000	3.3331	182533.1569	3.3311
38	21372.10	0.0000	71237.0312	0.0000	0.3000	3.3332	237330.1039	3.3316
39	27783.74	0.0000	92609.1405	0.0000	0.3000	3.3332	308567.1351	3.3319
40	36118.86	0.0000	120392.8827	0.0000	0.3000	3.3332	401176.2756	3.3322

附表 16　　　　　　　　复利系数表($i=35\%$)

n	$(F/P,i,n)$	$(P/F,i,n)$	$(F/A,i,n)$	$(A/F,i,n)$	$(A/P,i,n)$	$(P/A,i,n)$	$(F/G,i,n)$	$(A/G,i,n)$
1	1.3500	0.7407	1.0000	1.0000	1.3500	0.7407	0.0000	0.0000
2	1.8225	0.5487	2.3500	0.4255	0.7755	1.2894	1.0000	0.4255
3	2.4604	0.4064	4.1725	0.2397	0.5897	1.6959	3.3500	0.8029
4	3.3215	0.3011	6.6329	0.1508	0.5008	1.9969	7.5225	1.1341
5	4.4840	0.2230	9.9544	0.1005	0.4505	2.2200	14.1554	1.4220
6	6.0534	0.1654	14.4384	0.0693	0.4193	2.3852	24.1098	1.6698
7	8.1722	0.1224	20.4919	0.0488	0.3988	2.5075	38.5482	1.8811
8	11.0324	0.0906	28.6640	0.0349	0.3849	2.5982	59.0400	2.0597
9	14.8937	0.0671	39.6964	0.0252	0.3752	2.6653	87.7040	2.2094
10	20.1066	0.0497	54.5902	0.0183	0.3683	2.7150	127.4005	2.3338
11	27.1439	0.0368	74.6967	0.0134	0.3634	2.7519	181.9906	2.4364
12	36.6442	0.0273	101.8406	0.0098	0.3598	2.7792	256.6873	2.5205
13	49.4697	0.0202	138.4848	0.0072	0.3572	2.7994	358.5279	2.5889
14	66.7841	0.0150	187.9544	0.0053	0.3553	2.8144	497.0127	2.6443
15	90.1585	0.0111	254.7385	0.0039	0.3539	2.8255	684.9671	2.6889
16	121.7139	0.0082	344.8970	0.0029	0.3529	2.8337	936.7056	2.7246
17	164.3138	0.0061	466.6109	0.0021	0.3521	2.8398	1284.6025	2.7530
18	221.8236	0.0045	630.9247	0.0016	0.3516	2.8443	1751.2134	2.7756
19	299.4619	0.0033	852.7483	0.0012	0.3512	2.8476	2382.1381	2.7935
20	404.2736	0.0025	1152.2103	0.0009	0.3509	2.8501	3234.8864	2.8075

附表 17　　　　$i=3\%$　等比级数现值系数 $(P/G,i,j,n)$

n	3%	4%	5%	6%	7%	8%	9%	10%
1	0.9709	0.9709	0.9709	0.9709	0.9709	0.9709	0.9709	0.9709
2	1.9417	1.9512	1.9606	1.9700	1.9795	1.9889	1.9983	2.0077
3	2.9126	2.9410	2.9695	2.9983	3.0272	3.0563	3.0856	3.1151
4	3.8835	3.9404	3.9981	4.0565	4.1156	4.1755	4.2362	4.2976
5	4.8544	4.9495	5.0466	5.1455	5.2463	5.3491	5.4538	5.5606
6	5.8252	5.9685	6.1155	6.2662	6.4210	6.5796	6.7424	6.9093
7	6.7961	6.9973	7.2051	7.4196	7.6412	7.8699	8.1061	8.3498
8	7.7670	8.0361	8.3158	8.6066	8.9088	9.2228	9.5491	9.8881
9	8.7379	9.0850	9.4482	9.8282	10.2256	10.6414	11.0763	11.5310
10	9.7087	10.1441	10.6025	11.0853	11.5936	12.1289	12.6923	13.2855
11	10.6796	11.2134	11.7793	12.3790	13.0147	13.6885	14.4026	15.1593
12	11.6505	12.2932	12.9789	13.7105	14.4910	15.3239	16.2124	17.1604
13	12.6214	13.3834	14.2018	15.0807	16.0247	17.0386	18.1277	19.2976
14	13.5922	14.4842	15.4484	16.4908	17.6179	18.8366	20.1546	21.5799
15	14.5631	15.5957	16.7192	17.9420	19.2729	20.7219	22.2995	24.0174
16	15.5340	16.7180	18.0148	19.4354	20.9923	22.6987	24.5694	26.6205
17	16.5049	17.8512	19.3354	20.9724	22.7784	24.7714	26.9715	29.4005
18	17.4757	18.9954	20.6818	22.5541	24.6338	26.9448	29.5135	32.3695
19	18.4466	20.1507	22.0542	24.1819	26.5614	29.2237	32.2036	35.5402
20	19.4175	21.3172	23.4533	25.8571	28.5638	31.6132	35.0504	38.9265
21	20.3883	22.4950	24.8796	27.5811	30.6439	34.1187	38.0631	42.5428
22	21.3592	23.6843	26.3336	29.3553	32.8048	36.7458	41.2512	46.4050
23	22.3301	24.8851	27.8158	31.1812	35.0497	39.5004	44.6251	50.5296
24	23.3010	26.0976	29.3268	33.0603	37.3817	42.3888	48.1955	54.9345
25	24.2718	27.3218	30.8671	34.9940	39.8043	45.4174	51.9739	59.6388
26	25.2427	28.5580	32.4373	36.9842	42.3210	48.5930	55.9723	64.6628
27	26.2136	29.8061	34.0381	39.0322	44.9354	51.9228	60.2037	70.0282
28	27.1845	31.0664	35.6699	41.1400	47.6513	55.4142	64.6816	75.7583
29	28.1553	32.3388	37.3334	43.3091	50.4727	59.0750	69.4204	81.8778
30	29.1262	33.6237	39.0292	45.5414	53.4037	62.9136	74.4351	88.4132
31	30.0971	34.9210	40.7579	47.8387	56.4485	66.9386	79.7420	95.3927
32	31.0680	36.2309	42.5202	50.2030	59.6116	71.1589	85.3581	102.8466
33	32.0388	37.5535	44.3167	52.6361	62.8974	75.5841	91.3013	110.8070
34	33.0097	38.8890	46.1481	55.1400	66.3109	80.2241	97.5907	119.3085
35	33.9806	40.2375	48.0150	57.7169	69.8570	85.0893	104.2464	128.3877
36	34.9515	41.5990	49.9182	60.3689	73.5408	90.1907	111.2899	138.0840
37	35.9223	42.9737	51.8584	63.0981	77.3676	95.5398	118.7437	148.4392
38	36.8932	44.3618	53.8362	65.9067	81.3430	101.1485	126.6317	159.4982
39	37.8641	45.7634	55.8524	68.7972	85.4729	107.0295	134.9791	171.3087
40	38.8350	47.1786	57.9078	71.7719	89.7631	113.1960	143.8129	183.9219
41	39.8058	48.6075	60.0031	74.8332	94.2199	119.6618	153.1612	197.3923
42	40.7767	50.0503	62.1391	77.9837	98.8498	126.4415	163.0541	211.7782
43	41.7476	51.5071	64.3166	81.2260	103.6595	133.5504	173.5233	227.1418
44	42.7184	52.9780	66.5363	84.5626	108.6560	141.0043	184.6023	243.5495
45	43.6893	54.4632	68.7992	87.9965	113.8465	148.8200	196.3267	261.0723
46	44.6602	55.9629	71.1059	91.5304	119.2386	157.0151	208.7341	279.7859
47	45.6311	57.4771	73.4575	95.1672	124.8401	165.6081	221.8642	299.7714
48	46.6019	59.0060	75.8547	98.9099	130.6591	174.6182	235.7592	321.1151
49	47.5728	60.5497	78.2985	102.7617	136.7041	184.0657	250.4636	343.9093
50	48.5437	62.1085	80.7898	106.7256	142.9839	193.9718	266.0246	368.2526

附表 18　　　　$i=5\%$　　等比级数现值系数$(P/G,i,j,n)$

n	3%	4%	5%	6%	7%	8%	9%	10%
1	0.9524	0.9524	0.9524	0.9524	0.9524	0.9524	0.9524	0.9524
2	1.8866	1.8957	1.9048	1.9138	1.9229	1.9320	1.9410	1.9501
3	2.8031	2.8300	2.8571	2.8844	2.9119	2.9396	2.9674	2.9954
4	3.7021	3.7554	3.8095	3.8643	3.9198	3.9759	4.0328	4.0904
5	4.5839	4.6721	4.7619	4.8535	4.9468	5.0419	5.1388	5.2375
6	5.4490	5.5799	5.7143	5.8521	5.9934	6.1383	6.2869	6.4393
7	6.2976	6.4792	6.6667	6.8602	7.0599	7.2661	7.4788	7.6983
8	7.1300	7.3699	7.6190	7.8779	8.1468	8.4261	8.7161	9.0173
9	7.9466	8.2521	8.5714	8.9053	9.2544	9.6192	10.0005	10.3991
10	8.7476	9.1258	9.5238	9.9425	10.3830	10.8464	11.3339	11.8467
11	9.5334	9.9913	10.4762	10.9896	11.5332	12.1087	12.7180	13.3632
12	10.3041	10.8485	11.4286	12.0466	12.7052	13.4070	14.1549	14.9519
13	11.0603	11.6976	12.3810	13.1137	13.8996	14.7425	15.6465	16.6163
14	11.8020	12.5386	13.3333	14.1910	15.1167	16.1161	17.1950	18.3599
15	12.5296	13.3715	14.2857	15.2785	16.3571	17.5289	18.8024	20.1866
16	13.2433	14.1966	15.2381	16.3764	17.6210	18.9821	20.4711	22.1002
17	13.9434	15.0137	16.1905	17.4848	18.9090	20.4769	22.2033	24.1050
18	14.6302	15.8231	17.1429	18.6037	20.2216	22.0143	24.0015	26.2052
19	15.3039	16.6248	18.0952	19.7332	21.5591	23.5956	25.8682	28.4055
20	15.9648	17.4189	19.0476	20.8736	22.9222	25.2222	27.8061	30.7105
21	16.6131	18.2054	20.0000	22.0247	24.3112	26.8952	29.8177	33.1253
22	17.2490	18.9844	20.9524	23.1869	25.7266	28.6160	31.9060	35.6550
23	17.8728	19.7559	21.9048	24.3601	27.1690	30.3860	34.0739	38.3053
24	18.4848	20.5202	22.8571	25.5445	28.6389	32.2066	36.3243	41.0817
25	19.0851	21.2771	23.8095	26.7401	30.1368	34.0791	38.6605	43.9904
26	19.6739	22.0269	24.7619	27.9472	31.6632	36.0052	41.0857	47.0375
27	20.2516	22.7695	25.7143	29.1657	33.2187	37.9863	43.6032	50.2298
28	20.8182	23.5050	26.6667	30.3959	34.8038	40.0240	46.2167	53.5741
29	21.3741	24.2335	27.6190	31.6377	36.4191	42.1199	48.9297	57.0776
30	21.9193	24.9551	28.5714	32.8914	38.0652	44.2757	51.7460	60.7480
31	22.4542	25.6698	29.5238	34.1571	39.7426	46.4931	54.6697	64.5931
32	22.9789	26.3777	30.4762	35.4348	41.4520	48.7739	57.7047	68.6213
33	23.4936	27.0789	31.4286	36.7246	43.1940	51.1198	60.8554	72.8414
34	23.9984	27.7734	32.3810	38.0267	44.9691	53.5328	64.1261	77.2624
35	24.4937	28.4612	33.3333	39.3413	46.7780	56.0146	67.5214	81.8940
36	24.9795	29.1426	34.2857	40.6683	48.6214	58.5674	71.0460	86.7461
37	25.4561	29.8174	35.2381	42.0080	50.4999	61.1932	74.7049	91.8292
38	25.9236	30.4858	36.1905	43.3605	52.4142	63.8939	78.5031	97.1544
39	26.3822	31.1478	37.1429	44.7258	54.3650	66.6719	82.4461	102.7332
40	26.8321	31.8036	38.0952	46.1042	56.3529	69.5291	86.5393	108.5776
41	27.2734	32.4531	39.0476	47.4957	58.3786	72.4681	90.7884	114.7004
42	27.7063	33.0964	40.0000	48.9004	60.4430	75.4910	95.1994	121.1147
43	28.1309	33.7335	40.9524	50.3185	62.5467	78.6002	99.7784	127.8344
44	28.5475	34.3647	41.9048	51.7501	64.6904	81.7983	104.5319	134.8742
45	28.9561	34.9898	42.8571	53.1953	66.8750	85.0878	109.4665	142.2491
46	29.3569	35.6089	43.8095	54.6543	69.1012	88.4713	114.5890	149.9753
47	29.7501	36.2221	44.7619	56.1272	71.3698	91.9514	119.9067	158.0693
48	30.1358	36.8296	45.7143	57.6141	73.6816	95.5310	125.4269	166.5488
49	30.5142	37.4312	46.6667	59.1152	76.0374	99.2128	131.1575	175.4321
50	30.8854	38.0271	47.6190	60.6306	78.4381	102.9998	137.1063	184.7384

附表 19 $i=6\%$ 等比级数现值系数 $(P/G,i,j,n)$

n	3%	4%	5%	6%	7%	8%	9%	10%
1	0.9434	0.9434	0.9434	0.9434	0.9434	0.9434	0.9434	0.9434
2	1.8601	1.8690	1.8779	1.8868	1.8957	1.9046	1.9135	1.9224
3	2.7508	2.7771	2.8036	2.8302	2.8570	2.8839	2.9110	2.9383
4	3.6164	3.6681	3.7205	3.7736	3.8273	3.8817	3.9368	3.9926
5	4.4574	4.5423	4.6288	4.7170	4.8068	4.8984	4.9916	5.0867
6	5.2747	5.4000	5.5285	5.6604	5.7956	5.9342	6.0763	6.2220
7	6.0688	6.2415	6.4198	6.6038	6.7936	6.9896	7.1917	7.4002
8	6.8404	7.0671	7.3026	7.5472	7.8011	8.0648	8.3386	8.6229
9	7.5902	7.8772	8.1771	8.4906	8.8181	9.1604	9.5180	9.8916
10	8.3188	8.6720	9.0434	9.4340	9.8447	10.2766	10.7308	11.2083
11	9.0268	9.4517	9.9015	10.3774	10.8810	11.4139	11.9779	12.5747
12	9.7147	10.2168	10.7514	11.3208	11.9270	12.5727	13.2603	13.9926
13	10.3831	10.9674	11.5934	12.2642	12.9829	13.7533	14.5790	15.4640
14	11.0327	11.7039	12.4274	13.2075	14.0488	14.9562	15.9350	16.9909
15	11.6638	12.4265	13.2536	14.1509	15.1247	16.1818	17.3294	18.5755
16	12.2771	13.1354	14.0720	15.0943	16.2108	17.4305	18.7632	20.2199
17	12.8730	13.8310	14.8826	16.0377	17.3072	18.7028	20.2376	21.9263
18	13.4521	14.5134	15.6856	16.9811	18.4138	19.9990	21.7538	23.6971
19	14.0148	15.1829	16.4810	17.9245	19.5309	21.3198	23.3129	25.5347
20	14.5615	15.8399	17.2689	18.8679	20.6586	22.6654	24.9161	27.4417
21	15.0928	16.4844	18.0494	19.8113	21.7969	24.0365	26.5646	29.4206
22	15.6091	17.1168	18.8225	20.7547	22.9459	25.4334	28.2599	31.4742
23	16.1107	17.7372	19.5883	21.6981	24.1058	26.8567	30.0031	33.6053
24	16.5981	18.3459	20.3469	22.6415	25.2766	28.3068	31.7956	35.8168
25	17.0718	18.9432	21.0984	23.5849	26.4584	29.7843	33.6389	38.1118
26	17.5320	19.5292	21.8427	24.5283	27.6514	31.2896	35.5343	40.4934
27	17.9792	20.1041	22.5801	25.4717	28.8557	32.8234	37.4834	42.9648
28	18.4137	20.6682	23.3105	26.4151	30.0713	34.3861	39.4876	45.5295
29	18.8360	21.2216	24.0339	27.3585	31.2984	35.9783	41.5486	48.1910
30	19.2463	21.7646	24.7506	28.3019	32.5371	37.6005	43.6679	50.9529
31	19.6450	22.2973	25.4605	29.2453	33.7874	39.2534	45.8472	53.8191
32	20.0324	22.8200	26.1637	30.1887	35.0496	40.9374	48.0881	56.7934
33	20.4088	23.3328	26.8603	31.1321	36.3236	42.6532	50.3925	59.8799
34	20.7746	23.8360	27.5503	32.0755	37.6097	44.4014	52.7621	63.0830
35	21.1301	24.3297	28.2338	33.0189	38.9079	46.1825	55.1988	66.4068
36	21.4754	24.8140	28.9108	33.9623	40.2183	47.9973	57.7044	69.8562
37	21.8110	25.2892	29.5815	34.9057	41.5412	49.8463	60.2810	73.4356
38	22.1371	25.7555	30.2458	35.8491	42.8765	51.7302	62.9304	77.1502
39	22.4540	26.2129	30.9038	36.7925	44.2243	53.6496	65.6549	81.0049
40	22.7619	26.6617	31.5557	37.7358	45.5850	55.6053	68.4564	85.0051
41	23.0611	27.1021	32.2014	38.6792	46.9584	57.5978	71.3373	89.1562
42	23.3518	27.5341	32.8410	39.6226	48.3448	59.6280	74.2996	93.4640
43	23.6343	27.9580	33.4746	40.5660	49.7443	61.6964	77.3459	97.9344
44	23.9088	28.3739	34.1022	41.5094	51.1570	63.8039	80.4783	102.5734
45	24.1756	28.7819	34.7239	42.4528	52.5830	65.9512	83.6994	107.3875
46	24.4347	29.1822	35.3397	43.3962	54.0224	68.1389	87.0116	112.3832
47	24.6866	29.5750	35.9497	44.3396	55.4755	70.3679	90.4176	117.5675
48	24.9313	29.9604	36.5539	45.2830	56.9422	72.6390	93.9200	122.9474
49	25.1691	30.3385	37.1525	46.2264	58.4228	74.9530	97.5215	128.5303
50	25.4002	30.7095	37.7454	47.1698	59.9174	77.3106	101.2249	134.3239

附表 20　　　$i=8\%$　等比级数现值系数$(P/G,i,j,n)$

n	3%	4%	5%	6%	7%	8%	9%	10%
1	0.9259	0.9259	0.9259	0.9259	0.9259	0.9259	0.9259	0.9259
2	1.8090	1.8176	1.8261	1.8347	1.8433	1.8519	1.8604	1.8690
3	2.6512	2.6762	2.7013	2.7267	2.7521	2.7778	2.8036	2.8295
4	3.4543	3.5030	3.5522	3.6021	3.6526	3.7037	3.7555	3.8079
5	4.2204	4.2992	4.3795	4.4613	4.5447	4.6296	4.7162	4.8043
6	4.9509	5.0659	5.1837	5.3046	5.4285	5.5556	5.6858	5.8192
7	5.6476	5.8042	5.9657	6.1323	6.3042	6.4815	6.6643	6.8529
8	6.3121	6.5151	6.7259	6.9447	7.1717	7.4074	7.6520	7.9057
9	6.9458	7.1997	7.4650	7.7420	8.0313	8.3333	8.6487	8.9780
10	7.5501	7.8590	8.1836	8.5246	8.8828	9.2593	9.6547	10.0702
11	8.1265	8.4939	8.8822	9.2926	9.7265	10.1852	10.6701	11.1826
12	8.6762	9.1052	9.5614	10.0465	10.5624	11.1111	11.6948	12.3157
13	9.2005	9.6939	10.2217	10.7863	11.3905	12.0370	12.7290	13.4696
14	9.7004	10.2608	10.8637	11.5125	12.2110	12.9630	13.7728	14.6450
15	10.1773	10.8067	11.4878	12.2252	13.0238	13.8889	14.8262	15.8421
16	10.6320	11.3324	12.0947	12.9248	13.8292	14.8148	15.8894	17.0614
17	11.0657	11.8386	12.6846	13.6114	14.6270	15.7407	16.9625	18.3033
18	11.4794	12.3260	13.2582	14.2852	15.4175	16.6667	18.0455	19.5682
19	11.8738	12.7954	13.8158	14.9466	16.2007	17.5926	19.1385	20.8565
20	12.2500	13.2475	14.3580	15.5957	16.9766	18.5185	20.2416	22.1687
21	12.6088	13.6827	14.8851	16.2329	17.7453	19.4444	21.3550	23.5051
22	12.9510	14.1019	15.3975	16.8582	18.5070	20.3704	22.4786	24.8663
23	13.2774	14.5055	15.8958	17.4719	19.2615	21.2963	23.6127	26.2527
24	13.5886	14.8942	16.3801	18.0743	20.0091	22.2222	24.7573	27.6648
25	13.8854	15.2685	16.8511	18.6655	20.7498	23.1481	25.9124	29.1031
26	14.1685	15.6289	17.3089	19.2458	21.4836	24.0741	27.0783	30.5679
27	14.4385	15.9760	17.7540	19.8153	22.2106	25.0000	28.2549	32.0599
28	14.6960	16.3102	18.1868	20.3743	22.9308	25.9259	29.4425	33.5796
29	14.9415	16.6321	18.6075	20.9229	23.6444	26.8519	30.6410	35.1273
30	15.1757	16.9420	19.0166	21.4614	24.3514	27.7778	31.8506	36.7038
31	15.3990	17.2404	19.4143	21.9899	25.0519	28.7037	33.0715	38.3094
32	15.6121	17.5278	19.8009	22.5086	25.7459	29.6296	34.3036	39.9447
33	15.8152	17.8046	20.1768	23.0177	26.4334	30.5556	35.5472	41.6104
34	16.0089	18.0711	20.5423	23.5173	27.1146	31.4815	36.8023	43.3069
35	16.1937	18.3277	20.8976	24.0078	27.7894	32.4074	38.0689	45.0348
36	16.3699	18.5748	21.2430	24.4891	28.4580	33.3333	39.3474	46.7947
37	16.5380	18.8128	21.5788	24.9615	29.1205	34.2593	40.6376	48.5872
38	16.6983	19.0419	21.9054	25.4252	29.7768	35.1852	41.9398	50.4129
39	16.8511	19.2626	22.2228	25.8803	30.4270	36.1111	43.2541	52.2724
40	16.9969	19.4751	22.5314	26.3269	31.0712	37.0370	44.5805	54.1663
41	17.1359	19.6797	22.8315	26.7653	31.7094	37.9630	45.9192	56.0953
42	17.2685	19.8768	23.1232	27.1956	32.3417	38.8889	47.2703	58.0600
43	17.3950	20.0665	23.4068	27.6179	32.9682	39.8148	48.6339	60.0611
44	17.5156	20.2493	23.6825	28.0324	33.5889	40.7407	50.0102	62.0993
45	17.6306	20.4252	23.9506	28.4392	34.2038	41.6667	51.3991	64.1752
46	17.7403	20.5946	24.2113	28.8385	34.8130	42.5926	52.8010	66.2896
47	17.8449	20.7578	24.4646	29.2304	35.4166	43.5185	54.2158	68.4431
48	17.9447	20.9149	24.7110	29.6150	36.0146	44.4444	55.6437	70.6365
49	18.0398	21.0662	24.9505	29.9925	36.6070	45.3704	57.0849	72.8705
50	18.1306	21.2119	25.1834	30.3630	37.1940	46.2963	58.5394	75.1459

附表 21　　　　$i=10\%$　　等比级数现值系数$(P/G,i,j,n)$

n	3%	4%	5%	6%	7%	8%	9%	10%
1	0.9091	0.9091	0.9091	0.9091	0.9091	0.9091	0.9091	0.9091
2	1.7603	1.7686	1.7769	1.7851	1.7934	1.8017	1.8099	1.8182
3	2.5574	2.5812	2.6052	2.6293	2.6536	2.6780	2.7026	2.7273
4	3.3037	3.3495	3.3959	3.4428	3.4903	3.5384	3.5871	3.6364
5	4.0026	4.0759	4.1506	4.2267	4.3042	4.3831	4.4636	4.5455
6	4.6570	4.7627	4.8710	4.9821	5.0959	5.2125	5.3321	5.4545
7	5.2697	5.4120	5.5587	5.7100	5.8660	6.0269	6.1927	6.3636
8	5.8435	6.0259	6.2151	6.4115	6.6151	6.8264	7.0455	7.2727
9	6.3807	6.6063	6.8417	7.0874	7.3438	7.6113	7.8905	8.1818
10	6.8837	7.1550	7.4398	7.7388	8.0526	8.3820	8.7279	9.0909
11	7.3548	7.6738	8.0107	8.3664	8.7421	9.1387	9.5576	10.0000
12	7.7958	8.1644	8.5557	8.9713	9.4127	9.8817	10.3798	10.9091
13	8.2088	8.6281	9.0759	9.5542	10.0651	10.6111	11.1946	11.8182
14	8.5955	9.0666	9.5724	10.1158	10.6997	11.3273	12.0019	12.7273
15	8.9576	9.4811	10.0464	10.6571	11.3170	12.0304	12.8019	13.6364
16	9.2967	9.8731	10.4989	11.1786	11.9174	12.7208	13.5946	14.5455
17	9.6142	10.2436	10.9307	11.6812	12.5015	13.3986	14.3801	15.4545
18	9.9115	10.5940	11.3430	12.1656	13.0696	14.0640	15.1584	16.3636
19	10.1898	10.9252	11.7365	12.6323	13.6223	14.7174	15.9297	17.2727
20	10.4505	11.2384	12.1121	13.0820	14.1599	15.3589	16.6940	18.1818
21	10.6945	11.5345	12.4706	13.5154	14.6828	15.9888	17.4513	19.0909
22	10.9231	11.8144	12.8129	13.9330	15.1914	16.6071	18.2018	20.0000
23	11.1370	12.0791	13.1396	14.3354	15.6862	17.2143	18.9454	20.9091
24	11.3374	12.3293	13.4514	14.7232	16.1675	17.8104	19.6823	21.8182
25	11.5250	12.5659	13.7491	15.0969	16.6357	18.3957	20.4124	22.7273
26	11.7007	12.7896	14.0332	15.4570	17.0910	18.9703	21.1359	23.6364
27	11.8652	13.0011	14.3044	15.8041	17.5340	19.5345	21.8529	24.5455
28	12.0192	13.2010	14.5633	16.1385	17.9649	20.0884	22.5633	25.4545
29	12.1635	13.3900	14.8104	16.4607	18.3840	20.6322	23.2673	26.3636
30	12.2985	13.5688	15.0463	16.7712	18.7918	21.1662	23.9649	27.2727
31	12.4250	13.7377	15.2715	17.0704	19.1883	21.6904	24.6561	28.1818
32	12.5434	13.8975	15.4864	17.3588	19.5741	22.2052	25.3410	29.0909
33	12.6543	14.0485	15.6916	17.6367	19.9494	22.7105	26.0197	30.0000
34	12.7581	14.1913	15.8874	17.9044	20.3144	23.2067	26.6923	30.9091
35	12.8553	14.3264	16.0744	18.1624	20.6694	23.6938	27.3587	31.8182
36	12.9463	14.4540	16.2528	18.4111	21.0148	24.1721	28.0191	32.7273
37	13.0316	14.5747	16.4231	18.6507	21.3508	24.6417	28.6735	33.6364
38	13.1114	14.6888	16.5857	18.8816	21.6776	25.1028	29.3219	34.5455
39	13.1861	14.7967	16.7409	19.1040	21.9955	25.5555	29.9644	35.4545
40	13.2561	14.8987	16.8890	19.3184	22.3047	25.9999	30.6011	36.3636
41	13.3216	14.9951	17.0304	19.5250	22.6055	26.4363	31.2320	37.2727
42	13.3830	15.0863	17.1654	19.7241	22.8980	26.8647	31.8572	38.1818
43	13.4404	15.1725	17.2943	19.9160	23.1826	27.2854	32.4767	39.0909
44	13.4942	15.2540	17.4173	20.1009	23.4595	27.6983	33.0905	40.0000
45	13.5446	15.3311	17.5347	20.2790	23.7288	28.1038	33.6988	40.9091
46	13.5917	15.4039	17.6467	20.4507	23.9907	28.5019	34.3015	41.8182
47	13.6359	15.4728	17.7537	20.6161	24.2455	28.8928	34.8988	42.7273
48	13.6772	15.5379	17.8558	20.7755	24.4934	29.2766	35.4906	43.6364
49	13.7160	15.5995	17.9533	20.9291	24.7344	29.6534	36.0770	44.5455
50	13.7522	15.6577	18.0463	21.0772	24.9690	30.0233	36.6582	45.4545

附录二 Excel 中常用财务函数及使用说明

1. FV

用途：根据固定利率计算借款或投资的未来值。

语法：FV(rate, nper, pmt, pv, type)

参数：rate 为各期利率；nper 为投资或借款期数；pmt 为各期应支付的金额；pv 为现值（本金）；type 用来表示各期支付发生的时间是在期末(0)还是期初(1)。

2. PV

用途：根据固定利率计算贷款或投资的现值。

语法：PV(rate, nper, pmt, fv, type)

参数：rate 为各期利率；nper 为投资或借款期数；pmt 为各期应支付的金额；fv 为未来值（终值）；type 用来表示各期支付发生的时间是在期末(0)还是期初(1)。

3. PMT

用途：根据等额分期付款方式和固定利率计算借款的每期付款额。

语法：PMT(rate, nper, pv, fv, type)

参数：rate 为各期利率；nper 为投资或借款期数；pv 为现值（本金）；fv 为未来值（终值）；type 用来表示各期支付发生的时间是在期末(0)还是期初(1)。

4. RATE

用途：返回年金的各期利率。RATE 通过迭代计算，可能无解或有多个解。

语法：RATE(nper, pmt, pv, fv, type, guess)

参数：nper 为投资或借款期数；pmt 为各期应支付的金额；pv 为现值（本金）；fv 为未来值（终值）；type 用来表示各期支付发生的时间是在期末(0)还是期初(1)；guess 为预期的利率，若省略则假定其值为 10%。

5. NPER

用途：根据等额分期付款方式和固定利率计算投资或借款的总期数。

语法：NPER(rate, pmt, pv, fv, type)

参数：rate 为各期利率；pmt 为各期应支付的金额；pv 为现值（本金）；fv 为未来值（终值）；type 用来表示各期支付发生的时间是在期末(0)还是期初(1)。

6. NPV

用途：使用折现率和一系列未来支出（负值）和收入（正值）来计算一项投资的净现值。

语法：NPV(rate, value1, value2, ...)

参数：rate 为某一期间的折现率；value1, value2, ... 为代表支出或收入的一系列现金流量。

7. IRR

用途：返回由数值表示的一系列现金流量的内部收益率。

语法：IRR(values, guess)

参数：values 表示一系列现金流量，必须包含至少一个正值和一个负值；guess 为对 IRR 函数计算结果的估计值，若省略则假定其值为 10%。

8. EFFECT

用途:利用给定的名义年利率和每年的复利期数,计算实际年利率。

语法:EFFECT(nominal_rate,npery)

参数:nominal_rate 表示名义年利率;npery 为每年的复利期数。

9. SLN

用途:返回某项资产在一段时间内的线性折旧值。

语法:SLN(cost,salvage,life)

参数:cost 为资产原值;salvage 为资产在折旧期末的残值;life 为折旧期限(经济寿命)。

10. DDB

用途:用双倍余额递减法或其他指定方法,计算某资产在指定期间内的折旧额。

语法:DDB(cost,salvage,life,period,factor)

参数:cost 为资产原值;salvage 为资产在折旧期末的残值;life 为折旧期限(经济寿命);period 为需要计算折旧值的期间;factor 为余额递减速率,若省略则假定其值为2。

11. SYD

用途:用年数总和法计算某资产在指定期间内的折旧额。

语法:SYD(cost,salvage,life,per)

参数:cost 为资产原值;salvage 为资产在折旧期末的残值;life 为折旧期限(经济寿命);per 为计算期间。

参 考 文 献

[1] 关罡. 工程经济学 [M]. 郑州：郑州大学出版社，2007.
[2] 蒋太才. 技术经济学基础 [M]. 北京：清华大学出版社，2006.
[3] 刘玉明. 工程经济学 [M]. 北京：清华大学出版社，北京交通大学出版社，2006.
[4] 潘艳珠，侯聪霞. 工程经济学 [M]. 北京：清华大学出版社，2006.
[5] 国家发展改革委，建设部. 建设项目经济评价方法与参数 [M]. 3版. 北京：中国计划出版社，2006.
[6] 邓卫. 建筑工程经济 [M]. 北京：清华大学出版社，2000.
[7] 徐莉. 技术经济学 [M]. 武汉：武汉大学出版社，2003.
[8] 斯坦纳. 工程经济学原理 [M]. 北京：经济科学出版社，2000.
[9] 刘晓君. 工程经济学 [M]. 北京：中国建筑工业出版社，2003.
[10] 赵国杰. 工程经济学 [M]. 天津：天津大学出版社，2003.
[11] 贾春霖，李晨. 技术经济学 [M]. 武汉：中南大学出版社，2004.
[12] 邵颖红，黄渝祥. 工程经济学概论 [M]. 北京：电子工业出版社，2003.
[13] 宋国防，贾湖. 工程经济学 [M]. 天津：天津大学出版社，2000.
[14] 冯为民，付晓灵. 工程经济学 [M]. 北京：北京大学出版社，2006.
[15] 注册咨询工程考试教材编写委员会. 项目决策分析与评价 [M]. 北京：中国计划出版社，2003.
[16] 王国立. 项目评估理论与实务 [M]. 北京：首都经济贸易大学出版社，2006.
[17] 陆参. 工程建设项目可行性研究实务手册 [M]. 北京：中国电力出版社，2006.
[18] 齐宝库，黄如宝. 工程造价案例分析 [M]. 北京：中国城市出版社，2006.
[19] 中华人民共和国水利部. 水利建设项目经济评价规范（SL 72—2013）[S]. 北京：中国水利水电出版社，2013.
[20] 中华人民共和国水利部. 已成防洪工程经济效益分析计算及评价规范（SL 206—2014）[S]. 北京：中国水利水电出版社，2014.
[21] 方国华. 水利工程经济 [M]. 2版. 北京：中国水利水电出版社，2017.
[22] 施熙灿. 水利工程经济 [M]. 4版. 北京：中国水利水电出版社，2010.
[23] 黄有亮，徐向阳，谈飞，李希胜. 工程经济学 [M]. 3版. 南京：东南大学出版社，2015.
[24] 项勇，徐姣姣，卢立宇. 工程经济学 [M]. 3版. 北京：机械工业出版社，2015.
[25] 陈茂山. 以高质量水利政策研究助推水利高质量发展 [J]. 中国水利，2021：33-36.
[26] 李国英. 推动新阶段水利高质量发展 为全面建设社会主义现代化国家提供水安全保障 [J]. 中国水利，2021（16）：1-5.
[27] 陈茂山. 党领导下水利事业成就辉煌 [J]. 中国水利，2021（13）：18-29.
[28] 中国水利经济研究会. 水利建设项目后评价理论与方法 [M]. 北京：中国水利水电出版社，2004.
[29] 中华人民共和国水利部. 水利建设项目后评价报告编制规程（SL 489—2010）[S]. 北京：中国水利水电出版社，2011.
[30] 方国华，毛春梅. 利用外资项目经济评价原理与方法 [M]. 南京：河海大学出版社，1998.
[31] 刘道兴，等. 南水北调精神初探 [M]. 北京：人民出版社，2017.
[32] 谭徐明. 中国古代物质文化史·水利 [M]. 北京：开明出版社，2016.
[33] 张玲，刘晏如，王爱娜. 新商科课程思政案例汇编 [M]. 北京：化学工业出版社，2023.
[34] 黎安田，邱忠恩，王忠法. 大型水利水电工程综合经济评价理论与实践 [M]. 北京：科学出版社，1997.